Jakob Schipper

William Dunbar - Sein Leben und seine Gedichte

in Analysen und ausgewählten Übersetzungen

Jakob Schipper

William Dunbar - Sein Leben und seine Gedichte
in Analysen und ausgewählten Übersetzungen

ISBN/EAN: 9783743600478

Hergestellt in Europa, USA, Kanada, Australien, Japan

Cover: Foto ©ninafisch / pixelio.de

Weitere Bücher finden Sie auf **www.hansebooks.com**

William Dunbar.

Sein Leben und seine Gedichte

in

Analysen und ausgewählten Uebersetzungen

nebst

einem Abriß der altschottischen Poesie.

Ein Beitrag zur schottisch-englischen Literatur-
und Culturgeschichte

von

Dr. J. Schipper,

ordentl. Professor der englischen Philologie
an der k. k. Universität in Wien.

Berlin,
Verlag von Robert Oppenheim.
1884.

Meinen

lieben Freunden, Studien- und Berufsgenossen,

den Professoren

Dr. Bernhard ten Brink in Straßburg,

Dr. Hermann Breymann in München,

Dr. Alfons Kißner in Königsberg,

gewidmet.

Vorwort.

Schon seit einer Reihe von Jahren habe ich mich mit dem Dichter, dessen Gedichte hier zum ersten Mal in ausgewählten Uebersetzungen dem deutschen Publikum vorgelegt werden, eingehend beschäftigt. Ja, die Horazische Vorschrift: Nonum prematur in annum ist dabei ziemlich erheblich von mir überschritten worden. In wenigen Fällen aber dürfte es mit größerer Berechtigung geschehen sein, als in diesem. Denn die Schwierigkeiten, welche Dunbars Dichtungen von der sprachlichen, inhaltlichen und metrischen Seite einer einigermaßen getreuen deutschen Wiedergabe entgegenstellen, sind groß und zahlreich.

Dies wird Jedem sofort einleuchten, der den Originaltext oder einige Proben daraus nur flüchtig ansieht, und auch aus manchen Unebenheiten meiner Uebersetzungen wird es noch leicht genug ersichtlich sein. Eine längere Beschäftigung mit den Dichtungen Dunbars war daher zum Zweck einer metrischen Uebertragung derselben unbedingt nothwendig. Auch veranlaßten sonstige Arbeiten und Studien sowie die Obliegenheiten des Berufs öfters längere und kürzere Unterbrechungen, die aber durch neue, inzwischen gewonnene Einblicke in andere Literaturge=

biete der besseren Würdigung des altschottischen Barden,
so oft dessen Gedichte in den Mußestunden wieder in die
Hand genommen wurden, nur förderlich sein konnten.
Die Uebersetzungen sind also zu sehr verschiedenen Zeiten
und auch an den verschiedensten Orten: in Paris und
in Sorrento, in Oxford und in Königsberg entstanden,
wenn auch fast alle erst hier in Wien, hauptsächlich während
des vergangenen Sommers, die letzte, leider vielfach noch
mangelhafte und ungenügende Form erhalten haben.
Daß das Buch, wie es vorliegt, dann schließlich in einem
Zuge während der letzten Hälfte des vergangenen Jahres,
namentlich während der großen Ferien, niedergeschrieben
wurde, wird man hoffentlich nicht allzusehr als einen
Nachtheil empfinden.

Für die endgültige Fassung einer Anzahl von
Strophen des schwierigen Gedichts „Die Distel und
die Rose" und der S. 179 übersetzten Verse aus dem
„Goldenen Schild" hatte ich mich noch bei der Correc-
tur, während der unvergeßlichen Tage des Edinburger
Universitäts=Jubiläums im April d. J., der werthvollen
Mitwirkung meines, durch seine leider zu wenig bekannt
gewordene Uebertragung von Thomas Moores „Irischen
Melodien" (Hamburg, Hoffmann und Campe, 1875) als
gewandter Uebersetzer bewährten, lieben Freundes, Prof.
Kißner, zu erfreuen. Einen literarhistorischen Hinweis
auf eine mittelhochdeutsche Dichtung (S. 144) verdanke
ich meinem werthgeschätzten Collegen, Herrn Prof. R.
Heinzel.

Gern würde ich auf einzelne Partien meines Buches noch

größere Sorgfalt verwendet haben, aber es drängte mich, für andere, theils seit Jahren zurückgelegte, theils erst zur Hälfte vollendete Arbeiten wieder Zeit und Raum zu gewinnen. Hoffentlich werden auch diese, wenn Gesundheit und Muße nicht fehlen, nicht gar zu lange mehr auf sich warten lassen.

Dafür jedoch, daß ich nicht alle Gedichte Dunbars übersetzt und die übertragenen in verschiedenen Fällen nicht vollständig wiedergegeben, sondern mich dann mit Analysen oder kurzen Inhaltsangaben begnügt habe, glaube ich keiner Entschuldigung zu bedürfen. Eine vollständige Ueberseßung aller Dichtungen Dunbars ist eben aus sprachlichen, formellen und ästhetischen Gründen meines Erachtens nicht möglich. Wer dennoch eine solche zu Stande bringen sollte, dessen technische Geschicklichkeit werde ich bewundern, jedoch ihn weder um die auf die Arbeit verwendete Mühe, noch um die dafür von ihm etwa erhoffte, immerhin zweifelhafte Anerkennung beneiden.

Meine Anordnung der Gedichte Dunbars weicht von der in Laings Ausgabe getroffenen vielfach ab, da ich versucht habe, sie chronologisch wenigstens nach den drei Hauptabschnitten seiner dichterischen Thätigkeit, innerhalb dieser Abschnitte aber nach den verwandten Stoffen zu ordnen. Dabei war freilich die erstere Haupteintheilung wegen der Dürftigkeit geschichtlicher Angaben in Bezug auf Dunbars Leben und Werke viel schwieriger und unsicherer, als die Aufstellung der stofflich geordneten Unterabtheilungen. Doch wird der wohlwollende Leser, wie ich glaube, überall leicht erkennen, und zwar auch dort,

wo es nicht mit deutlichen Worten gesagt ist, in welchen
Fällen ich an der von mir getroffenen chronologischen
Anordnung etwa noch Zweifel habe bestehen lassen müssen.
Im Allgemeinen wird man der von mir durchgeführten
Gruppirung der Gedichte die gewünschte Zustimmung
hoffentlich nicht versagen.

Es war ursprünglich meine Absicht, gleichzeitig mit
diesem Werk eine neue Ausgabe des vollständigen schottischen Textes der Dunbar'schen Gedichte als Ergänzung
zu demselben erscheinen zu lassen. Auch wurde bereits
zu diesem Zweck während meines letzten Aufenthalts in
England in den Osterferien dieses Jahres eine genaue
Collation der Laing'schen Ausgabe mit den in London,
Cambridge und Edinburg befindlichen Handschriften von
mir gemacht. Erst während dieser Vorarbeit zu meiner
Textausgabe erfuhr ich, daß sich in Edinburg eine Early
Scottish Text Society gebildet habe, welche noch in
diesem Jahre den im Druck bereits fertigen ersten und
im nächsten Jahre den zweiten Theil der Dichtungen
Dunbars erscheinen lassen wird.

Da von dem mit der Herausgabe dieses Dichters
betrauten schottischen Gelehrten unzweifelhaft eine sehr
wesentliche Förderung unserer Kenntniß der Gedichte Dunbars, sowohl hinsichtlich der Beschaffenheit des Textes,
als auch namentlich des Verständnisses vieler dunkeln
Stellen desselben zu erwarten steht, so schien es mir zweckmäßig zu sein, die Veröffentlichung meiner eigenen Ausgabe, welche übrigens in der Anordnuug der Gedichte
dem vorliegenden Buche entsprechen wird, noch bis zum

vollständigen Erscheinen jener neuen, englischen Edition
hinauszuschieben, — so sehr ich auch gewünscht hätte, durch
gleichzeitige Veröffentlichung des Textes meinem Werk
einen erhöhten philologischen Werth zu verleihen.

Denn Uebersetzungsarbeiten, wie die vorliegende, sind
leider der Gefahr ausgesetzt, in den Kreisen der Fachgenossen
einer mehr oder weniger geringschätzigen Aufnahme zu begegnen, wenn auch zum Glück nicht bei allen. Aber leider
ist doch in Folge der großen Arbeitskraft, die man, seit die
neuphilologische Wissenschaft besteht, der rein sprachlichen
und textkritischen Seite der Denkmäler der älteren und ältesten Sprachperiode in unverhältnißmäßigem Grade zu
Gute kommen läßt, vielfach die Ansicht verbreitet, als ob
hierin ausschließlich die Aufgabe neuphilologischer Forschung und Thätigkeit zu suchen sei. Arbeiten, welche
sich die Würdigung eines Dichters von der inhaltlichen
und künstlerischen Seite seines Schaffens zum Gegenstande machen, oder welche wohl gar die Resultate wissen-
schaftlicher Forschung in einigermaßen populärer Form
weiteren Kreisen zugänglich zu machen bestrebt sind, werden von Manchen so zu sagen als ein Raub angesehen,
den der Verfasser an den ihm obliegenden wissenschaftlichen Aufgaben (in ihrem Sinne) begangen habe. Das
sind principielle Meinungsverschiedenheiten, über welche
eine Einigung schwerlich jemals erzielt werden wird. Es
mag aber doch vielleicht gestattet sein, darauf hinzuweisen,
daß beispielsweise das Chaucerstudium durch Hertzbergs
Uebersetzung der Canterbury Tales, mit welcher hervorragenden Arbeit ich meinen Versuch keineswegs in Pa-

rallele gesetzt wissen möchte, nachhaltige Anregung und Förderung erfahren hat.

Möge also immerhin der Eine dieses, der Andere jenes Feld des großen Gebietes unserer Wissenschaft mit besonderer Vorliebe und Hingebung bebauen; möge auch Jeder, dem's beliebt, die von ihm gewonnenen Früchte für die werthvollsten halten; hoffentlich wird dann doch, je emsiger und neibloser der Wetteifer, das ganze Arbeits= feld eine um so reichere und schönere Ernte geben!

Wie aber mir die vorliegende Arbeit, so oft ich sie zur Hand nahm, die Zeit lebhaft in die Erinnerung zu= rückrief, in welcher ich zuerst in Bonn durch die inhalt= reichen und geistvollen Vorträge des verehrten Altmeisters unserer Wissenschaft mit den Dichtungen Dunbars be- kannt gemacht und durch den kameradschaftlichen Verkehr mit den drei nach gleichen Zielen trachtenden Freunden, deren Namen diese Blätter zieren, vielfach in meinen Studien angeregt und gefördert wurde, so möge ihnen nun auch dies Buch als ein Zeichen dankbarer Erinnerung an jene schönen Tage gemeinsamen ernsten Strebens in treuer Gesinnung mit herzlichem Gruße gewidmet sein.

Wien, Pfingsten 1884.

J. Schipper.

Inhalt.

Erster Abschnitt.
Einleitung.
Abriß der schottischen Literatur vor Dunbar.

Zweiter Abschnitt.

Dunbars Leben.

Dritter Abschnitt.

Dichtungen vor 1503.

I. Gedichte an den König.

II. Spottgedichte gegen die Frauen.

*) Die eingeklammerten Zahlen beziehen sich auf die Laing'sche Ausgabe.

III. Satirische Gedichte gegen einzelne Stände und ein Gelegenheitsgedicht.

Vierter Abschnitt.

Dichtungen von 1503—1513.

I. Höfische Gedichte zur Vermählungsfeier des Herrscherpaares. Dichtungen allegorischen und erotischen Inhalts.

II. Satirische Gedichte aus dem Hofleben.

III. Humoristisch=satirische Spottgedichte auf einzelne Personen.

IV. Poetische Bittschriften an den König und Verwandtes.

V. Höfische Gelegenheitsgedichte.

VI. Satirische Gedichte allgemeinen Inhalts.

VII. Didaktische Gedichte.

Fünfter Abschnitt.

Gedichte nach 1513.

I. Höfische Dichtungen ernsten und allegorischen Inhalts.

II. Religiöse und moralisirende Gedichte.

Sechster Abschnitt.
Charakterbild Dunbars.
I. Dunbar als Dichter.

II. Dunbar als Mensch.

Erster Abschnitt.

Einleitung.

Abriß der schottischen Literatur vor Dunbar.

Wer sich an einem nebelfreien, sonnigen Tage zur See der Hauptstadt Schottlands, Edinburg, nähert, vor dessen Blicken entfaltet sich ein Bild von überraschender landschaftlicher Großartigkeit und Schönheit. Nur wenige Städte der nördlichen Hälfte des europäischen Continents können den Vergleich mit der alten Residenz der früheren schottischen Könige aushalten.[1]) Das prächtig gelegene, architektonisch noch interessantere Danzig käme vielleicht am nächsten, namentlich dem alten Edinburg. Nur sind freilich die Umgebungen der schottischen Hauptstadt viel düsterer und großartiger, während andererseits

---

[1]) In der Encyclopaedia Britannica wird in dem Artikel über Edinburg der Ausspruch eines schottischen Künstlers, Sir David Wilkie, citirt, der 1799 seine Studien in Edinburg begonnen hatte und später, nach einem längeren Aufenthalt in Italien und andern Ländern, dorthin zurückgekehrt, zu folgender begeisterten Aeußerung in Bezug auf die Schönheit der Stadt hingerissen wurde: What the tour of Europe was necessary to see elsewhere I now find congregated in this one city. Here are alike the beauties of Prague and of Salzburg; here are the romantic sites of Orvieto and Tivoli; and here is all the magnificence of the admired bays of Genoa and Naples. Here, indeed, to the poetic fancy may be found realized the Roman Capitol and the Grecian Acropolis.

die eine Hälfte derselben selbst aus der Ferne ein moderneres Ansehen trägt. Diese durch ein mäßig gesenktes Thal von der alten Stadt getrennte nördliche Hälfte ist aber verhältnißmäßig jungen Datums. Sie existirte erst ihrem geringeren Bestandtheile nach, als Walter Scott, der größte schottische Dichter der Neuzeit, in seinem Roman The Heart of Midlothian ein Bild Edinburgs in seiner früheren Gestalt entwarf von einer Anschaulichkeit und malerischen Stimmung, wie es eben nur einem Landschaftsmaler mit der Feder von seiner Virtuosität und Begabung gelingen konnte, dem noch dazu aus der Jugendzeit die lebendige Vorstellung der alten, während der drei vorhergehenden Jahrhunderte nur wenig veränderten Stadt zu Hilfe kam.

Wir brauchen daher nur an Walter Scotts allbekannte Schilderung zu erinnern, um dem Leser sofort die Scenerie der Stadt und ihrer Umgebungen ins Gedächtniß zurückzurufen, in denen sich die interessantesten und zum Theil düstersten und schrecklichsten Vorgänge der letzten Epoche des selbständigen schottischen Königreichs abgespielt haben. Dieselben sind, wie bekannt, mit dem Schicksale der schönen, geistvollen, sündhaften, aber auch unglücklichen und schwer gestraften Maria Stuart aufs innigste verflochten. Doch wie sehr diese Königin auch gefehlt haben mag, sie hat dennoch nicht allein ihr trauriges Loos verschuldet, sondern sie hat zugleich auch als Sühnopfer büßen müssen für die Fehler und Schwächen ihrer begabten, aber zum Theil gar zu leichtlebigen Vorfahren, — der ihrer schwierigen Stellung nicht gewachsenen Herrscher eines allzu kleinen, gegen das mächtige englische Nachbarreich auf die Dauer nicht aufkommenden Landes.

Einer der hervorragendsten und zugleich unglücklich=
sten derselben war Marias Großvater, König Jakob IV.,
der mit kräftiger Hand während eines Zeitraumes von
fünf und zwanzig Jahren die Geschicke des schottischen
Königreiches lenkte, dem Lande einen längeren Zeitab=
schnitt friedlicher, ruhiger Entwickelung schenkte und ihm
durch seine Vermählung mit einer englischen Königs=
tochter (ein Ereigniß, welches übrigens die endliche Ver=
einigung beider Reiche zur Folge hatte) die Aussicht auf
ein dauerndes, einträchtiges Verhältniß zu dem Nachbar=
reiche verschaffte, und der später doch durch einen un=
populären, unglücklichen Krieg gegen seinen Schwager,
König Heinrich VIII. von England, und durch seinen
selbstverschuldeten, vorzeitigen Tod in der mörderischen
Schlacht von Flobden sein Land an den Rand des Ver=
derbens brachte.

Während der längeren Friedenszeit aber, welche
diesem unglücklichen Feldzuge voranging, erfreute sich
Schottland unter der kräftigen Regierung des Königs
einer im Ganzen geordneten Verwaltung, zunehmender
Wohlfahrt auf wirthschaftlichem Gebiet und eines so
entschiedenen Aufschwungs des geistigen Lebens, daß die
schottische Literatur dieser Epoche die gleichzeitige englische
tief in Schatten stellte. König Jakobs IV. Regierungs=
zeit umfaßt die eigentliche Blüthezeit der schottischen
Dichtkunst, und es würde ungerecht sein, wenn man ver=
kennen wollte, daß des Königs lebhaftes Interesse, welches
er den Künsten, Wissenschaften und Erfindungen ver=
schiedenster Art, hauptsächlich aber der Dichtkunst widmete,
— wie groß und zahlreich sonst auch seine Fehler und
Schwächen gewesen sein mögen —, in hohem Grade dazu
beitrug, diesen Aufschwung herbeizuführen. Dazu kommt,

daß der Ausgang des fünfzehnten und der Anfang des
sechzehnten Jahrhunderts überhaupt eine in geistiger Hin=
sicht vielfach angeregte und interessante Zeit war, welche
auf das literarische Leben Schottlands eine besonders
fruchtbringende Wirkung ausübte. Das Studium der
Wissenschaften hatte, den von Italien gegebenen Impulsen
nachgebend, bereits in allen civilisirten Ländern einen
bedeutenden Aufschwung genommen. Universitäten waren
gegründet worden, auch in Schottland, und die Erfindung
der Buchdruckerkunst, welche 1474 in England, 1507 in
Schottland eingeführt wurde, trug in hohem Maße dazu
bei, das geistige Leben zu heben und zu fördern. Eine
andere wichtige Erfindung, diejenige der Feuerwaffen,
welche unter König Jakob IV. gleichfalls in Schottland
in Gebrauch kamen, gab der Wehrfähigkeit des Reiches
zu Land und zur See einen ganz neuen Charakter und
war jedenfalls geeignet, die staunenden Beobachter ihrer
furchtbaren Wirkungen gewaltig aufzuregen. Noch mehr
wurde die Phantasie erregt und in die Ferne gelenkt
durch die in jener Zeit rasch nach einander erfolgte Ent=
deckung neuer Welttheile, und gleichzeitig dauerten auf
dem britischen Insellande, wie auf dem Continent, die
bedeutsamen reformatorischen Anregungen fort, welche in
England bereits hundert Jahre früher von Wiclif gegeben
worden waren, in Johann Huß dann einen begeisterten,
todesmuthigen Vertreter gefunden hatten, und deren sieg=
reicher Apostel Martin Luther wenige Jahre nach
Jakobs IV. Tode dem Papstthum den Fehdehandschuh
hinwarf. — Während so auf allen Gebieten die Zeichen
der neuen Zeit sichtbar wurden, hatte doch das Leben
in mancher Hinsicht noch einen ganz mittelalterlichen
Charakter. Vor allen Dingen stand die Romantik des

Ritterthums noch vielerwärts in voller Blüthe, und gerade
König Jakob IV. von Schottland war einer der be-
geistertsten Vertreter desselben, der seinen ritterlichen
Muth und Stolz in der verhängnißvollen Schlacht von
Flodden mit dem Tode besiegelte.

Von diesem stolzen Selbstbewußtsein des offen-
herzigen, freimüthigen, leichtlebigen, bei seinem Volk beliebten, ritterlichen Königs war ein gut Theil in das
schottische Nationalgefühl selber übergegangen, und dieser
Geist ist es, der sich auch in der schottischen Literatur
jener Epoche in entschiedener Weise bemerkbar macht und
ihr einen Aufschwung und einen Grad der Selbständigkeit
verschaffte, den sie bisher nicht zu erreichen vermocht hatte.

Um dies besser verstehen und die Bedeutung des
hervorragendsten Vertreters der schottischen Poesie dieser
Epoche, dessen Leben und Dichten wir hier zum ersten
Male dem deutschen Publicum vorführen, richtiger würdigen zu können, wird es rathsam sein, uns den bisherigen Entwickelungsgang der schottischen Poesie in
Kürze zu vergegenwärtigen. [1])

Die schottische Literatur steht mit der englischen
Nationalliteratur wegen der geographischen Zusammen-
gehörigkeit Englands und Schottlands, sowie wegen der

---

[1]) Zu vergleichen ist namentlich die vortreffliche Übersicht von
John Nichol, welche unter dem Titel A Sketch of Scottish Poetry
up to the time of Sir David Lyndesay, with an outline of his
works als Vorrede zum fünften Theil der Werke dieses Dichters
herausgegeben von F. Hall für die Early English Text Society,
47, London, 1871, 8° erschien, und an welche wir uns mehrfach
anschließen; ferner für eine ausführlichere Darstellung The History
of Scottish Poetry by David Irving, ed. by J. A. Carlyle, M.
D. Edinburg, 1861, 8°, welche bis gegen das Ende des 17. Jahrhunderts fortgeführt ist.

Stammesverwandtschaft der Bewohner beider Länder,
wegen ihrer gemeinsamen angelsächsischen Abstammung
und der daraus resultirenden Gleichartigkeit der von
ihnen geredeten Sprache[1]) im engsten Zusammenhange.
Wenn daher der schottischen Literatur der Zeit König
Jakobs IV. oben ein gewisser Grad der Selbständigkeit
vinbicirt wurde, so bezieht sich dies vorwiegend auf die
in derselben vorgetragenen Ideen und nur nebensächlich
auf eine gewisse Originalität der poetischen Form, sowie
auf eine später näher zu erörternde reformatorische Bewegung in Bezug auf die Sprache. Diese war und
blieb aber ihrem eigentlichen Wesen nach identisch mit
der englischen, d. h. identisch insofern, als sie im Grunde
nur als ein besonderer Dialekt der englischen Sprache
anzusehen ist und in ihrem lautlichen Charakter, in ihren
flexivischen Formen, wie auch im Wortschatz, sowohl in
früheren Jahrhunderten, wie noch heutigen Tages manche
Züge mit den in den nördlichsten Gegenden Englands
gesprochenen Dialekten gemein hat. Auch haben die
älteren Schriftsteller Schottlands ihr Idiom nicht als
eine besondere Sprache unterschieden, sondern sie nannten
es „Englisch“. Sie schrieben nur in ihrem besonderen
Dialekt, ebenso wie die Schriftsteller jedes anderen süd-
lichen, mittelländischen oder nördlichen Gebietes des
englischen Königreiches sich ihres eigenen Idioms zu
schriftlichen Aufzeichnungen bedienten, bis sich hier allmählich der ostmittelländische Dialekt unter dem bahn-

---

[1]) Selbstverständlich bezieht sich dies nur auf die germanischen
Südschotten, nicht auf die keltischen Bewohner der Hochlande, welche
noch heutigen Tages, obwohl sie des Englischen kundig sind, ihre
eigene gälische Sprache reden, welche dem Englischen so fern steht,
wie etwa das Russische dem Deutschen.

brechenden Einfluß Chaucers, Wiclifs und anderer her=
vorragender Schriftsteller zu einer anfangs noch viel=
fach schwankenden, nur ganz allmählich sich mehr und
mehr fixirenden Schriftsprache entwickelte. Den politischen
Verhältnissen, der immer mehr erstarkenden Selbständig=
keit des schottischen Königreichs, dem Antagonismus des=
selben gegen England ist es zuzuschreiben, wenn neben
dem ostmittelländischen Dialekt in England sich gleich=
zeitig der schottische Dialekt in der nördlichen Hälfte
der Insel ebenfalls zu einer besonderen Schriftsprache
ausbildete. Und in gleicher Weise trugen dann wieder
die politischen Ereignisse, der Untergang des selbständigen
schottischen Königreichs, die Vereinigung desselben mit
England unter König Jakob VI. von Schottland, dem
Sohne der Maria Stuart, der als König Jakob I. von
England, Schottland und Irland das Erbe der Königin
Elisabeth antrat, die Schuld, daß die schottische Sprache,
welche seit der Einführung der Buchdruckerkunst auf dem
besten Wege gewesen war, sich als Schriftsprache zu
fixiren, auf die untergeordnete Stufe eines bloßen Dia=
lekts zurücksank und dann als solcher nur noch vereinzelte,
allerdings schöne, aber doch wesentlich vom englischen Geist
beeinflußte literarische Blüthen trieb.

So können wir denn nur der Ansicht Nichols zu=
stimmen, welcher mit Recht bemerkt: „Die schottische
Literatur im eigentlichen Sinne des Wortes, d. h. die
Literatur, welche nicht nur in Schottland und von
Schotten geschrieben wurde, sondern welche zugleich lo=
cale Ideen in localer Sprache zur Darstellung brachte,
umfaßt nur etwas mehr, als 150 Jahre. Sie beginnt
im vierzehnten Jahrhundert mit Barbour und seiner
Verherrlichung der nationalen Unabhängigkeit, sie endet

im sechzehnten Jahrhundert mit Lyndesay und Knox und
ihrer Vertheidigung religiöser Freiheit. Die Schotten,
welche seit der Zeit Drummonds bis zu derjenigen
Carlyles geschrieben haben, sind mit wenigen Ausnahmen
und trotz gewisser localer Eigenthümlichkeiten wesentlich
englische Schriftsteller gewesen."

Nach einer frühen Blüthezeit des literarischen Lebens
in Nordhumbrien, dem nördlichsten der angelsächsischen
Königreiche, welches sich zu Zeiten bis über die Gegend
von Edinburg hinaus erstreckte, war mit der politischen
Führerschaft der Westsachsen und der daraus erwachsenden
Vereinigung der einzelnen Königreiche zu einem einheitlichen Staat auch das geistige Leben hauptsächlich im
Süden der Insel emporgeblüht. Der nördliche Theil
derselben, der sich seine Unabhängigkeit bewahrt und im
zehnten Jahrhundert beträchtliche, von nordischen, ang-
lischen und friesischen Ansiedlern colonisirte Gebiete
Nordhumbriens zurückerobert hatte, tritt politisch, wie
literarisch, durchaus in den Hintergrund.

Erst mit Malcolm (III) Canmore, bei dem die Abkömmlinge des angelsächsischen Königsgeschlechts nebst
vielen flüchtigen vornehmen und niederen Einwohnern
des benachbarten Reiches vor dem Eindringen der Normannen Zuflucht fanden, der sich dann mit der englischen Prinzessin Margarethe vermählte und so der
Gründer der schottisch-englischen Dynastie wurde, beginnt
die authentische Geschichte Schottlands.

Da dieselbe in politischer Hinsicht sich hauptsächlich
um wechselvolle Kämpfe mit dem englischen Nachbarreiche
dreht, so ist es erklärlich, daß die durch die Normannen
nach England verpflanzte romanische Cultur und Literatur,
unter deren Einfluß sich im Süden der Insel bereits seit

dem Ende des zwölften Jahrhunderts eine mit neuen
Ideen und Formen erfüllte junge Literatur in der englischen Volksprache zu entwickeln begann, nur sehr allmählich in Schottland Eingang fand. Ein gänzliches
Ausschließen der neu aufblühenden englischen Bildung
und Cultur wäre aber bei der engen geographischen Zu-
sammengehörigkeit der beiden Länder, bei der Stammes-
und Sprachengemeinschaft ihrer Bewohner, den daraus
entstehenden beständigen Wechselbeziehungen unmöglich gewesen, und so zeigt es sich denn auch, daß ziemlich gleichzeitig mit den ersten hervorragenderen, vom nationalen
Geiste getragenen Erzeugnissen der schottischen Literatur,
die ihrem Inhalte und Tone nach in einem gewissen
feindlichen Gegensatz zur englischen Nationalität stehen,
auch schon fremde Sagenstoffe in Schottland Verbreitung
und dichterische Bearbeitung gefunden hatten, welche aller
Wahrscheinlichkeit nach durch Vermittlung der Engländer
dort bekannt geworden waren.

Die Dichtungen, welche diese Sagenstoffe behandeln,
dürfen sogar als die ältesten uns erhaltenen Erzeugnisse
der schottischen Poesie angesehen werden, seitdem Unter-
suchungen der neuesten Zeit ergeben haben, daß diejenigen
Gedichte, welche man früher einem Dichter Namens
Thomas von Erceldoune zugeschrieben hat, und der um
die Mitte des dreizehnten Jahrhunderts als Dichter —
er wird auch the Rymour zubenannt — in Schottland
geblüht zu haben scheint, nicht von ihm, sondern von
unbekannten Verfassern aus den nördlichen Gegenden
Englands herrühren. Es sind dies die sogenannten
Prophezeiungen des Thomas von Erceldoune [1]) und die

---

[1]) Vgl. Thomas of Erceldoune, herausgegeben von Alois
Brandl. Berlin 1880. 8°. p. 41 ff.

Romanze von Sir Triſtrem. [1]) Wurde nun auch dieſe
berühmte Romanze nicht von einem Schotten geſchrieben,
ſo war ſie doch ſicherlich, ebenſo wie viele andere Ro=
manzen des Artusſagenkreiſes, in Schottland bekannt.
In einem wahrſcheinlich von Dunbar herrührenden
Bruchſtück einer dramatiſchen Dichtung, betitelt „Des
Zwerges Rolle im Stück“ wird nicht nur Sir Guy von
Warwick als ein allgemein bekannter Held citirt, ſondern

> Der König Arthur und Herr Gawain
> Und mancher britt'ſche Ritter ſein

werden dort gleichfalls erwähnt. Auch Robin Hood
wird daſelbſt genannt, und andere Genoſſen dieſes
Volkshelden werden in Dunbars Gedicht auf Thomas
Norray namhaft gemacht, wo auch auf Sir Bevis von
South Hampton als einen berühmten Ritter hingewieſen
wird. So fehlt es nicht an Belegen, daß die in England
verbreiteten und dichteriſch behandelten Sagenſtoffe auch
in Schottland populär waren und zwar gewiß nicht erſt
ſeit Dunbars Tagen, wie wir in Ermangelung anderer
Anhaltspunkte ſchon daraus ſchließen könnten, daß er
auf die Helden derſelben als auf ganz allgemein bekannte
Perſönlichkeiten hinweiſt.

Indeß wir haben poſitivere Beweiſe für jene That=
ſache, da uns eine Anzahl von Dichtungen des Artus=
ſagenkreiſes, wie auch anderer Cyclen, erhalten ſind, die
von ſchottiſchen Autoren herrühren. Die meiſten dieſer
Dichtungen ſind früher von verſchiedenen Literarhiſtorikern
dem altſchottiſchen Dichter Huchown zugeſchrieben worden;
neuere Unterſuchungen haben jedoch ergeben, daß nur

---

[1]) Vgl. „Die nordiſche und die engliſche Verſion der Triſtan=
Sage“, herausgegeben von Eugen Kölbing. Zweiter Theil. Sir
Triſtrem. Heilbronn, 1883. 8⁰. p. XXX, XXXI, LXI, LXXVI.

zwei derselben von ihm herrühren.[1]) Huchown dichtete
in der zweiten Hälfte des vierzehnten Jahrhunderts und
war, wenn er, wie vermuthet wird, mit dem von
Dunbar in seiner „Klage über die verstorbenen Dichter"
erwähnten Sir Hugh von Eglintoun identisch war, in
Diensten König Davids II. als Richter und Diplomat
thätig, heirathete die Schwester des nachmaligen Königs
Robert II. und wurde von diesem Herrscher später mit
verschiedenen Ländereien belehnt. Die von Huchown uns
erhaltenen Dichtungen sind nach Trautmanns Unter=
suchungen Morte Arthure,[2]) eine Dichtung, welche, wie
schon der Titel andeutet, hauptsächlich das Ende des
Königs Arthur zum Gegenstande hat, und The Pystyl
of Swete Susan,[3]) worin die apokryphische Geschichte
von der Susanna behandelt wird. Beide Gedichte sind
in dem altnationalen, alliterirenden Metrum geschrieben,
welches in Nordengland und Schottland bis ins sech=
zehnte Jahrhundert hinein populär blieb, das erstere in
gewöhnlichen, reimlosen, das letztere in reimend=alliteri=
renden, strophisch gebundenen Versen. Beide Gedichte lassen
die hervorragende dichterische Begabung des Verfassers
deutlich erkennen, die sich in ihnen u. a. durch wahrhaft
poetische Naturschilderungen kundgiebt. Aber auch seelische
Stimmungen weiß Huchown mit poetischem Gefühl zu
schildern und versteht sich außerdem, wie er namentlich

---

[1]) Vgl. Trautmann: Der Dichter Huchown und seine Werke,
Anglia, I. p. 109—149.

[2]) Herausgegeben für die Early English Text Society, VIII,
von Perry. London, 1865.

[3]) Herausgegeben von Laing in den Select Remains of Scottish
Poetry, Edinburg, 1822, 8°. und von Horstmann nach dem Ver=
non=Manuscript in der Anglia, I. p. 93—101.

im „Morte Arthure" zu zeigen Gelegenheit hat, vortrefflich
auf die Darstellung effectvoller Scenen. Daß er dabei
seinen Quellen gegenüber nicht mit sonderlich scrupulöser
Kritik verfährt, sondern die abenteuerlichsten Geschichten,
die er dort überliefert fand, in naivem Glauben wieder-
erzählt, dürfen wir dem mittelalterlichen Dichter eben so
wenig verargen, als gelegentliche Weitschweifigkeiten der
Schilderung, die ihm mit unterlaufen. Huchown ist bei
alledem ein wahrer Dichter, der die Sprache in seiner
Gewalt hat und auch die poetische Form mit Meisterschaft beherrscht, wie sich dies noch mehr in der schwierigen Strophenform, worin die „Susanne" abgefaßt ist,
als in der einfachen Langzeile des „Morte Arthur" zu
erkennen giebt. Dies Gedicht enthält einen längern Abschnitt, welcher ein Abenteuer des Ritters Gawain zum
Gegenstande hat, und es ist wahrscheinlich, daß darunter
the Awntyre of Gawane zu verstehen ist, welches der
altschottische Chronist Andrew von Wyntoun mit den beiden
erwähnten Dichtungen zusammen als drittes der von
Huchown herrührenden Gedichte citirt.

Andere Dichtungen, die früher dem Huchown zugeschrieben wurden, wie „Sir Gawain und der grüne
Ritter", „die Zerstörung Trojas" u. a. m., sind vermuthlich in den an Schottland angrenzenden englischen
Gegenden entstanden, waren aber sicher auch in Schottland bekannt. Zwei weitere Dichtungen nordenglischen,
resp. schottischen Ursprungs The Antours of Arther at
the Tarnewathelan (die Abenteuer Arthurs zu Tarn
Wadling) und „Golagrus und Gawain", die sich beide
hauptsächlich um Abenteuer Sir Gawains, dieses po-
pulärsten Ritters der Tafelrunde, drehen, hat man fälsch-
lich ebenfalls Huchown zugeschrieben; von der zweiten hat

es der letzte Herausgeber derselben [1]) wahrscheinlich gemacht, daß sie einer viel späteren Zeit, etwa der zweiten
Hälfte des fünfzehnten Jahrhunderts, angehört. Die
strophische Form beider Gedichte ist derjenigen der
„Susanna" ähnlich.

In derselben Form ist eine andere romantische Dichtung geschrieben, welche Irving auch Huchown zuweisen
möchte, nämlich The Taill of Rauf Colyear, how he
harbreit King Charles. [2]) Diese Geschichte des Köhlers
Ralph, der den König Karl den Großen beherbergte, war
ungemein populär. Der Held derselben wird von Dunbar
und auch von Gawain Douglas citirt, und in der That
ist diese Romanze sehr anziehend, sowohl hinsichtlich ihres
Inhalts, als auch der Behandlung desselben. Es wird
darin erzählt, wie König Karl, den ein Unwetter überrascht und von seinem Gefolge getrennt hat, von dem
Köhler Ralph gastlich aufgenommen und bewirthet, aber
von diesem, der ihn nicht kennt, mit bäuerischer Rücksichtslosigkeit und Derbheit behandelt wird. Ein reichliches Geschenk, welches der König ihm am andern
Morgen anbietet, weist der Köhler zurück, verspricht
aber seinem Gast, der sich für einen Diener der Königin
ausgiebt, am andern Tage eine Lieferung Kohlen zu
bringen. Zu seinem großen Erstaunen und Schrecken
erkennt er dann den König, der ihn aber nicht, trotz des

---

[1]) Trautmann, Golagrus und Gawain, Anglia. II. p. 395—440,
wo der von Dunbar in seinem Lament for the Makaris erwähnte
Clerk of Tranent als der muthmaßliche Verfasser des Gedichts
angesehen wird, den frühere Forscher mit Sir Hugh of Eglintoun
identificiren wollten.

[2]) In jüngster Zeit herausgegeben von Sidney J. A. Herr-
tage in Nr. XCIX der Early English Text Society.

Unwillens feiner Ritter, denen er das Abenteuer erzählt
hat, mit dem Tode bestraft, wie diese vorschlagen, sondern
ihn vielmehr reichlich beschenkt und zum Ritter schlägt.
Als solcher besteht er dann sofort ein tapferes Abenteuer
mit dem Saracenen Magog, den er, unterstützt durch
Roland, bewegt, den christlichen Glauben anzunehmen,
und wird schließlich Marschall von Frankreich. Die
Romanze, worin also ein Stoff behandelt wird, der be=
kanntlich in mehrfachen Variationen in der englischen
Literatur wiederkehrt, ist in einem lebendigen Tone und
stellenweise mit einem originellen und glücklichen Humor
geschrieben. Ueberhaupt muß man den Verfassern dieser
romantischen Dichtungen, in denen fremde Stoffe von
ihnen behandelt werden, nachrühmen, daß sie es gerade
so gut verstanden, wie ihre englischen Zeitgenossen, die=
selben in poetischer und anziehender Weise darzustellen.

Einen ganz anderen Geist athmen einige umfang=
reiche Dichtungen historischen Inhalts, welche dieser näm=
lichen Epoche angehören und Ereignisse der vaterländischen
Geschichte zum Gegenstande haben. So abenteuerlich
und phantastisch die Begebenheiten zum großen Theil
sind, die in jenen Romanzen vorgeführt werden, so
wahrheitsgetreu oder wenigstens nach getreuer, geschicht=
licher Ueberlieferung strebend sind die Darstellungen dieser
Reimchroniken. Dies gilt vor allen Dingen von der
ersten derselben, The Bruce von John Barbour.

Barbour war ein Zeitgenosse Chaucers und Gowers,
aber schwerlich mit den Werken derselben bekannt. Mit
dem ersteren ist er zwar in keiner Weise zu vergleichen,
dem letzteren aber an Originalität und dichterischer Be=
gabung überlegen. Barbour gehörte, wie mehrere der
älteren schottischen Dichter, dem geistlichen Stande an,

der überhaupt in damaliger Zeit noch vorwiegend die
gelehrte und literarische Bildung in Schottland re-
präsentirte. Das Jahr seiner Geburt ist nicht mit Bestimmtheit festzustellen. Auch ist nicht anzugeben, ob
Aberdeen sein Geburtsort war. Jedenfalls war er Archidiaconus von Aberdeen im Jahre 1357, zu welcher
Würde niemand vor dem vollendeten fünfundzwanzigsten
Lebensjahre gelangen konnte. Als solcher erhielt er in
dem genannten Jahre ein sicheres Geleit für sich und
drei Studenten, um die Universität Oxford zum Zweck
gelehrter Studien zu besuchen. Sieben Jahre später erhielt er einen ähnlichen Geleitsbrief und im Jahre 1368
einen solchen zu einer Reise nach Frankreich. Im Jahre
1373 bekleidete er noch das Amt eines Archidiaconus.
Um diese Zeit etwa muß er mit seinem großen Gedicht
The Bruce beschäftigt gewesen sein, da aus einer Stelle
desselben hervorgeht, daß es im Jahre 1375 halb vollendet war. Bei König Robert II. von Schottland scheint
er in großer Gunst gestanden zu haben. Er empfing
von ihm zwei Pensionen, darunter die eine für sich und
seine Erben als Belohnung für die Abfassung seines
patriotischen Werkes. Von seinem Leben ist weiter nichts
bekannt geworden. Er starb im Jahre 1395. Nach
Andrew von Wyntouns Angabe verfaßte er noch eine
andere geschichtliche Dichtung, The Brute betitelt, welche
eine Genealogie schottischer Könige von dem Trojaner
Brutus, dem sagenhaften Ahnherrn der Briten, an bis
auf seinen Landesherrn, König Robert II., enthielt.
Dies Werk ist aber verloren gegangen. In neuerer
Zeit sind ihm noch zwei andere umfangreiche Werke zugeschrieben worden, nämlich eine Sammlung von versificirten Heiligenlegenden und ein beträchtliches Bruchstück

eines „Trojanerkrieges". Indeß ist seine Autorschaft in Betreff dieser beiden Dichtungen,[1] zumal der ersteren, noch nicht als erwiesen anzusehen.

Der Bruce[2] ist jedenfalls sein wichtigstes Werk und zugleich von beträchtlichem Umfange. Es giebt in 13 000 paarweise reimenden, viertaktigen Verszeilen eine Darstellung der Geschichte Schottlands von dem Tode des Königs Alexander III. im Jahre 1386 an, als Robert Bruce sich um die Krone Schottlands bewarb, während Eduard I. von England gleichzeitig seine Ansprüche als Oberherr über Schottland erhob, bis zum Tode von Bruce (Robert I.) im Jahre 1329. Die Abenteuer dieses heldenmüthigen Königs und die erfolgreiche Vertheidigung der Unabhängigkeit des Landes gegen die Engländer bilden also den wesentlichsten Gegenstand des Gedichts. Neben Robert Bruce aber erscheint als zweiter Held der Dichtung sein beständiger Gefährte und Freund James Douglas, der später sein Herz in das heilige Land trug. Barbour selber bezeichnet seine Dichtung als eine Romanze, verspricht aber gleichwohl in der Einleitung seines Gedichts, nur wahre Begebenheiten schildern zu wollen, vornehmlich von dem tapfern König Robert von Schottland und auch von dem guten Herrn James Douglas, deren Ruhm sich bis in die fernsten Länder verbreitete.

---

[1] Dieselben sind herausgegeben von C. Horstmann: Barbours Legendensammlung nebst den Fragmenten seines Trojanerkrieges. Heilbronn, 1881/2. 8°.

[2] Herausgegeben von J. Jamieson: The Bruce and Wallace. Edinburg, 1820. 4°. vol. I und von W. W. Skeat: The Bruce compiled by John Barbour. London, 1870, 1874, 1877, 8° für die Early English Text Society, Extra Ser. XI, XXI, XXIX.

„Davon denk ich dies Buch zu machen,
Und gebe Gott, daß diese Sachen
Ich so zum guten Ende bringe,
Daß nichts ich meld', als wahre Dinge."

Dies Vorhaben hat er in der That mit so großer Ge=
wissenhaftigkeit ausgeführt, daß sein Werk nicht nur von
den folgenden Chronisten, sondern auch von den modernen
Geschichtsschreibern als Quelle benutzt wurde und wird.
In den Grundzügen der Erzählung wird die historische
Treue gewissenhaft eingehalten, und die romantischen Ver=
schönerungen, welche der Geschmack der Zeit erforderte,
sind mit vieler Mäßigung eingeflochten. Zwar wird
Bruce geschildert als ein ritterlicher Held von solcher
Tapferkeit und Körperstärke, daß er allein einen Paß
gegen 300 Krieger vertheidigte; indeß solche und andere
wunderbare Züge treten nur sehr vereinzelt zu Tage und
lassen sich von dem wirklichen historischen Kern der
Darstellung leicht sondern. Es ist sogar beachtenswerth,
wie außerordentlich wenig von den abergläubischen An=
schauungen des Mittelalters in dem Gedichte anzutreffen
ist, obwohl sich doch auch vereinzelte Züge dieser Art
finden. So läßt er den verrätherischen und grausamen
König Edward mit dem Teufel sich berathschlagen, er=
klärt das Unglück, welches den Robert Bruce in der
ersten Zeit verfolgte, aus dem Umstande, daß er seinen
Feind Comyn am Altar erschlagen habe, und berichtet, wie
Frauen und Kinder, durch ein Wunder geschützt, unver=
letzt auf den Mauern von Berwick Pfeile und Steine
sammelten und diese den tapfern Vertheidigern der Stadt
reichten. — Im Allgemeinen ist der Ton der Darstellung
ruhig und nüchtern gehalten, aber gerade dadurch wird
die Kraft der höchst lebendig geschilderten Kriegsscenen

Schipper, Dunbar.　　　　　　　　　　2

noch mehr hervorgehoben. Hin und wieder werden diese
Schlachtenschilderungen auch durch Berichte von edlen,
humanen Handlungen gemildert, so an der Stelle, wo
erzählt wird, wie der König, von einer Uebermacht ver=
folgt, seiner Schaar lieber dem Feind die Stirn zu bieten
befiehlt, als ein armes Weib in Kindesnöthen hilflos am
Wege zurückzulassen. Auch finden sich in dem Gedichte
manche schöne landschaftliche Schilderungen, welche ähn=
lichen Stellen aus Chaucers frühesten Schriften an
Zartheit der Empfindung und des Ausdrucks kaum nach=
stehen. Von besonderer Schönheit ist der viel citirte
Hymnus auf die Freiheit, welcher sich zu Anfang des
Werkes findet. Trotz solcher Vorzüge, welche auch die
Sinnes= und Denkart des Verfassers in einem erfreulichen
Lichte erscheinen lassen, trotz des ritterlichen Tones na=
mentlich, der, dem wirklichen Charakter der beiden Haupt=
helden entsprechend, das Ganze durchzieht, fehlt es dem
Gedicht doch an Mannigfaltigkeit, und die große Be=
geisterung, womit einzelne schottische Kritiker sich darüber
äußern, ist nur von ihrem patriotischen Standpunkt aus
erklärlich.

Als der nächste Nachfolger Barbours auf dem Ge=
biete der historischen Dichtung ist Andrew von Wyntoun
zu nennen, der nach seiner eigenen Angabe Domherr von
St. Andrews und zugleich seit 1395 Prior des von
St. Andrews abhängigen Klosters von St. Serf auf
einer Insel im Loch Leven war. Er wird etwa ums Jahr
1350 geboren sein und scheint seine Chronik von Schott=
land, die seinen Namen auf die Nachwelt gebracht hat,
als hochbetagter Greis in den ersten zwanziger Jahren
des fünfzehnten Jahrhunderts beendet zu haben, wie man
aus innern Gründen schließen darf. Auch klagt er darin

über die Schwächen des Alters. An dichterischer Be=
deutung steht Wyntouns Orygynale Chronykill of Scotland[1]) dem Werke Barbours bedeutend nach, doch ist
seine Reimchronik gleichfalls von Werth als Geschichts=
quelle. Wie Barbour, schildert auch er diejenigen Perioden
der schottischen Geschichte, welche seiner Zeit am nächsten
standen, mit gewissenhafter Treue. Er beginnt, wie fast
alle Reimchronisten damaliger Zeit, mit dem Anfange
der Welt und führt sein Werk herab bis zum Jahre
1408, indem er sich für die letzte Zeit lediglich auf die
schottische Geschichte beschränkt. Ein beträchtlicher Theil der
Chronik rührt nach seiner eigenen Angabe nicht von ihm
selber her, nämlich der Abschnitt, welcher die Regierungs=
zeit Davids II. bis Ende derjenigen Roberts II. umfaßt.

Der Stil des von Wyntoun nicht genannten, aber
gerühmten Verfassers dieses Abschnittes ist von dem
seinigen wenig verschieden. Neben dem umfangreichen
sprachlichen Material, welches das Werk liefert, ist es
wichtig vom kulturhistorischen Standpunkt wegen der
vielen darin enthaltenen Einzelheiten, welche auf die
Sitten, Gebräuche und Denkart damaliger Zeit Bezug
haben. Von besonderem literarhistorischen Interesse ist
noch der Umstand, daß wir in Wyntouns Chronik auch
die Geschichte des Macbeth überliefert finden und hier
zuerst den Hexen begegnen. Im Uebrigen weicht aber
Wyntouns Darstellung von derjenigen des Chronisten
Holinshed, dem bekanntlich Shakspere folgte, sehr er=
heblich ab.

----

¹) Unter diesem Titel wurde das Werk herausgegeben von
David Macpherson, London, 1795, 8⁰, 2 Bde., ferner von David
Laing: Historians of Scotland, Bd. 9. Edinburg und London,
1879, 8⁰.

2*

Wyntouns Werk ist in demselben Versmaß ge=
schrieben, wie dasjenige seines Vorgängers, den er selber
sehr hoch stellte, und den er, wie gesagt, als Dichter bei
weitem nicht erreichte. Nur hin und wieder schwingt sich
seine Darstellung zu einer etwas poetischeren Diction auf;
für gewöhnlich besteht sie im Wesentlichen nur aus ge=
reimter Prosa. Er befriedigte aber das Bedürfniß nach
einer vollständigen Chronik seines Landes, welche Barbour
nur angefangen hatte, aus dessen Werk er auch ein=
zelne Abschnitte in sein Buch aufnahm. Bemerkens=
werth ist bei Wyntoun gleichfalls der patriotische Ton
der Darstellung, den er, wenn auch in nicht so hohem
Grade, mit seinem Vorgänger gemein hat.

Viel bedeutender, als Andrew von Wyntoun, ist der
dritte der altschottischen Reimchronisten, der blinde Minstrel
Harry, meistens Blind Harry genannt, der Verfasser
des berühmten Gedichts von dem Leben und den Thaten
des schottischen Nationalhelden William Wallace.[1] Von
dem Leben des Dichters, dessen Familiennamen wir nicht
einmal kennen, ist wenig mehr bekannt, als daß er kein
Geistlicher war, wie die meisten schottischen Schriftsteller
und Chronisten, sondern dem Stande der Minstrels an=
gehörte. Er ist daher auch unter dem Namen Harry
the Minstrel bekannt. Aus der lateinischen Chronik
des John Mair erfahren wir, daß er blind geboren war
und seinen Unterhalt dadurch erwarb, daß er umherzog
und Theile aus seinem Werk von dem Leben und den
Thaten des Sir William Wallace vor den Großen re=
citirte. Wann und wo er geboren wurde, ist aber dort
nicht angegeben. Nur soviel scheint sicher, daß er in

---

[1] Herausgegeben von Dr. Jamieson: The Bruce and Wallace.
Edinburg, 1820, 4°. Bd. II.

der zweiten Hälfte des fünfzehnten Jahrhunderts, etwa 1460, sein Werk verfaßt hat. Er gehört also eigentlich einer späteren Zeit an; dennoch wird sein Gedicht der Gleichartigkeit des Stoffes wegen am besten hier zu erwähnen sein.

Aus Harrys eigenem Werke, aus den zahlreichen Anspielungen auf die damals beliebten Sagen von Hektor, Alexander, Karl dem Großen, König Arthur geht hervor, daß er, obwohl er sich einen ungebildeten Bauer nennt, dennoch in der Literatur seiner Zeit wohl bewandert war, was um so anerkennenswerther ist, wenn er wirklich von seiner Geburt an blind war, wie sein Zeitgenosse Mair ausdrücklich berichtet.

In dem Gedichte selber finden sich keine Anspielungen auf seine Blindheit, womit sich seine zum Theil sehr lebendigen Schilderungen einzelner Scenen ebenfalls nur schwer vereinigen lassen, wenn auch einzelne Beschreibungen, wie diejenige des Sonnenaufgangs, conventioneller Natur sind und aus Reminiscenzen anderer Dichtungen zusammengestellt sein können. War Harry wirklich blind geboren, so gehört er jedenfalls zu den merkwürdigsten Erscheinungen der Literatur überhaupt.

Seine Schilderungen der Abenteuer des Sir William Wallace zeichnen sich aus durch denselben, oft ins Blutdürstige und Wilde ausartenden patriotischen Sinn der früheren Chronisten. Er beschreibt oft mit einer grausamen Freude die Niederlagen der Engländer, gegen welche zu jener Zeit der Nationalhaß der Schotten immer wilder aufloderte. An Kraft des Ausdrucks, an Gewandtheit der Form kommt er seinem Vorgänger Barbour gleich, doch steht er demselben nach an historischer Genauigkeit, an Schärfe der Charakteristik, an Feinheit und

dichterischem Gefühl in der ganzen Ausführung. Hier
zeigt sich doch, daß der Verfasser des Bruce ihm an
Bildung bedeutend überlegen war. Harrys Werk ist eine
romantische Schilderung unglaublicher Heldenthaten der
einzigen Hauptperson desselben, eine beständige Reihen=
folge von Kampfesscenen, voll von Rache, wildem Haß
und Blutvergießen. Gerade dieser Umstand aber, ver=
bunden mit dem begeisterten, kräftigen Tone der Dar=
stellung machte das Buch außerordentlich populär, wozu
auch noch die größere Volksthümlichkeit des Helden, der
in der schottischen Geschichte eine ähnliche Stellung ein=
nimmt, wie Wilhelm Tell in der schweizerischen, das
Ihrige mit beitrug. Das umfangreiche Gedicht ist ge=
schrieben in den von Chaucer eingeführten, fünftaktigen,
paarweise reimenden Versen, die auch unser Minstrel im
Ganzen nicht ungeschickt handhabt. Der Dichter erklärt
merkwürdigerweise zu Ende seines Werkes, daß es eine
Uebersetzung aus dem Lateinischen sei. Als seine Quellen
werden von ihm Maistre John Blair und Sir Thomas
Gray genannt, von denen der erstere mit Wallace, als
dessen treuer und tapferer Anhänger er auch häufig in
dem Gedicht auftritt, in die Schule gegangen sei und
also dessen Thaten am genauesten gekannt habe. Doch
sind die Schriften dieser beiden Chronisten nicht mehr
vorhanden. Die große Popularität von Harry's Wallace
wird hinlänglich durch die zahlreichen Drucke, die schon
in früher Zeit davon veranstaltet wurden, bewiesen.
Während des letzten Jahrhunderts war das Gedicht in
Schottland sehr verbreitet in einer modernisirten Para=
phrase, welche 1722 von William Hamilton von Gilbertfield
veröffentlicht wurde. Dies Lieblingsbuch der schottischen
Bauern gehörte zu denjenigen Werken, welche dem Dichter=

genius des Robert Burns die erste Nahrung gaben und ihn, wie er selbst bekennt, mit einem unausrottbaren Vorurtheil gegen die Engländer erfüllte.

Während also dieses Werk seinem ganzen Inhalte und dem Tone der Darstellung nach entschieden in dem national-schottischen Geist, der die Dichtungen seiner beiden Vorgänger Bruce und Wyntoun charakterisirt hatte, ab- gefaßt war, macht sich in ihm in der Form und in manchen einzelnen Zügen schon deutlich der Einfluß der englischen Literatur bemerkbar, welche der übrigen schottischen Dichtung des fünfzehnten Jahrhunderts in unverkennbarer Weise den Stempel ihres Geistes auf- gedrückt hat.

Die Erklärung für diese Erscheinung ist leicht ge- funden. Sie hängt unzweifelhaft damit zusammen, daß der hervorragendste schottische Dichter dieser Epoche ein begeisterter Verehrer und glücklicher Nachahmer Chaucers, zugleich aber auch der Herrscher des Landes war. Und da König Jakob I. von Schottland, — „der beste König, der jemals ein Dichter war, und der beste Dichter, der jemals zugleich auch ein König war", um Nichols Ausspruch zu wiederholen — als jugendlicher Sänger sich haupt- sächlich von den Jugendgedichten Chaucers angezogen fühlte, so ist es weiter sehr erklärlich, daß es viel weniger der Dichter der „Canterbury Geschichten", als vielmehr der Verfasser der „Klage an das Mitleid", des „Buches von der Herzogin" von „Palamon und Arcitas" und von „Troilus und Chryseïs" war, welcher, durch das Beispiel eines Dichters auf dem Königsthron aufs günstigste empfohlen und eingeführt, fortan den schottischen Parnaß mit seinem Geiste beherrschte.

Die traurigen Schicksale der Jugend König Jakobs I.

waren vom größten Einfluß auf seinen geistigen Ent=
wickelungsgang. Hätte sein Leben einen regelmäßigen
Verlauf genommen, so würde die schottisch=englische
Literatur dieser Periode wahrscheinlich eins ihrer schönsten
Denkmäler entbehren. Jakob I. war der zweite Sohn
Roberts III. und im Jahre 1394 geboren oder nach
George Ellis' Angabe, an den wir uns hier vorwiegend
anschließen, im Jahre 1395. Sein älterer Bruder wurde
wegen seines leichtsinnigen Lebenswandels auf seines
Vaters Befehl in das Schloß von Falkland verbannt, wo
er im Jahre 1401 starb. Nach dem Tode desselben be=
schloß der Vater, seinen überlebenden Sohn zur Erziehung
an den Hof König Karls VI. von Frankreich zu schicken.
Der junge Prinz schiffte sich dahin ein, begleitet von
einem zahlreichen Gefolge und seinem Erzieher, dem
Earl von Orkney. Aber unterwegs wurde das Schiff
von einer englischen Flotille angehalten und Alle, welche
sich auf demselben befanden, wurden als Gefangene nach
London geschafft. Dies ereignete sich eine Woche vor
Ablauf des Waffenstillstandes zwischen England und
Schottland. Obwohl solche Verletzungen von Verträgen
zu jener Zeit barbarischer Kriegführung nicht eben etwas
Ungewöhnliches waren, so schrieb man doch, und wohl
mit Recht, die Aufgreifung und Gefangenschaft des
Prinzen den Intriguen des Herzogs von Albany zu,
des Bruders von Robert III., der nach dem im folgen=
den Jahre eingetretenen Tode dieses Königs zum Re=
genten von Schottland ernannt wurde und diese Würde
nicht nur lebenslänglich bekleidete, sondern sie sogar auf
seinen Sohn Murdoch, Earl von Fife vererbte. König
Heinrich IV. von England entließ den größten Theil
des Gefolges des Prinzen alsbald in die Heimat, aber

ihn selber mit einigen Dienern behielt er als Gefangene
zurück. Das schreiende Unrecht, welches ihm auf diese
Weise war zugefügt worden, wurde indeß einigermaßen
von dem Könige dadurch wieder gut gemacht, daß er
die größte Sorge trug für die Erziehung des damals
elf= oder zwölfjährigen Knaben, dem auf diese Weise
seine Gefangenschaft sicher zum Heile gereichte.

Die Aufsicht und Leitung seiner Studien wurde
Sir John Pelham anvertraut, der ihn während seines
Aufenthalts im Tower von London, im Schlosse von
Nottingham und im Schloß Windsor, wo er abwechselnd
gefangen gehalten wurde, in allen Zweigen gelehrter
Studien, in der Musik und in ritterlichen Uebungen
und Fertigkeiten aufs sorgfältigste unterweisen ließ.
Der junge Prinz machte erstaunliche Fortschritte und
soll sich nach der Versicherung der zeitgenössischen Schrift=
steller in allen Zweigen der schönen Literatur, in latei=
nischer und englischer Poesie, in Grammatik, Rhetorik,
Philosophie, Jurisprudenz, Musik ebenso sehr, wie in
den ritterlichen Künsten ausgezeichnet haben. Daß dies
Lob nicht ganz übertrieben war, wenn auch allerdings
wohl sein Stand und das Mitleid mit seinem Geschick
alle seine Talente und Kenntnisse im günstigsten Licht
erscheinen ließen, wird, was die Vorzüge seines Charakters
betrifft, hinlänglich durch seine spätere weise, gerechte und
sein Volk beglückende Regierung bewiesen. Seine Tapfer=
keit zeigte er in dem Feldzuge, den er in den Jahren
1520/21 unter König Heinrich V. gegen Frankreich mit=
machte, eine Maßregel, wodurch der König die Schotten
verhindern wollte, den Franzosen Beistand zu leisten. Von
seinem poetischen Talente aber giebt uns sein Gedicht
noch jetzt den besten Beweis.

Während der letzten Zeit seiner Gefangenschaft fand er Trost in einer Liebe zu der Lady Jane Beaufort, Tochter John Beauforts, des Herzogs von Somerset und Enkelin von John von Gaunt. Diese Verbindung wurde von dem englischen Könige begünstigt, da man hoffte, daß die Verwandtschaft eines schottischen Herrschers mit dem englischen Königshause von wohlthätigem Einfluß auf das Verhältniß beider Reiche sein würde. Jakob I. heirathete Jane Beaufort am 2. Februar 1424 und erhielt mit ihr eine Mitgift von 10 000 Mark, deren er aber zum großen Theil durch ein hohes Lösegeld, welches er zum Theil mit als Ersatz für seinen bisherigen Unterhalt zahlen mußte, wieder verlustig ging, und kehrte nach einer Abwesenheit von 19 Jahren am ersten April desselben Jahres wieder in sein Land zurück. Am 21. Mai wurde er in der Abtei von Scone mit großer Feierlichkeit gekrönt.

Während seiner Gefangenschaft noch schrieb er zum Preise seiner geliebten Lady Jane Beaufort seine Dichtung The King's Quair,[1] d. h. des Königs Buch. Dies Gedicht umfaßt 197 Strophen, welche aus sieben fünftaktigen Versen bestehen und in der von Chaucer eingeführten, von Lydgate und Occleve weiter gepflegten Form reimen, welche in der englischen Literatur nicht erst seit König Jakob I. unter der Bezeichnung the rhyme royal [2]

---

[1] Herausgegeben von Rogers: The Poetical Remains of King James the First of Scotland, Edinburg, 1873. Für frühere Ausgaben vgl. Anglia III, p. 225.

[2] Vgl. über die muthmaßliche Entstehung dieser Benennung und den Bau der Strophe selber des Verfassers „Altenglische Metrik", Bonn, E. Strauß, 1881. 8°. § 177.

bekannt war, obwohl vermuthlich der Umstand, daß nun ein König sich dieser Strophenform bedient hatte, zur Popularität jener Benennung wesentlich mit beitrug. Das Gedicht ist eingetheilt in sechs Cantos und, obwohl allegorischer Art seiner theilweisen Anlage nach, gewinnt es doch bedeutend an Interesse durch den Umstand, daß der Dichter darin eigene Erlebnisse schildert und diese mit einer solchen Wahrheit des Gefühls, einem solchen Wohllaut der Sprache, einer solchen Formengewandtheit in der Behandlung des Metrums auszuführen versteht, daß er seinem großen Vorgänger und Vorbilde Chaucer in dessen Jugendgedichten, welche ähnliche Stoffe behandeln, kaum nachsteht.

Der Inhalt der Dichtung ist in Kürze folgender:

Der Dichter erwacht in der Nacht vom Schlafe und nimmt das Buch des Boethius über „die Tröstungen der Philosophie" zur Hand. Müde vom Lesen legt er sich wieder hin und denkt nach über die Wandelbarkeit der Fortuna, die auch er erfahren. Er hört die Frühglocke läuten, steht auf und beschließt, sein Gedicht zu schreiben. Zum Schluß des ersten Gesanges schildert er ein mit schlaffen Segeln zwischen drohenden Felsen dahintreibendes Schiff: ein Bild seines eigenen Lebens. —

Nach einem kurzen Hymnus an den Frühling, der üblichen Einleitung so vieler Gedichte oder Abschnitte von Gedichten in damaliger Zeit, beschreibt er im zweiten Gesange, wie er in seiner Jugend von seinen Feinden gefangen genommen, nach England gebracht, dort in Haft gehalten wurde und beklagt sein hartes Geschick mit ergreifenden Worten:

„Der Fisch im Meer, der Vogel in der Luft,
Ein jedes Thier erfreut der Freiheit sich,
Und ich, ein Mensch, schmachte in Kerkersgruft, —
Was soll ich sagen, wie erkläre ich,
Daß so Fortuna handelt?"

Mit solchen Gedanken über sein schweres Loos beschäftigt tritt er ans Fenster und lauscht den verliebten
Liedern der Nachtigal. Dies veranlaßt ihn, über die
Liebe nachzudenken, eine Leidenschaft, mit der er bisher,
wie er sagt, unbekannt gewesen sei. So sinnend und
dem Gesange der Vögel lauschend schaut er nach unten.

„Und so ließ ich die Blicke abwärts gleiten,
Und nah' dem Fuß des Thurms erschaut ich da,
Wie sie lustwandelnd wollt' vorüberschreiten,
Der Blumen schönste, die ich jemals sah;
Ich stutzt' und wußte nicht, wie mir geschah.
So zuckt' ein freud'ger Schreck in meinen Sinnen,
Und all mein Blut fühlt' ich zum Herzen rinnen."

Sofort ist sein Herz gefesselt, und in den nächsten
Strophen wird nun die schöne Erscheinung der jungen
Dame in eleganter, blumenreicher Sprache geschildert. Er
fleht die Venus um Hilfe an, er beneidet das Hündchen,
welches die junge Schöne begleiten darf, er schilt die
Nachtigal, daß sie ihren Gesang verstummen läßt und
nicht seiner Dame zu Ehren weiter singt; er hört mit
Entzücken deren Lied, er ist für den ganzen Tag un-
tröstlich, als sie verschwindet. — Der dritte Gesang ist
ganz allegorischer Art. Der Dichter wird in einer Vision
emporgetragen in einen großen Saal, wo er Tausende
und Tausende von Liebenden findet, deren Geschicke in
alten Büchern beschrieben seien, außerdem Cupido und
Venus mit ihren Begleiterinnen, den üblichen allegorischen

Gestalten. Venus hört seine Bitte freundlich an, sagt
aber, daß ihre Hilfe allein nicht ausreiche und sendet
ihn zur Minerva. — Im vierten Gesange geleitet ihn
Hoffnung dorthin, und Minerva, die sich von der Tugend=
haftigkeit seiner Absichten überzeugt und ihm noch weitere
gute Lehren giebt, sendet ihn zur Fortuna. Auf einem
Sonnenstrahl gleitet er wieder zur Erde hinab und von
Hoffnung geleitet kommt er am Aufenthaltsort der For=
tuna an, deren verhängnißvolles Rad mit lebendigen
Farben geschildert wird. Sie hört ihn freundlich an,
macht ihm Hoffnung auf einen günstigen Umschwung
seines Geschicks, setzt ihn auf ihr Rad und faßt ihn so
fest am Ohr (die ältere englische Literatur ist reich an
solchen naiven Störungen der Visionen), daß er plötzlich
aus seinem Traum erwacht, der ihn während des ganzen
Tages, nachdem er seine Schöne aus seinem Thurm=
fenster erblickte, befangen gehalten hatte.

Im sechsten und letzten Canto beschreibt der Dichter,
wie sich seine Trauer in Freude wandelt. Eine Turtel=
taube bringt ihm die frohe Botschaft der Venus auf
einem Zweige, dessen Blätter jedes mit einem Verse, der
ihm Hoffnung einflößt, beschrieben sind. Er dankt seinem
Schicksale, welches ihn von den Gefängnißmauern aus
sein Glück hat schauen lassen, jene holde Blume, die ihn
vom Tode der Verzweiflung errettet habe. Die beiden
Schlußstrophen dieses letzten Gesanges widmet der fürst=
liche Dichter dem Preise seiner Meister Chaucer, Gower
und Lydgate.

Das Gedicht ist reich an schönen Zügen. Die Allegorie
ist durch die geschickten Uebergänge, womit die einzelnen
Bilder vorgeführt werden, selbst für den modernen Ge=
schmack noch einigermaßen erträglich. Natürlich aber ist

auch diese Dichtung von den Sonderbarkeiten und
Schwächen der Poesie jener Zeit nicht frei. Theologie
und griechisch-römische Mythologie werden mit derselben
Zwanglosigkeit durcheinander geworfen, wie in Lydgates
Gedichten. Die Hilfe der Calliope wird z. B. im Namen
der Jungfrau Maria angerufen, und Minerva citirt eine
Stelle aus dem Prediger Salomonis. Solche monströse
Anachronismen aber darf man nicht dem einzelnen Dichter
zur Last legen, sondern sie wurzeln in der mangelhaften
Bildung und in dem noch wenig geläuterten Geschmack
der Zeit, in dem Umstand, daß man es noch nicht ver=
mochte, die Bildung des Alterthums objectiv zu erfassen,
was erst späteren Geschlechtern gelang, daß man noch
immer mit den subjectiven Vorstellungen der Zeit, in
der man lebte, also der mit romantischen Ideen erfüllten
Epoche des Mittelalters, an sie herantrat.

In Betracht zu ziehen ist ferner in unserem speciellen
Fall das immerhin noch jugendliche Alter des Dichters,
dem es zwar nicht an poetischem Talent und vielseitiger
Ausbildung, wohl aber noch an geistiger Reife und
Selbständigkeit fehlte. Seine starke Abhängigkeit von
Chaucer, den er sehr genau kannte und aus dessen sämmt=
lichen Dichtungen fast Reminiscenzen im King's Quair
sich vorfinden, ist unlängst bis ins Einzelnste hinein genau
nachgewiesen worden.[1] Am meisten hat er Chaucers
„Troilus und Chryseïs“ und „die Erzählung des Ritters“
benutzt, wo ähnliche Vorgänge und Verhältnisse geschildert
werden. So ist z. B. die Scene, wie der Dichter die
Geliebte im Garten lustwandeln sieht und sofort von

---

[1] Vgl. H. Wood: Chaucer's Influence upon King James I.
of Scotland as Poet. Anglia. III. p. 223—265.

Liebe zu ihr ergriffen wird, nach der Schilderung Chaucers,
wie die Emilia der Knightes Tale im Garten sich ergeht und von Palamon erblickt wird, ausgeführt und
zwar in der Weise, daß der fürstliche Dichter die meisterhafte kurze Episode Chaucers zu 38 Strophen erweitert
und viel zu breit dargestellt hat. So können im Allgemeinen die von König Jakob I. aus Chaucer entlehnten
Züge nicht als Verbesserungen im Verhältniß zu den
Versen seines Vorbildes bezeichnet werden. Die Anlage
und Ausführung des Planes seiner Dichtung ist außerdem unbeholfen. Am besten gelingen ihm einzelne lyrische
Partien, und die ganze Dichtung zeugt unzweifelhaft von
einem hervorragenden poetischen Talent, was sich namentlich
auch in der Form bekundet. Den fünftaktigen Vers und die
Bindung desselben zu der keineswegs leichten rhyme-royal-
Strophe handhabt er mit großem Geschick, obwohl er auch
in dieser Hinsicht hinter Chaucer zurücksteht und namentlich
in den Reimen nicht so sorgfältig ist, wie dieser.

Von einem Dichter, der sich in so hohem Grade,
wie König Jakob I. es that, den ganzen poetischen Apparat
seines Vorbildes, die poetische Einkleidung in eine Vision,
die Einführung allegorischer und mythologischer Gestalten,
die Schilderung des Frühlings und des Vogelgesanges,
die Bezugnahme auf das vielgelesene Werk des Boëtius
De consolatione philosophiae und manche derartige Züge
zu eigen gemacht hatte, kann es nicht Wunder nehmen,
daß auch seine Sprache, die im Wesentlichen englisch und
nur in leisen Anklängen dialektisch gefärbt ist, mit derjenigen Chaucers große Aehnlichkeit hat. Und hier ist
wiederum ein Zug hervorzuheben, welcher für den jugendlichen, den ersten Flug unternehmenden Poeten und wohl
auch für den in höfischer, eleganter Umgebung lebenden

jungen Prinzen charakteriſtiſch iſt, daß nämlich bei ihm die malenden Ausdrücke und Wendungen, die mit der Idee des Schimmernden, Glänzenden verbundenen adjectiviſchen und ſubſtantiviſchen Begriffe, wie golden, ſtrahlend, Perlen, Smaragd, Saphir, Emaille ꝛc. ꝛc. eine viel bedeutendere Rolle ſpielen, als bei dem großen und maß=vollen engliſchen Dichter.

Kurz, überall tritt uns König Jakob I. entgegen als der Schüler Chaucers, und im Vergleich zu ihm iſt er nichts weiter, als ein Schüler, im Vergleich zu den übrigen Schülern dieſes Meiſters aber unzweifelhaft einer der hervorragendſten.

Von Dr. Irving und Tytler werden dieſem König Jakob I. und nicht dem ſpäteren Jakob V., wie andere ſchottiſche Gelehrte, allerdings mit geringerer Berechtigung, thun, zwei kleinere, volksthümliche, humoriſtiſche Gedichte zugeſchrieben, betitelt Peblis to the Play und Christis Kirk of the Green. Namentlich dies letztere iſt noch jetzt in Schottland weit populärer, als The King's Quair, was aus dem Inhalt und Tone des Gedichts zu erklären iſt. In 23 zehnzeiligen Strophen, die aus neun vier=taktigen Verſen und einem eintaktigen Verstheile beſtehen, einer für volksthümliche Dichtungen populären Form, beſingt es das heitere Treiben bei einem ländlichen Feſt, welches durch Tanz, Geſang und Klopferei belebt wird. Peblis to the Play iſt ein Gedicht ähnlich burlesken Inhalts, war aber weniger verbreitet. Christis Kirk of the Green war jedoch zu Popes Zeit noch ſo all=gemein bekannt, daß er in einer ſeiner Nachahmungen des Horaz ſagt:

One likes no language but the Faery Queen;
A Scot will fight for Christ's Kirk o' the Green.

Ob es wirklich von James I. herrührt, dessen King's Quair in der Diction jedenfalls viel größere Verwandtschaft mit Spensers Faery Queen hat, als mit diesem volksthümlichen, humoristischen Gedicht, ist zweifelhaft. In dem Bannatyne Ms. ist es allerdings mit Jakobs I. Namen unterschrieben. Aber das Manuscript ist erst im Jahre 1564, also 128 Jahre nach dem Tode dieses Königs niedergeschrieben worden. Wäre es nicht möglich, daß König Jakob I., der sich, wie berichtet wird, für die volksthümlichen Melodien seines Landes sehr interessirte, sie sammelte und die Musik überhaupt reformirte, auch volksthümliche Liedertexte und Gedichte gesammelt habe, und daß die beiden humoristischen Dichtungen auf diese Weise mit seinem Namen in Verbindung gebracht worden seien?

König Jakob I. von Schottland war jedenfalls ein Mann von vielseitigen Interessen, ein ebenso begabter, als thatkräftiger Herrscher, der noch auf verschiedenen anderen Gebieten seinem Namen ein rühmliches Andenken gesichert hat. Während einer kräftigen, weisen Regierung beschenkte er das Land namentlich mit einer geordneten Rechtspflege, sorgte durch sein eigenes Beispiel und durch die Gründung der Universität von St. Andrews für die Hebung der Bildung und Gelehrsamkeit und stellte durch strenges Vorgehen gegen die anmaßenden Adligen, namentlich gegen den früheren Regenten Albany und seinen Sohn, welche mit dem Tode bestraft wurden, sowie gegen die aufrührerischen Hochländer die Ordnung im Lande wieder her. Doch schon im Jahre 1436 erlag er den mörderischen Dolchen der letzteren, als er im Black-Friars-Kloster zu Perth das Weihnachtsfest feierte.

Gleichzeitig mit dem von König Jakob I. in seinem King's Quair aus England herübergeleiteten und bald

erstarkenden Strome höfischer Dichtung im Chaucer'schen
Stile blühte auch die volksthümliche schottische Poesie
und die Romanzendichtung weiter. Das bedeutendste Er=
zeugniß der ersteren ist bereits in dem „Wallace" des blinden
Minstrels Harry, welcher während der Regierungszeit
jenes Königs geboren wurde, besprochen worden. Einige
untergeordnete, hiehergehörige Dichtungen[1]) verdienen nur
flüchtige Erwähnung. So ist zunächst ein Gedicht betitelt
T h e B a t t l e o f H a r l a w zu nennen, welches in 145
kurzen Verszeilen, die zu achtzeiligen Strophen gebunden
sind, ein uns Jahr 1411 stattgefundenes siegreiches,
aber blutiges Gefecht der Schotten gegen den Inselkönig
Donald in trockener und umständlicher Weise beschreibt
und vermuthlich bald nach dem Ereigniß, welches es
besingt, abgefaßt ist.

Ein moralisirendes Gedicht von ziemlichem Umfange
ist Hollands Eule, Holland's Howlat, geschrieben
in der Strophenform Huchowns. Es gehört aber mehr
hinsichtlich der Form, als des Inhalts zu dieser Gruppe
volksthümlicher Dichtungen. Denn es ist ein allegorisches,
zugleich auch mit einigen satirischen Zügen ausgestattetes
Gedicht, welches gegen die Gefahren des Stolzes gerichtet
ist. Die Eule ist mit ihrem Gefieder unzufrieden. Auf
Vorschlag der übrigen Vögel und auf Empfehlung des
Pfaus, des Papstes unter denselben, wird ihr mit Be=
willigung des Adlers, des Königs der Vögel, von Dame
Natur ein neuer, bunter Federnschmuck gewährt; aber
die Eule wird nun so stolz und übermüthig, daß die
Vögel Dame Natur ersuchen müssen, ihr denselben wieder
zu nehmen, worauf sich die so Erniedrigte zur Demuth

---

[1]) Für Ausgaben derselben und Textproben vgl. Irving,
Hist. of Scot. Poetry, p. 161 ff.

bekehrt und zum Schluß des Gedichts eine moralisirende Betrachtung über die Gefahren des Stolzes vorträgt. Das wenig anziehende Gedicht scheint ums Jahr 1450 geschrieben zu sein.

Ein echt volksthümliches, humoristisches Gedicht, welches auch von Douglas und Dunbar erwähnt wird und hauptsächlich wegen der Vermischung romantischer und volksthümlicher Züge und des damit zusammenhängenden Wechsels des Metrums von Interesse ist, hat den Titel Cockelbys Sau, Cockelbie's Sow. Der lustige Gesell Cockelby verkauft seine schwarze Sau für drei Pence und erlebt mit dieser Summe verschiedene Schicksale. Einen Penny verliert er; ein schlechtes Weibsbild findet ihn und kauft ein Schwein dafür, welches sie ihren Freunden: einem abtrünnigen Mönche, einem schlechten Ablaßkrämer, einer Hexe 2c. zum Gastmahl anrichten will. Indeß das Schwein entkommt, wird ein gewaltiger Eber und richtet vielen Schaden an. Mit dem zweiten Penny erwirbt er sich, wie er ihn mildthätig an einen Blinden verschenkt, ein schönes Mädchen zur Frau für seinen Sohn, der schließlich Graf von Flandern wird. Für den dritten Penny kauft er sich zwanzig Eier, die er zuerst als Pathengeschenk verwenden will, aber dann, da dieses mit Verachtung zurückgewiesen wird, ausbrüten läßt und auf diese Weise durch Wirthschaftlichkeit und Sparsamkeit damit in 15 Jahren die Summe von 1000 Pfund erwirbt, welche er alsdann seinem Pathenkinde schenkt, dem er so die Grundlage zu einem großen Vermögen verschafft. — Gesunde Moral wird hier in humoristischem, wenn auch wenig kunstmäßigem Gewande nicht ungeschickt vorgetragen.

Auch die romantischen Stoffe, vorwiegend des Artus-

3*

sagenkreises, fanden noch immer Bearbeiter in Schottland.
Die schon erwähnte Romanze von Golagrus und Gawain
entstand nach der Ansicht des letzten Herausgebers in der
zweiten Hälfte dieses Jahrhunderts. Ganz zu Ende des=
selben wurde nach einer französischen Prosavorlage in
schottischer Sprache die Romanze von Lancelot vom
See [1]) geschrieben oder eigentlich nur ein Theil derselben,
in welchem die Kämpfe zwischen Arthur und Galiot und
die Heldenthaten, wodurch Lancelot sich in denselben aus=
zeichnet, beschrieben und dem König Arthur Vorschriften
über die Pflichten eines Königs ertheilt werden, während
die viel interessantere Vorgeschichte Lancelots, seine Ent=
führung als Kind von der Seenymphe Vivian, der Ge=
liebten Merlins, sein Liebesverhältniß zu König Arthurs
Gemahlin Guinevere von dem schottischen Bearbeiter der
Sage leider übergangen worden ist. Wie ein Theil des
volksthümlichen Gedichts „Cockelbys Sau“, welches auch
inhaltlich durch Chaucers Nonne Prestes Tale, die Er=
zählung von dem Hahn Chantecleir und seiner Frau
Dame Partelet beeinflußt wurde, in heroic couplets
geschrieben ist, so ist hier die ganze Romanze in diesem
von Chaucer in die englische Literatur eingeführten
Metrum der paarweise reimenden, fünftaktigen Reimpaare
abgefaßt. Kurz, auf fast allen Gebieten der Dichtung
macht sich um diese Zeit die Einwirkung des großen
englischen Dichters bemerkbar, dessen Einfluß alle anderen
Strömungen der Literatur, auch in Schottland, zurück=
drängt. Unzweifelhaft aber hatte die Dichtung The
King's Quair des in England erzogenen, mit einer dem

---

[1]) Herausgegeben für die Early English Text Society, No. 6:
Lancelot of the Laik. A Scottish metrical Romance ed. by
the Rev. W. W. Skeat, M. A. London 1865. 8⁰.

englischen Herrscherhause entstammenden Dame vermählten
Königs Jakob I. hauptsächlich dazu beigetragen, die
englische Literatur in ihren drei hauptsächlichsten Repräsentanten Chaucer, Gower und Lydgate in Schottland
populär zu machen.

In Robert Henryson finden wir zu Ende des
sechszehnten Jahrhunderts einen anderen, ziemlich hervorragenden Nachfolger Chaucers. Von seiner Persönlichkeit
ist nicht viel mehr bekannt geworden, als daß er Schul-
meister zu Dunfermline war und vor 1507 starb, in
welchem Jahre Dunbar seinen Tod beklagt. Unter seinen
Schriften ist zuerst eine Sammlung von breizehn Fabeln[1])
zu nennen, die in einem anmuthigen, leichten Stil geschrieben, aber für solche Art Gedichte meist zu umfang-
reich sind. Es sind Nachahmungen von Aesops Fabeln
oder von solchen, die im Mittelalter unter Aesops
Namen gingen. Aesop selber erscheint dem Verfasser in
dem Prolog zu einer der Fabeln dieser Sammlung in
der üblichen Vision am Maimorgen, im Waldesgrün
und beim Vogelsang. Eine der besten Fabeln, obwohl
auch zu lang, ist diejenige von der Feldmaus und der Stadt-
maus. Seine Geschichte von Sir Chantecleire and the
Fox ist eine Nachahmung von Chaucers Erzählung des
Nonnenpriesters. Diejenige von dem Hund, dem Wolf
und dem Schaf ist eine Satire gegen die geistlichen Gerichtshöfe. Geschrieben sind diese Fabeln in der rhyme-
royal-Strophe.

Ein anderes größeres Werk Henrysons ist „Das
Testament der schönen Chryseïs“, eine Fortsetzung von

---

[1]) Für Ausgaben dieser und der übrigen Dichtungen Henrysons vgl. Irving, a. a. O., p. 208 ff.

Chaucers „Troilus und Chryseïs", dessen Strophenform
(gleichfalls rhyme royal) es beibehält, und mit welchem
es verschiedentlich zusammen gedruckt worden ist. Der
schottische Dichter schildert darin die Strafe und die
Reue der Chryseïs, nachdem sie dem Troilus die Treue
gebrochen, in ergreifenden Zügen. Von ihrem neuen
Liebhaber Diomedes verlassen, mit einer ansteckenden,
aussätzigen Krankheit, jener Geißel des Mittelalters be-
haftet, irrt sie, Almosen bettelnd und ihre Klapper
rührend zur Warnung für die ihr Begegnenden, wie es
die Aussätzigen thun mußten, in den Straßen umher.
So begegnete ihr Troilus, der siegreich aus dem Felde
heimkehrt; sie erkennen sich nicht wieder; aber dennoch ruft
ihr Anblick, obwohl sie von der Krankheit entstellt ist,
in Troilus die Erinnerung wach an seine frühere
Geliebte. Er wirft ihr eine reichgefüllte Börse hin und
reitet schweren Herzens weiter. Die Unglücksgefährtinnen
der Chryseïs sagen ihr, wer der freigebige Ritter gewesen
sei, und wie sie Troilus' Namen hört, sinkt sie entseelt
zu Boden. — Das Gedicht ist nicht frei von mittelalterlichen Anachronismen, zeichnet sich aber durch eine edle
Sprache und, soweit dies die von Irving in seiner Geschichte
der schottischen Poesie mitgetheilten Auszüge erkennen
lassen, durch manche wahrhaft poetische Züge vortheilhaft
aus. Auch Walter Scott stellte es sehr hoch.

Ein anderes Gedicht Henrysons ist seine „Geschichte
von Orpheus", der im Himmel, auf der Sonne, den
Planeten und auf der Erde seine verlorene Eurydice
sucht. Die Dichtung ist, wie die eben erwähnte, in
siebenzeiligen Strophen geschrieben, aber von unter-
geordneterem poetischen Werthe. Die Anachronismen
treten hier noch stärker zu Tage. Orpheus, König von

Thracien, trifft in Plutos Reich nicht blos Julius Cäsar
und Nero, sondern sogar Päpste und Cardinäle an.

Ein allegorisches Gedicht religiös=moralisirenden In=
halts hat den Titel The Bludy Serk, das blutige Hemd.
Die Einkleidung ist aber diejenige einer Ritterromanze,
welche ihrer Handlung nach Aehnlichkeit mit zwei besonderen
Geschichten aus den Gesta Romanorum hat. Geschrieben
ist das Gedicht in septenarischen Rhythmen, die durch
eingeflochtene Reime zu achtzeiligen Strophen verbunden
sind. — Zwei kleinere religiöse Gedichte sind „Der Kloster=
gang" (The Abbey Walk) und „Das Gewand guter
Frauen" (The Garment of Gude Ladies). In dem ersteren
wird Ergebenheit in die Fügungen der Vorsehung
empfohlen. In dem zweiten werden in ganz allegorischer
Weise abstracte Tugendbegriffe als Material für die
Bekleidung guter Frauen angerathen. Ihre Kopfbedeckung
soll aus hoher Ehre verfertigt und mit gutem Verhalten
eingefaßt sein, das Mieder soll aus reiner Beständigkeit
gewebt und mit treuer Liebe besetzt sein u. s. w. Das
sind Ideen, die, als poetische Vergleiche von wenig Worten
angewandt, sehr anmuthig und wirksam sein können, zu
einem ganzen Gedicht von zehn Strophen ausgesponnen
jedoch für den modernen Geschmack unerträglich sind,
wenn sie auch demjenigen des Mittelalters zusagen mochten.

Eins der hübschesten Gedichte Henrysons ist das
Hirtengedicht von Robin und Makyn, zugleich eins der besten
Beispiele der Pastoralpoesie in englischer oder schottischer
Sprache überhaupt, gedruckt in Percy's Reliques of Ancient
English Poetry. Der Schäfer Robin wird von der Schäferin
Makyn mit einer Liebeserklärung überrascht; er antwortet
aber, daß er mit der Liebe nichts zu schaffen haben wolle,
da er genug mit seinen Schafen zu thun habe. Unter

diesem Vorwande läßt er die klagende Schäferin abziehen.
Am Abend aber, in der Einsamkeit, erwacht in ihm die
Liebessehnsucht. Er eilt zu ihr, doch nun will sie nichts
von ihm wissen und fertigt ihn ab mit den Worten:

> Robin, oft sagt und höret man
> In altem Sang und Spiel:
> Wer nicht will, was er haben kann,
> Hat nichts, wenn er es will.

Robins Klagen und Bitten bleiben fruchtlos; be-
trübten Sinnes muß er heimgehen, und Makyn freut sich
über die ihr gewordene Genugthuung.

Das Gedicht ist in einem natürlichen, anmuthigen
Tone abgefaßt, und der psychologische Hergang ist hier
in ebenso richtiger und wahrer Nachempfindung von dem
Dichter geschildert worden, wie in seiner hervorragendsten
Dichtung, dem Testament der Chryseïs. Wie Henryson
sich in diesem und anderen Gedichten als einen talent-
vollen und glücklichen Nachahmer Chaucers bewährte,
so zeigt er in jenem kleinen Hirtengedicht, daß er auch
eigene Ideen und Motive in origineller und poetischer
Weise auszuführen im Stande war.

Diese beiden Züge: Nacheiferung der großen englischen
Vorbilder und das Streben nach selbstständigem poetischen
Erfinden und Schaffen sind es, welche von jetzt an die
charakteristischen Eigenschaften der schottischen Dichtkunst
des ausgehenden fünfzehnten und beginnenden sechzehnten
Jahrhunderts bilden, soweit dies die verhältnißmäßig
wenig zahlreichen uns erhalten gebliebenen Ueberreste
derselben erkennen lassen.

Denn die schottische Poesie blühte während der
Regierung des kunstliebenden, begabten und heiterem
Lebensgenuß ergebenen Königs Jakob IV. üppig empor.

Darauf lassen allein schon die Namen der zahlreichen
Dichter schließen, deren Tod von Dunbar in seinem
1507 geschriebenen schwermüthigen Gedicht betrauert wird,
und von denen manche noch Zeitgenossen von ihm ge=
wesen waren, so z. B. außer den schon erwähnten Dich=
tern Blind Harry, Henryson, und vielleicht auch
Holland, noch Sir Mungo Lockhart von Lee,
Sir John Roß, John Clerk, James Affleck,
Alexander Trail, Ettrick, Heriot, Brown,
Stobo, lauter Dichter, die von ihm mit Auszeichnung
genannt werden, von deren Werken uns aber nichts er=
halten ist. Von den Dichtungen anderer Poeten, die er
namhaft macht, sind wenigstens einige dürftige Reste
auf uns gekommen. So nennt er zwei Dichter Namens
Rowll, nach ihren Wohnsitzen unterschieden als von
Aberdeen und von Corstorphyne. Einer derselben
muß der Verfasser eines mäßig umfangreichen burlesken
Gedichtes Rowlis Cursing sein, wovon Irving eine
Probe mittheilt. Mersar ist ein anderer von Dunbar
genannter Dichter, der sich mit Erfolg und Geschick auf
dem Gebiet der humoristisch=satirischen Dichtung bewegt
zu haben scheint, wogegen Quintyne Shaw und
Patrick Johnston, die er ebenfalls erwähnt, nach
den von ihnen uns erhalten gebliebenen Proben ihrer
Kunst zu schließen, mehr die ernste, moralisirende Poesie
gepflegt zu haben scheinen. David Steele, der Ver=
faßer eines nach Irvings Angabe mittelmäßigen patrio=
tischen Gedichts, worin er König Roberts III. Partei
gegen Heinrich IV. von England ergriff, ferner
Clapperton und Dundas, zwei anscheinend volks=
thümliche Dichter jener Zeit, werden von Dunbar nicht
erwähnt, waren also wohl im Jahre 1507 noch am Leben.

Der Letzte, dessen er in seiner Elegie gedenkt, ist
Walter Kennedy, der damals krank danieder lag
und dem Tode nahe war. Dieser Dichter ist namentlich
bekannt geworden durch sein im nächsten Abschnitt noch
öfters zu erwähnendes Streitgedicht mit Dunbar, welches
ihn als einen ebenbürtigen Rivalen des letzteren auf dem
Gebiete der derben, sarkastischen poetischen Invective
erscheinen läßt. Kennedy wurde etwa ums Jahr 1460
in Airshire geboren, studirte in Glasgow, erwarb sich
dort in den Jahren 1476 und 1478 die üblichen
akademischen Grade, lebte längere Zeit auf dem Continent,
dann in Edinburg bei Hofe, hierauf in richterlicher
Stellung in seiner heimathlichen Grafschaft und scheint
dort bald nach 1507 gestorben zu sein. Von Kennedys Dichtungen müssen die werthvollsten und hervorragendsten verloren gegangen sein. Nach dem Zeugniß
Dunbars und Lyndesays war er einer der hervorragendsten Dichter seiner Zeit, und Douglas nennt ihn
sogar „den großen Kennedy". Was uns außer seinem
Antheil an dem oben erwähnten Streitgedicht aber noch
von seinen poetischen Leistungen[1]) erhalten geblieben ist,
rechtfertigt keineswegs jene Bezeichnung. Das beste
darunter ist sein „Lob des Alters", ein Gedicht, welches
den meisten moralisirenden Dichtungen Dunbars gleich-
zustellen ist. Von viel geringerem poetischen Werth
sind die religiösen Gedichte „Zum Preise unserer heiligen
Jungfrau" und „Das Leiden Christi". Sie sind sogar
inhaltlich an einzelnen Stellen recht geschmacklos, lassen
aber erkennen, daß Kennedy in Bezug auf technische

---

[1]) Herausgegeben von D. Laing im zweiten Bande seiner
Ausgabe Dunbars.

Kunstfertigkeit seinen großen Zeitgenossen Douglas und Dunbar kaum nachstand. Mit ihnen zeigt er auch die größte Verwandtschaft hinsichtlich der poetischen Diction, und wir dürfen wohl annehmen, daß diese drei Dichter: Kennedy, Douglas und Dunbar, vor allem aber die beiden letzteren, es waren, welche der Literatur jener Zeit, sowie auch der folgenden, hauptsächlich durch den geistesverwandten Sir David Lyndesay repräsentirten Jahrzehnte, vorwiegend den Stempel ihrer dichterischen Individualität aufdrückten.

Es wird zweckmäßig sein, die charakteristischen Eigenschaften der Dichtungsweise dieser drei hervorragendsten schottischen Dichter zunächst zum Unterschied von ihren hauptsächlichsten Vorgängern in Kürze hervorzuheben.

Die ältern schottischen Dichter, Barbour, Ardrew von Wyntoun und auch noch Blind Harry traten uns als eigenartige, selbstständige Schriftsteller entgegen. Sie zeigen sich ziemlich unbeeinflußt von der englischen Poesie, und der patriotische Ton ihrer Dichtungen stellt sie sogar in einen entschiedenen Gegensatz zur englischen Nationalität. Zum Unterschied hiervon lehnen sich die beiden hervorragendsten Dichter des fünfzehnten Jahrhunderts, König Jakob I. und Henryson, enge an die großen englischen Vorbilder, hauptsächlich an Chaucers Dichtungen aus dessen frühester und mittlerer Schaffenszeit an. Sie zeigen in Folge dessen einen großen Fortschritt in der Verfeinerung der poetischen Diction und Form, und der national-schottische Charakter ihrer Dichtungen tritt nur noch in einigen localen und patriotischen Anspielungen zu Tage.

Zu Ende des fünfzehnten Jahrhunderts und zu

Anfang des folgenden regt sich dann ein neuer Geist in
Schottland. Mit der schärfer hervortretenden Rivalität
des unter Jakobs IV. Herrschaft emporblühenden schottischen
Königreichs gegen England macht sich jetzt auch in der
Literatur eine dem entsprechende eigenartige Richtung
bemerkbar. Zwar konnte und wollte man sich dem noch
immer dominirenden Einflusse ein Dichter=Genius von
Chaucers Bedeutung nicht entziehen, aber es tritt von
jetzt an mehr und mehr das Bedürfniß und Streben
nach Eigenartigkeit in der Wahl der Stoffe und in der
Behandlung derselben zu Tage. Mit der Vorliebe des
Hofes für die Verbindung mit Frankreich macht sich
auch in der Dichtkunst eine gewisse Vorliebe für franzö=
sisches Wesen in Dichtungsformen und im poetischen
Ausdruck geltend, allerdings mit einer starken Mischung
gelehrt sein sollender, aber höchst manierirt ausfallender
latinisirender Zuthaten in der Diction, die unzweifelhaft
durch die auf den neugegründeten Universitäten eifrig
betriebenen classischen Studien mit veranlaßt und be=
fördert wurden. Schon in The King's Quair König
Jakobs I. tritt uns, wie bemerkt, diese Tendenz in ziemlich
deutlicher Weise entgegen, und es ist nicht zu läugnen,
daß er dazu bei seinen englischen Vorbildern Chaucer,
Gower und Lydgate die Anregung fand. Wer Chaucers
Frühlingsschilderung zu Anfang der Canterbury=Geschichten
etwa mit dem altenglischen Kuckckslied oder den von
ten Brink in seiner Geschichte der englischen Literatur
(S. 386 ff.) so meisterhaft übersetzten, gewöhnlich mit
Naturschilderungen eingeleiteten Liebesliedern oder mit den
geistlichen Liedern des dreizehnten Jahrhunderts vergleicht,
dem wird sofort der große Unterschied zwischen der echt
volksthümlichen, ungekünstelten, rein germanischen Aus=

drucksweise der Verfasser jener dem Volksliede nahestehenden Gedichte und der höfischen, stark mit französischen
Wörtern, aber auch mit gelehrten Vergleichen und
Wendungen ausgestatteten Diction der Dichter aus der
Zeit Richards II. und seiner Nachfolger klar werden.
Während nun aber jene Ausdrucksweise bei Chaucer und
seinen Zeitgenossen schon einen erheblichen Bestandtheil
der in den gebildeten Kreisen allgemein verständlichen
und gebrauchten Redewendungen ausmachte, können wir
bei den schottischen Dichtern des ausgehenden fünfzehnten
und beginnenden sechzehnten Jahrhunderts beobachten, wie
sie sich in ihrem übertriebenen, tendenziösen Streben nach
verfeinerter Ausdrucksweise förmlich eine neue, von der
in den gebildeten Kreisen gangbaren und verständlichen
Sprache völlig abweichende poetische Diction zu con-
struiren suchten.

Es tritt uns also in der schottischen Literatur dieser
Periode eine ganz ähnliche Erscheinung entgegen, wie
sie sich reichlich fünfzig Jahre später in der französischen
Literatur wiederholt. Nur daß die Dichter der Du
Bellay-Ronsard'schen Schule und Richtung in noch be-
wußterer, planmäßigerer Weise mit ihren gleichfalls unter
dem Einfluß der Renaissance erwachsenen Bestrebungen
vorgingen, die französische Sprache und Dichtung nach
dem Vorbilde der Alten und der Italiener zu reformiren.
In Schottland dagegen war der Ton, der von nun an
in der Dichtkunst angeschlagen wurde, mehr eine Mode-
sache, die sich zum Theil von selbst ergab aus dem Einfluß der französischen und klassischen Literatur einerseits
und aus dem Bedürfniß der Schotten andererseits, sich
von dem englischen Volk, wie in ihrer politischen Stellung,
so auch in ihrer Literatur zu emancipiren.

Der Erfolg aber war ungefähr derselbe, wie in der französischen Literatur zur Zeit der Plejade, nämlich ein unzweifelhafter Aufschwung der Dichtkunst in Bezug auf die poetische Gestaltungskraft in Inhalt und Form und die theilweise Entstellung der poetischen Redeweise durch Einführung einer beträchtlichen Anzahl künstlich gebildeter, aus dem Lateinischen, Griechischen und Französischen abgeleiteter pomphafter Wörter, welche die englischen Literarhistoriker sehr treffend als aureate terms zu bezeichnen pflegen. Der Frühling mit seiner Blüthenpracht, seinem Maiengrün und Vogelgesang, der Sonnenaufgang mit seinem alles belebenden, goldigen Licht und Schimmer, der Zephir mit seinem linden, säuselnden Hauch: das sind die Bilder, welche, obwohl bereits von Chaucers Meisterhand mit unübertrefflichen, weil der Natur nachgezeichneten Farben gemalt, auch von den ihm nacheifernden schottischen Dichtern dieser Periode mit Vorliebe für ihre poetischen Landschaftsmalereien, womit fast jedes größere Gedicht beginnen mußte, gewählt werden. Aber ganz im Gegensatz zu dem düsteren, nebelhaften Charakter ihres Landes lassen sie diese Bilder in einem so blendenden, goldigen Lichte erscheinen, wie sie die Sonne Italiens nicht strahlender hervorzaubern könnte. Um diesen Effect hervorzubringen, bedienen sie sich als der beliebtesten Hilfsmittel eben jener sogenannten „goldigen" Ausdrücke und Wendungen wie aureate, cristalline, goldyn, purpur, silver shouris, perly droppis, cristall air, sapher firmament etc. etc. Phoebus, Aurora, Lucina müssen dem Bilde gleichfalls ihre Strahlen leihen, und um dann den übrigen Theil der Dichtung dem pomphaften Eingang entsprechend durchzuführen, haben noch die sämmtlichen Götter und Göttinnen des Olymps: Venus, Flora, Juno, Diana,

Mercur, Mars und alle die anderen ihre Beihilfe zu leisten
und sich mit den verschiedenartigsten allegorischen Gestalten,
gewöhnlich den Hauptpersonen dieser Dichtungen zu vereinen,
um die Handlung in Gang zu bringen. Die berühmten
Schriftsteller des Alterthums, vor allem Homer, Tullius
(Cicero), Virgil, Dares, Dictys, Statius u. a. m. werden
citirt, um die Gelehrsamkeit und feine Bildung des Dichters
zu zeigen. Namentlich aber schmückt er in gleicher Absicht
seine Sprache, die ihm in ihrer natürlichen Ausdrucksweise roh und unvollkommen vorkommt, mit einer Menge
von Substantiven, Adjectiven und Verben aus, die er
gewöhnlich in etwas modificirter, d. h. dem englischen
Sprachgebrauch angepaßter Gestalt direct aus dem Französischen und Lateinischen, seltener und meist indirect auch
aus dem Griechischen entlehnt hat. Gerade so aber, wie
von den Du Bellay-Ronsard'schen Sprachbereicherungen
die meisten sehr bald wieder aus der französischen Sprache
verschwanden, so haben sich auch nur die wenigsten der
von den schottisch-englischen sprachverfeinernden Dichtern
neu eingeführten Ausdrücke im Englischen zu erhalten
vermocht, was leicht bei der Durchsicht einiger, im vorletzten Abschnitt zur Veranschaulichung dieser eigenartigen
Diction aus dem Dunbar'schen Gedicht „Ane Ballat of
our Lady" mitgetheilter Verse ersehen werden kann.

Gleichwohl ist nicht zu verkennen, daß diese Dichter
doch auch die Sprache und Denkweise ihrer Nation mit einer
Menge neuer, poetischer Ideen und öfters auch glücklich
gewählter neuer Ausdrücke bereichert haben. Auch werden
wir sehen, daß die drei hervorragenden Vertreter dieser
Richtung, Douglas, Dunbar und Lyndesay, keineswegs
für alle ihre poetischen Erzeugnisse, sondern hauptsächlich
nur für allegorische, didaktische und religiöse Gedichte sich

jener Ausdrucksweise bedienten; und selbst in solchen
Dichtungen, hauptsächlich aber in den humoristischen und
satirischen Gedichten, wie namentlich die beiden zuletzt
genannten sie schufen, treten sie uns als Geister von
einer Kraft und Originalität entgegen, wie die englische
Literatur vor Spenser, Marlowe und Shakspere deren
nicht wieder aufzuweisen hat.

Gawain oder Gavin Douglas, Bischof von
Dunkeld, war um etwa fünfzehn Jahre jünger, als Dunbar,
scheint aber eher, als dieser, dichterisch thätig gewesen oder
wenigstens mit seinen größeren allegorischen Dichtungen
den entsprechenden Gedichten Dunbars vorangegangen zu
sein, weshalb wir ihn hier noch diesen einleitenden Betrachtungen anreihen. Douglas gehörte, wie schon sein
Name kundgiebt, einer der berühmtesten und vornehmsten
Familien des Landes an, die von jeher an den wechselvollen Ereignissen des schottischen Königreiches den leb-
haftesten Antheil genommen hatte. Kein Wunder also,
daß sein eigenes Leben gleichfalls ein sehr bewegtes war.
Er war geboren im Jahre 1474 oder zu Anfang des
Jahres 1475 als der dritte Sohn des Earl Archibald
von Angus, wurde als jüngerer Sohn für den Kirchendienst bestimmt und erhielt demgemäß auf der Universität
von St. Andrews, wo sein Name sich zwischen den Jahren
1489 und 1494 eingetragen findet, eine gelehrte Erziehung, die, wie Irving annimmt, vielleicht noch auf
dem Continent vervollkommnet wurde. Eine Zeitlang
bekleidete er dann zunächst die Landpfarre zu Hauch
oder Prestonkirk und gleichzeitig diejenige zu Linton in
East Lothian, erhielt aber im Jahre 1501 auch noch
die einträgliche und hervorragende Stelle eines Probstes
an der St. Giles-Kirche zu Edinburg, als welcher er

im Jahre 1509 erwähnt wird. Während dieser Zeit,
die er vermuthlich theils in der Stadt, theils auf dem
Lande verlebte, schrieb er seine frühesten Dichtungen.
Im Jahre 1514 wurde er von der Königin Mutter, der
Wittwe des in der Schlacht von Flodden gefallenen
Königs Jakob IV., die sich noch vor Ablauf des Trauer=
jahres mit dem ritterlich schönen Archibald Douglas, dem
Neffen des Dichters, vermählt hatte, für die vacante
Abtei Aberbrothock und bald darauf für den erzbischöf=
lichen Sitz von St. Andrews beim päpstlichen Stuhl in
Vorschlag gebracht.

Im Vertrauen auf die Ernennung von Seiten der
Königin und den Einfluß seiner Familie nahm Douglas
alsbald auch in dem erzbischöflichen Palast seinen Wohn=
sitz. Indeß zwei mächtige Concurrenten, John Hepburn,
der Prior von St. Andrews, und Andrew Foreman,
der Bischof von Moray, machten ihm dieses höchste
Kirchenamt streitig. Der erstere vertrieb ihn daraus mit
Waffengewalt, und als es seinem Verwandten, dem Earl
von Angus, nicht gelang, den verlorenen Besitz zurück=
erobern, verzichtete Douglas aus freien Stücken darauf,
seine Ansprüche auf das Erzbisthum weiter zu verfolgen,
welches schließlich dem Bischofe Foreman zufiel. Im
nächsten Jahre wurde Douglas zum Bischofe von Dunkeld
ernannt, hatte aber wiederum mit Widerwärtigkeiten zu
kämpfen, da die Partei der Königin, welche durch ihre
rasche Vermählung den Unwillen des Landes erregt hatte,
inzwischen ganz machtlos geworden war. Sie hatte die
Vormundschaft über den jungen König Jakob V. und
die Regentschaft an den Herzog von Albany abtreten
müssen, der bald nach Uebernahme der Regierung gegen
Gawin Douglas die Anklage erhob, durch Intriguen mit

der Königin und dem Papst zur Erlangung geistlicher
Aemter die Gesetze des Landes verletzt zu haben. Er
wurde schuldig befunden und etwa ein Jahr lang in
verschiedenen Orten gefangen gehalten. Als er wieder
in Freiheit gesetzt war, gestattete ihm der Regent endlich,
sein Amt anzutreten, aber erst nach weiteren Verhand=
lungen und mit Hilfe einer bewaffneten Macht, jedoch
ohne Blutvergießen, gelangte Douglas dann in den Be=
sitz seines neuen Bisthums, dem er indeß bereits in den
beiden nächsten Jahren in Folge Uebernahme zweier
diplomatischen Missionen nach Frankreich und England
auf längere Zeit entzogen wurde, und dem er überhaupt
nur wenige Jahre seine an Frömmigkeit und Wohl=
thätigkeit ausgezeichnete oberhirtliche Sorge widmen konnte.
Denn als im Jahre 1521 der Regent nach fast vier=
jähriger Abwesenheit in Frankreich nach Schottland zurück=
gekehrt war, brachen heftige Verfolgungen über die Fa=
milie der Douglas herein. Der Earl von Angus floh
in die Grenzdistricte, und sein Oheim, unser Bischof
von Dunkeld, flüchtete sich nach England an den Hof
König Heinrichs VIII., des Bruders der Königin, der
ihn mit Auszeichnung aufnahm und ihm auch durch Ge=
währung einer namhaften Pension noch weiter seine
Gunst bezeugte. Als im Jahre 1522 der Krieg zwischen
Schottland und England ausbrach, wurde Gawain Douglas
auf Betreiben seiner Feinde als Landesverräther der
Einkünfte seines Bisthums für verlustig erklärt; ja,
er wurde sogar beim Papste verklagt und nach Rom
citirt, um sich zu verantworten. Indeß noch im selben
Jahre, bevor er seinen Entschluß, jener Aufforderung
Folge zu leisten, hatte ins Werk setzen können, erkrankte
er an der Pest und fiel derselben in dem kräftigen

Mannesalter von etwa 48 Jahren zum Opfer. Er wurde
in der Savoy-Kirche zu London begraben.

Gawain Douglas war berühmt bei seinen Zeitge=
nossen wegen seiner großen Gelehrsamkeit und genoß
auch als Dichter mit Recht eines bedeutenden Ansehens.
Es sind uns aber von ihm außer einem kleinen satirischen
Gedicht, betitelt Conscience, nur drei größere Dichtungen
erhalten, nämlich zwei Originalgedichte allegorischen In=
halts, betitelt „König Herz" und „Der Palast der Ehre",
vermuthlich beide zu der Zeit geschrieben, als er noch
Rector von Hauch und Probst der St. Giles-Kirche zu
Edinburg war, und außerdem eine Uebersetzung von
Virgils Aeneïs, während eine nach seiner eigenen Angabe
gleichfalls in seiner Jugendzeit geschriebene Uebersetzung
von Ovids De remedio amoris leider verloren gegangen ist.

Von den beiden zuerst genannten Dichtungen ist nur
die zweite, The Palace of Honour,[1] mit Sicherheit
zu datiren. Er hatte dies Werk, wie er in seiner am
22. Juli 1513 beendeten Virgilübersetzung bemerkt, etwa
zwölf Jahre vorher, also im Alter von 26 oder 27
Jahren geschrieben. Es ist ein Gedicht, welches alle
Eigenthümlichkeiten und Schwächen der allegorischen Dich=
tungsweise jener Zeit, namentlich die schon öfters hervor=
gehobene Vermengung christlicher Anschauungen und Ideen
mit den Gestalten und Vorstellungen der classischen My=
thologie an sich trägt. Der Dichter hat eine Vision,
selbstverständlich an einem Maimorgen in einem schönen
Garten, und auch die übrigen Züge der Allegorie tragen

---

[1] Gedruckt zuerst in London von Wm. Copland 1553 (?),
dann in Edinburg, 1579, wieder abgedruckt für den Bannatyne
Club und neuerdings in der Gesammtausgabe der Werke des
Gawain Douglas von John Small. Edinburg, 1874.

ganz den stereotypen Charakter dieser Dichtungsart. Es
würde den Rahmen dieser Skizze erheblich überschreiten,
wenn wir den Inhalt dieser umfangreichen Dichtung
einigermaßen genau mittheilen wollten; wir verweisen dafür auf die eingehende Analyse bei Irving. Die allgemeine Idee des Gedichts ist von George Ellis kurz dahin
präcisirt worden, daß es bezwecke, die Vergänglichkeit
und Unbeständigkeit des irdischen Ruhmes darzustellen
und zu zeigen, daß die Tugend die beste Führerin zur
Glückseligkeit sei. Dieser Plan ist von dem Dichter mit
einem großen Aufwand von Phantasie in der Gruppirung
und Vorführung seiner zahlreichen allegorischen Personificationen und mit einem fast noch größeren Aufgebot
an Gelehrsamkeit ausgeführt worden. Auch die Form
des Gedichts ist eine ungemein kunstvolle. Es ist nämlich
geschrieben in fünftaktigen Versen, die nur mittelst zweier
Reime zu neunzeiligen Strophen gebunden sind. Chaucer
scheint in seiner „Klage der schönen Aneliba an den
falschen Arcitas“ diese schwierige Strophenform zum
ersten Male angewandt zu haben, welche von Gawain
Douglas hier zu einem umfangreichen Gedicht benutzt
wurde und auch bei Dunbar und Lyndesay nach seinem
Vorgange noch wieder für kürzere Dichtungen Verwendung
fand. Die Annahme von Ellis, daß die Dichtung Le
séjour d’Honneur des Octavien de St. Gelais Douglas
als Quelle zu seinem Werke gedient habe, ist neuerdings
in einem längeren Aufsatz der Anglia (VI, S. 46 ff.)
bestätigt worden, wo der im Allgemeinen allerdings sofort ersichtliche und längst bekannte Einfluß Chaucers
auf Douglas’ Dichtungen, besonders die oben besprochene,
im Einzelnen nachgewiesen worden ist.

Die Abfassungszeit von Douglas’ zweitem allegorischen

Gedicht, King Hart,[1]) ist nicht mit Bestimmtheit anzugeben. Aus dem Umstande, daß der Dichter es nicht
mit dem oben betrachteten zusammen in seiner Virgilübersetzung erwähnt, ist Irving geneigt, den Schluß zu
ziehen, daß es nach diesem Werke, also nach 1513 abgefaßt sei, und der Verfasser des oben citirten Aufsatzes
schließt sich ihm an. Dagegen sprechen aber verschiedene
Umstände, so namentlich, daß der Dichter zu Ende seiner
Virgilübersetzung ausdrücklich erklärt, fortan sein Leben
und seine Thätigkeit nur noch dem allgemeinen Wohl
und der Ehre Gottes widmen zu wollen. Auch würde
ihm — und dies kommt vor Allem in Betracht — das
bewegte Leben, welches er in den folgenden Jahren führte,
wohl wenig Zeit und Stimmung zu dichterischer Thätigkeit gewährt haben. Vielleicht that er dieser Dichtung
aus irgend einem uns unbekannten Grunde an jener
Stelle absichtlich keine Erwähnung. Aus der einfacheren
Anlage und Form derselben (achtzeilige Strophen in der
gewöhnlichen Reimstellung a b a b b c b c) scheint es
uns sogar wahrscheinlich zu sein, daß sie vor der zuerst
betrachteten geschrieben wurde. Das Gedicht ist eine
allegorische Darstellung des menschlichen Lebens. Das
Herz, von dem alles Leben ausgeht, wird als der Mensch
selber personificirt. Das Herz ist daher in gewissem
Sinne der Herrscher, der König des Menschen, und sein
Hofstaat wird gebildet von den allegorisch gedachten
Eigenschaften der Jugend, der Stärke, des Leichtsinns 2c.;
auch die fünf Sinne treten als die Vasallen des Königs
auf. Das Schloß des König Herz wird nun angegriffen
von Königin Vergnügen, die von einer Schaar lieblicher

---

[1]) Erst von J. Small in seiner Ausgabe von Douglas' Werken
zum ersten Male herausgegeben.

Nymphen: Schönheit, Anmuth, Freiheit, Güte, Heiterkeit
und vielen andern anmuthigen Damen als ihren Bundes-
genoſſinnen begleitet wird. König Herz wird überwunden
und nebſt den Seinen gefangen genommen. Die Siegerin
ſucht ſeine Wunden zu heilen, verſchlimmert dieſelben aber
nur. Mitleid befreit endlich die Gefangenen; dieſe über-
winden ihre Gegnerinnen und ſetzen ſich in den Beſitz
der Feſtung. Nun aber appellirt die Königin an den
ritterlichen Sinn des Siegers; ſie überwindet ihn durch
ihre Reize; er vermählt ſich mit ihr, und ſie leben
lange Jahre vereint unter der Leitung von Liebe und
Wohlgefallen. Endlich aber naht ſich Alter ihrem Palaſt
und erzwingt ſich Einlaß. Jugend, Heiterkeit und Leicht-
ſinn machen ſich heimlich aus dem Staube. Gewiſſen
erſcheint am Thore und begehrt gleichfalls ungeſtüm Einlaß, ſo daß Thorheit und Laſter ſich verkriechen. Auch
Weisheit und Vernunft klopfen laut an. Königin Vergnügen erweiſt ſich als ſehr wankelmüthig und unzuver-
läſſig, ſo daß König Herz ſich auf Rath ſeiner neuen
Gefährten in ſein eigenes Schloß zurückzieht. Hier aber
wird er von Abgelebtheit mit ſeinen Genoſſen, Kopfweh,
Huſten und Lähmung belagert und alsbald ſchwer ver-
wundet. Er bereitet ſich auf den Tod vor, macht ſein
Teſtament und ſtirbt.

Die Allegorie iſt durchſichtig genug und auch im
Einzelnen öfters nicht ohne eine gewiſſe dramatiſche
Lebendigkeit ausgeführt. Indeß ſowohl „König Herz“, als
auch „der Palaſt der Ehre“ würden vielleicht nicht im
Stande geweſen ſein, dem Namen des Verfaſſers dieſer für
ihre Zeit hervorragenden und berühmten Dichtungen eine
größere Bedeutung für die Literaturgeſchichte zu verleihen,
als denjenigen vieler ſeiner früher erwähnten, aber faſt

ganz vergessenen Dichtergenossen, wenn er nicht durch
sein drittes Werk, die Uebersetzung des Virgil[1]), sich
unsterblichen Ruhm gesichert hätte.

In den Originalgedichten, mit denen er die einzelnen
Bücher seiner Uebersetzung eröffnet, giebt er einige Auskunft über die Abfassung seines Gedichts. Er bemerkt,
daß er es unternommen habe, auf Wunsch seines Vetters,
des Lord Sinclair, den er als einen Freund und Beschützer der Wissenschaften und Literatur preist. Ferner
sagt er, daß er es in sechszehn Monaten vollendet habe
und zwar, wie schon bemerkt, am 22. Juli des Jahres
1513, zwölf Jahre, nachdem er sein Gedicht The Palace
of Honour und die Uebersetzung von Ovids De remedio
amoris geschrieben habe.

Sein Werk ist nicht blos eine Uebersetzung der
zwölf Bücher des Virgil, sondern auch noch des von Mapheus
Vegius hinzugefügten Buches und enthält außerdem, wie
angedeutet, eine Anzahl selbstständiger Gedichte, die als
Prologe jedesmal den einzelnen Büchern vorangestellt
sind. Die Arbeit ist um so werthvoller und merk-
würdiger, als sie, abgesehen von den kaum hierher zu
rechnenden Metren des Boëtius, die erste englische Uebersetzung war, welche von den klassischen Dichtungen des
Alterthums überhaupt gemacht wurde. Sie ist mit großem
Geschick ausgeführt und zeugt von nicht geringer Kenntniß der lateinischen Sprache, sowie gleich großer Gewandtheit in der Wiedergabe des Ausdrucks. Douglas' Absicht
war, seinen Lieblingsdichter in klarer, allgemein verständ-
licher Sprache — broad and plain — wie er sagt, seinen
Landsleuten zugänglich zu machen. Dabei erhebt er sich aber

---

[1]) Vor Smalls Ausgabe zuerst schon gedruckt von Copland
in London 1553, dann zu Edinburg 1711.

nicht selten zu großer Kraft und Erhabenheit des Ausdrucks.
Nur der Versbau ist hier im Ganzen mit geringerer Sorgfalt
behandelt, als in seinen früheren, allegorischen Gedichten,
was indeß bei der Kürze der Zeit, die er auf die Abfassung
seiner Uebersetzung verwendete, nicht zu verwundern ist.

Die Genauigkeit und Treue, mit der er übersetzte,
macht sein Werk noch in anderer Hinsicht höchst werthvoll,
nämlich als Fundgrube für philologische und lexikalische
Aufschlüsse. Manche sonst dunkle altschottische Ausdrücke
bei ihm und anderen Schriftstellern haben schon durch die
entsprechende lateinische Wendung Virgils ihre Erklärung
gefunden. — So löblicher Genauigkeit sich Douglas be-
fleißigte in der Wiedergabe der Sätze und Wendungen
seines Autors im Allgemeinen, so wenig exact ist er in
Bezug auf die Namen, die er oft bis zur Unkenntlichkeit
entstellt. Auch scheut er sich nicht, gewisse Begriffe und
Verhältnisse des Alterthums zu modernisiren, wie dies
dem Geschmack und der Anschauungsweise seiner Zeit
entsprach. So verwandelt er die Sibylle in eine Nonne
und läßt den Trojanischen Baron Aeneas den Rosenkranz beten.

Die Prologe, welche den einzelnen Büchern vorangestellt sind, zeichnen sich durch große poetische Kraft und
Schönheit aus. Die Stoffe, die darin behandelt werden,
sind gewöhnlich Schilderungen landschaftlicher Bilder und
Stimmungen. Von besonderer Schönheit sind die Prologe
zum siebenten und zwölften Buche. Der erstere zu
Buch VII, ist eine Beschreibung des Winters, etwa
150 Zeilen umfassend, der letztere eine ebenfalls recht
umfangreiche und poetische Schilderung des Maimonats.
Die Uebersetzung ist geschrieben in paarweise reimenden
fünftaktigen Jamben (heroic verse), in denen die häufige

Anwendung der Alliteration besonders auffällig ist.
Doch nicht blos hierin trat der nationale Zug seiner
Dichtungsweise zu Tage; auch in seiner Diction be=
fleißigte er sich absichtlich und mit Vermeidung englischer
Wörter der populären national=schottischen Ausdrücke,
wie er denn auch zuerst den Ausdruck „schottische
Sprache" im Gegensatz zur englischen gebrauchte. Wo
es nicht anders geht, bemerkt er in der Vorrede, bediene
er sich aber auch der englischen Ausdrucksweise, und wie
im Lateinischen viele griechische Wörter vorhanden seien,
so habe er gleichfalls zu lateinischen, französischen und
englischen Wörtern seine Zuflucht genommen, wo die
schottischen Ausdrücke nicht ausreichten. Namentlich auch
mit Bestandtheilen aus den beiden von ihm zuerst ge=
nannten Sprachen ist seine Diction reichlich versetzt, und
wir gehen wohl nicht fehl, wenn wir diesem gelehrtesten
unter den schottischen Dichtern hauptsächlich die Einführung
jener oben charakterisirten, manierirten poetischen Rede=
weise zur Last legen, welche der Literatur jener Zeit
zum Theil ein so fremdartiges, unnatürliches Ansehen
verlieh.

Als Dichter zeichnete sich Douglas vor allem aus
durch eine reiche Phantasie, die ihm oft, unterstützt durch
eine vielseitige Gelehrsamkeit und große Belesenheit, eine
solche Ueberfülle von poetischen Bildern zuführt, daß die
Klarheit und Prägnanz des Ausdrucks in empfindlicher
Weise darunter leidet. In beiderlei Hinsicht wird er
tief in Schatten gestellt von demjenigen zeitgenössischen
Dichter, mit dem diese blühende Epoche altschottischer
Dichtkunst überhaupt ihren Höhepunkt erreichte, nämlich
von William Dunbar, dessen Leben und Wirken wir
uns jetzt zuwenden.

Zweiter Abschnitt.

Dunbars Leben.

Kein Geringerer, als Walter Scott ist es, der den altschottischen Dichter William Dunbar für den größten dichterischen Genius des schottischen Volks erklärte, — the excellent poet, unrivalled by any which Scotland ever produced —, für einen Dichter, welcher nur mit Chaucer zu vergleichen sei. Und zwar sprach er damit nicht etwa eine rein subjective Ansicht aus, die freilich aus dem Munde eines solchen Richters selbst als eine vereinzelte Meinungsäußerung schon vom allergrößten Gewicht gewesen wäre, sondern er gab nur seine ausdrückliche Billigung des unter den Literarhistorikern seiner Zeit allgemein feststehenden Urtheils über die dichterische Bedeutung Dunbars zu erkennen, wenn er sagte: „Dieser Liebling der schottischen Musen ist mit Recht auf dieselbe Stufe mit Chaucer gestellt worden von jedem Richter in Sachen der Poesie, dem seine veraltete Sprache ihn nicht unverständlich gemacht hat." Damit deutet er zugleich auch den Grund an, weshalb die Dichtungen Dunbars sowohl in England, als auch auf dem Continent bisher erst ein vorwiegend literarhistorisches Interesse erregt und nur geringe Verbreitung und Würdigung in weiteren Kreisen gefunden haben. Theilt nun auch der schottische Barde hiemit nur das gleiche Geschick anderer hervor=

ragender Geister des schottisch=englischen Volks jener Zeit,
so ist es auf den ersten Blick weniger leicht erklärlich,
daß seine Dichtungen, obwohl sie ihm persönlich Ruhm
und Anerkennung von seinen Zeitgenossen in reichem
Maße verschafften, so bald und so gänzlich der Ver=
gessenheit anheimfallen konnten. Und doch braucht man
auch hierfür nicht lange nach den Ursachen zu fragen.

Die für Schottland so verhängnißvollen Kriege mit
England während der ersten Hälfte des sechszehnten Jahr=
hunderts, die fanatischen Ausschreitungen während der
folgenden Reformationszeit, welche in noch höherem Maße,
als jene verheerenden Einfälle der Engländer, die Ver=
nichtung mancher werthvoller Bücherschätze und Manuscript=
sammlungen der Klosterbibliotheken zur Folge hatten,
konnten der Erhaltung der Denkmäler der schönen Li=
teratur in einer so wild bewegten Zeit nicht förderlich sein.
So ist es erklärlich, daß von den Werken zahlreicher
Dichter, wie Alexander Traill, Sir John Roß, Quintyne
Shaw, Patrick Johnstone, James Affleck, Sir Mungo
Lockhart und reichlich einem halben Dutzend anderer, die
nach Dunbars Angabe in seinem Lament for the Ma=
karis während der Regierungszeit Jakobs IV. blühten,
keine Zeile auf uns gekommen ist. Dunbar und sein
gelehrter, wenn auch viel weniger genialer Zeitgenosse
Douglas sind in dieser Hinsicht von einem freundlicheren
Geschick begünstigt worden. Indeß wenn wir bedenken,
daß viele der Gedichte Dunbars einen rein persönlichen
Charakter trugen, sozusagen Tagesliteratur waren, also
sehr leicht mit dem schnellen Verschwinden des persönlichen
Interesses gänzlicher Vergessenheit hätten anheimfallen
können (wie es mit manchen verwandten Dichtungen
jener Zeit unzweifelhaft geschehen ist), so liefert doch

gerade die Aufzeichnung und Ueberlieferung so verhältniß=
mäßig zahlreicher Gedichte dieses Dichters den besten
Beweis für die richtige Werthschätzung derselben von
Seiten jener wenigen auserlesenen Geister, welche sich
während einer von politischen und religiösen Partei=
kämpfen leidenschaftlich erregten Zeit noch für die Er=
haltung und das Studium der vaterländischen Literatur
interessirten. Chepman und Myllar, die ersten Buch=
drucker Schottlands, welche 1508, also noch zu Lebzeiten
des Dichters und vermuthlich mit seiner Beihilfe, einige
seiner Dichtungen druckten, dann der Schreiber des um
1515 zusammengestellten, leider fast zur Hälfte verlorenen
Asloane Manuscripts, namentlich aber George Banna=
tyne, ein Edinburger Bürger, und Sir Richard Mait=
land, Senator des Justizcollegiums und Lord Siegel=
bewahrer von Schottland, welche, der erstere 1568, der
zweite fast gleichzeitig Sammelbände interessanter Dich=
tungen ihres Volks schriftlich zusammenstellten, endlich auch
John Reidpeth, welcher 1623 namentlich auf Grund=
lage des Maitland Manuscripts eine ähnliche Sammlung
anlegte, — das sind die Männer, denen die Erhaltung
vieler werthvollen Schätze der älteren schottischen Literatur,
zumal auch der Dichtungen William Dunbars, zu danken
ist. [1] Abgesehen von diesen wenigen, aber allerdings um
so werthvolleren Kundgebungen des Interesses für den
einst so berühmten und gefürchteten Hofpoeten König
Jakobs IV., sowie von einer Erwähnung desselben in
den Werken des Hofdichters Jakobs V., Sir David
Lyndesays, der ihn 1530 unter den damals verstorbenen

---

[1] Vereinzelte Gedichte sind von Laing auch in andern Ma=
nuscripten entdeckt worden.

schottischen Dichtern aufzählt, und des Herausgebers der
Werke dieses Dichters, der noch 1568 Dunbar und
Kennedy ein Wort anerkennender Erinnerung zollt, blieb
selbst sein Name bis zu Anfang des achtzehnten Jahr=
hunderts völlig vergessen. Der Dichter Allan Ramsay
war es, der im Jahre 1724 die Aufmerksamkeit zuerst
wieder auf ihn hinlenkte durch seine Sammlung alt=
schottischer Gedichte, welche er auf Grund des Bannatyne=
Manuscripts veröffentlichte unter dem Titel The Ever-
green, a collection of Scots poems, wrote by the In-
genious before 1600, published by Allan Ramsay, Edinburgh, 1724. 12⁰. 2 vols. – Ramsay war seiner Aufgabe als
Herausgeber nicht gewachsen und ging manchmal ziemlich
willkürlich mit den oft schwer zu entziffernden Texten um.
Gleichwohl erwarb er sich doch das große Verdienst, das
Interesse für die ältere schottische Literatur wieder erregt
und hervorragende Dichter, wie Dunbar und andere,
wieder zu Ehren gebracht zu haben. Auf ihn folgte der
als Textkritiker zuverlässigere Lord Hailes, [1] ferner
Pinkerton [2] und Sibbald, [3] welche gleichfalls
Sammlungen vermischter altschottischer Gedichte veröffent=
lichten. Das Buch von Lord Hailes namentlich, in welchem
Gedichte von William Dunbar einen erheblichen Raum
einnehmen, trug wesentlich dazu bei, den Dichter zuerst

---

[1] Ancient Scottish Poems. Published from the MS. of
George Bannatyne, 1568. Edinburgh: printed by A. Murray
and L. Cochran, for John Balfour, 1770, 12⁰ und Leeds 1817, 8⁰.

[2] Ancient Scottish Poems, never before in print. But
now published from the MS. Collections of Sir Richard Maitland
of Lethington, Knight, etc. by John Pinkerton. London, 1786.
2 vols. 8⁰.

[3] Chronicle of Scottish Poetry; from the 13th Century
to the Union of the Crowns. Edinburgh, 1802. 4 vols. 8⁰.

die in der englischen Literaturgeschichte ihm gebührende
Stellung einnehmen zu lassen, seitdem Thomas Warton in
seiner History of English Poetry auf Grundlage jenes
Buches das englische Volk mit den drei nach seiner
Ansicht hervorragendsten Dichtungen Dunbars, betitelt
„Der Tanz der sieben Todsünden", „Die Distel und
die Rose" und „Der goldene Schild" durch eingehende
Analysen und eine höchst anerkennende, wenn auch wegen
des ihm unvollständig vorliegenden Materials noch un-
genügende und einseitige kritische Würdigung bekannt
gemacht hatte. Auch David Irvings History of
Scottish Poetry (Edinburg, 1861) fußt noch, soweit
Dunbar in Betracht kommt, auf jenen Sammelwerken
altschottischer vermischter Dichtungen. Eine vollständige
Ausgabe aller bis jetzt bekannten Dichtungen Dunbars
war freilich schon 1834 veranstaltet worden von David
Laing unter dem Titel: The Poems of William
Dunbar, now first collected, with notes and a
memoir of his life. Edinburgh, 1834. 8⁰. 2 vols.
Dies mit großem Fleiße ausgearbeitete Werk, dessen
zweiter Band, abgesehen von den darin veröffentlichten,
Dunbar zugeschriebenen Gedichten, dem Streitgedicht
(Flyting) zwischen Dunbar und Kennedy, sowie einigen
Gedichten dieses letzteren Dichters, hauptsächlich aus eingehenden erklärenden Anmerkungen und einem kurzen
Glossar besteht, fand aber nur so geringen Absatz, daß die
unverkauft gebliebene eine Hälfte der Auflage für reichlich
zwei Jahrzehnte vom Herausgeber, der das Werk in ver-
änderter und vervollständigter Gestalt neu zu ediren ge-
dachte, dem Verkauf entzogen wurde. Das Buch scheint
dadurch so selten geworden zu sein, daß es selbst dem
Verfasser der oben erwähnten schottischen Literaturgeschichte

unbekannt blieb. Erst im Jahre 1855 wurden die noch
vorhandenen Exemplare mit einem dem ersten Bande
einverleibten Supplement, welches einige von dem Heraus=
geber inzwischen entdeckte weitere Gedichte Dunbars, er=
klärende Noten zu diesen und den früheren, geschichtliche
Ergänzungen 2c. enthält, aufs Neue dem buchhändlerischen
Verkehr übergeben, in welchem sie seitdem nur zu hohen
Preisen zu erwerben gewesen sind. Zwei Jahre vorher
war eine modernisirte und popularisirte Ausgabe der
Dunbarschen Gedichte in einem Bande erschienen unter
dem Titel: The Works of William Dunbar including
his life by James Paterson. Edinburgh, 1863. 8⁰,
welche von Laing in einer Anmerkung zur Vorrede seines
Supplements nicht ohne Grund als „a most cool and im-
pudent attempt at appropriation of the contents of
these volumes" bezeichnet wurde, gleichwohl aber doch auch
einige von ihm unabhängige Bemerkungen und Angaben
enthält. Laings Ausgabe dient selbstverständlich unseren
weiteren Ausführungen als Grundlage, sowie wir auch
für die nachstehenden Mittheilungen über Dunbars Leben
im Wesentlichen auf Laings Forschungen und Angaben
fußen.

Nachrichten über Dunbars Leben und persönliche
Verhältnisse sind nur in sehr spärlichem Maße auf uns
gekommen. Abgesehen von einigen, meist von Laing auf=
gefundenen, wichtigen Notizen in den Registern der
Universität St. Andrews und in den Rechnungsbüchern
des Schatzkammeramtes bilden die vielen, aber leider
zumeist dunkeln Andeutungen über seine persönlichen
Verhältnisse und Erlebnisse, welche in seinen eigenen
Gedichten, sowie in seinem Streitgedicht mit Kennedy,
namentlich in den von diesem herrührenden Strophen

enthalten jind, die wichtigſte Grundlage für ſeine Bio=
graphie und den Verlauf ſeiner dichteriſchen Thätigkeit,
reſp. für die mehr oder weniger genaue Datirung ſeiner
einzelnen Gedichte; und namentlich in dieſer letzteren
Hinſicht iſt aus jenen Quellen unter Berückſichtigung der
ſonſtigen Zeitumſtände doch etwas mehr zu gewinnen, als
es Laing bei der erſten, höchſt verdienſtvollen Zuſammen=
ſtellung derſelben gelungen iſt.

Zunächſt wird es rathſam ſein, einige Bemerkungen
über das oben erwähnte Streitgedicht, dieſe noch oft zu
citirende biographiſche Quelle, voranzuſchicken.

The flyting of Dunbar and Kennedy iſt eine höchſt
ſeltſame, von perſönlichen Anſpielungen beider Dichter
auf einander und auf ſich ſelber angefüllte poetiſche Com=
poſition, die hinſichtlich ihrer künſtleriſchen Idee un=
zweifelhaft auf den Einfluß der altfranzöſiſchen Dichtungs=
gattungen des jeu-parti und des servontois zurückzuführen
iſt, obwohl gewiſſe Arten verwandter poetiſcher Dis=
putationen, nämlich ſolche, in denen ein Dichter im
Namen zweier mit einander ſtreitender Perſonificationen
zwei verſchiedene, reſp. entgegengeſetzte Auffaſſungen einer
Frage erörtert, ſchon in der angelſächſiſchen und alt=
engliſchen Dichtung vorkommen. [1] Das altfranzöſiſche
jeu-parti aber (der provenzaliſchen Tenzone, tensos =
Streitgedicht, von contentio, nachgebildet) beruht darauf,
daß ein Dichter einem andern zwei Sätze vorlegt,
die ſich in der Regel widerſtreiten und ihn auffordert,
ſich für einen derſelben zu entſcheiden. Der Angeredete

---

[1] Hierher gehören z. B. das angelſächſiſche Gedicht The de-
bate between the body and the soul, das altengliſche Gedicht
The owl and the nightingale u. a. m.

verficht seine Meinuug, worauf der erstere erwiedert; so
dauert der Streit Strophe um Strophe fort, bis zuletzt
ein oder mehrere Schiedsrichter, die dann als britte oder
vierte Person auftreten, angerufen werden, um den Streit
zu entscheiden. Die Stoffe, die in diesen vorwiegend
als Spiele des Witzes anzusehenden Gedichten behandelt
wurden, gehörten in der Regel dem Gebiet der Minne
oder Galanterie an. Das servventois (Dienstgedicht, wo=
bei Lob= und Rügegedichte zu unterscheiden sind) drehte
sich dagegen, namentlich als Rügegedicht (gegen die Feinde
derjenigen Person, welcher der Dichter huldigt) haupt=
sächlich um Fragen des öffentlichen Lebens, politische und
religiöse Zustände, oder auch um persönliche Verhältnisse und
hatte daher einen vorwiegend satirischen, oftmals durch
Schmäh= und Schimpfreden gekennzeichneten Charakter.

In dem Streitgedicht zwischen Dunbar und Kennedy
nun tritt uns der Inhalt dieser Dichtungsart in der
Form des jeu-parti entgegen, welches auch noch inso=
fern seinen Einfluß geltend macht, als das Wortgefecht
zwischen beiden Dichtern trotz aller Derbheit und Rück=
sichtslosigkeit der Ausdrucksweise nicht als ein ernstge=
meintes, sondern eben auch nur als ein Spiel des Witzes
und übermüthiger Laune anzusehen ist. Denn in seinem
vermuthlich nur wenige Jahre nach dem Flyting ge=
schriebenen Klaggedicht auf die verstorbenen Dichtergenossen
(Lament for the Makaris) thut Dunbar seines damals
todtkranken Gegners mit folgenden liebevollen Worten
Erwähnung:

> Der gute Walter Kennedy
> Erhebt vom Krankenbett wohl nie
> Sich mehr; wie traurig doch, o weh!
> Timor mortis conturbat me.

Walter Kennedy nahm als Dichter gleichfalls eine her=
vorragende Stellung ein. Leider sind uns aber, wie
schon bemerkt (vgl. S. 42), nur geringe Reste seiner
poetischen Thätigkeit erhalten geblieben, worunter sein
Antheil an dem Flyting entschieden nach Umfang und
Inhalt der werthvollste ist.

The Flyting besteht aus vier Theilen und wird von
Dunbar eröffnet mit einem an Sir John Roß gerichteten
dreistrophischen Gedicht, worin er sagt: „Es ist von Kennedy
und Quintyne (von ihm ebenso, wie Sir John Roß in
dem Complaint for the Makaris als damals verstorben
erwähnt) unlängst ein Ding geschrieben worden, worin
sie einander in übertriebener Weise loben; hätten sie
gewagt, jemanden anzugreifen und Streit anzufangen, so
würde, obwohl ich mich als Dichter scheuen würde, un=
rühmliche Schmähreden zu äußern, dennoch nichts sie vor
meinem Zorn haben schützen können, der so schrecklich
sein würde, daß Erde und Himmel, ja sogar die Teufel
in der Hölle erzittern würden, so daß man die Sturm=
glocke läuten müßte." Auf diesen Angriff antwortet dann
Kennedy in ziemlich derber und provozirender Weise,
gleichfalls in drei Strophen, wenn die Ueberlieferung
richtig ist. Hierauf erwidert Dunbar in einem längeren,
aus 25 Strophen mit den ärgsten Schimpfreden, per=
sönlichen Angriffen und Schmähungen angefüllten Gedicht,
welches dann zum Schluß eine in ähnlichem Tone ge=
haltene, 38 Strophen lange Entgegnung Kennedys her=
vorruft. Aus der Erwiderung Dunbars (also seinem
zweiten Gedicht) ist zu schließen, daß er seine erste Heraus=
forderung kurz vor dem Antritt einer Seereise nach dem
Continent geschrieben hatte und aus Kennedys zweiter
Entgegnung, daß dieser Dichter seine Replik während

des Aufenthalts seines Gegners in Paris abfaßte. Wann
dieser Aufenthalt vermuthlich stattfand, davon wird weiter
unten die Rede sein. Sir John Roß und Quintyne,
die bei diesem Wortgefecht wahrscheinlich als Secundanten
oder Schiedsrichter fungiren sollten, haben sich nicht weiter
daran betheiligt. Wenigstens ist uns von ihrer etwaigen
poetischen Theilnahme an dem Kampf nichts überliefert
worden. Das Streitgedicht zwischen Dunbar und Kennedy
würde von größerem biographischen Werthe sein, als es
thatsächlich ist, wenn die darin enthaltenen persönlichen
Anspielungen im Ausdruck und in ihren Beziehungen
weniger dunkel wären, und wenn wir nicht immer mit
den Uebertreibungen der sich gegenseitig in derb humoristischer Weise verhöhnenden Dichter zu rechnen hätten.
Indeß wenn wir von den bloßen Schimpfwörtern und
Scheltreden, die allerdings einen beträchtlichen Raum
einnehmen, absehen, so muß den Anspielungen auf die
beiderseitigen persönlichen Erlebnisse und Beziehungen
doch immer ein gewisses Quantum Wahrheit zu Grunde
liegen, falls die mit denselben beabsichtigte Satire nicht
unverständlich und wirkungslos bleiben sollte. So dient
denn dies Gedicht in biographischer Hinsicht hauptsächlich
dazu, die aus den andern Dunbar'schen Dichtungen zu
entnehmenden Angaben und Muthmaßungen zu stützen
oder zu bestätigen und zu präcisiren. —

William Dunbar entstammte einem alten und vornehmen Geschlecht, dessen Genealogie sich bis kurz nach
der normännischen Eroberung zurückverfolgen läßt. Unmittelbar nach diesem Ereigniß nämlich ließ sich Cos-
patrick, Earl von Nordhumberland, in Schottland nieder,
woselbst er durch Heirath zu Malcolm Canmore in ver-
wandtschaftliche Beziehung trat, von dem er die Herrschaft

5*

Dunbar und andere Güter in Lothian und Merse er=
hielt. Der vierte Earl dieses Geschlechts führte gegen
Ende des zwölften Jahrhunderts zuerst den Titel eines
Earl von Dunbar, der achte Earl zu Ende des folgenden
denjenigen eines Earl von March. Daß die Vorfahren
unseres Dichters diesem alten, hervorragenden Adels=
geschlechte entstammten, wird in bestimmtester Weise von
Walter Kennedy in dem Streitgedicht bestätigt, wo dieser
ihm (V. 257—264) vorwirft, daß er Cospatricks, des
Earl von March's Clan angehöre, welcher dadurch, daß
er sich der englischen Partei anschloß, Schottland vor=
mals in Wirren gestürzt habe. Während er Dunbar
dann noch weiter im Verlaufe des Gedichts die Ver=
räthereien dieses und anderer seiner Vorfahren entgegen=
hält, weist er ausdrücklich (V. 385—388) darauf hin,
daß der Dichter mit dem Geschlecht eines andern Dunbar,
des Earl von Murray, welcher stets dem König treu ge=
wesen, nichts gemein habe. Diese Linie war angesehen
und reich begütert, während die Linie des Earl von March,
dadurch, daß der elfte Earl dieses Namens im Jahre
1434 seiner Würde und Ländereien verlustig erklärt
wurde, in Dürftigkeit gerieth. Diese Anspielungen
Kennedys auf die in ihrem Ansehen und Besitz reducirte
Stellung der Abkömmlinge des Earl von March konnten
nur, wie Laing mit Recht hervorhebt, als Schmährede
verständlich und wirkungsvoll sein, wenn des Dichters
Angehörigkeit an diese Familie allgemein bekannt war,
und um so rücksichtsloser wird dadurch das Pochen des
begüterten Kennedy auf seinen Besitz gegenüber der
Bettelarmuth seines Gegners, die er ihm in nachdrück=
lichster Weise ins Gesicht schleudert. Von Zartgefühl ist
übrigens, wie schon bemerkt, auf beiden Seiten in diesem

aus Erwähnung wirklicher Thatsachen und maßlosem, oft unfläthigem Schimpfen in seltsamer Weise zusammengesetzten Zankduett nirgends etwas zu finden. Wenn demnach Dunbar dem Kennedy seinen täglichen Umgang mit Schafen und Gänsen in einem abgelegenen Gebirgsthal spöttisch vorwirft (V. 153—160), so erhält er diese Freundlichkeit reichlich von Seiten seines Gegners vergütet, der ihm zuruft: „Es ist wahr, ich züchte Gänse und Schafe, aber ich habe auch Geld und Gut; deine Börse aber ist leer, und deine einzige Habseligkeit ist ein Strick, dich in Montfaucon (der Richtstätte in Paris, wo Dunbar sich damals wohl aufhielt) daran aufzuknüpfen" (V. 362—368).

William Dunbar war geboren nach seiner eigenen Angabe (Flyting, V. 110) in der Grafschaft Lothian; aber weder das Jahr, noch der Ort seiner Geburt ist mit Sicherheit zu bestimmen. Allan Ramsay nannte das Dorf Salton in Norlothian als seinen Geburtsort, was aber, wie Laing nachgewiesen hat, auf einer irrthümlichen Entzifferung der betreffenden Stelle der Handschrift beruht.[1] Das Geburtsjahr des Dichters kann nicht später, als 1460 angenommen werden, eher aber, wie wir sehen werden, um einige Jahre früher. In der Grafschaft Lothian, und zwar in Norlothian, lebte um diese Zeit als ein Zweig der degradirten Linie der Earls von March, welcher der Dichter also angehört haben muß, das Geschlecht des Sir Patrick Dunbar von Beill, eines jüngeren Sohnes von George, zehntem Earl von March. Von den Söhnen jenes Sir Patrick Dunbar wird einer im Jahre 1340 in einem gerichtlichen Dokument als

---

[1] Vgl. The Poems of Wm. Dunbar ed. by D. Laing, II, p. 429—432.

Magister William de Dunbar bezeichnet. Vermuthlich
war dies des Dichters Vater oder Oheim, dessen Vor=
name gleichfalls auf ihn überging, da es mit sonstigen
sicheren Nachrichten über seine Person nicht zu verein=
baren wäre, jenes Dokument auf ihn selber zu beziehen.
Die ersten Lebensjahre unseres William Dunbar sind in
Dunkel gehüllt. Vermuthlich wurde er schon als Kind
für den geistlichen Stand bestimmt. Er selbst weist in
einem seiner vielen poetischen Bittgesuche an den König
(I, p. 163, V. 61—65) in scherzhafter Weise darauf hin
mit den Worten:

> Mich rief die Amme auf ihrem Knie:
> Dandely, Bischof, Dandely!
> Und nun ich schon das Alter spür',
> Bracht' ich's zum armen Vicar nie!
> Das viele Grübeln schadet mir!

Sicherlich erhielt er eine gelehrte Erziehung, was schon
aus der ständigen Bezeichnung Maister William Dunbar,
wie er später allgemein genannt wird, mit Wahrscheinlich=
keit hervorgehen würde. Außerdem aber können wir dies
mit einiger Sicherheit daraus schließen, daß sich in den
Registern der Universität St. Andrews, wie Laing ent=
deckt hat, unter den Determinantes oder Bachelors of
Arts des St. Salvator College vom Jahre 1477 der
Name eines William Dunbar eingetragen findet, dem
zwei Jahre später, 1479, der Grad eines M. A. (magister
artium) zu Theil wurde. Da der Grad eines B. A.
erst nach dreijähriger Studienzeit erlangt werden konnte,
so ergiebt sich, wenn wir mit Laing das Alter des
Dichters bei seinem Eintritt in das Collegium um 1477
auf mindestens 15—16 Jahre schätzen, daß er spätestens
um 1460 geboren sein mußte. Indeß ist es wahrschein=

lich, daß er einige Jahre früher, etwa um 1456 oder
1457 geboren war, demnach im Alter von 17 Jahren
die Universität bezog und daselbst als zwanzigjähriger
Jüngling den ersten wissenschaftlichen Grad erlangte.
Die Annahme dieser früheren Jahreszahl als Zeitpunkt
seiner Geburt steht auch mit anderen Angaben über
seine späteren Lebensverhältnisse besser in Einklang.

Ob Dunbar nach Beendigung seiner Studien in
St. Andrews dieselben noch an einer fremden Universität
fortgesetzt hat, darüber fehlt es an näheren Angaben,
wie wir denn überhaupt für seine Lebensjahre von 1480
bis 1499 keinerlei bestimmte Nachrichten besitzen, sondern
nur aus einzelnen Mittheilungen und Andeutungen in
seinen Gedichten uns eine ungefähre Vorstellung über
seine Lebensweise bilden können. Zwei Dichtungen sind
in dieser Hinsicht von besonderem Interesse, nämlich das
schon mehrfach erwähnte Streitgedicht zwischen ihm und
Walter Kennedy und ein anderes, betitelt „Der Besuch
des heiligen Franziscus", geschrieben, wie sich aus dem
Inhalt mit Bestimmtheit ergiebt, in seinem späteren
Lebensalter, im ersten Decennium des sechszehnten Jahrhunderts, als er bereits sehnsüchtig nach einem höheren
Kirchenamt ausblickte. Aus diesem Gedicht geht hervor,
daß er in seiner Jugend vermuthlich als Novize in den
Franziskanerorden eingetreten war und also wahrscheinlich
auch, wie Laing meint, einige Zeit in dem von König
Jakob I. ums Jahr 1446 gestifteten Kloster dieses Ordens
zu Edinburg, wo Theologie und Philosophie gelehrt
wurde, zugebracht hatte. In der Tracht jener Bettel-
mönche durchzog er dann, wie wir weiter aus dem Gedicht erfahren, England und die Picardie, ohne aber
auf die Dauer an diesem Stand und Leben, wovon er

ein keineswegs vortheilhaftes Bild entwirft, Gefallen zu
finden. Wir lassen das originelle Gedicht, welches sehr
geeignet ist, von den freisinnigen Ansichten und dem
eigenartigen, sarkastischen Humor des Verfassers sofort
einen richtigen Begriff zu geben, hier in der Uebersetzung folgen:

Der Besuch des heiligen Franziscus.

I.   Vergang'ne Nacht, kurz vor der Dämm'rung Schein,
    Trat Sanct Franziscus, glaubt' ich, bei mir ein
    Mit einer frommen Mönchskutt' in der Hand
    Und sprach: „Mein Sohn, komm' her, nimm dies Gewand,
    Verlaß die Welt, du sollst ein Mönch nun sein."   5

II.   Vor ihm und seinem Kleid hat mir gegraut,
    Als hätt' ich plötzlich ein Gespenst geschaut.
    Aufs Bett, so schien es mir, legt' er es schon,
    Doch hastig sprang ich auf und lief davon,
    Und nie hätt' ich zu nähern mich getraut.   10

III.   Er sprach: „Dies heil'ge Kleid erschreckt dich gar?
    Zieh's an, denn tragen mußt du's offenbar.
    Venus' Gesetze lehrt'st du lange Zeit,
    Nun predige als Mönch in diesem Kleid;
    So zaudre nicht, es ist ganz ohn' Gefahr."   15

IV.   Ich sprach: „Franziscus, dir sei Ehr' erwiesen,
    Und deine gute Absicht sei gepriesen,
    Daß du so gütig giebst die Kutte her.
    Doch sie zu tragen war nie mein Begehr;
    Nur darfst du, Heil'ger, d'raus nichts Böses schließen. 20

V.   In frommen Schriften hab' ich oft gelesen,
    Daß manche Bischöf' Heilige gewesen,
    Doch Mönche, — das ist eine Seltenheit;
    Drum geh' und bringe mir ein Bischofskleid,
    Wenn du zum Himmel meine Seel' erlesen." —   25

VI. „Oft haben dich die Brüder schon gebeten
Mit Briefen und mit Bitten und mit Reden,
Die Kutt' zu tragen; stets bist du entkommen.
Nun heißt's: ohn' Widerrede sie genommen!
Nicht sind Entschuldigungen mehr von Nöthen." — 30

VII. „Wenn jemals Mönch zu sein mein Schicksal war,
So ist die Zeit herum schon manches Jahr.
In Englands lust'gen Städten, wo nur je
Ich mich verweilt', von Berwick bis Calais,
Bracht' dies Gewand manch guten Schmaus mir dar. 35

VIII. Viel Schelmerei trieb ich im Mönchsgewand,
In ihm ich pred'gend auf der Kanzel stand
In Canterbury und auch in Darnton mal,
Und dann bei Dover kreuzt' ich den Kanal,
Zog lehrend dann durch das picard'sche Land. 40

IX. So lange als ich trug ein mönchisch Kleid,
Verübt' ich manche Niederträchtigkeit.
Jedem zu schmeicheln war ich falsch genug;
Kein heil'ges Wasser tilgt je den Betrug;
Zu jedem Schelmstück war ich stets bereit." — 45

X. Der Mönch, der als Franziscus mir erschien,
Der Böse war's in Mönchsgestalt und Mien'.
Mit Rauch und mit Gestank er dann entwich,
Mir schien's, das ganze Dach riß er mit sich,
Und ich erwacht' mit ganz verwirrtem Sinn. 50

Auch Kennedy läßt es sich in The Flyting (425—432)
nicht entgehen, seinem Gegner diese abenteuerliche Zeit
seines Lebens vorzuwerfen, indem er sagt, daß jener
von Ettrick Forest bis Dumfries in allen Kirchen als
Ablaßkrämer gebettelt und, als er es in Schottland
schon zu arg getrieben, in seinen unhonest wayis all,
die der Dichter ja auch selber mit großem Freimuth zu-

giebt, sich nach Frankreich begeben habe, to be a knight of the field.

Aus diesem Hinweise Kennedys, daß Dunbar in Frankreich wieder in anderer Maske und Eigenschaft aufgetreten sei (oder soll der Ausdruck hier „brandschatzen" bedeuten?), sowie auch aus den eigenen Wendungen des Dichters, der nie direct sagt, daß er wirklich Mönch gewesen, sondern immer nur, daß er in Mönchstracht umhergezogen sei und allerlei schelmische und arge Streiche verübt habe, dürfen wir vielleicht schließen, daß er vor seiner Aufnahme in den Orden aus dem Kloster entwichen war und dann unberechtigter Weise die Mönchstracht noch längere Zeit beibehielt, weil sie ihm das bequemste Mittel bot, seiner Abenteuer- und Reiselust fröhnen und dabei auf leichte Art überall Unterkunft und Lebensunterhalt finden zu können. Dunbar selbst wirft in seinem Spottgedicht „Auf den verkappten Mönch von Tungland" diesem Abenteurer vor, daß er, um der Taufe zu entgehen, einen Mönch erschlagen und dann dessen Gewand getragen habe. Es muß also wohl nichts Ungewöhnliches gewesen sein, daß Leute unberechtigter Weise in Mönchstracht im Lande umherzogen, um die Privilegien dieses Standes zu genießen, und der Dichter scheint auch hier bei dieser übertrieben ausfälligen Bemerkung gegen den Abt von Tungland die eigenen Erfahrungen verwerthet zu haben.

Wie lange Dunbar dieses lockere, abenteuerliche Vagantenleben fortsetzte, wann und auf welche Weise er vom Continent nach seinem Heimathland zurückkehrte, was er unmittelbar darauf that und trieb, darüber fehlt es wieder ganz und gar an Nachrichten oder Andeutungen. Auch aus seinen und Kennedys Gedichten ist nichts darüber

zu erfahren. Auf welche Art oder durch welchen Anlaß
er mit dem Hofe in Verbindung kam, läßt sich aus denselben eben so wenig entnehmen. Indeß gehen wir wohl
nicht fehl, wenn wir annehmen, daß vereinzelte Kundgebungen seines dichterischen Talentes, der Verstand, der
Witz, die Satire des unterrichteten, welterfahrenen Mannes,
der auf seinen Kreuz- und Querzügen durch mancher
Herren Länder das Leben und die Menschen in den verschiedensten Verhältnissen beobachtet und kennen gelernt
hatte, die Veranlassung bot, die Aufmerksamkeit der vornehmen Stände und des Königs auf ihn hinzulenken.
Solche Eigenschaften mußten ihn für den Hofdienst, besonders zu diplomatischen Missionen, sehr geeignet erscheinen lassen. Und in der That finden sich in seinen
Gedichten, namentlich auch in dem Streitgedicht mit
Kennedy, viele Anhaltspunkte für eine solche Annahme.
In seinen späteren poetischen Bittgesuchen an den König
um Beförderung zu einem Kirchenamt weist er wiederholt
hin auf seine langjährigen, treuen Dienste, die er ihm,
und zwar immer nur ihm, dem König Jakob IV., nicht
etwa auch seinem Vater, geleistet habe, woraus wir
schließen können, daß er erst nach dem Regierungsantritt
jenes Königs in den Hofdienst eintrat. So hebt er in
einem bereits oben citirten Gedichte dieser Art (I, 160)
gleich zu Anfang hervor, wie er in Diensten des Königs
seine Jugendzeit verloren habe und nun seinen Lohn dafür erwarte:

> O Herr, wollt doch bedenken schon,
> Wie mir die Jugendzeit entflohn
> In eurem Dienst, voll Sorgen schier.
> Nun ruf ich: Gebt mir meinen Lohn,
> Das viele Grübeln schadet mir!

In seiner „Klagschrift an den König" (I, 142) bemerkt
er, daß seine Schriften Zeugniß gäben, wie er in allen
Ländern in seinen Diensten Mühe und Drangsal erlitten
habe, und in einer dritten an den König gerichteten
Epistel (I, 204), betitelt „Ueber die Unzuverläſſigkeit der
Welt", erklärt er, nachdem er zunächſt wieder über ver=
lorene Zeit und Mühe, über Heuchelei und Falſchheit,
die er erfahren, geklagt hat, daß er dieſe Erfahrungen
nicht bloß hinſichtlich des eigenen Landes, ſondern auch
in Bezug auf Frankreich, England, Irland, Deutschland,
Italien und Spanien ausspreche. Können wir hieraus
nun auch nicht mit Beſtimmtheit den Schluß ziehen, daß
er alle dieſe Länder in Dienſten des Königs wirklich be=
ſucht habe, da eine gewiſſe poetiſche Licenz hier in der
Aufzählung derſelben immerhin zuzugeben iſt, ſo iſt doch
ſo viel mit Sicherheit aus der Combination jener ver=
ſchiedenen Angaben des Dichters über ſeine Erlebniſſe
und Erfahrungen zu ſchließen, daß er in ſeinen jüngern
Jahren in der That in Dienſten des Königs fremde
Länder bereiſt haben muß. Auch iſt es bekannt, daß
König Jakob IV. mit den Höfen von Frankreich, Flandern,
Spanien, Dänemark und anderen Ländern freundſchaftliche
Beziehungen unterhielt, welche durch Entſendung von Herol=
den, kaufmänniſche Vermittelungen und beſondere feierliche
Geſandtſchaften gepflegt wurden. Einer ſolchen Geſandt=
ſchaft wurde in der Regel ein gelehrter Secretair, ein clerk
oder Geiſtlicher beigegeben, weil der Clerus in damaliger
Zeit ja faſt der einzige Repräſentant der Gelehrſamkeit
war, und für einen ſolchen Poſten war alſo Dunbar in
jeder Hinſicht der geeignete Mann.

Dunbars Anweſenheit in fremden Ländern wird
übrigens auch in dem Flyting an verſchiedenen Stellen

sowohl von ihm selber, als auch von Kennedy noch weiter
bestätigt, ganz abgesehen von seinen dort ebenfalls erwähnten Irrfahrten „im Mönchsgewand." Von besonderer Wichtigkeit in dieser Hinsicht sind die Verse
449—451, in welchen Kennedy seinen Gegner beschuldigt,
die „Katharine", das Schiff, mit welchem er die Seereise machte, so arg besudelt zu haben, daß der Schmutz
noch zwanzig Jahre lang an dem Tauwerk desselben
sichtbar geblieben sei:

The dirt cleivis till hir towis this twenty yeir.

Nun findet sich in den Rechnungen des Schatzkammeramtes unter dem 16. Juli 1491 eine Notiz, in welcher
des nämlichen Schiffes Erwähnung gethan wird als des-
jenigen Fahrzeugs, in welchem eine Gesandtschaft unter
Anführung des Earl von Bothwell von Nordberwick
nach Frankreich fuhr, um Friedensverhandlungen zwischen
den beiden Ländern anzuknüpfen und zugleich wegen einer
projectirten Heirath König Jakobs IV. die ersten Schritte
zu thun. Unter den verschiedenen Summen, welche den
Mitgliedern dieser Gesandtschaft ausgezahlt wurden, wird
auch die Summe von 36 sh. namhaft gemacht, die dem
Geistlichen (a prest) gezahlt wurde, welcher die Be-
glaubigungsschreiben und andere Briefe geschrieben hatte,
und der mit den Gesandten nach Frankreich ging. Hält
man diese Notiz mit jener Schmährede Kennedys zusammen, so ist es möglich, daß William Dunbar eben
dieser Secretair gewesen und also am 16. Juli 1491,
drei Jahre nach dem Regierungsantritt des Königs,
mit der von diesem an den Pariser Hof entsandten
Friedens= und Heirathsgesandtschaft nach Frankreich hinübergefahren sei.

Aus andern Stellen des Flyting geht hervor, daß

Dunbar sich zu der Zeit, als Kennedy seine letzte Ent=
gegnung schrieb, in Paris befand; so aus der schon
citirten Stelle, wo er ihm empfiehlt, sich an einem Strick,
seiner einzigen Habe, in der Pariser Vorstadt Montfaucon
aufzuknüpfen, und dann hinzufügt: „Doch nein! jener
Galgen wäre noch zu schön für dich; komm' heim und
hänge dich auf an unserem Galgen zu Air" (367—376).
Einige Strophen weiter giebt er ihm einen ähnlichen
freundschaftlichen Rath und sagt: „Bleibe nur in Paris
beim Meister Henker als sein Gesell, und hilf ihm beim
Aufknüpfen, für einen halben Franc das Stück, um
schließlich selbst an die Reihe zu kommen" (437—440).

Aus den Worten ferner, die Kennedy an den König
richtet (481, 482):

> „Erhabner Herr, laß nie den argen Schelm
> Dem Volke Schmach bereiten, fern von Haus,"

kann man ebenfalls schließen, daß Dunbar, als sein
Gegner dies schrieb, noch jenseits des Kanals weilte.
Dem widerspricht allerdings der Inhalt zweier späteren
Strophen (497—512), in welchen er ihm empfiehlt, sich
aus Schottland fortzupacken und nach Frankreich zu gehen.
Indeß Laing vermuthet, und vielleicht mit Recht, daß
Kennedy diese Strophen, in denen er sich stolz „of
Rhetory the Rois" nennt, schon als Theil seiner ersten
Entgegnung auf Dunbars Angriff gedichtet habe, der
ihm dann in seiner Erwiderung V. 97 dies Selbstlob
wieder vorwirft mit den Worten: Thow callis the
Rhetory with thy goldin lippis. Ist diese Annahme
richtig, so würden sich die beiden Strophen am besten
vor der letzten Stanze der ersten Antwort Kennedys
einfügen. Ja, auch die drei vorhergehenden Strophen
könnten mit zu diesem aus der ersten Antwort Kennedys

in die zweite Entgegnung gerathenen Passus gehört
haben, denn auch die in V. 473 enthaltene Aufforderung,
nach England zu gehen, paßt hier nicht recht in den Zu=
sammenhang, und die schon citirte Anrufung an den
Fürsten (V. 481, 482) würde dann als Warnung be=
treffs der Verwendung des Dichters für die beabsichtigte
Gesandtschaft zu fassen sein. Auch das Anfangsverspaar
der letzten Strophe der ersten Erwiderung Kennedys

> Hire I put sylence to the in all partis;
> Obey and ceis the play that thow pretendis;

würde sich so besser anschließen und überhaupt der ganze
logische Zusammenhang, soweit das Streitgedicht auf
Dunbars Abwesenheit von Schottland und seinen Aufent=
halt in fremden Ländern, speciell in Paris, Bezug nimmt,
durch Ausscheidung jener Strophen aus Kennedys zweiter
Antwort hergestellt sein. Denn Dunbar sagt in seiner
Antwort auf Kennedys Entgegnung, also in dem eigent=
lichen an diesen gerichteten Scheltgedicht (89 — 96):
„Bevor du es wagtest, mir deine Bosheit zu zeigen,
sahst du die Segel über meinem Haupte emporgezogen.
Doch die stürmischen Winde trieben bei düsterer, mond=
loser Nacht das Schiff viele hundert Meilen weit von
seinem Cours gegen Holland, Seeland und die nor=
wegische Küste[1] in wüste Einöden, wo wir fast vor
Hunger umkamen. Doch ich komme wieder zurück, um
dir dein Prahlen zu legen." Unmittelbar darauf folgt
dann die Strophe, in welcher er ihm sein Selbstlob
vorwirft. Hätte Kennedys erste Antwort nur aus den
als solche gedruckten drei Strophen bestanden, so würde
Dunbar ihm trotz der darin enthaltenen Schimpfworte

---

[1]) Hierauf spielt auch Kennedy an V. 380—384.

weder sein Selbstlob noch auch besondere Bosheit haben
vorwerfen können, während beides in dem fraglichen
Passus der zweiten Entgegnung Kennedys in ziemlich
starkem Maße hervortritt.

Doch wie es sich auch mit diesen Strophen der
zweiten Erwiderung Kennedys verhalten möge: auf
jeden Fall geht aus dem wesentlichsten Bestandtheil derselben so viel hervor, daß Dunbar sich, als dieselbe geschrieben wurde, in Paris befand und dort vermuthlich
seine erste Entgegnung abfaßte.

Eine weitere Frage, die dann auch die Abfassungszeit des Gedichts näher berührt, ist die, wann dies der
Fall war. Laing ist der Ansicht, daß das Gedicht einige
Jahre nach 1491 geschrieben worden sei und läßt, um
dies möglich zu machen, den Dichter, während die Gesandtschaft im November desselben Jahres nach Schottland zurückkehrte, in Paris zurückbleiben zu dem Zweck,
um auf dem Continent noch weiter die Aufträge seines
königlichen Herrn auszurichten; denn er konnte, wie Kennedy von ihm sagt, vor wilden Thieren nicht über den
„Mont Bernard" gelangen und wurde durch Schnee vor
„Mont Scarpry, Mont Nicholace und Mont Godard"
zurückgehalten (V. 433—435). Diese Strophe folgt indeß
unmittelbar auf diejenige, in welcher Kennedy ihm seine
Bettelmönchszeit vorwirft und könnte also wohl noch auf
diese Epoche seines Lebens Bezug haben. Ferner ist
dagegen einzuwenden, wie schon Paterson hervorgehoben
hat, daß ein Priester, dessen Name im Rechnungsbuch
des Schatzmeisteramts nicht einmal genannt wird, schwerlich allein mit so wichtigen Missionen betraut worden
sei. Aus eben diesem Umstand bleibt es aber ferner
auch zweifelhaft, ob Dunbar in der That der Priester

war, welcher die Gesandtschaft von 1491 als Secretair begleitete, und war er mit daran betheiligt, so spricht wieder der bereits einmal (S. 77) citirte Vers:

Am Tauwerk klebt der Schmutz seit zwanzig Jahren,

der doch nur auf einen seit seiner ersten Fahrt verstrichenen längeren Zeitraum sich beziehen kann, gegen eine so frühe Entstehungszeit des Gedichts, welche Laing in seinen Noten zu demselben (II, p. 420) als zwischen den Jahren 1492 und 1497 liegend angiebt. Danach müßte dann Dunbar möglicherweise von 1491—1497 in Frankreich als Bevollmächtigter des Königs geblieben sein, wofür sich gar keine weiteren Angaben finden.

Das Wahrscheinliche ist, daß das Gedicht später entstanden ist, wofür auch sonst noch verschiedene Umstände sprechen. Denn seit Dunbar am 17. März 1503/4 zum ersten Male die Messe vor dem König gelesen hatte, trat er vermuthlich dringlicher mit seinen Ansprüchen auf ein Pfarramt hervor (wobei wir es unentschieden lassen können, ob dies überhaupt seine erste Messe war, resp. ob er, während er als Franziskanermönch umherzog, wie Laing meint, schon dazu berechtigt war), und damit würde die höhnische Zurückweisung, welche Kennedy ihm mit den Worten:

Wer gäb' dem Unthier wohl ein Kirchenamt, —

Es sei denn, daß die Judas-Glock' er läute,

zu Theil werden ließ (V. 505/6), hinsichtlich dieser Annahme der Entstehungszeit erklärt sein. Außerdem aber findet sich noch ein anderer Passus in dem Gedicht, der einen etwas besseren Anhalt zur Bestimmung der Abfassungszeit desselben bietet. Die schon S. 69 citirte Strophe nämlich, in welcher Dunbar seinen Gegner mit seiner ländlichen Zurückgezogenheit, seinem Verkehr mit Schafen und Gänsen, aufzieht, beginnt mit den Worten:

        6

In till ane glen thow hes, owt of repair,
Ane laithly luge that wes the lippir mennis;
(In einer Bergschlucht haſt du, fern der Welt,
Ein einſam Haus, einſt eines Bettelmannes,)

und enthält weiter den Vers:

All Karrik cryis, God gif this dowsy be drownd!
(Ganz Karrik ruft: „Erſöffe doch der Tropf!")

Dieſe Zeilen enthalten eine ganz unverkennbare ſar=
kaſtiſche Anſpielung auf den Umſtand, daß Kennedy eine
in Karrick gelegene ländliche Beſitzung Namens Glentig
erworben und ſich dahin zurückgezogen hatte. Dies war,
wie nach Paterſons Angabe (p. 24) urkundlich feſtgeſtellt
iſt, am 8. December 1504 geſchehen, und folglich kann
dieſe Entgegnung Dunbars auf Kennedys erſte Antwort,
ſowie natürlich auch deſſen zweite Erwiderung nicht
früher geſchrieben ſein. Da nun in dieſem Theil der
Dichtung (v. 331) des Dichters Stobo (eigentlich John
Reid mit Namen) noch als eines Lebenden Erwähnung
gethan wird, der wahrſcheinlich in der erſten Hälfte des
Jahres 1505 ſtarb, ſo würde ſich damit die Entſtehungs=
zeit der beiden letzten, hauptſächlichſten Beſtandtheile des
Flyting als zwiſchen dem 8. December 1504 und etwa
Ende Mai 1505 ergeben. Ein erneuter Aufenthalt
Dunbars in Paris hatte alſo vielleicht im Winter 1504,5
ſtattgefunden, und die Ueberfahrt nach Frankreich mochte
in herbſtlicher, ſtürmiſcher Jahreszeit ſo unglücklich ver=
laufen ſein, daß das Schiff nach Holland und ſelbſt nach
Norwegen verſchlagen wurde. Vielleicht war dies Schiff
wieder die Katherine geweſen, in welcher der Dichter
möglicherweiſe ſchon 1491 in Begleitung einer größeren
Geſandtſchaft hinübergefahren war. Auch damals mochte
es ihm auf der Seereiſe ſo ſchlecht ergangen ſein, daß

er noch lange mit den von der Seekrankheit erduldeten
Leiden aufgezogen wurde und Kennedy nun nach etwa
15 Jahren darauf zurückkommen konnte mit den Worten:

The dirt cleivis till hir towis this twenty yeir.

Alles dies ist natürlich nur Muthmaßung; jedoch
daß Dunbar zu wiederholten Malen in Diensten des
Königs auf dem Continent war, ist nach seinen eigenen,
früher citirten Aussagen unzweifelhaft und wird durch
die Angaben des Flyting, mit dem wir uns vielleicht
schon zu lange beschäftigt haben, nicht widerlegt.

Durch den Umstand, daß Dunbar im Jahre 1500 von
dem Könige eine jährliche Pension von 10 £, etwa 3 £ nach
englischem Gelde, auf Lebenszeit oder bis er von ihm eine
Pfründe (benefice) mit einem Einkommen von jährlich 40 £
oder mehr erhalten würde, bewilligt bekam, also seit der Zeit
dem Hofstaat dauernd angehörte, wird jene Annahme nur
noch weiter bestätigt, ohne durch die Thatsache, daß ihm
jene Pension seitdem regelmäßig in halbjährlichen Raten
ausgezahlt wurde, erschüttert werden zu können. Denn
von einem Termin zum andern war Zeit genug zur
Hinreise nach Paris, zu einem längeren Aufenthalt daselbst und zur Rückkehr nach Schottland vorhanden, wie
er denn im Jahre 1501 nach einer Notiz in den Rechnungsbüchern des Schatzmeisteramts ebenfalls für längere
Zeit auf einer Reise nach England abwesend war, vermuthlich als Mitglied der Gesandtschaft, welche im
October dieses Jahres sich dorthin begab, um für den
schottischen König um die Hand der Prinzessin Margarethe, Tochter König Heinrichs VII. von England, zu
werben. Die Verlobung wurde mit großem Gepränge
am 15. Januar 1502 zu St. Paul's cross in London
gefeiert, und Dunbar war, wie von Laing durch das in

6*

seinem Supplement veröffentlichte, zu Ehren der Stadt
London geschriebene Dunbar'sche Gedicht festgestellt worden
ist (vgl. vol. I, 272—279), der Rhymer of Scotland,
welchem von König Heinrich VII. am 31. December
1501 die Summe von 6 £ 13 sh. 4 d. und am
7. Januar die gleiche Summe zum Geschenk gemacht
wurde. Gleichzeitig führt ihn auch Gawain Douglas in
seiner 1501 verfaßten Dichtung The Palice of Honour,
nachdem er von den Dichtern Englands Chaucer, Gower
und Lydgate namhaft gemacht hat, mit Kennedy und
Quintyne zusammen, unter den ihm bekannten schottischen
Dichtern auf. Ueberhaupt muß zu damaliger Zeit Dunbars
dichterischer Ruf, dem er, wie schon bemerkt, gewiß haupt=
sächlich seine Stellung bei Hofe verdankte, trotz der Rivalität vieler Mitkämpfer auf dem schottischen Parnaß
ein festbegründeter gewesen sein. Auch läßt er sich in
seinem später eingehender zu betrachtenden, 1503 ge=
schriebenen schönen Hochzeitsgedicht „Die Distel und die
Rose" von der Maiengöttin an seine längstgewohnte
dichterische Thätigkeit erinnern mit den Worten:

„Du Träumer, sprach sie, schäme dich, wach' auf!
Geh' hin und dicht' ein Lied zu meinen Ehren!
Schon sang die Lerch' den heit'ren Tag herauf,
Verliebten Lust und Freude zu gewähren;
Doch dir scheint nichts den Frohsinn zu vermehren,
Obwohl du sonst doch hattest heit'ren Sinn,
Lieder zu dichten unterm Waldesgrün."

Ob nun aber unter den von Dunbar uns erhaltenen
Gedichten eine größere Anzahl bereits vor dieser Epoche
entstanden war, ist nicht mit Sicherheit zu sagen, da
es für die meisten derselben an bestimmten Anhaltspunkten
zur Bestimmung ihrer Abfassungszeit fehlt. Von den=

jenigen Gedichten, deren Datum sich mit völliger oder annähernder Genauigkeit angeben läßt, gehören weitaus die meisten der Zeit nach 1503 an. Indeß muß man eine Anzahl anderer Dichtungen Dunbars aus inneren Gründen doch entschieden der vorhergehenden Epoche zu= weisen, und zwar sind dies u. a. namentlich solche Ge= dichte, welche auf ein intimes, so zu sagen kameradschaft= liches Verhältniß des Dichters zu dem damals noch in den zwanziger Jahren stehenden unvermählten und lebens= lustigen König hinweisen, wie weiter unten eingehender gezeigt werden soll.

Die Verlobung seines königlichen Gönners mit der Prinzessin von England, welche ihres jugendlichen Alters wegen noch bis Juli des Jahres 1503 in ihrer Heimath blieb, ihr feierlicher, unter dem Jubel der Bevölkerung am 7. August desselben Jahres erfolgter Einzug in Edinburg, ihre am folgenden Tage im Palast von Holyrood vollzogene Vermählung mit dem Könige, die dadurch veranlaßte theilweise Umgestaltung des königlichen Hoflagers, von der auch Dunbars eigene Stellung nicht unbeeinflußt blieb, gaben ihm erneute Anregung und vielfache Anlässe verschiedenster Art zu dichterischer Thätigkeit.

Das oben erwähnte, nach des Dichters eigener An= gabe bereits am 9. Mai geschriebene Gedicht „Die Distel und die Rose" zur Verherrlichung der bevorstehenden Vermählung des Königs der Schotten, deren Abzeichen die Distel war, mit der an das englische Wappen ge= mahnenden „Rose von England", die von Dunbar natür= lich auch bei ihrem Einzuge mit einem poetischen Will= kommgruß gefeiert wurde, war die erste und schönste Frucht dieser neuen Blüthezeit des Dichters. Auch er=

wies sich die Königin keineswegs unempfänglich und un-
dankbar für die in so reichlichem Maße von dem geistvollen und witzigen Hofpoeten ihr gespendeten Huldigungen.
Sie scheint ihm bald ihre besondere Gunst zugewandt zu
haben, wie aus dem Inhalt und Ton einiger Gedichte,
die er an sie richtete, hervorgeht; so z. B. aus einem
derselben, in welchem er eine Tanzunterhaltung in ihrem
Zimmer besingt, an welcher er selber sich mit· hatte betheiligen dürfen. In einem andern Gedicht klagt er,
daß ihre Macht, ihm Beförderung zu verschaffen, nicht
so groß sei, wie ihr guter Wille. Aus einem dritten, an
ihren Garderobier, können wir entnehmen, daß er ihrem
besonderen Hofstaat zugetheilt war, wie auch noch weiter
daraus hervorgeht, daß er sich auf einer im Jahre 1511
von der Königin unternommenen Reise nach Aberdeen
in ihrem Gefolge befand.

Im Uebrigen wurde durch dies neue persönliche
Verhältniß zur Königin seine bisherige Stellung am
Hofe, soweit die damit verbundenen Obliegenheiten in
Betracht kamen, nicht wesentlich geändert. Dieselben bestanden ohne Zweifel hauptsächlich darin, durch sein
Talent mit für die Unterhaltung des Hofes zu sorgen,
denkwürdige Ereignisse ernster Art dichterisch zu feiern
oder auch die unbedeutenden Vorkommnisse des höfischen
Lebens, die den Stoff der gewöhnlichen täglichen Unterhaltung bildeten, in humoristisch-satirischen Gedichten zu
schildern. Daß er in einer derartigen Stellung als Hofpoet, ohne ein anderes festes Amt zu haben, am Hofe
lebte, dafür finden sich in seinen Gedichten zahlreiche Andeutungen. Beweisend in dieser Hinsicht ist das kleine,
an den König gerichtete Gedicht Dunbars „Auf sein Kopfweh" (I, 128), woraus hervorgeht, daß von ihm erwartet

wurde, womöglich täglich seinen königlichen Herrn mit
einem Poem zu unterhalten. Daß aber die Muse sich
nicht tyrannisiren läßt, mußte auch Dunbar erfahren,
und so ist denn dies kurze, dreistrophische Gedicht eine
versificirte Entschuldigung an den König, worin er seinem
grimmigen Kopfweh die Schuld beimißt, daß er seinem
poetischen Tagewerk nicht habe nachkommen können (Str. 1).
So sei es ihm auch unlängst nach der Messe ergangen
(Str. 2) und überhaupt geschehe es manchmal, fügt er
(Str. 3) in kluger Voraussicht für künftige Fälle hinzu,
daß er des Morgens in so melancholischer Stimmung
erwache, daß weder Sang und Klang, noch Spiel und
Tanz ihn aufzuheitern vermöge.

Für gewöhnlich scheint es ihm aber weder an Lust,
noch an Stoff zu dichterischer Production gefehlt zu haben.
Dafür giebt die große Mannigfaltigkeit der Erzeugnisse
seiner Muse hinlänglichen Beleg. Von besonderem Interesse unter denselben sind diejenigen Gedichte, welche
sich auf bestimmte Persönlichkeiten und kleine Vorfälle
in der Umgebung des Hofes beziehen. Sie geben uns
gewissermaßen eine Art Chronik der Hofhaltung Jakobs IV.
und kennzeichnen in ihrem humoristischen oder auch oft
satirischen Ton die Stellung, welche ein scharfer Beobachter von so unabhängiger und vorurtheilsfreier Denkart, wie Dunbar sich deren rühmen konnte, ihr gegenüber einnahm. Von nicht geringerer Bedeutung sind in
dieser Hinsicht die zahlreichen an den König selber gerichteten Dichtungen Dunbars, in denen er mit einer
erstaunlichen, ja bisweilen ergötzlichen Mannigfaltigkeit
seine Bittgesuche um Belohnung und Beförderung anzubringen weiß, zugleich aber auch die Zustände am königlichen Hof und das Verhalten des Herrschers selber

gegenüber den von ihm gerügten Mißbräuchen mit einem
Freimuth und mit einer Rücksichtslosigkeit kritisirt, der
in unseren Tagen der „Preßfreiheit" schnell ein Ziel
gesetzt werden würde. Dann wieder schwingt er über
die öffentlichen Zustände in Stadt und Land mit gleicher
Wucht die Geißel seiner Satire — kurz, die zahlreichen
und mannigfachen Dichtungen Dunbars aus der Zeit
seiner eigentlichen Thätigkeit als Hofpoet gewähren uns
ein so anschauliches Bild von dem Leben und Treiben
am Hofe König Jakobs IV. von Schottland und von
den socialen Zuständen des Landes in damaliger Zeit
überhaupt, wie es keine noch so genaue Chronik mit gleicher
Anschaulichkeit zu thun im Stande wäre. Die nähere
Betrachtung der einzelnen Gedichte Dunbars im nächsten
Abschnitt wird dies deutlicher erkennen lassen.

Daß die Kenntnisse und Fähigkeiten des Dichters
in dieser Epoche seines Lebens auch noch nach Bedürfniß
in anderer Weise Verwendung fanden, geht, wie früher
bemerkt, daraus hervor, daß er sich im Winter 1504/5,
wenn die von Paterson festgesetzte Datirung des Flyting
richtig ist, im Auftrage des Königs in Paris befand, und
daß er einige Jahre später die Königin vermuthlich als
ihr Secretair nach Aberdeen begleitete.

Indeß die so oft und so dringend vom König er=
betene Gunst der Beförderung zu einem festen Amt im
Dienste der Kirche, und wäre es auch nur eine einfache
Landpfarre, wie er sagt (I, 204, V. 85—88): —

> Ich jage nicht Abteien nach,
> Ein Kirchlein mit 'nem Heidedach,
> So wenig machte mir schon Freud;
> Das zu bedenken schafft mir Leid, —

dieses Glück will ihm zu seinem großen Kummer nie

zu Theil werden. Wir können es begreiflich finden, daß
dem Dichter bei vorgerücktem Alter die abhängige
Stellung bei Hofe wenig zusagte, und daß er sich nach
dem ruhigen Leben eines festen Amtes, nach der Stille
einer ländlichen Pfarrei sehnte, um so mehr, als er es
täglich zu seinem Verdruß mit ansehen mußte, wie manche
einflußreichere Aemter und Würden an ganz unwürdige
Personen vergeben wurden. Der König aber wollte
offenbar den geistvollen Mann, an dessen Umgang er
sich durch jahrelangen, vertrauten Verkehr gewöhnt hatte,
nicht von Hofe fortlassen oder durch Betrauung mit den
Obliegenheiten eines regelmäßigen Berufes von seiner
dichterischen Thätigkeit abgezogen sehen. Er hielt ihn
daher mit Versprechungen hin und suchte ihn durch gelegentliche Geschenke und allmähliche Erhöhung seines
festen Einkommens für die Nichterfüllung seines Lieblings-
wunsches zu entschädigen. Daß die moralische oder vielmehr die unmoralische Aufführung des Dichters den Anlaß gegeben habe, ihm den ersehnten Eintritt in den
Kirchendienst vorzuenthalten, wie man wohl aus dem
Inhalt und Ton einiger seiner Dichtungen gefolgert hat,
dafür fehlt es durchaus an hinlänglichen positiven Beweisen, obwohl wir die Möglichkeit einer solchen Rück-
sichtnahme nicht abläugnen können. Denn Dunbars
Jugend war nach seinem eigenen Geständnisse eine ziemlich stürmische gewesen. Zu dem vom Könige begünstigten
Franziskanerorden war er, wie es sich auch mit seiner
zeitweiligen Angehörigkeit an denselben verhalten haben
mag, durch seinen Nichteintritt in ihn oder seinen Aus-
tritt aus ihm in ein feindseliges Verhältniß gerathen,
wie aus seinem „Besuch des heiligen Franziscus“ deutlich
genug hervorgeht. Die kirchlichen Ceremonien waren

von ihm in verschiedenen Gedichten auf frivole, von ge=
ringer Achtung vor denselben zeugende Art parodirt
worden, was freilich als der unerheblichste Punkt be=
zeichnet werden muß. Denn solche Scherze erlaubten sich
auch die Geistlichen selber, wenn sie unter sich waren,
wohl oft genug, ganz zu geschweigen von den über=
müthigen Dichtungen, welche die Vaganten auf diesem
Gebiet producirt hatten. Schwerlich aber würde der
König selber, an den diese Gedichte zum Theil adressirt
waren, darin einen ernstlichen Hinderungsgrund in Bezug
auf die Erfüllung der Wünsche seines Hofdichters erblickt
haben, und so durfte dieser in seiner, schon S. 88 citirten
poetischen Bittschrift an den König „Ueber die Unzuverläsig=
keit der Welt" (I, 204, V. 89—92) gewiß mit Zuversicht sagen:

> Was sonst ich that verschiedentlich,
> Mit Hilf' Eurer Hoheit, hoffe ich,
> Kost't nicht der Seele Seligkeit,
> Bringt nicht für Sünde mich in Leid.

Freilich können wir hieraus entnehmen, daß dem Könige
von Seiten der Gegner Dunbars, vermuthlich der Franzis=
kaner, wohl öfters Einwendungen hinsichtlich der moralischen
Qualification des Petenten für ein Kirchenamt gemacht
worden waren. Aber daß der Dichter selber, dem wir
doch unmöglich ein völliges Verkennen seiner Lage und
der Berechtigung seiner Ansprüche zutrauen dürfen, in
seinen persönlichen Verhältnissen und Erlebnissen keine
erheblichen Schwierigkeiten für den Eintritt in den
Kirchendienst erblickte, können wir aus der Beharrlichkeit
und Dringlichkeit, womit er dem König immer aufs
Neue diesen Wunsch vortrug, mit Sicherheit schließen.

Am 17. März 1504 erhielt er gelegentlich der An=
wesenheit des Königs bei seiner ersten Messe (to the

Kingis offerand at Maister William Dunbar's first
mes) die Summe von 4 £ 18 sh. in schottischem Gelde
ausgezahlt, ein höherer Betrag, als sonst gewöhnlich,
wie Laing bemerkt, von Seiner Majestät beim Anhören
der ersten Messe eines Priesters gegeben wurde, woraus
wir doch wiederum nur auf das dem Dichter bewiesene
dauernde Wohlwollen des Königs und seine Billigung
der Thatsache, seinen Hofpoeten nun „in holy orders"
zu sehen, schließen dürfen. Denn nur diese bereits von
J. Chalmers als die einzig richtige erkannte Deutung,
daß es die erste Messe war, die der Dichter an dem Tage
überhaupt in seinem Leben gelesen hatte, scheint mir der
obige, aus den Rechnungsbüchern des Schatzmeisteramts
citirte Passus zuzulassen, nicht aber die von Laing ihm
gegebene Auslegung (II, p. 437), daß es die erste
Messe gewesen sei, die er vor dem König gelesen habe.
Wäre Dunbar schon seit seiner Franziskanerzeit dazu
berechtigt gewesen, wie Laing daraus schließt, daß er
damals zweimal geprebigt habe (was der Dichter aber
in dem Zusammenhang des Gedichts unter der Rubrik
„Schelmenstreiche" hervorhebt), so wäre es doch gar zu
seltsam gewesen, daß er erst nach mehr als zehnjähriger
Verbindung mit dem Hofe dazu gekommen sein sollte, diese
Auszeichnung vom Könige zu erlangen. Auch hat Laing
selber, wie es scheint, diese Annahme später wieder
fallen lassen, da er in einer seiner Additional Notes
mit Bezug auf des Dichters erste Messe (II, p. 454)
bemerkt, daß Dunbar durch diese admission to the highest
order of priesthood in the Romish Church, wann
immer dieselbe stattgefunden haben möge, wenigstens be=
rechtigt gewesen sei, wenn er den König auf dessen Reisen
durch das Land begleitete (wovon jedoch nirgends etwas

überliefert ist), diesem als Kaplan zu dienen. Die Ab=
sicht, in den Kirchendienst einzutreten, mochte der Dichter
schon längere Zeit gehabt haben, worauf auch der Um=
stand hinzuweisen scheint, daß ihm am 15. August 1500
seine erste Pension von 10 £ bewilligt wurde auf Lebens=
zeit oder, wie es heißt, „quhil (while) he be promovit
be (by) oure Souerane Lord to a benefice of 40 £
or abone — falls das Wort benefice nur die Ueber=
setzung „Kirchenamt, Pfründe" zulassen sollte —; aber
daß diese Absicht erst am 17. März 1504 ausgeführt
wurde, ist wohl nach der vorher erwähnten Notiz als
erwiesen anzusehen. Von der Zeit an kommt er denn
auch, wie wir sehen werden, immer häufiger und immer
dringlicher auf die Erfüllung dieses Wunsches zurück,
doch stets ohne Erfolg.

Indeß wenn der König sich auch in diesem einen
Punkte aus was für Gründen immer nicht so willfährig
erwies, als Dunbar hoffen und wünschen mochte, so ließ
er doch im Uebrigen seine häufigen Bitten um Auf=
besserung seiner bisweilen in recht kläglicher Weise ge=
schilderten pecuniären Lage keineswegs unberücksichtigt.
Seine ursprüngliche Pension von 10 £, die ihm von
Anfang an regelmäßig in halbjährlichen Raten ausgezahlt
worden war, wurde im Jahre 1507 auf 20 £ und drei
Jahre später, am 26. August 1510, sogar sehr be=
trächtlich, nämlich auf 80 £ schottischen Geldes, gleichfalls
in halbjährlichen Raten auszuzahlen, erhöht or quhill
he be promouit to ane benefice of 100 £ or abone,
was übrigens die gewöhnliche Klausel bei Gehalts= oder
Pensionsbewilligungen gewesen zu sein scheint. Auch
scheint sich der Dichter selber keine große Hoffnung mehr
auf die Erreichung des lang ersehnten Ziels gemacht

zu haben, denn er sagt in seinem Gedicht „Ueber die Un=
zuverlässigkeit der Welt" (I, 204, V. 61—64):

> Es käm' zu mir in kürz'rer Frist,
> Wenn's von Calcutta kommen müßt',
> Ja, aus der neuen Welt so weit;
> Das zu bedenken schafft mir Leid.

worauf er dann in einer späteren, S. 88 schon citirten Strophe
hinzufügt, daß er sich gern mit einer kleinen Dorfpfarre
begnügen wolle und nach großen Abteien kein Verlangen
trage. Indeß eine kleine Landpfarre würde ihm doch
für sein nunmehriges Einkommen von 80 £ nur einen
sehr dürftigen Ersatz geboten haben, und es wird daher
wahrscheinlicher sein, statt mit Laing die Abfassungszeit
des Gedichts nach dem 26. August 1510 anzunehmen,
daß es vor diesem Zeitpunkt entstand und mit den vielen
andern von Dunbar an den König gerichteten poetischen
Gesuchen endlich den Erfolg hatte, daß sein Einkommen
plötzlich, vielleicht um ihn endlich zum Schweigen zu
bringen, um eine so bedeutende Summe, von 20 auf
80 £, erhöht wurde.

Inzwischen hatte der Dichter auch sonst die Wechsel=
fälle des menschlichen Geschicks in mancher Hinsicht er=
fahren. Viele seiner dichterischen Genossen und Freunde,
mit denen er in edlem Wetteifer den Musen gehuldigt
oder auch in übermüthiger Laune, wie z. B. mit Kennedy,
auf dem Kampfplatz des derb humoristischen Streitgedichts
sich getummelt hatte, waren gestorben. Der letztere lag
todtkrank danieder. Seine eigene Gesundheit war um
diese Zeit von schwerem Leiden gestört. Düstere Ahnungen
erfüllen das Gemüth des nun etwa fünfzigjährigen Mannes,
und er beginnt sein vermuthlich 1507 geschriebenes Klag=

gedicht auf die heimgegangenen Dichter (Lament for the Makaris) mit den Worten:

> Der einst ich war in Lust und Freud',
> Bin nun in tiefer Traurigkeit,
> Geschwächt von Krankheit und schwerem Weh;
>   Timor mortis conturbat me.

Nachdem er dann ausgeführt, wie alle Lust und Herr= lichkeit dieser Welt vergänglich sei, und kein Stand, weder hoch noch niedrig, dem Tode entrinnen könne, kommt er auf die verstorbenen Dichter zu sprechen und fährt fort:

> Ohn' Mitleid ward dahingerafft
> Chaucer, die Blum' der Dichterschaft:
> Der Mönch von Bury und Gower; weh!
>   Timor mortis conturbat me.

Hierauf zählt er die vaterländischen, uns zum größten Theil unbekannt gebliebenen Dichter auf und kommt mit der S. 65 citirten Strophe auch auf den letzten, kaum noch lebenden, Kennedy, zu sprechen, worauf er sein schwermüthiges Gedicht schließt mit den Versen:

> Da meine Freunde all' dahin,
> Steht nun gewiß auf mich sein Sinn,
> Damit ich nicht allein hier steh';
>   Timor mortis conturbat me.

> Da vor dem Tod kein' Rettung ist,
> Sei'n wir bedacht zu jeder Frist,
> Daß es uns jenseits gut ergeh';
>   Timor mortis conturbat me.

Indeß der Dichter überwindet sein körperliches Leiden und damit auch seinen seelischen Schmerz. Die Lust am Leben und Dichten erwacht aufs Neue. Im Jahre 1508 hat er die Freude, sich zum ersten Mal in seinem Leben gedruckt zu sehen als einer der ersten schottischen Dichter,

denen diese Ehre zu Theil wurde, wenige Monate später,
als den Druckern Walter Chepman und Andrew Myllar
mit königlichem Privilegium, am 15. September 1507,
die Erlaubniß gegeben worden war, in Edinburg eine
Buchdruckerei zu errichten. Seine umfangreichsten Dich=
tungen „Der goldene Schild", „Das Bewillkommnungs=
gedicht auf Lord Bernard Stewart", „Die zwei ver=
heiratheten Frauen und die Wittwe", ferner „Das Streit=
gedicht zwischen Dunbar und Kennedy", „Das Testament
des Mr. Andro Kennedy" und die kurz vorher geschriebene
Elegie „Auf die verstorbenen Dichter", das waren die
Gedichte, welche in einzelnen Bogen, die ein oder
mehrere Gedichte, bisweilen von verschiedenen Autoren
herrührend, enthielten, im Jahre 1508 zum ersten Male
gedruckt wurden.[1])

Bis zum 15. Juni des nämlichen Jahres bezeugen
die Rechnungsbücher des Schatzkammeramts die regel=
mäßige halbjährliche Auszahlung seiner Pension. Da=
zwischen finden sich noch verschiedene Aufzeichnungen von
außergewöhnlichen Geldgeschenken, die ihm auf Befehl
des Königs zu Theil wurden oder auch von Entschädigungs=
summen für Kleidung, die er beanspruchen konnte; so
unter dem 27. Januar 1506 5 £ for caus he wontit
his goun at yule und ähnlich am 4. Januar 1507 in
recompensation for his goun. Vom August 1508 bis
zum August 1511 fehlen die Listen des Schatzkammer=
amts. Am 23. Januar 1512, also auch nachdem ihm
zwei Jahre vorher seine Pension von 20 £ auf 80 £
erhöht worden war, wie aus dem Privy Seal Register

---

[1]) Für nähere Angaben über die älteste Ausgabe der vier
zuerst genannten Gedichte vgl. Trautmann, Golagrus und Gawain,
Anglia II, 395/6.

ersichtlich ist, kehrt jenes jährliche Weihnachtsgeschenk wieder, aber dies Mal als Naturallieferung, indem ihm 6¼ Ellen schwarzen Pariser Stoffs und ⁵/₄ Ellen „scarlete“ zugemessen werden. Zwei humoristische Gedichte Dunbars, wovon das eine an die Königin, das andere an den König gerichtet ist, haben auf dies dem Dichter, wie es scheint, zukommende Gewohnheitsrecht Bezug. Das letztere, worin er sich dem Könige als einen alten Grauschimmel vorführt, der sich lange auf dürrer Weide habe behelfen müssen und jetzt in seinem Alter in den Stall gebracht werden und eine neue, warme Decke haben möchte, hatte vielleicht jenes Geschenk zur Folge. Jedenfalls war es eine der letzten Gunstbezeugungen, welche Dunbar von seinem königlichen Herrn erhielt.

Im Mai des Jahres 1511 hatte er mit der Königin die schon erwähnte Reise nach den nördlichen Landestheilen angetreten und bei der Gelegenheit die zu ihrem Einzuge in die Stadt Aberdeen veranstalteten Festlichkeiten in einem schwungvollen, kulturhistorisch höchst interessanten Gedicht besungen. Es führt uns das schöne Bild einer wohlhabenden, unabhängigen Bürgerschaft vor, welche der Herrscherin eines die Segnungen des Friedens und gesetzlicher Ordnung genießenden Landes bei ihrem ersten Besuche der Hauptstadt der nördlichen Grafschaften in ritterlicher Weise ihre Huldigungen darbringt.

Leider sollte diese glückliche Friedenszeit, deren sich das Land nun schon seit längerer Zeit zu seiner Wohlfahrt und seinem Gedeihen erfreute, nur noch von kurzer Dauer sein. Auf den klugen und vorsichtigen König Heinrich VII. von England war sein hochmüthiger und leidenschaftlicher Sohn Heinrich VIII. gefolgt, von dem sich der König von Schott-

land in verschiedener Hinsicht gekränkt glaubte. Er erklärte
ihm im Jahre 1513 den Krieg, überschritt am 22. August
die Grenze, und am 9. September kam es dann zu der
mörderischen Schlacht von Flodden, in welcher die Eng=
länder unter dem Earl von Surrey (dem Großvater des
Dichters) einen mit schweren Verlusten erkauften Sieg über
den Schottenkönig errangen, der mit 8—10 000 seiner
Streiter, unter denen viele aus den vornehmsten Fa=
milien des Landes, auf der Wahlstatt blieb. Verschiedene
kirchliche Würdenträger und viele hochgestellte Adlige
fielen der Katastrophe zum Opfer. Der Thronerbe war
noch nicht 1½ Jahr alt, als er in Scone als Jakob V.
zum König gekrönt wurde. Eine durch die Parteikämpfe
der einheimischen Adligen, die Intriguen fremder Mächte,
Unruhen an den Grenzen und beständige Furcht vor
einer englischen Invasion getrübte Zeit fortwährender
Wirren brach während der Regierung des minorennen
Königs, für welchen seine Mutter zunächst die Regent=
schaft führte, über das unglückliche Land herein.

Wie sich während dieser Zeit das Schicksal unseres
Dichters gestaltete, darüber sind in Ermangelung be=
stimmter Angaben oder etwaiger Andeutungen in seinen
oder Anderer Schriften nur Muthmaßungen anzustellen.

Mit der üppigen und lustigen Hofhaltung in Holy=
rood war es unzweifelhaft sofort nach dem Bekannt=
werden der Katastrophe vorbei. In wie weit aber nun
für die Personen des bisherigen Hofstaates, auf deren
weitere Dienste man etwa Verzicht leistete, gesorgt wurde,
— darüber fehlt es an allen und jeden Nachrichten. Die
Listen des Schatzkammeramts vom 8. August 1513 bis
zum 25. Januar 1515 sind nicht erhalten, — vielleicht
unter dem ersten Eindruck des Unglücks von Flodden

gar nicht einmal regelmäßig geführt worden. Dunbars
Name findet sich zum letzten Male am 14. Mai 1513,
wo ihm ein Theil seiner Pension ausgezahlt wurde, verzeichnet. In den Rechnungsbüchern vom 25. Januar
1515 bis zum 4. September 1518 (von welcher Zeit
an bis zum 5. Juni 1522 aufs Neue eine Lücke eintritt) wird seiner Person keine Erwähnung mehr gethan.

Laing stellt es als eine Möglichkeit hin, daß Dunbar
den König auf dem unglücklichen Feldzuge begleitet und
dessen Schicksal auf dem Schlachtfeld von Flodden getheilt
haben könne. Dies ist aber einmal schon unwahrscheinlich
wegen des vorgerückten Alters des Dichters, welcher damals bereits sein 56. oder 57. Lebensjahr erreicht haben
mußte, und zweitens begegnen wir, abgesehen von der
dunkeln Aeußerung Kennedys, daß Dunbar sich nach
Frankreich begeben habe, „to be a knycht of the field“,
nirgends einer Andeutung, die auf kriegerische Neigungen
des Dichters schließen lassen könnte.

Uebrigens ist diese ganze Vermuthung schon aus
dem Grunde hinfällig, weil der von Laing ausgesprochene
Zweifel an der Echtheit des unter Dunbars Namen im
Maitland- und Reidpeth-Manuscript überlieferten Gedichts,
betitelt „Gebet, als der Gouverneur nach Frankreich ging“
(I, 251), keinerlei Berechtigung hat. Dies Gedicht muß
nämlich frühestens im Jahre 1517 entstanden sein, denn
es bezieht sich darauf, daß John, Herzog von Albany,
der im Mai 1515 auf Wunsch des Landes die Regentschaft übernommen hatte, indeß bald mit den leitenden
Persönlichkeiten in Mißhelligkeiten gerieth, schon im
Juni 1517 wieder nach Frankreich zurückkehrte. Vermuthlich wurde das Gedicht Dunbars, worin er den
zerrütteten Zustand des Landes beklagt und Gott um

Schutz für daſſelbe anfleht, durch dieſe erſte Entweichung
des Regenten veranlaßt. Denn hätte daſſelbe auf die
zweite oder dritte Flucht des Herzogs Bezug gehabt,
ſo würde es auffallen, daß der Dichter des um die Zeit
zwiſchen Schottland und England geführten Krieges keine
Erwähnung gethan hätte.

Dies Gedicht iſt das letzte unter den Dichtungen
Dunbars, deren Entſtehungszeit mit einiger Sicherheit
beſtimmt werden kann. Wenn auch das im Bannatyne=
Manuſcript überlieferte und ſpäter Dunbar zugeſchriebene,
an denſelben Herzog von Albany gerichtete Gedicht, be=
titelt „Die Lords von Schottland an den Gouverneur
in Frankreich“ (II, p. 47), von ihm herrühren ſollte (was
indeß unwahrſcheinlich iſt), ſo würde damit conſtatirt ſein,
daß er noch um 1519 oder 1520, in welchem Jahre das=
ſelbe entſtanden ſein müßte, gelebt habe.

Uebrigens iſt dies auch aus ſonſtigen Anhaltspunkten
wahrſcheinlich. Sir David Lyndeſay, der mit Dunbar
bekannt geweſen ſein muß, da er ſchon im Jahre 1511
an König Jakobs IV. Hof als Dichter auftrat, thut in
ſeinem 1530 geſchriebenen „Papageien=Teſtament“, nach=
dem er Chaucer, Gower und Lydgate als die großen
Dichter Englands genannt hat, Kennedys und Dunbars
mit folgenden Verſen Erwähnung:

> „Wer wär' im Stand' und ahmte jetzt wohl nach,
> Was Kennedy mit gold'gen Worten ſprach,
> Und Dunbar, der der Sprache Meiſter war,
> Wie aus „dem goldnen Schilde“ offenbar“.

Aus dieſen Worten und daraus, daß er erſt im weiteren
Verlaufe des Gedichts den Biſchof Douglas aufführt,
der im Jahre 1522 ſtarb, kann man ſchließen, daß
Dunbars Tod früher erfolgt ſein muß, jedenfalls alſo

7*

zwischen den Jahren 1517, der Abfassungszeit seines
letzten, mit Sicherheit von ihm herrührenden Gedichts,
und 1522, dem Todesjahr von Gawain Douglas. Man
kann also Laings Annahme zustimmen, daß der geniale
Dichter etwa ums Jahr 1520 im Alter von reichlich
sechzig Jahren aus dem Leben schied, welches ihm eine
Fülle reicher Erfahrungen, stolzen Dichterruhms und
heiteren Lebensgenusses, aber auch ein reichliches Maß
bitterer Enttäuschungen und herber Leiden beschieden hatte.

Unter welchen Verhältnissen er die nach der Ka=
tastrophe von Flobben ihm noch beschiedenen Jahre ver=
lebte, darüber haben wir, wie schon bemerkt, keinerlei
Nachrichten. Aus dem gänzlichen Fehlen seines Namens
in den Listen des Schatzkammeramts ist man, wie Laing
mit Recht hervorhebt, noch nicht zu dem Schlusse be=
rechtigt, daß ihm seine bisherigen Subsistenzmittel unter
dem Drang der Umstände entzogen worden seien; viel=
mehr mochte die Summe fortan aus einem andern
Theil des königlichen Einkommens bestritten werden.
Das Wahrscheinliche aber ist, daß die Königin, die zu=
nächst die Regentschaft übernahm und dem Dichter von je=
her wohlwollend gesinnt gewesen war, ihm bald nachdem
sie zur Macht gelangte, die lang ersehnte Anstellung
im Dienste der Kirche zu Theil werden ließ, um so mehr,
als ja durch den Tod verschiedener höherer und unter=
geordneter kirchlicher Würdenträger in der Schlacht von
Flobben mehrere Vacanzen eingetreten sein mußten.

Mit dieser Annahme wäre denn auch die Thatsache
auf natürliche Weise in Einklang zu bringen, daß wir
eine nicht unbeträchtliche Anzahl nicht nur moralisirender,
sondern auch religiöser Gedichte, wie z. B. auf die heil.
Jungfrau, auf Christi Geburt, auf sein Leiden, auf die

Auferstehung und andere derartige Themata von Dunbar
besitzen, deren Entstehung in dieser Lebensepoche man
am ehesten annehmen kann. Freilich muß man zugeben,
daß ihm auch früher schon die alljährlich wiederkehrenden
kirchlichen Feste, vielleicht auch der Wunsch seines zu
Zeiten von frommen Anwandlungen heimgesuchten könig=
lichen Gönners oder der Königin diese Themata zu
poetischer Bearbeitung nahe gelegt haben könnten, und
bei der ungemeinen Vielseitigkeit seines dichterischen
Talentes wäre es leicht erklärlich, daß er sich schon
damals auch dieser Aufgaben mit gewohnter Virtuosität
entledigt hätte. Aber die natürlichste Annahme und die=
jenige, welche durchaus dem gewöhnlichen Entwickelungs=
gange menschlicher Denkart entspricht, bleibt doch die,
daß Dunbar diese Gedichte in seinem späteren Lebens=
alter geschrieben haben wird, nachdem er schon aufge=
hört hatte, „die Gesetze der Venus zu lehren", nachdem
er den Vergnügungen und Scherzen der Jugendzeit und
des lebenslustigen Mannesalters längst entsagt und
nach vielen Enttäuschungen und Sorgen seit dem ver=
hängnißvollen Tage von Flodden endlich die ersehnte
Ruhe eines Pfarramts erlangt hatte, welche ihm Anlaß
und Muße bot, nunmehr solche Dichtungen zu schaffen,
wie sie seiner durch traurige Erlebnisse, vorgerücktes
Alter und amtliche Stellung bedingten ernsten Lebens=
anschauung am meisten entsprachen. Ja, die beiden Ge=
dichte The Maner of passyng to Confessioun und The
Tabill of Confessioun, poetische Aufforderungen und
Anweisungen zur Beichte, lassen kaum die Annahme
einer andern Entstehungsart zu.

Mit Recht sind diese Gedichte daher nebst den
anderen religiösen Dichtungen von Laing in der Reihen=

folge der Dunbar'schen Gedichte ans Ende verwiesen
worden. Ueberhaupt werden wir uns bei der näheren
Betrachtung derselben in den folgenden Abschnitten, ob=
wohl wir uns bemühen werden, so weit es möglich ist,
den muthmaßlichen geschichtlichen Entwickelungsgang der
dichterischen Thätigkeit Dunbars zu verfolgen und dar=
zulegen, nicht gar zu sehr von der in Laings verdienst=
voller Ausgabe beobachteten Anordnung zu entfernen
brauchen.

Die von uns zu Grunde gelegte Eintheilung der
Gedichte Dunbars ergiebt sich aus den bisherigen Be=
trachtungen über sein Leben ganz von selbst. Die Ver=
mählung und der Tod des Königs waren offenbar die=
jenigen zwei Hauptereignisse, von denen es am stärksten
und am nachhaltigsten beeinflußt wurde. Wir theilen
daher seine Dichtungen ein:

I. in solche, die sicher oder aller Wahrscheinlichkeit nach
vor dem Vermählungsjahr des Königs, also vor
1503, geschrieben wurden;

II. in solche, welche in diesem Jahre oder nach dem=
selben und vor dem Tode Jakobs IV., also zwischen
1503 und 1513 entstanden;

III. in solche, die von Dunbar nach diesem Ereigniß in
der letzten Zeit seines Lebens abgefaßt sein mögen.

Daraus ergiebt sich zugleich eine im Großen und
Ganzen gültige stoffliche Eintheilung in zwei Haupt=
gruppen, nämlich in Gedichte weltlichen und in Gedichte
geistlichen Inhalts, zwischen denen das Todesjahr des
Königs die muthmaßliche zeitliche Grenze bildet. Die
ersteren würden sich wieder nach dem Stoff und der Be=
handlungsweise in verschiedene Unterabtheilungen, nämlich
in erotische, allegorische, satirische, polemische, morali=

firende, didaktiſche und Gelegenheits-Gedichte eintheilen
laſſen; indeß, da in Folge der ungewöhnlichen Lebhaftigkeit und Verſatilität des Dunbar'ſchen Geiſtes dieſe
Gattungen faſt nie ſtrenge von einander zu trennen
ſind, die charakteriſtiſchen Eigenſchaften der einen vielmehr ſtets mit denjenigen der andern ſich miſchen, ſo
ſchien uns die oben erwähnte chronologiſche Eintheilung,
innerhalb welcher die ſtoffliche Anordnung bis zu einem
gewiſſen Grade Platz greifen kann, den Vorzug zu verdienen, an welche ſich dann zum Schluß eine Geſammt-
betrachtung der dichteriſchen Individualität Dunbars
wird anreihen laſſen.

Dritter Abschnitt.

Dichtungen vor 1503, dem Vermählungsjahr des Königs.

I.

Dichtungen an den König.

Die erste sichere Nachricht von Dunbars Anwesen=
heit bei Hofe, die dann sogleich den Charakter eines
dauernden Aufenthalts daselbst annimmt, datirt vom
15. August 1500, an welchem Tage ihm seine erste
jährliche Pension von 10 £ ausgesetzt wurde. Indeß,
daß er schon längere Zeit vorher zum Könige in engeren
Beziehungen gestanden haben muß, ist mit Sicherheit
aus den häufigen Hinweisen des Dichters auf frühere
Dienste zu schließen, die er ihm in andern, zum Theil
sehr entfernten Ländern geleistet habe. Da seit 1500
die Auszahlung seiner Pension, wie die Rechnungsbücher
ausweisen, regelmäßig in halbjährlichen Terminen an
den Dichter erfolgte, so können längere continentale Reisen,
wie nach Spanien und Italien, nur vorher stattgefunden
haben. Die früher erwähnte Notiz von der 1491 er=
folgten Entsendung einer Gesandtschaft nach Frankreich
in der „Katherine" und die Erwähnung dieses Schiffes
in „The Flyting" läßt es als möglich erscheinen, daß
Dunbar schon zu der Zeit, einige Jahre nach dem Re=
gierungsantritt des damals erst 19 Jahre alten Jakobs IV.,
in königlichen Diensten Verwendung fand. War er seit=

dem zu wiederholten Malen, wie wir aus seinen An=
deutungen schließen müssen, auf längeren Gesandtschafts=
reisen außer Landes, so konnte seine Anwesenheit bei
Hofe in der Zwischenzeit wohl selten von längerer Dauer
sein. Erst vom Jahre 1500 an lebte er dann als an=
gehender Vierziger mit nur wenigen zeitweiligen Unter=
brechungen beständig in der Umgebung des damals acht=
undzwanzigjährigen, noch unvermählten Königs, mit dessen
Persönlichkeit wir uns zunächst etwas eingehender zu be=
schäftigen haben.

Jakob IV., der Urenkel des königlichen Dichters
Jakob I., war durch eine Empörung mißvergnügter
Großen gegen seinen Vater, König Jakob III., wobei
dieser durch Mörderhand fiel, in dem jugendlichen Alter
von sechzehn Jahren auf den Thron gelangt. Er selbst
war mit den Rebellen im Einvernehmen gewesen, und
wenn er auch an dem Tode seines Vaters gewiß un=
schuldig war, so verursachte ihm doch die Art und Weise,
wie er zur Herrschaft gekommen war, in reiferem Alter
manchmal trübe und reuevolle Stunden.

Im Ganzen aber war er heiterer Lebensauffassung
und fröhlichem Lebensgenuß zugethan, wozu ihn eine
glückliche Beanlagung, ein lebhaftes Temperament, ein
wohlgebildeter, gesunder, kräftiger Körper besonders be=
fähigten. Auch der Zustand des Königreichs, dessen
Regierung er antrat, und die weiteren Schicksale desselben
während des größten Theils seiner Herrschaft waren einer
heiteren Gestaltung des Lebens günstig.

Während der Zeit, als die Kriege der beiden Rosen
das benachbarte England verwüsteten, hatte Schottland
sich eben deswegen einer Periode friedlicher Entwickelung
erfreuen können und war zu verhältnißmäßigem Wohl=

stand und Ansehen bei den fremden Mächten gelangt.
König Jakob IV. sorgte dafür, sobald er selber die
Zügel der Regierung ergriff, durch geregelten diploma=
tischen Verkehr mit den Höfen von Frankreich und Spanien,
mit dem päpstlichen Stuhl und anderen Mächten dies Ansehen
zu befestigen. Seitdem er im Jahre 1496 und 1497
für den von ihm anerkannten Prätendenten Perkin
Warbeck mit geringen Streitkräften zwei ziemlich erfolg=
lose Invasionen in das englische Gebiet unternommen,
dann aber die Sache des Abenteurers nicht weiter unter=
stützt hatte, wurde dies friedliche Verhältniß zu England,
so lange dort König Heinrich VII. regierte, nicht wieder
getrübt, und auch während der ersten Regierungsjahre
Heinrichs VIII. blieb der Friede erhalten. Die Em=
pörungen der gälischen Hochländer in den Jahren 1492,
1501—1504 wurden glücklich niedergeschlagen und endeten
mit der Aufhebung der Unabhängigkeit des Lord of the
Isles. So herrschte überall in den Grenzdistricten Ruhe
und Frieden. Feldbau und Gewerbe blühten, und der
Handel gelangte unter dem Schutze einer für jene Zeiten
imposanten Flotte zu immer lebhafterer Entwickelung.
Für geordnetere Rechtspflege bemühte sich der König durch
eine neue Organisation der Gerichte zu sorgen, wie durch
strenge Handhabung der Gesetze für die öffentliche Sicher=
heit des Landes. Die Künste und Wissenschaften fanden
in dem vielseitig unterrichteten und begabten Könige
einen eifrigen Förderer und hochherzigen Beschützer. Vor
allem blühte Baukunst und Poesie. Der Palast von Holy=
rood wurde unter seiner Regierung vollendet, und die
hervorragendsten Dichter, deren das schottische Volk sich
rühmen kann, zierten Jakobs IV. Hof, dem fremde
Tänzer, Minstrels, festliche Tourniere und Maskenspiele

auch äußerlich ein glänzendes, heiteres Ansehen gaben. Namentlich seit der König im Jahre 1503 sich mit Prinzessin Margarethe von England vermählt hatte, scheinen die Verhältnisse an seinem Hofe mehr und mehr diesen erfreulichen Charakter angenommen zu haben, aber es ist nicht zu bestreiten, daß die persönliche Tüchtigkeit des Königs dazu das Meiste beigetragen hatte. Vom höchsten Interesse ist die Charakterschilderung, welche der spanische Gesandte an König Jakobs IV. Hof, Don Pedro de Ayala, seinem Herrscherpaar, Ferdinand und Isabella, von dem schottischen Könige im Jahre 1497 entwarf, für den sie sich damals wegen einer projectirten Heirath desselben mit einer spanischen Prinzessin und weiterer Allianzen aufs lebhafteste interessirten. Diese zuerst von Bergenroth,[1] dann von Laing[2] und Burton[3] veröffentlichte Charakteristik des Königs ist von einer solchen Anschaulichkeit und überzeugenden Wahrheit der Darstellung, daß wir uns nicht versagen können, dieselbe hier in der Uebersetzung mitzutheilen:

„Der König ist fünfundzwanzig Jahre und einige Monate alt. Er ist von edler Gestalt, weder groß, noch klein und so hübsch von Gesicht und Figur, wie ein Mann nur immer sein kann. Er spricht folgende fremde Sprachen: Lateinisch, sehr gut; Französisch, Deutsch, Flämisch, Italienisch und Spanisch; Spanisch so gut, wie der Marquis, aber er spricht es deutlicher aus. Es macht ihm viel Vergnügen, spanische Briefe zu empfangen.

---

[1] Calendar of Spanish Letters, Despatches, and State Papers, vol. I, Nr. 41. London, 1862. 8º.

[2] Dunbar ed. Laing vol. I, p. 267.

[3] John H. Burton: The History of Scotland, Edinburgh, 1873. 8º. vol. III, p. 51.

Seine eigene Sprache ist in dem Grade verschieden vom
Englischen, wie das Aragonische vom Kastilianischen.
Der König spricht außerdem die Sprache der Wilden,
die in einigen Theilen Schottlands und auf den Inseln
leben. Es ist eben so verschieden vom Schottischen, wie
das Baskische vom Kastilianischen. Seine Kenntniß
fremder Sprachen ist erstaunlich. Er ist sehr belesen in
der Bibel und in einigen andern erbaulichen Büchern.
Er ist gut in der Geschichte bewandert. Er hat viele
lateinische und französische Geschichtswerke mit Nutzen
gelesen, da er ein gutes Gedächtniß hat. Er läßt nie
sein Haar oder seinen Bart scheeren. Es steht ihm
sehr gut.

Er fürchtet Gott und beobachtet alle Vorschriften
der Kirche. An den Mittwochen und Freitagen ißt er
kein Fleisch. Des Sonntags würde er unter keinen
Umständen ein Pferd besteigen, nicht einmal, um sich
zur Messe zu begeben. Er betet fleißig. Bevor er irgend
ein Staatsgeschäft besorgt, hört er zweimal die Messe.
Nach der Messe läßt er sich eine Cantate vorsingen,
während welcher er bisweilen sehr dringende Geschäfte
erledigt. Er vertheilt viele Almosen, aber er ist ein
strenger Richter, besonders, wenn es sich um Mörder
handelt. Er hat große Vorliebe für die Geistlichen und
zieht sie manchmal zu Rathe, besonders die Observanten
(Franziskaner), bei denen er beichtet.

Selten, selbst nicht einmal im Scherz, entschlüpft
ihm ein unwahres Wort. Er sucht seinen Stolz darin,
und sagt, es scheine ihm für Könige nicht passend zu sein,
ihre Verträge zu beschwören, wie es in jetziger Zeit ge=
schähe. Der Eid eines Königs sollte sein königliches
Wort sein, wie es in früheren Zeiten der Fall war.

Er ist weder verschwenderisch, noch geizig, aber freigebig, wenn die Gelegenheit es erfordert. Er ist tapfer und das sogar in höherem Grade, als ein König es sein sollte. Ich kann dies bezeugen. Ich habe ihn in den letzten Kriegen öfters höchst gefährliche Dinge unternehmen sehen. Ich habe zuweilen seinen Rockschoß erfaßt und habe vermocht ihn zurückzuhalten. Bei solchen Gelegenheiten nimmt er nicht die geringste Rücksicht auf sich. Er ist kein guter Anführer, weil er das Gefecht beginnt, bevor er seine Befehle ertheilt hat. Er sagte mir, daß seine Unterthanen ihm mit ihrem Leben und ihrer Habe in gerechten und ungerechten Kriegen zu Gebote ständen, ganz wie es ihm beliebe, und daß er es deshalb nicht für recht halte, ein kriegerisches Unternehmen zu beginnen, ohne selber der erste in der Gefahr zu sein. Im Handeln ist er so zuverlässig, wie im Reden. Aus diesem Grunde und weil er ein sehr leutseliger Fürst ist, liebt man ihn sehr. Er ist thätig und arbeitet viel. Wenn er keinen Krieg führt, so jagt er in den Bergen. Ich sage Eurer Hoheit die Wahrheit, wenn ich bemerke, daß Gott ein Wunder in ihm gewirkt hat, denn ich habe außerhalb Spaniens niemals einen Menschen gesehen, der so mäßig im Essen und Trinken ist, als er. In der That, so etwas scheint in diesen Ländern etwas Uebermenschliches zu sein. Er leiht seinen Rathgebern ein bereitwillig Gehör und entscheidet nichts ohne sie zu fragen; aber in wichtigen Angelegenheiten handelt er nach seinem eigenen Urtheil, und nach meiner Meinung trifft er gewöhnlich das Richtige. Ich stimme ihm vollständig bei hinsichtlich des letzten Friedensschlusses, der gemacht war gegen den Wunsch der Majorität seines Königreiches.

Als er noch minderjährig war, wurde er von den-

jenigen, welche die Regierungsgewalt in Händen hatten,
zu einigen wenig ehrenvollen Dingen angestachelt. Sie
begünstigten seine Liebesintriguen mit ihren Verwandt=
innen, um ihn unter ihrer Leitung zu behalten. Sobald
er majorenn wurde und seine Pflichten erkannte, gab er
diese Intriguen auf. Als ich ankam, hielt er sich eine
Dame mit großem Luxus in einem Schloß. Er besuchte
sie von Zeit zu Zeit. Später sandte er sie ihrem Vater,
einem Edelmanne, zurück und verehelichte sie. Dasselbe
that er mit einer andern Dame, von der er einen Sohn
hatte.[1] Es mag ungefähr ein Jahr her sein, seitdem
er, wie man wenigstens annimmt, seine Leidenschaften
aufgab, sowohl aus Furcht vor Gott, als auch vor dem
Aergerniß in dieser Welt, worauf man hier sehr viel
giebt. Ich kann der Wahrheit gemäß sagen, daß er
soviel von sich hält, als ob er der Herr der Welt wäre.
Er liebt den Krieg so sehr, daß ich fürchte, zumal da
er sehr gereizt wird, daß der Friede (mit England) nicht
lange dauern wird. Der Krieg ist für ihn und das
Land vortheilhaft."

Auch einige der Bemerkungen über Land und Leute,
welche der spanische Vertrauensmann seinem eingehenden
Berichte hinzufügte, werden nicht ohne Interesse sein.
Er sagt: „Die Einwohner sind schön. Sie haben so
große Vorliebe für Ausländer, daß sie sich streiten, wer
einen Fremden in seinem Hause beherbergen und be=
wirthen soll. Sie sind von Natur eitel und prahlerisch.

---

[1] Laing bemerkt hierzu in einer Anmerkung, mit Hinweis
auf Duncan Stewart's Royal Family of Scotland, Edinburg,
1739, 4°, p. 83, daß der König von vier verschiedenen Frauen
illegitime Kinder hatte, zwei Söhne und drei Töchter.

Sie geben alles aus, was sie haben, um den Schein zu wahren. Sie kleiden sich so gut, wie es in solch einem Lande, wie dasjenige ist, in welchem sie leben, möglich ist. Sie sind muthig, stark, schnell und behende. Sie sind neidisch (envious; ehrgeizig?) bis zum Uebermaß."

Nach weiteren Bemerkungen über die politische und kirchliche Eintheilung des Landes in Herzogthümer, Graf=schaften, Erzbisthümer, Bisthümer ꝛc. fährt er fort: „Die Frauen sind ungemein liebenswürdig. Ich erwähne dies, weil sie durchaus ehrbar sind, obwohl sehr frei von Benehmen. Sie haben die unbeschränkte Herrschaft in ihrem Hause und selbst über ihre Männer in allen denjenigen Dingen, welche die Verwaltung ihres Eigen=thums und Einkommens, wie auch die Verwendung des=selben angehen. Sie kleiden sich viel besser, als es hier (in England, wo er sich damals befand) der Fall ist, besonders was den Kopfputz betrifft, der nach meiner Meinung der hübscheste in der Welt ist.

Die Städte und Dörfer sind volkreich. Die Häuser sind gut, alle von behauenen Steinen erbaut und mit vortrefflichen Thüren, Glasfenstern und zahlreichen Schorn=steinen versehen. Alles Hausgeräth, welches in Italien, Spanien und Frankreich in Gebrauch ist, findet man in ihren Wohnungen. Es ist aber nicht erst in jüngster Zeit gekauft worden, sondern von früheren Generationen vererbt."

Man sieht, der Bericht, welchen Don Pedro de Ayala über den schottischen König und sein Volk er=stattete, ist in durchaus wohlwollendem Sinne, ja, mit einer liebevollen, wenn auch nicht kritiklosen Bewunderung für die hervorragenden persönlichen Eigenschaften Jakobs IV. geschrieben. Es war ihm offenbar darum zu thun, dem

spanischen Herrscherpaar von dem schottischen König und
seinem Lande die günstigste Vorstellung beizubringen.
Aber auch ein einheimischer Chronist äußerte sich über
Jakob IV. in ähnlichem Sinne, wie Burton in seiner
History of Scotland (III, p. 81) mittheilt, und wo=
durch das Bild des Königs noch mit einigen interessanten
Zügen vervollständigt wird: „Zur selben Zeit," heißt es
dort, „war Ruhe und Friede in Schottland und große
Liebe zwischen dem König und seinen Unterthanen, und
er war von ihnen allen sehr geliebt; denn er war sehr
edelmüthig, und obwohl das Laster der Habsucht bei seinem
Vater übermäßig wucherte, so machte es sich doch bei ihm
nicht bemerkbar. Schmeichler und Feiglinge kamen
bei ihm nicht zu Ansehn und Würden, noch auch folgte
er anderem Rath, als demjenigen seiner Lords, wodurch
er sich die Herzen des ganzen Adels gewann, so daß
er allein durch irgend einen Theil seines Reiches zu
reiten pflegte, ohne daß man wußte, daß er der König
sei; und er pflegte dann in armer Leute Häuser einzu=
kehren wie ein gewöhnlicher Reisender und pflegte sich
bei denen, wo er Unterkunft gefunden hatte, zu erkun=
digen, wo der König sich befinde, und was für ein Mann
er sei, und wie er seine Unterthanen behandle, und was
von ihm im Lande geredet würde. Und sie antworteten
ihm dann, wie es ihnen gut dünkte; auf diese Weise
erfuhr der König das allgemeine Urtheil über ihn. Dieser
Fürst war außerordentlich muthig und achtsam in Bezug
auf die Rechtspflege und liebte nichts so sehr, als tüchtige
Männer und Pferde. Deshalb ließ er zu gewissen Zeiten
Aufrufe durchs Land ergehen an alle seine Lords und
Barone, die für Tournier und Waffenspiel befähigt waren,
zu ihm nach Edinburg zu kommen und sich zu seiner

Belustigung zu produciren; einige im Speerstechen, einige
im Fechten mit der Streitart, einige mit dem zweihändigen
Schwert und einige mit der Armbrust und in anderen
Uebungen. Wer am besten focht, dem wurden die Waffen
des Gegners vom Könige ausgeliefert, und wer im Lanzen-
stechen der Beste war, dem wurde eine Lanze mit einer
Spitze aus reinem Golde übergeben zum Andenken an
die darin dargethane Geschicklichkeit. Auf diese Weise
brachte der König das Reich zu großer Streitbarkeit und
Ehre, so daß der Ruhm seiner Tourniere und Waffen-
spiele durch ganz Europa sich verbreitete, wodurch viele
fahrende Ritter veranlaßt wurden, aus anderen Ländern
nach Schottland zu kommen, um dort zu tournieren, weil
sie von dem ritterlichen Ruhme des Königs von Schottland gehört hatten. Doch wenige oder keine von ihnen
gingen hinweg, die nicht ihres Gleichen gefunden hatten,
und manche als Ueberwundene."

Auch in dieser Schilderung erkennen wir den patriotischen Sinn des vaterländischen Chronisten, der gern
von einem ritterlichen und ruhmvollen Herrscher seines
Landes nur das Vortheilhafteste und Beste berichtet.

Doch aber fehlten den vielen Lichtseiten auch tiefe
Schatten nicht, die zum Theil allerdings aus den Vorzügen im Charakter des Königs, aus seiner Offenherzig-
keit, seinem Vertrauen, seiner Freigebigkeit, aber auch
aus den Schwächen seines Wesens, seiner Genußsucht,
seiner Leidenschaft für das Spiel, seiner Frivolität her-
vorgingen. Ueber diese Schattenseiten in Jakobs IV.
Wesen und Regierungsweise finden wir manche Aufschlüsse in Dunbars satirischen Gedichten, welche bisher
für die Beurtheilung der schottischen Geschichte und
Culturzustände damaliger Zeit wohl noch nicht nach Ge-

bühr gewürdigt worden sein dürften. Wir erfahren aus
denselben, und zwar von Seiten eines freilich nicht ganz
objectiven, aber doch entschieden wahrheitsliebenden Be-
obachters, der seine Behauptungen auf Thatsachen stützte,
daß der Hof des Königs von Abenteurern aller Art belagert war, und daß er oft unwürdigen Menschen, die sein
Vertrauen mißbrauchten, seine Gunst zuwandte, dagegen
die gerechten Ansprüche verdienter und treuer Diener
unberücksichtigt ließ. Wir erfahren ferner, daß Frauengunst in der Rechtspflege viel vermochte, und wenn dies
auch wohl nicht als ein directer Vorwurf gegen den
König selber zu deuten ist, so zeigt es doch, daß die
Handhabung der Justiz trotz der von ihm eingeführten
Reformen unter seiner Regierung keineswegs stets so muster-
haft war, wie die Geschichtschreiber uns glauben machen
wollen. Ueber Parteilichkeit, Bestechlichkeit und Willkür
der Richter wird in dem Gedicht „Nachrichten von der
Gerichssitzung" mit deutlichen Worten Klage geführt.
Und gewiß war in dieser Hinsicht des Königs eigenes
willkürliches Verfahren in der Verleihung von Aemtern
und Würden, namentlich von kirchlichen Pfründen, wo-
rüber Dunbar sich in seinen poetischen Bittgesuchen, wie
auch in andern Gedichten an ihn so oft und so unum-
wunden ausspricht, nicht ohne nachtheilige Folgen. Seine
Leidenschaft für das Karten- und Würfelspiel scheint ihn
sogar dazu verführt zu haben, in autokratischem Uebermuth gelegentlich ein Kirchenamt als Einsatz gelten zu
lassen. So ist, ganz abgesehen von seinen galanten
Abenteuern, die wohl manchmal mit seinen beliebten
Incognito-Ausflügen im Lande, von denen der alte
Chronist berichtet, in Zusammenhang stehen mochten, und
auch unserem Dichter Anlaß gaben zu einem seiner vor-

züglichsten komischen Gedichte, ein gewisser frivoler Zug
in dem Wesen des Königs unverkennbar, wodurch er sich
gelegentlich — und wen wird dies Wunder nehmen bei
einem nahezu völlig unbeschränkten Herrscher jener Zeit?
— zu Willkürlichkeiten verleiten ließ.

Im Großen und Ganzen war aber seine Denk= und
Handlungsweise jedenfalls eine rechtliche und zuverlässige.
„Thue Recht und scheue Niemand!“ war nach Dunbars
Aussage in seinem Gedicht On deming (Lästerzungen)
schon in jungen Jahren der Wahlspruch des Königs.
Eine wahrhaft religiöse Gesinnung, die öfters, wie schon
bemerkt, in Ausbrüchen tiefer Reue über begangenes Un=
recht besonders stark zum Vorschein kam, war geeignet,
ihn in solchen Anschauungen zu bestärken. Dabei ver=
schloß er ernster Mahnung, ja herbem Tadel so wenig
sein Ohr, wie übermüthigem Scherz, selbst wenn seine
Person mit ins Spiel gezogen wurde. In beiderlei
Hinsicht finden wir unter Dunbars Dichtungen Proben,
welche zeigen, wie weit ein freimüthiger, geistvoller Mann
gehen konnte, ohne fürchten zu müssen, es mit dem könig=
lichen Gönner dauernd zu verderben. Ja, gelegentlich
sehen wir ihn selber mit Geist und Witz auf einen guten
Scherz eingehen. Kurz, König Jakob IV. war ein echter
Ritter im eigentlichen Sinn der Zeit, ein mit be=
deutenden geistigen Anlagen und tüchtigen Kenntnissen
ausgestatteter Herrscher, in dessen Wesen heitere Lebens=
lust, hochherzige Denkart, Geradheit und Mannesmuth
trotz einzelner Schwächen die hervorstechendsten Züge
bildeten. So war er wohl geeignet, einen Kreis er=
lesener Geister an seinem Hofe zu versammeln, unter
denen Dunbar unzweifelhaft der hervorragendste war. —

Für die Bestimmung derjenigen nicht genau zu datirenden Gedichte Dunbars, welche unseres Erachtens vermuthlich der Zeit vor 1503 angehören, sind wir, wie schon angedeutet, in gänzlicher Ermangelung positiver Daten, leider nur auf innere Gründe angewiesen. Wir haben namentlich zu erwägen: 1) welche persönliche Rücksichten es bei den an den König gerichteten oder auf ihn bezüglichen Gedichten unwahrscheinlich machen, daß dieselben in der folgenden Epoche, nach des Königs Vermählung, entstanden sein könnten; ferner 2) bei den Gedichten mehr allgemeinen Inhalts, welcher Stimmung und Denkweise des Dichters, wie sie für jede einzelne Hauptepoche seines Lebens charakteristisch ist, dieselben am meisten entsprechen; und endlich 3), welche Eigenschaften hinsichtlich der dichterischen Behandlung des Stoffes ihnen im Gegensatz zu den späteren Dichtungen eigenthümlich sind.

Unter diesen Erwägungen gewährt uns die zuerst genannte noch das relativ sicherste Beweismittel, weshalb wir uns den an den König gerichteten, resp. auf ihn bezüglichen Gedichten zuerst zuwenden, um so mehr, als der Versuch einer chronologischen Anordnung der einzelnen vor 1503 anzusetzenden Gedichte zu einander ganz aussichtslos sein dürfte.

Wir eröffnen die Reihe mit dem kleinen Neujahrsgeschenk an den König (New years gift to the King, I, 91), welches sich durch seinen zurückhaltenden, bescheidenen Ton wesentlich von Dunbars späteren Gedichten an den König unterscheidet und sowohl aus diesem Grunde, wie auch aus der Art der an den König gerichteten Wünsche den Eindruck macht, daß es für den Herrscher, als er noch im ersten Jünglingsalter stand, vielleicht bald nach seiner Thronbesteigung geschrieben wurde.

Wie wir aus den Listen des Schatzkammeramts erfahren,
war es bei Hof Sitte, daß der König seinen Dienern
und andern Personen seiner Umgebung zu Neujahr Ge=
schenke machte, deren Betrag sich nach ihrem Range rich=
tete. Ob es indeß schon damals gebräuchlich war, daß
von Seiten der Hofbeamten entsprechende Gegengeschenke
entrichtet wurden, ist ungewiß; jedenfalls aber mochten
die Dichter es sich in der Regel zur Pflicht machen, sich
wenigstens mit einer poetischen Gabe zu revanchiren
oder auch mit einer solchen der Liberalität des Königs
zuvorzukommen. Diesem Brauche huldigt hier auch Dunbar,
der es nicht versäumt, mit einer humoristisch=freimüthigen
Wendung, wie sie für ihn charakteristisch ist, in der
Schlußstrophe den eigentlichen Zweck seines Neujahrs=
gedichts hervorzuheben:

Neujahrsgeschenk für den König.

I. Mein Fürst! Dir werde Glück und Heil,
    Frohsinn, Wohlfahrt und Lust zu Theil,
    Spiel, Freud' und Kurzweil immerdar
      Zur Gabe für dies neue Jahr.

II. Gott schenk' Dir seinen Segensgruß,   5
    Und aller Tugend Ueberfluß,
    Und Gnade, daß Du d'rin verharr',
      Zur Gabe für dies neue Jahr.

III. Gott gebe Heil Dir und Gedeihn,
    Lass' Deines Glücks und Ruhms Dich freun,   10
    Dein ganzes Leben immerdar,
      Zur Gabe für dies neue Jahr.

IV. Der Herr verleih' Dir Kraft und Muth
    Zu Deines Reiches Schutz und Huth,
    Daß Du ihm Recht und Frieden wahr',   15
      Zur Gabe für dies neue Jahr.

V. Gott überall Dir Segen spende
   Und manche fränk'sche Kronen sende!
   Dir offen Herz und Hand bewahr'
   Zur Gabe für dies neue Jahr.   20

Ganz anderer Art ist das zweite Gedicht, welches
wir, und zwar mit noch größerer Bestimmtheit, dieser
Epoche zuweisen möchten. Es hat in Laings Ausgabe
(I, 83) den Titel: The Tod and the Lamb, Der
Fuchs und das Lamm. Die specielle Veranlassung
und Beziehung des Gedichts wird aber erst klar durch
die Ueberschrift, welche es im Bannatyne-Manuscript
trägt: Follows the Wowing of the King, quhen he
was at Dunfermeling. Es handelt sich in dem Gedicht
also um ein galantes Abenteuer des Königs, wobei er
der Gefahr der Entdeckung von Seiten eines eifersüchtigen
Nebenbuhlers, der als der Wolf vorgeführt wird, glücklich entging. Nun ist zwar an sich kein zwingender Grund
vorhanden zu der Annahme, daß der König nicht auch
nach seiner Heirath noch gelegentlich den schönen Unterthaninnen seines Reiches seine Huldigungen dargebracht
haben sollte.[1] Indeß wird doch in den geschichtlichen
Aufzeichnungen über seine Regierung ausdrücklich berichtet,
daß er vor seiner Vermählung zu verschiedenen vornehmen Damen seines Landes in intimen Beziehungen
stand und Nachkommenschaft mit ihnen hatte (vgl. S. 110).
Weiter aber ist es namentlich aus dem Grunde im höchsten

---

[1] Nach Burton, History of Scotland III, p. 76 vertändelte
er noch in dem letzten Feldzuge gegen England, der ihm das
Leben kostete, einige Tage der kostbaren Zeit, indem er sich nach
der Einnahme des Schlosses Ford von den Reizen der Schloßherrin
fesseln ließ.

Grade unwahrscheinlich, daß das Gedicht sich auf eine
Liebesaffaire des Königs n a ch seiner Vermählung beziehen
könnte, weil dann sicherlich Dunbar, der Günstling der
Königin, der ihre Ankunft in überschwenglicher Weise
verherrlicht hatte und sich dafür, wie wir von ihm er=
fahren, ihrer dauernden Gnade erfreute, sich sehr gehütet
haben würde, ein derartiges galantes Abenteuer ihres
Gemahls in einem so übermüthigen Gedicht, welches offen=
bar zur besonderen Belustigung des Helden desselben be=
stimmt war, zu besingen.   Dazu kommt noch, daß er in
seinem Hochzeitsgedicht The Thrissill and the Rois es
nicht unterlassen konnte, den König auf feine Weise zur
Treue zu ermahnen, womit die in The Tod and the
Lamb an den Tag gelegte Gesinnung des Dichters doch
schwer zu vereinbaren gewesen wäre.   Das Gedicht, in
welchem sich der wilde, oft cynische Humor des Verfassers
bereits in sehr charakteristischer Weise kundgiebt, zeigt
in der Einkleidung deutliche Anklänge an die wohl auch
damals noch in Frankreich populäre Thiersage, während
der Ton der Darstellung in seiner lebhaften, leichtfertigen,
aber anschaulich schildernden Art mit den französischen
contes und fabliaux entschiedene Verwandtschaft hat,
die dem Dichter ja bei seinem Aufenthalt in Frankreich
unzweifelhaft bekannt geworden waren.

Der Fuchs und das Lamm.

I. Vergang'ne Nacht zu Dumfermling
　Sagt man, geschah ein seltsam Ding;
　Da war bei einem Lamm ein Fuchs
　Und trieb mit ihm so seinen Jux,
　　Drückt' auch an seine Brust es an,
　Wollt's wie ein Widder reiten flugs,
　　Was mich doch höchlich Wunder nahm.

5

II. Des Lämmchens Leib liebkost' er süß,
Schlang um den Hals die Vorderfüß',
Wedelt' den Schweif, sprang mit Gebell   10
Dann wie ein Hündchen ihm ums Fell,
   Duckt' sich alsdann, als sei's ihm gram.
Das Lämmchen rief: „Hilf, Jungfrau, schnell!"
   Was mich doch höchlich Wunder nahm.

III. Nicht dünn und hager war sein Wuchs,   15
Er war ein lust'ger, rother Fuchs,
Ein großes Thier mit langem Schwanz;
Das Lämmchen, unerfahren ganz,
   Entfloh ihm nicht, war viel zu zahm,
Verstand sich noch nicht auf den Tanz,   20
   Was mich doch höchlich Wunder nahm.

IV. Der Fuchs war roth, das Lamm war weiß,
So eine rechte Festtagsspeis';
Die alten Schafe, zäh und hart,
Haßt' er, — dies Lamm war jung und zart;   25
   Drum er 'nen kecken Anlauf nahm,
Da jenes sich nicht schützt' und wahrt',
   Was mich doch höchlich Wunder nahm.

V. Er griff sie um den schlanken Leib,
Hatt' mit ihr seinen Zeitvertreib;   30
Die Unschuld, die noch nie gefehlt,
Faßt Muth, als er so fest sie hält,
   Auch als sie einen Kuß bekam,
Sein Ränkespiel ihr nicht mißfällt,
   Was mich doch höchlich Wunder nahm.   35

VI. Er faßt sie um den weißen Hals,
Und that so schön und doch so falsch,
Und hoch und heilig sich verschwur,
Daß sie sich denk' nichts Arges nur,

Das arme Ding glaubt' ihn so zahm,   40
Das Lamm traut' einer Fuchsnatur,
  Was mich doch höchlich Wunder nahm.

VII. Nicht Lügen dichten will ich jetzt,
Wie das die Minstrels wohl ergötzt.
Doch was nun weiter dort ging vor,   45
Als aus das Licht, versperrt das Thor, —
  Weiß nicht, ob sie Pardon bekam,
Denn kein Laut drang mehr an mein Ohr,
  Was mich doch höchlich Wunder nahm.

VIII. Oft, wenn man voller Freud' und Lust,   50
Naht Unheil, eh' man's noch gewußt.
Lang eh' ihr Plauderstündchen aus,
Ward von dem Wolf umstellt das Haus;
  Den Fuchs er aufzujagen kam.
Das Lämmchen quiekst wie eine Maus,   55
  Was mich doch höchlich Wunder nahm.

IX. Bei jenes Wolfes Wuthgeheul
Duckt nieder sich der Fuchs in Eil',
Schmiegt ans thörichte Lamm sich an,
So eng, wie er nur immer kann,   60
  Und lang dort seine Zuflucht nahm.
Still war'n die Schafe nebenan,
  Was mich doch höchlich Wunder nahm.

X. Als nun der Fuchs nicht bellt' und pfiff,
Da glaubt' der Wolf, daß alles schlief'.   65
Der Fuchs war zehnmal schon entzückt,
Als sich der Wolf zur Höhl' gedrückt,
  Fluchend, daß er vergebens kam.
Und dies bericht ich, wies geglückt
Zu Dumfermling so wundersam.   70

Das Gedicht zeigt deutlich, daß Dunbar zum König damals in einem sehr intimen Verhältniß stand und den übermüthigen Abenteuern des jungen, lebenslustigen Fürsten nicht nur großes Interesse, sondern namentlich auch große Nachsicht schenkte, wie sie mit der Stellung eines Geistlichen doch ziemlich schwer zu vereinigen gewesen wäre. Indeß, es ist, wie früher bemerkt, schwerlich anzunehmen, daß Dunbar sich schon damals in holy orders befand. Erst als Jakob IV. sich vermählt und damit von seiner stürmischen Jugendzeit Abschied genommen hatte, reifte auch in unserem Dichter der Entschluß, zu einer geregelteren Lebensstellung die nöthigen Vorkehrungen zu treffen, und so las er im März 1504 vor dem König seine erste Messe. Während der vorhergehenden Jahre aber war er dessen fröhlicher Laune sicherlich noch oft mit lustigen Gedichten nach Art des eben betrachteten entgegengekommen.

Eines derselben, welches unzweifelhaft von Dunbar herrührt, obwohl es nur im Maitland= und Reidpeth=Manuscript unter seinem Namen überliefert ist, während es im Bannatyne=Manuscript den von moderner Hand hinzugefügten Autornamen Clerk aufweist, ist betitelt (II, 28): Ane Brash of Wowing, Stürmische Werbung. Das Gedicht ist nicht nur ganz in derselben Vers= und Strophenform, sondern vor allen Dingen auch durchaus in demselben Ton gehalten, wie The Tod and the Lamb, was aus der folgenden Anfangsstrophe hinlänglich ersichtlich ist:

> An stillem Ort, vergangne Nacht,
> Hört' ich, ein Bursch zur Liebsten sacht
> Sprach: „Honigpüppchen, Schatz, mein Herz,
> War lang' dein Liebster, nicht im Scherz,
>   Und find' bei dir doch Tröstung nicht;
> Machst du mir lang noch solchen Schmerz,
>   Sag ich dir, Schatz, mein Herz mir bricht."

Es bezieht sich auf irgend eine untergeordnete Persön=
lichkeit, vielleicht irgend jemand aus der Dienerschaft des
Hofes, den der Dichter bei einem Stelldichein mit der
Liebsten belauscht hatte. Denn er beschreibt ihn in den
Anfangsversen der zweiten Strophe mit folgenden Worten:

> Sein Bart war schön gekämmt, gestutzt,
> Doch ganz mit Brüh' und Kohl beschmutzt.

Auch die vulgären Kosewörter, mit denen sich das Liebes=
paar betitelt, sind in höchst wirksamer, amüsanter Weise
von dem Dichter zur Charakteristik seiner Personen in
dem kleinen Gedicht verwendet worden, dessen Ausdrucks=
weise aber zu derber Art ist, um eine weitere Ueber=
setzung zuzulassen.

War nun der lebenserfahrene Dichter mit solchen
Schelmengedichten in der Regel sicherlich erfolgreich be=
müht, seinen königlichen Gönner zu belustigen und bei
guter Laune zu erhalten, so sah er sich doch bisweilen
auch veranlaßt, den König der melancholischen, reu=
müthigen Stimmung, von der diese leidenschaftliche, im
Grunde jedoch edele Natur zu Zeiten ergriffen wurde,
durch ein launiges Scherzgedicht zu entreißen. Dazu
liefert das Gedicht, betitelt: Dunbar's Dirige to the King
at Stirling (I, 86), Dunbars Trauergesang an
den König in Stirling, einen interessanten Beleg.
Es ist offenbar geschrieben und an den König abgesandt
worden zu einer Zeit, als dieser sich, wie es hin und
wieder, von Gewissensbissen bedrängt, zu thun pflegte,
zum Zweck bußfertiger Uebungen in das von ihm im
Jahre 1494 gegründete und besonders protegirte Franzis=
kanerkloster zu Stirling zurückgezogen hatte. Dem
Dichter hatte, ebenso wie manchen andern Hofleuten,

die Abwesenheit des Königs von der Hauptstadt schon
zu lange gedauert. Um der dadurch entstandenen Mono=
tonie ein Ende zu machen und den Fürsten zur Rückkehr
nach Edinburg zu veranlassen, sendet er ihm daher ein
Gedicht, worin er die frommen Uebungen der Mönche,
denen der König täglich beiwohnte, in übermüthigster
Weise parodirt, und ihn so gewissermaßen ad absurdum
zu führen sucht. Er nennt es ein Trauerlied oder einen
Grabgesang[1]); es ist aber das gerade Gegentheil davon und
wirkt nur um so komischer, als doch gewisse Beziehungen
eines solchen, wie in der Form, welche die Responsionen
der kirchlichen Gesänge nachahmt, so auch im Inhalt
durchgeführt sind. Denn der zeitweilige Aufenthalt des
Königs wird mit demjenigen einer abgeschiedenen Seele
im Fegefeuer verglichen; der Dichter aber und seine Ge=
nossen befinden sich im Himmel, nämlich in Edinburg,
wo sie jenen sehnsüchtig zur Theilnahme an den himm=
lischen Freuden erwarten. So wird der Vergleich des
kärglichen, enthaltsamen Lebens der Mönche in Stirling
mit dem höllischen Fegefeuer einerseits und des lustigen,
üppigen Lebens in Edinburg mit den Wonnen des Himmels
andererseits in anschaulichster Weise durchgeführt. Nament=
lich von den Tafelfreuden am Edinburger Hof erhalten
wir eine genaue Schilderung, woraus zu ersehen ist, daß
man auf gutes Essen und namentlich auf gutes Trinken,
auf guten Rheinwein und Claret, schon damals ebenso
viel hielt, wie noch heutigen Tages im britischen Reiche.

---

[1]) Das Wort Dirige, neuengl. dirge, ist hergenommen von
dem ersten Wort der Kirchenhymne: Dirige gressus meos oder nach
Wedgwood von den Worten der Vulgata Ps. 5, 8: Dirige domine
deus meus in conspectu tuo vitam meam, die in der Begräbniß=
liturgie öfters wiederholt wurden.

Merkwürdig ist es, wie die englischen Heraus=
geber sich über dies Gedicht ereifert haben. Lord Hailes
hat es absichtlich ungedruckt gelassen und macht in einer
Anmerkung in Betreff dieses Dunbar'schen Poems folgende
Bemerkung: „Sein Derge an König Jakob V. (er glaubte,
Dunbar habe unter diesem Könige gelebt) ist eine leicht=
fertige und profane Parodie der Litaneien der römischen
Kirche. Protestanten können kaum den irreligiösen Ton
von Dunbars Derge fassen. Hätte Jakob V. sich nur
den geringsten Anschein von Frömmigkeit bewahrt gehabt,
so hätte kein Dichter wagen dürfen, ihn auf solche Manier
anzureden". Auch Laing bemerkt (II, 279), obwohl er
mit Recht hervorhebt, daß man in damaliger Zeit an
solchen Parodien religiöser Gebräuche nicht so großen An=
stoß nahm: „In moralischer Hinsicht ist dies Gedicht von
allen Dichtungen unseres Autors sicherlich das anstößigste,
da es eine Parodie der Gebräuche der Kirche ist, der
Dunbar angehörte." Dürfen wir den Dichter denn nach
einem strengeren Codex der Moral messen, als seine Zeit=
genossen es thaten? — An einer anderen Stelle seiner Aus=
gabe (I, 55) verwahrt Laing sich in der Theorie ausdrücklich
gegen eine solche Beurtheilung desselben. — Die Franzis=
kanermönche von Stirling haben das Gedicht unzweifelhaft
mit Lachen und lautem Beifall aufgenommen, als der
König es ihnen im Refectorium mitgetheilt haben wird.
Wir lassen es hier zunächst in der Uebersetzung folgen:

Dunbars Trauergesang an den König in Stirling.

> Wir hier im Himmelsgloriensaal
> An Euch in Fegefeuersqual
> Entsenden freundschaftliche Grüß', —
> Ich meine, wir Volk im Paradies

In Edinburg, in Lust und Glück,   5
An Euch in Strivillings [1]) Mißgeschick,
Wo's weder Frohsinn gibt, noch Freud,
Wir schreiben Euch diesen Trostbrief heut'.

   Ihr Eremiten und Kopfhängerschaar,
Die Ihr Euch bei Tische kasteit sogar,   10
Und weder Fleisch eßt, das Euch nährt,
Noch Wein trinkt, der Euch Trost gewährt,
Nur schlechtes Ale, das dünn und schaal,
Bei wenig Schüsseln im Speisesaal,
Der Lords und Ritter Kreis entbehrt   15
Und all der andern Herren werth,
Einsam nur wandelt und allein
Und gar nichts seht, als Stock und Stein, —
Daß wir aus Fegefeuersqual
Euch bringen zu Freuden ohne Zahl   20
Nach Edinburg, dem lustgen Ort,
Beginn' der traurige Sang sofort;
Ein Klagelied gar fromm und schön,
Den Himmelsherren anzuflehn,
Von Eurem Gram Euch zu befrein   25
Und Euch zu Edinburgs Sonnenschein
Zurückzubringen in unsern Kreis,
Und so geht unsres Klaglied's Weis':

      Lectio prima.

Der Vater, Sohn und heil'ge Geist,
Die holde Jungfrau Maria zumeist,   30
Der heil'gen Engel Stände neun,
Der ganze Himmelshof obendrein
Bring' bald Euch aus der Pein und Noth

---

   [1]) An ein von dem Dichter beabsichtigtes Wortspiel mit to strive, sich anstrengen, plagen, ist wohl nicht zu denken, denn in der Chronik Roberts von Brunne, herausgegeben von Hearne, Oxford, 1725, (II, 297/8) kommt dieser Ortsname gleichfalls in der Form Strivelyne vor.

Von Strivilling, jedes Hofmanns Tod,
Nach Edinburgs Lust und Freud zurück, 35
Wo Ansehn, Wohlfahrt ist und Glück,
Spiel, Kurzweil und auch Ehrbarkeit:
Sagt Amen! Aus Barmherzigkeit!

Responsio.

Getröstet Euch in Eurer Qual,
In Trübsals Reich getröstet Euch, 40
Kehrt heim sogleich vom Jammerthal,
Getröstet Euch in Eurer Qual!
Aus Strivillings Weh Gott sende Euch
Gesund in Edinburgs Freudenreich!

Lectio secunda.

Zu Patriarchen, Aposteln und Propheten, 45
Bekennern, Jungfrau'n und Märtyrern beten
Gar innig wir und tugendsam,
Den ganzen Himmel flehn wir an,
Daß Ihr aus Eurer grausen Pein
Bald zieht in unsern Himmel ein, 50
Um Kranich zu essen und Rebhuhn und Schwan
Und allerlei Fisch aus des Stromes Bahn,
Zu trinken mit uns den kühlen Wein,
Der wächst an den Gestaden des Rhein,
Zu freu'n Euch an Frankreichs feurigem Trank, 55
Dem Claret von Angers und Orleans,[1]
Bei Speisen von feinster Leckerheit,
Sagt Amen! aus Barmherzigkeit!

---

[1] Dieser Reim möge meinen einstigen, lieben Königsberger Zuhörern empfohlen sein, welche ihn vermöge ihrer ostpreußischen, volltönenden, schneidigen Aussprache französischer Nasallaute zu würdigen im Stande sein werden, während ich im Uebrigen sowohl für diesen, wie für andere mangelhafte Reime den freundlichen Leser um Nachsicht bitte.

Responsio.

Gott und St. Giles (spr.: Djseils) führ' Euch zurück!
Alsbald ertheil's Gott und St. Giles,   60
Voll Freud und Heils, zu Trost und Glück,
Gott und St. Giles führ' Euch zurück!
Aus Strivillings grauser Noth und Pein
Zu Edinburgs Wonnen ziehet ein.

Lectio tertia.

Wir flehn zu des Himmels Heil'gen all,   65
Die über der Sterne Siebenzahl,
Euch zu befrei'n vom Bußpsalmsingen,
Daß Ihr mög't tanzen, jubeln, springen,
Bei uns in Edinburg Euch freun,
Wo immer Heil ist und Gedeihn.   70
Und ich, der schild're Euer Leid,
Will Euch besuchen in kurzer Zeit,
Nicht dort zu wohnen bei Euch in der Höll, —
Vielmehr, wie der Engel Sanct Gabriel
Geht hin und her vom Himmelsstuhl   75
Zu Denen im Fegefeuerpfuhl,
Um diesen, die in Trübsal schweben,
Doch auch ein wenig Trost zu geben,
Verkündend, wenn ihre Pein vorbei,
Daß ihnen der Himmel dann offen sei,   80
Und Solche nie verdient die Lust,
Die nichts von Schmerz und Leid gewußt. —
Wie also solltet würd'gen Ihr
Edinburgs Freuden, wenn Ihr hier
Nun wieder seid und nie vorher   85
In Strivilling war't, in Nöthen schwer?
Drum traget mit Gelassenheit
Die Bußzeit und Enthaltsamkeit,
Und eh' noch Weihnacht kommt herein,
Sollt uns'res Glücks auch Ihr Euch freun,   90

Das gebe die Dreieinigkeit!
Sagt Amen! aus Barmherzigkeit!

Responsio.

Kehrt heimwärts schnell von Strivilling-Stadt.
Aus grauser Höll' zu dieser Stell'!
Schmaust in Gesellschaft hier Euch satt!   95
Kehrt heimwärts schnell von Strivilling-Stadt.

Et ne nos inducas in temptationem de Strivilling:
Sed libera nos a malo ejusdem.
Requiem Edinburgi dona eis, Domine,
Et lux ipsius luceat eis.
A porta tristitiae de Strivilling,
Erue, Domine, animas et corpora eorum.
Credo gustare vinum Edinburgi,
In villa vinentium.
Requiescant statim in Edinburgo. Amen.
Domine, exaudi orationem meam:
Et clamor meus ad te veniat.

Oremus.

Deus qui justos et corde humiles ex omni eorum tri-
bulatione liberare dignatus es, libera famulos tuos apud
villam de Strivilling versantes a poenis et tristitiis ejusdem,
et ad Edinburgi gaudia eos perducas.   Amen.

Bestimmte Anhaltspunkte irgend welcher Art für
die Bestimmung der Abfassungszeit sind in dem Gedichte
nicht vorhanden und sind auch sonst nirgends aufgefunden
worden. Gleichwohl dürfte es doch mit ziemlicher Sicherheit den vor 1503 entstandenen Gedichten zuzuzählen
sein, und zwar aus zwei Gründen. Einmal nämlich
deshalb, weil in der Dichtung die Königin in keiner
Weise erwähnt wird, während der Dichter, wenn das
Gedicht nach der Vermählung des Königs entstanden
wäre, bei der Schilderung der himmlischen Freuden, die

in Edinburg seiner harrten, sicherlich nicht versäumt
haben würde, auch jener zu gedenken, die er in einem
späteren Gedicht an den König (I, 113) als one so
fair and gude oder als My advocat, bayth fair
and sweit feierte. Der Ladies aber wird überhaupt
in dem Gedicht nicht gedacht, sondern nur der

Cumpany of Lordis and Knychtis,
Or ony uder gudly wichtis,

und die Schilderung des Hoflagers macht entschieden den
Eindruck einer fürstlichen Junggesellenwirthschaft. Der
zweite Grund, welcher das Gedicht der Zeit vor 1603
zuweist, ist der, daß der Dichter darin mit dem König
in einer kameradschaftlich=vertrauten Weise verkehrt, die
ganz an den Ton des Gedichtes vom „Fuchs und Lamm“
erinnert, in den späteren an ihn gerichteten Dichtungen
aber von anderen Stimmungen verdrängt wird, nament=
lich von denjenigen des Aergers und des Unwillens über das
freche Treiben von allerlei Abenteurern und Schmarotzern,
die bei Hof ihr Glück machen wollten.

Dies tritt schon zu Tage in dem für die Zustände
bei Hof interessanten Gedicht Bittsteller bei Hof,
(Of Solistaris at Court, I, 101), welches wir aber doch
wegen des ruhigen, auf das königliche Wohlwollen ver=
trauensvoll Bezug nehmenden Schlußpassus noch unbe=
denklich den ersten Jahren von Dunbars ständigem Auf=
enthalt in Edinburg zuweisen.

Bittsteller bei Hof.

Auf manche Art zu Nutz' und Frommen
Sucht man bei Hof zum Ziel zu kommen:
Manche durch Dienst und Emsigkeit,
And're nur durch Anwesenheit;

Der Eine vom Vermögen zehrt,   5
Bis ihm das Glück etwas gewährt;
Der singt, Der tanzt, Der erzählt Schnurren,
Führt Abends auf den Tanz der Mohren;
Den sieht man heucheln, schmeicheln, plappern;
Der spielt den Narr'n, thut nichts als klappern;   10
Und der starrt sinnend auf die Wand,
Als wär' ihm alles unbekannt;
Der steht im Winkel und raisonnirt,
Vor Habsucht Der fast närrisch wird,
Und Der kommt förmlich ganz von Sinnen   15
Aus Gier, um Reichthum zu gewinnen.
Der hört die Mess' ohn' Andacht an,
Müht um Beförderung sich selbst dann;
Und Der wird protegirt von Schürzen
Und läßt sich nun an nichts verkürzen.   20

 Nur ich in meiner Einfalt hier
Versteh' sonst nichts, — Gott helfe mir! —
Als nur demüthig aufzuschau'n
Zum König und auf ihn vertrau'n;
Schaut er mich gnädig an, dünk' gleich   25
Ich mich an Gold und Schätzen reich.

Die von dem Dichter hier angeführten Einzelheiten
aus dem Getriebe am Hof Jakobs IV. werden durch
zahlreiche Angaben in den Listen des Schatzkammeramts
näher bestätigt. Wir finden dort verschiedene Summen
verzeichnet, welche Sängern, Tänzern, Spaßmachern und
Geschichtenerzählern gezahlt wurden, so z. B. auch
einem gewissen Richard Wallace, der eine Art Ver-
trauensperson des Königs gewesen zu sein scheint, Briefe
für ihn überbrachte und ihn auch mit Erzählen von Geschichten und geists, d. h. Ritterromanzen unterhielt.
Ein Anderer, Watschob, wird in den Jahren 1496 und

9*

1497 geradezu als the tale-tellare, der Geschichtener=
zähler, namhaft gemacht. Auch Spaßmacher (jestours)
werden verschiedene aufgeführt. Die „Morris=Tänze"
scheinen seit 1501 besonders beliebt bei Hof gewesen zu
sein. Sie wurden von Männern mit geschwärzten Ge=
sichtern, damit sie wie Mohren aussähen, in bunter,
schellenbehangener Tracht aufgeführt. Ursprünglich wurden
diese Mohrentänze, die nach den eingehenden Mittheilungen
darüber in dem bekannten Werk von Drake[1] aus Spanien
herübergekommen zu sein scheinen, mit der Maifeier in
Verbindung gebracht; später scheint man sie aber, wie
auch aus obigem Gedicht hervorgeht, bei beliebigen Ge=
legenheiten der Unterhaltung wegen haben aufführen
lassen. Auch andere Tänzer und selbst eine Tänzerin,
Namens Margaret Naper, ferner Minstrels, Lauten=
spieler 2c. 2c. werden in den Rechnungsbüchern des Schatz=
kammeramtes namhaft gemacht.

Die Schürzenprotection durch die advocattis in
chamir, wie es im Original heißt, weist hin auf einen
der Schäden des socialen Lebens, den der Dichter in
einem der im nächsten Kapitel mitzutheilenden Gedichte
zum Gegenstand seiner Satire macht.

II.
Spottgedichte gegen die Frauen.

Wir wenden uns hier einer Gruppe satirischer Dich=
tungen zu, welche nicht, wie die bisher betrachteten, auf
einzelne Persönlichkeiten sich beziehen, sondern in allge=
meiner Weise gegen ganze Stände und Klassen gerichtet

---

[1] Shakspeare and his Times. London, 1817. 4⁰. 2 vols.
vol. I, p. 157 ff.

sind. Unter diesen sind drei Gedichte besonders bemerkens=
werth, welche heftige satirische Angriffe gegen das weib=
liche Geschlecht enthalten, also Themata behandeln, welche
in der Umgebung des vielfach mit Heirathsplänen be=
schäftigten Königs gewiß oft genug mit wenig Zurück=
haltung besprochen wurden.

Eines dieser Gedichte nimmt eine besonders hervor=
ragende Stellung ein, sowohl hinsichtlich seines Umfangs,
als auch der Form, in der es geschrieben ist. Es ist das
Gedicht Die zwei verheiratheten Frauen und
die Wittwe (I, 61—80), das längste unter allen
Dunbar'schen Gedichten, da es aus 530 Verszeilen besteht.
Und zwar sind es alliterirende, reimlose Langzeilen, eine
Versart, die sonst nirgends bei ihm wiederkehrt, obwohl
dies Metrum, die altnationale Versart der Engländer,
zu damaliger Zeit gerade im Norden der Insel noch sehr
beliebt war. Schon die Wahl dieser volksthümlichen Versart
macht es wahrscheinlich, daß Dunbar in jüngeren Jahren
dies Gedicht schrieb, als er von der Schönheit und
Mannigfaltigkeit romanischer Strophenformen und ihrer
englischen Nachbildungen noch nicht so stark beeinflußt
war, um ihnen unbedingt den Vorzug einzuräumen. Aber
es kommen noch andere Erwägungen hinzu.

Das Gedicht beginnt mit einer so zarten und duftigen
Schilderung einer wonnig schönen, linden Sommernacht,
daß man erwarten sollte, nach einer solchen Einleitung
werde auch der eigentliche Inhalt desselben, das Ge=
spräch der drei reich geschmückten, also den vornehmen
Ständen angehörigen Frauen, welches der Dichter be=
lauscht, in einem ähnlichen Tone gehalten sein; es werde
sich um reine, holde Minne drehen, etwa dem Preise
der ritterlichen Thaten und des hochherzigen Sinnes der

Herren ihrer Herzen gewidmet sein. Doch ganz im Gegentheil! Es sind drei ganz abgefeimte Priesterinnen der Venus, die sich hier ihre Geheimnisse anvertrauen, und welcher Art daher die Reflexionen sind, die sie über ihre Erlebnisse anstellen, und welche Lehren praktischer Lebensweisheit sie daraus abstrahiren, ist nicht schwer zu errathen.

Man darf nun aber schwerlich annehmen, daß der Dichter hier des für den modernen Leser allerdings vorhandenen komischen Gegensatzes wegen einen solchen hochpoetischen Eingang zu einem so derben Stoffe gewählt habe. Die Schilderung einer schönen Frühlings- oder Sommerlandschaft bildete in damaliger Zeit für ein wohlgebautes Gedicht größeren Umfangs die durchaus conventionelle Einleitung, welche auch in The Trissill and the Rois und in The Goldyn Targe wiederkehrt, aber in maßvollerem und passenderem Verhältniß zum Ganzen, als es hier bei diesem vermuthlich ersten Versuch einer solchen Schilderung, die durchaus nicht etwa einen parodistischen, sondern einen ganz ernsten Eindruck macht, der Fall ist. Auf einen komischen Gegensatz zwischen dem Inhalte des eigentlichen Themas und dem Tone dieser einleitenden Landschaftsmalerei hatte es Dunbar dabei um so weniger abgesehen, als die Uebergänge von dem einen Gegenstande zum anderen nicht plötzlich sind, was ja der Wirkung am angemessensten gewesen wäre, sondern ganz allmählich, so daß es sogar fraglich ist, ob er die von ihm gepriesene Schönheit der drei Frauen zu ihrer oft sehr derben Ausdrucksweise in einen bewußten Contrast zu setzen beabsichtigte, zumal, wenn wir die freie Ausdrucksweise damaliger Zeit mit in Betracht ziehen. Auch läßt er sich die Gelegenheit nicht entgehen, das satirische

Gedicht mit einer ähnlichen, hochpoetischen Naturschilderung
zum Abschluß zu bringen, wobei er indeß nochmals aus
der Rolle fällt, indem er sich in den zwei letzten Versen
die schelmische Frage nicht versagen kann:

„Welches der drei Weibchen, die so weislich geredet,
Wünschtet ihr zum Weib euch, müßtet eine ihr wählen?

Dunbar zeigt hier, daß er allerdings schon dichterischen
Sinn und poetisches Geschick genug besaß, um ein Gedicht abzurunden, doch noch nicht hinlängliches künst-
lerisches Verständniß, um ein umfangreiches Thema in
einem einheitlichen Tone durchzuführen, wie ihm dies bei
seinen größeren allegorischen Dichtungen besser gelang.
Auch aus diesem Grunde halten wir es daher für wahrscheinlich, daß das Schelmengedicht von den beiden verheiratheten Frauen und der Wittwe früher, als jene
Dichtungen, entstanden ist und also der Zeit vor 1603,
vermuthlich aber, wegen des darin zu Tage tretenden,
stark satirischen Tones und der scharfen Beobachtungs-
gabe des Verfassers, den letzten Jahren dieses Zeitraumes
angehört. Da das Bild, welches wir von unserem
Dichter zu entwerfen haben, ohne Berücksichtigung dieses
allerdings vielfach sehr cynischen Gedichts ein unvollstän-
diges wäre, so lassen wir hier die am ehesten zulässigen
Abschnitte daraus in der Uebersetzung folgen.

Die zwei verheiratheten Frauen und die Wittwe.

Am Mittsommerabend, der mildesten der Nächte,
Ging ich einsam des Wegs, als vorüber schon Mitternacht,
Längs einem blumenreichen Garten, blühend und grün,
Umhegt von Hagbornbüschen, auf der Höhe gelegen.
Auf einem Zweige dort einen Vogel hört' ich zwitschern so laut, 5
Daß lustigerem Liede man lauschen nicht konnte.

Durch den süßen Gesang im Sinne erfreut
Und den wonnigen Wohlgeruch würziger Blumen
Schlich ich heimlich zur Hecke, zu horchen den Klängen:
Es tränkte das Thal und die Vögel der Thau.　　　10

Ich horchte unter einer Stechpalme[1]) himmlischem Grün
Einem lautem Gespräch und lebhaften Worten:
In Hast drang zur Hecke ich so hurtig hinein,
Daß mich bargen die Blätter und des Busches Laub.
Durch des Dornstrauchs Spitzen ließ ich dringen den Blick, 15
Ob Keiner wohl käme in den köstlichen Garten.

Drei fröhliche Frau'n in dem freundlichen Gefild
Erschaut ich, die geschmückt sich mit schönen Guirlanden;
Es strahlten goldig ihre stolzen Gewänder,
Und die Gräser erglänzten in den glitzerndsten Farben.　　20
Gekämmt war ihr Haar auf gar kunstvolle Weise,
Daß schön es die Schultern schimmernd umwallte,
Während ein Flortuch es oben nur flimmernd bedeckte.

Es waren grün ihre Mäntel wie Gräser im Maimond,
Befestigt an ihren Schultern mit ihren Fingern so weiß; 25
Voll himmlischer Huld waren ihre holdseligen Mienen,
Erblühend in Schönheit, wie die Blumen des Juni,
So zärtlich und sanft, wie die zarte Lilie,
Wie Rosen entsprossen am Reis aufs Neue,
Die umkränzt sind gar prächtig mit prunkendem Grün, 30
Das geschmückt von der Schöpfung mit den schönsten Blumen
Von allerlei Farben, die ein Achtsamer nur kennt,
Von frischestem Dufte erfüllt und vom feinsten.

Ein Marmortisch stand bedeckt vor den Damen, den dreien,
Mit Krügen in Reihen voll des köstlichsten Weines.　　35

---

[1]) under ane holyn; dieser Baum war früher und ist noch
heutigen Tages sehr häufig in Schottland anzutreffen, wo er in
den Wäldern eine beträchtliche Höhe erreicht. (Pinkerton).

Von diesen Frauen waren zwei verfreit ihren Männern,
Doch Wittwe war die eine, lockeren Wesens, wie ich wußte;
Und wie sie sprachen bei Tische von mancher spaßigen Geschichte,
Sprachen wacker auch dem Wein sie zu, und in mancherlei
                       Wechselreden
Wurden immer sie offenherziger in allerlei Aussagen.   40

„Laßt mich wissen, sprach die Wittwe, ihr jungen verehe=
                       lichten Weiber,
Welche Freude ihr fandet im Ehstand, seit ihr Männern ver=
                       freit seid;
Erklärt mir, ob ihr beklagt den kläglichen Zustand,
Oder ob im Leben ihr nie lieben würdet andere Leute,
Als jene, an die für immer der Eidschwur euch bindet? 45
Oder denkt ihr, hättet die Wahl ihr, ihr wähltet jetzt besser?
Dünkt das Band euch ein schönes, das euch bindet so fest,
Daß niemand Lebewohl ihm sagt, als nur allein der Tod?"

Dann sprach gleich eine Schöne mit schalkhaftem Wesen:
Das Band, das ihr schön nennt, das uns bindet so fest, 50
Jeden Glücks ist es baar, ist gräßlich, schafft nur Gram.
Ihr wollt wissen, stünd' die Wahl mir frei, ob ich wählte
                       jetzt besser?
Stets sind Fesseln zu fliehn, nur die Freiheit ist süß!
Wär's erlaubt mir, verhaßter Last mich zu entledigen noch einmal,
Den Fesseln eines Flegels würd' entfliehn ich für immer. 55
O Gott! wär' der Ehbund doch auf Ein Jahr nur zu schließen!
's ist zu hart, daß er länger währt, als unsern Herzen gefällt;
Am Gesetz der Liebe ist eine Sünde, am Leben und der Natur,
Zwei Herzen zu umstricken, die bestrebt sind sich zu trennen.
Eines beßern Brauches erfreu'n sich die Vögel, 60
Die an neuen Gatten alljährlich sich ergötzen in neuer Lust,
Stets frischer Gefährten und treuer sich erfreuen,
Und fliegen lassen die früheren, die flauhen, wohin's beliebt.
Gott! wenn solch eine Sitte doch Gesetz wär' auf Erden,

Wie wohl wär' dann uns Weibern, wie wonnig und frei! 65
Grab' so frischer Gefährten dann erfreuten wir uns gleichfalls,
Entließen alle Lässigen, denen an Lust es gebräche.
Ich selbst würde schön stets in Seide geschmückt sein,
So fröhlich und fein, voll Lust und doch vornehm;
Ins Marktgewühl mischt' ich mich, neue Menschen zu schauen; 70
Zu Predigten ging' ich, zu Pilgerfahrten und Spielen;
Ließe leuchten mein Licht, wo Lob der Leute zu ernten;
Meine Schönheit würd' ich stellen aller Welt zur Schau
Und am meisten sie zeigen, wo Männer wären in Menge,
Um zu wählen und gewählt zu werden, wenn nach Wechsel
        mich gelüstete. 75
Den Wackersten dann erwählt' ich aus dem weiten Reiche,
Der als seines Weibes meiner warten sollte die langen Winter=
        nächte;
Doch sobald ich einen Burschen hätte, den besten von allen,
Einen jugendfrischen, den ins Joch auf ein Jahr ich mir spannte,
Und hätt' seines Muthes mich gefreut den ersten fröhlichen Monat,
Macht' ich kurzweg mich auf, schaut' in Kirchen und Märkte,
Durchforschte das Land und der Fürsten Höfe,
Um einen neuen Galan fürs nächste Jahr zu suchen,
Den anderen abzulösen, wenn's zu Ende mit dem;
Einen mannhaften, stets munteren und markigen an Kraft, 85
Keinen Schwächling, der schwindsüchtig von schwerer Verrichtung,
Sondern blühend von Gestalt, wie die Blumen des Maimonds,
Denn der Frucht wohl erfreut ich mich, obwohl frisch noch das
        Knösplein.
Ich hab' einen traurigen Tropf, einen trübsel'gen Kerl,
Einen schwächlichen Alten, nur zum Schwatzen noch gut 2c. 2c. 90

In ähnlichem Tone setzt nun dies Musterexemplar
einer Ehefrau die Schilderung der allerdings wenig erfreulichen Eigenschaften und Gaben ihres bejahrten Gesponses
fort, nur daß sie aus dem forte immer mehr ins for-
tissimo hineingeräth, weshalb es uns, namentlich auch

wegen der von ihr angeschlagenen Tonart, welche mit
derjenigen des „Flyting“ die größte Aehnlichkeit hat,
unmöglich ist, ihr noch weiter zuzuhören.

Daß ihres Mannes borstiger Bart ihr seinen Kuß
noch verhaßter macht, als er es ohnehin schon ist, daß
es ihr vorkommt bei seinen Liebkosungen, als ob der
leibhaftige hiddowus Mahoun (d. h. der scheußliche Mahomet = Satan, nach mittelalterlicher Terminologie) sie
umarme, daß sie daher begreiflicherweise neun Kreuze
macht, so oft sie nur seinen Namen nennen hört, — das
sind bei weitem die sanftmüthigsten und decentesten ihrer
Herzensergüsse. Wenn nun unter solchen Umständen ihr
würdiger Eheherr sie mit Eifersucht quält, so kann uns
dies freilich nicht Wunder nehmen, so wenig wie es uns
andererseits zu überraschen vermag, daß sie sich bei ihren
offenbar, wie wir vernommen haben, etwas freien Ansichten über eheliche Treue bitter über dieses Benehmen
ihres Gatten beschwert und sich die wenigen Schäfer-
stündchen, die sie ihm bewilligt, mit reichen Geschenken
an kostbaren Kleidern, Ringen und Juwelen theuer bezahlen läßt.

„Gott schütz' euch vor solchem Mann, liebe Schwestern,
                                        in Gnaden!“

Mit diesem Stoßseufzer schließt sie ihre Rede; und der
Dichter fährt fort:

Als so ihr Sprüchlein diese Schöne gesprochen zu Ende,
Da lachten sie laut auf in lustigster Laune,
Ließen kreisen den Becher voll des köstlichsten Weines,
Erlustigten sich lange noch mit leichtfertigen Reden.

Dann wandte sich die Wittwe zu dem anderen Weibchen: 150
„Nun, schöne Schwester, ist's an euch, ohne Scheu uns zu sagen,

Seit zuerst euch ins Ehejoch ein Mann einzwängte in der Kirche,
Wie ertrugt ihr das Treugelöbniß? Bekennt's uns getrost!
War's zum Heil oder zur Höll' euch, wie haltet ihr jetzt dafür?
Scheint's lustig euch und löblich, zu leben im Ehstand? 155
Mich selbst dann könnt ihr prüfen auf dieselbe Weise,
Und die Wahrheit werd' ich reden, kein Wort euch verhehlend.

Die Schöne dann sagte: „Soll die Wahrheit ich nicht ver=
schweigen,
Müßt eure Zunge ihr im Zaum halten!" Es versprachen
dies die zwei.
Dann lachte vor Lust das Herz ihr im Leibe; 160
Sie sprach: „Nicht red' ich spärlich jetzt, denn kein Späher
ist nahe;
Ich enthüll' euch ein Geheimniß aus der Tiefe meines Herzens.
Es erhebt sich so hoch mir im Herzen die Gährung,
Freien Lauf laß' ich der Galle jetzt, die so lang' in mir
kochte;
In meiner Brust es zu bergen, wär' zu schwere Bürde: 165
Ich entleb'ge mich des Giftes in langem Ergusse
Und beschwichtige die Schwellung, die geschwollen so hoch.

Mein Mann war einst ein Mädchenjäger, von allen Menschen
der ärgste,
Drum haß' ich ihn von Herzen, so helfe mir Gott!
Er ist jung noch an Jahren, doch an Jugend nicht mehr, 170
Denn er ist welk schon und weichlich, hat nur wenig noch Kraft.
Zwar war frisch er und blühend in früheren Jahren,
Doch jetzt ist nütz er zu nichts mehr, ist nutzlos sein Bemühn;
Er war ein Lüstling so lang, daß verloren seine Kraft.

Nach dieser allgemeinen Schilderung der Persön=
lichkeit ihres Gemahls ergeht sich nun auch diese zweite
Repräsentantin altschottischen Eheglücks noch sehr aus=
führlich in weiteren detaillirten Auseinandersetzungen, wo=

bei wir ihr indeß ebensowenig, wie der ersten, trotz des
von ihr entwickelten gesunden, aber etwas grobkörnigen
Humors folgen können. Immerhin erscheint sie weniger
tadelnswerth, als ihre zuerst von uns vernommene
Busenfreundin, und wenn sie ihrem Manne nicht gänzlich Unrecht thut mit der Behauptung:

He is for ladyis in luf a rycht lusty schadow,

so können wir es ihr kaum verargen, daß sie ihren
Angehörigen flucht, weil sie von ihnen zu der Verbindung
mit solch einem kläglichen Gesellen gezwungen wurde,
und daß sie sich im Stillen, wie sie bekennt, nach einem
andern, weniger schattenhaften Liebesglück sehnt.

Als nun dies edele Weibchen geendet ihre Rede,
Mit lautem Gelächter belobten es die andern.   240
Wie scherzten diese Schönen im schattigen Grün!
Sie tranken in Lust unter den traulichen Zweigen;
Es schwelgten im Wein diese schwanenweißen Weibchen,
Und immer lauter ertönten und lustiger ihre Stimmen.

Ich weiß, keinen andern Weg gibts, sprach die Wittwe als-
                dann,   245
Nun ist an mir wohl die Reihe; nun kommt meine Geschichte.
Erleuchte Gott nun meinen Geist, begabe mich mit Redekunst,
Daß meinen Spruch ich spreche nicht spärlich und mit Anmuth,
Und meine Lehre erleuchte euren leichtfertigen Sinn,
Mache willfähriger euer Wesen und weicher für eure Männer! 250
Ich gesteh's euch, ihr Schwestern, ich war stets eine Böse,
Doch schön that ich immer und zeigte mich schuldlos,
Und wie herrschsüchtig ich auch war, und wie heftig und eigen-
                sinnig,
Erschien ich doch geschickt stets im Schein einer Heiligen.
Für enthaltsam ward ich gehalten, allem Heucheln fremd, 255
Doch tausenderlei Trug betrieb ich im Stillen.

Nun lauscht meinen Worten und meiner Lehre seid folgsam,
Habt ihr nicht Lust, daß euch verlassen die leichtfert'gen
Schmeichler:
Seid stets auf eurer Hut, und heuchelt gute Sitten,
Seid ihr auch lustig und leichtsinnig und verlacht alle Sitt=
samkeit;   260
Seid ihr im Herzen auch wie Tiger, stellt euch hingebend
und liebreich;
Seid in Worten wie Täubchen, trotz Verwünschungen auf der
Zunge;
Seid Drachen und Tauben in doppelter Form,
Und wenn nöthig es thut, macht zu Nutze euch beides:
Seid freundlich und folgsam und fromm wie die Englein, 265
Doch mit scharfem Stachel stecht wie die Schlangen!
Tragt die Miene der Unschuld, wie bös' auch euer Gemüth!
Eure Kleidung sei kunstvoll und von kostbarem Stoff,
Euch sei gleichgültig der Preis, — euer Gatte bezahlt's ja.

Nach diesen Lehren der Weisheit, die sie ihren beiden
Schwestern, wie wir vernahmen, kaum noch zu predigen
nöthig hatte, berichtet nun die Wittwe, wie sie jene
Grundsätze im Ehestande, dessen Freuden sie zweimal
genossen, ihren Männern gegenüber angewandt habe. Ihre
detaillirten Ausführungen bieten aber nur die praktische
Bethätigung der von ihren gleichgesinnten Schwestern
schon geäußerten frommen Wünsche und interessiren da=
her nicht mehr im Einzelnen. Für den Widerwillen,
den ihr erster Gatte, ein alter Graukopf, ihr eingeflößt
hat, hat sie sich, wie sie bekennt, im Geheimen in den
Armen eines jungen Liebhabers zu trösten gewußt. Ihr
zweiter Mann war ein Kaufmann, den sie, obwohl es
für sie ein Mesalliance gewesen, seines Reichthums wegen
geheirathet hatte, den sie dann aber die Tyrannei ihrer

Launen fühlen ließ, und deſſen Verliebtheit ſie benutzte,
um ihn gehörig auszuplündern. Nun auch der tobt iſt,
führt ſie das luſtigſte Leben unter der Maske der Trauer.
In der Kirche ſchaut ſie ſich verſtohlen um nach neuen
Liebhabern:

So blinzle ich durch mein Kopftuch, werfe Blicke der Sehn-
                 ſucht
Nach Gelehrten und Rittern und Leuten von Hof.   435
Wenn Freunde meines Gatten von fern mich betrachten,
Hab einen Schwamm ich voll Waſſer in meinem weiten Mantel,
Den drück' ich und benetze mit dem Naß meine Wangen,
Beträufle meine Augen, und Thränen rinnen abwärts.
Alle, die ſitzen ringsum, die ſagen dann: Ach, ſeht doch 440
Jene Troſtloſe, die ſo treulich ihren Gatten betrauert!
Es erfüllte wohl mit Jammer ſelbſt eines Fürſten Herz,
Daß ſolche liebliche Perle in Leid ſoll vergehn.

Im Geheimen freilich weiß ſie ſich auch jetzt wieder
in Geſellſchaft eines verſchwiegenen Freundes für das
erheuchelte Leid zu tröſten und hält ſich außerdem noch,
wie ſie des Weiteren ausführt, eine Anzahl Anderer, mit
denen ſie ſchön thut, in Reſerve.

Als ihre Rede beendet dieſe redſel'ge Wittwe,   505
Da lachten jene laut und lobten ſie höchlich,
Verhießen zu befolgen ihre erhabenen Lehren,
Willig nach ihren Worten der Weisheit zu handeln.
Dann kühlten ſie ihre Lippen mit köſtlichem Trank
Und koſten und ſchwatzen und ließen kreiſen den Becher; 510
So vertrieben ſie mit Trinken und mit Tänzen die Zeit,
Bis das Grauen des Tags bethaute die Gräſer,
Und in die linde Luft die Lerche ſingend aufſtieg. —
Von der würzigen Wieſe hob in Wolken ſich der Nebel,
Sank herab dann in Silberſchauern, ſchillernd wie Kryſtall. 515

Laut ertönten im Laubwerk die Lieder der Vögel;
So ergötzte der goldige Glanz ihre Brust,
Daß entzückender Sang aus den Zweigen erschallte.
Der rauschende Hain und der rieselnde Bach,
Die saftige Wiese und der Sang der Vögel   520
Erheiterte wohl höchlich jedem Menschen das Herz,
Erfrischte zu neuem Frohsinn das in Frost schon erstarrte.

Dann erhoben sich die drei Holden, herrlich Geschmückten,
Gingen heimwärts zur Rast durch die himmlischen Blumen.
Und ich lenkte leise meine Schritte zu einem lieblichen Garten 525
Und berichtete getreulich ihre traulichen Scherze.

Ihr ehrenwerthen Hörer, die euer Ohr ihr gelieh'n
Dieser abenteuerlichen Mähr', die sich unlängst mir zutrug,
Welche der drei Frauen, die so freundlich geredet,
Wünschet ihr zum Weib euch, müßtet Eine ihr wählen?

Der Dichter gibt sich hier den Anschein, als ob er
ein wirkliches Erlebniß vortrüge, und es ist immerhin
denkbar, daß ein von ihm belauschtes, vertrauliches Ge=
spräch einiger Damen vom Hofe über ihre Männer ihm
den Anlaß zu seiner Dichtung geboten haben mag. Zu
der Ausführung des Stoffes aber fand er in Chaucers
„Frau von Bath" offenbar die zunächst liegende Anregung,
namentlich zur Charakteristik seiner Wittwe, die viele
Züge mit jener gemein hat. Uebrigens ist es denkbar,
daß beiden Dichtungen eine gemeinsame Quelle zu Grunde
lag, da der nämliche Stoff auch sonst noch in der mittel=
alterlichen Literatur anzutreffen ist. So findet sich unter
den von A. v. Keller herausgegebenen Erzählungen aus
altdeutschen Handschriften (Bibliothek des Stuttgarter
Literar. Vereins, Band 35, 1855, p. 177) ein Gedicht,
betitelt „Der Kündtpetthoff", worin elf Frauen sich eben=

falls in zum Theil recht cynischen Reden über ihre Männer
unterhalten und zwar in der Weise, daß sich abwechselnd
eine über ihren Gatten beklagt, die folgende Sprecherin
aber den ihrigen lobt, bis die elfte endlich den Rath
ertheilt, über die Vorkommnisse des ehelichen Lebens
Schweigen zu beobachten. Gewiß sind in der französischen
Literatur Stoffe anzutreffen, welche mit dem Dunbar'schen
Gedicht noch größere Aehnlichkeit haben.

In demselben Geiste ist ein anderes Gedicht geschrieben,
in welchem Dunbar uns zwei Weiber aus dem Volke vor=
führt, die ähnlichen Anschauungen huldigen, wie ihre früher
von uns vernommenen vornehmen Schwestern und nament=
lich auch ebensowenig, als jene, für Verächterinnen des
Weines gelten können. Wein war übrigens in damaliger
Zeit wegen des regen Verkehrs mit Frankreich reichlich
und zu billigem Preise in Schottland vorhanden; auch
wurde strenge darauf gesehen, daß er nicht verfälscht
wurde; ja, im Jahre 1482 war unter König Jakob III.
nach Laings Angabe (II, 293) vom Parlament ein Ge=
setz erlassen worden, wonach Weinverfälschung mit Todes=
strafe bedroht wurde. In dem jetzigen Lande der tee=
totallars und Whisky-Trinker muß in jenen Tagen noch
die behagliche germanische Zechlust zu Hause gewesen sein,
wie wir aus manchen Andeutungen in Dunbars Gedichten
schließen können, und zwar scheint das schöne Geschlecht
daran seinen redlichen Antheil gehabt zu haben. Das
ergibt sich, wie aus dem vorigen Gedicht, so auch aus
dem bei Laing unmittelbar darauf folgenden, welches den
Titel trägt Die beiden Gevatterinnen (The
Twa Cummeris, I, 81), und worin uns in wenigen
Zügen, wie Pinkerton trefflich bemerkt hat, ein interessantes

Bild aus dem wirklichen Leben in der Manier der flam-
ländischen Maler vorgeführt wird.

Die zwei Gevatterinnen.

I. Zwei Weiber saßen früh beim Wein,
Am Aschermittwoch, ganz allein;
Die eine zu der andern klagt
Und seufzt und schenkt sich nochmals ein:
„Dies Fasten macht mich ganz verzagt."   5

II. Am Feuer auf einem Lagerbett
Saß sie, Gott weiß, wie dick und fett;
Doch stellt' sie sich ganz matt und sagt'
Nur stets: „Wenn ich von dem noch hätt'!
Dies Fasten macht mich ganz verzagt."   10

III. „Gevatterin," sprach jene dann,
„Euch klebt die Gier von der Mutter an,
Der hat auch sonst kein Wein behagt,
Als Malvasier, der that's ihr an:
Dies Fasten macht mich ganz verzagt."   15

IV. „Gevatt'rin, Abends, wie am Morgen,
Seid froh, trotz Betteln und trotz Borgen!
Das lange Fasten euch entschlagt!
Euer Mann mag für das Weitre sorgen;
Dies Fasten macht mich ganz verzagt."   20

V. „Euer Rath, Gevatt'rin, sagt mir zu;
Von jetzt an hat er keine Ruh',
Der Tropf im Bett, — Gott sei's geklagt!
Schenkt ein, Gevatt'rin, trinkt mir zu!
Dies Fasten macht mich ganz verzagt."   25

VI. Sie tranken Wein aus ihrem Krug
Zwei ganze Viertel, Zug um Zug,
So wurden sie von Durst geplagt.
Dann waren sie wohl bald genug
Vor'm Fasten nicht mehr so verzagt.   30

Für die Bestimmung der Abfassungszeit dieses Ge=
dichts haben wir keinen andern Anhalt, als die Aehnlich=
keit des Inhalts mit der vorher betrachteten, umfang=
reichen Satire gegen die Frauen und die früher von uns
angeführten allgemeinen Gründe, wonach es uns in der
That nicht unwahrscheinlich dünkt, daß der Dichter dieses
kleine Genrebildchen bald nach jenem größeren Werk und
zwar als Pendant dazu entworfen haben könne.

Entschiedene Verwandtschaft mit diesen Dichtungen
hat eine andere, Weibliche Sachwalter betitelt
(Of the Ladyis Solistaris at Court, I, 92), die zu den
originellsten und witzigsten Erzeugnissen der Dunbar'schen
Muse überhaupt gehört, und die wir aus den früher
erwähnten Gründen gleichfalls den vor 1503 entstandenen
Gedichten zuzählen möchten. Es kommt hier aber noch
weiter der Umstand in Betracht, der auch für eins der
nächstfolgenden Gedichte, Tydingis fra the Sessioun (I,
162), Gültigkeit hat, daß das Gerichtswesen nach Laings
Angabe (II, 290) im Jahre 1504 eine Umgestaltung
erfuhr, wozu vielleicht die Mißbräuche und Mängel, welche
in diesen beiden Gedichten gerügt werden, mit die Ver=
anlassung mochten geboten haben. Wir lassen das erstere
hier zunächst gleichfalls in der Uebersetzung folgen.

Weibliche Sachwalter.

I. Viel schöne Frau'n,
   Sind hier zu schau'n
  Zu Zeiten bei Gericht,
   Die fest drauf bau'n,
   Daß für sie, traun!   5
  Drei Tage nöthig nicht,
   Das was der Mann
   In zehn nicht kann

Zu schlichten ohne Müh';
 So trefflich wann   10
 Zu bringen an
Die Klagen wissen sie.

II. Ganz still und sacht
 Zur Ruh' gebracht
Wird jede schwier'ge Klag',   15
 Kein Lärm gemacht,
 Und, — wohl bedacht —,
Geschieht es nicht bei Tag.
 Sie fehlen nie,
 Denn küßt man sie   20
Wohl auch beim lust'gen Schmaus,
 Was thut's denn, wie? —
 Wenn glücklich die
Prozeßgeschichte aus.

III. Versichert seid,   25
 Sie sind gescheidt,
Beenden's stets mit Glück;
 Und jeder Zeit
 Kein Fingerbreit
Fehlt, kehren sie zurück.   30
 Der Ehemann
 Läßt liebreich dann
Auf ihr sein Auge ruhn,
 Die soviel an
 Den Schranken kann,   35
Wenn dort was rechts zu thun.

IV. Drum ich euch rath',
 Wer Klagen hat,
Und wer Prozesse führt:
 Als Advocat   40
 An eurer Statt
Die Frau geh', reich geziert.

Die bringt zum Ziel
Ohn Umschweif viel
Die Sach' und zum Beschluß.   45
Kost's, was es will, —
Man schweigt hübsch still —,
Sie hat stets Ueberfluß.

V.   An stillem Ort,
      Obwohl doch dort   50
Zeit wäre, — in zwei Stunden
    Wird, auf mein Wort!
      Ihr Wunsch sofort
Vom Richter ausgefunden;
    Dann eilig sehr,   55
      Was ihr Begehr,
Wird Augenblicks beendigt,
    Volle Gewähr,
      Von Siegeln schwer,
Alsdann ihr eingehändigt.   60

VI.   Heil ihnen sei,
      Die kostenfrei
So klug die Rechnung zahlen,
    Und noch dabei
      Ganz schadenfrei;   65
Heil ihnen allzumalen!
    Den Frau'n daher
      Muß Lob man sehr
Ob ihrer Weisheit sagen;
    Nie irgend wer   70
      Darf ihre Ehr'
D'rum anzugreifen wagen.

Möge sich hieran zunächst ein anderes Gedicht, betitelt Lob der Frauen, (In praise of Wemen, I, 95) anschließen, welches unzweifelhaft von dem Dichter

mit Rücksicht auf die vorhergehenden satirischen Ausfälle
gegen die Frauen als eine Art Sühngedicht abgefaßt wurde.
Nur fehlt es an jedem Anhaltspunkt, zu sagen, wann. Der
natürlichen Sachlage am meisten entsprechend wäre die
Annahme, daß Dunbar es bald nach dem Bekanntwerden
irgend eines der verschiedenen Spottgedichte gegen die
Frauen, vielleicht um einen dadurch unter ihnen verur=
sachten Sturm der Entrüstung zu beschwichtigen, gedichtet
habe. Dem widerspricht aber, daß dies Lobgedicht auf
die Frauen in einem so vorwiegend ernsten Tone gehalten
ist, wie er sich sonst nur in seinen späteren moralisirenden
Dichtungen findet, während der Dichter in seiner über=
müthigen frühen Hofpoetenzeit es liebte, solchen Sühn=
gedichten, wie wir an zwei anderen Beispielen sehen
werden, eine so starke Dosis von Spott und Sarkasmus
beizumischen, daß sie fast noch ärger wirkten, als die
Angriffe, die sie zu entschuldigen bestimmt waren. Indeß,
da das Gedicht sonst kaum irgendwo so gut untergebracht
werden könnte, so möge es hier, obwohl es ein ziemlich
mattes Product ist, gleichfalls in der Uebersetzung eine
Stelle finden.

Lob der Frauen.

Nun von den Frauen sag' ich, wem's gefällt:
Nichts Bess'res gibt es in der ganzen Welt.
Drum recht ist's, daß der Mann sie schätzt und ehrt
Vor allen Dingen hier auf dieser Erd'.
Mit großer Schande wird sich der beladen,   5
Der bringt mit Wort und That ein Weib zu Schaden.
Vom Weibe stammen wir ja alle ab,
Und Weiber sind ja Weiber bis zum Grab.
Weh! wenn die Frucht den Baum zu schäd'gen wagt,
Und wehe dem, der irgend etwas sagt,   10
Was schimpflich für das weibliche Geschlecht,

Und daher Schande auch ihm selber brächt'.
Denn sie empfangen, nähren uns mit Schmerzen,
Und tragen sanft uns unter ihrem Herzen,
Erdulden Weh und Jammer ohne Zahl   15
Bei unserer Geburt und bittre Qual.
Dann Speis' und Trank die Mutterbrust uns beut,
Mit ihrer süßen Labung uns erfreut.
Sie sind all unser Trost auf dieser Erd',
Kein Mann kann jemals sein uns halb so werth.   20
Sie sind das Nest, das uns die Nahrung gibt.
Wer jemals sie mit Schmähungen betrübt,
Der Vogel nur beschmutzt sein eig'nes Nest;
Ausschließen ihn vom Umgang wär' das Best'!
Kein weiser Mann sollt' je mit ihm verkehren,   25
Der so kann ganz aller Vernunft entbehren.
Zum Vater hatt' ja Christus keinen Mann, —
Seht, welche Ehr' gebührt den Frau'n alsdann!
Der Sohn ist Herr, trägt aller Könige Kron',
Die Erd' umstrahlt sein Glanz, den Himmelsthron.   30
Da sie in Heiligkeit uns Jesum Christ
Gebar, der aller Güte Urquell ist,
So müssen alle Frau'n wir lieben, ehren,
Und ihnen Dienst und Huldigung gewähren!

III.
Satirische Gedichte gegen einzelne Stände.

Wir lassen jetzt das schon erwähnte Gedicht „Nach=
richten von der Gerichtssitzung," (Tydingis fra
the Session, I, 102), welches dem Inhalt von Ladyis
Solistaris at Court nahe verwandt ist und vermuthlich
mit diesem der nämlichen Zeit angehört, in der Ueber=
setzung folgen, wobei wir uns für die Auslassung der
fünften Strophe mit der von Laing wiederholten An=
merkung entschuldigen, die Lord Hailes dazu gemacht hat,

welcher sagte: „Diese Strophe wird für Diejenigen ver=
ständlich und amusant sein, welche mit den Formalitäten
der Gerichtshöfe bekannt sind, für Diejenigen, welche es
nicht sind, würde ein Commentar fast so dunkel sein, wie
der Text.‟

Indeß auch ohne diese Strophe gewährt das sar=
kastische Gedicht noch ein sehr anschauliches Bild von dem
damaligen, vielfach corrumpirten schottischen Rechtsver=
fahren, wie es sich in den Augen eines einfachen Hoch=
länders, welchen der Dichter in sehr geschickter Weise als
Berichterstatter auftreten läßt, wiederspiegeln mußte.

Nachrichten von der Gerichtssitzung.

I. Ein Hochlandsmann in schnurr'ger Tracht
 Daheim den Nachbarn also fragt:
 „Gevatter, was geht draußen vor?
 Fried' oder Krieg?‟ — Und ihm ins Ohr
 Raunt jener: „Hört, doch schwatzet nicht! 5
 Grab' trug mein Klepper mich durchs Thor:
 Ich komm' aus Edinburg, vom Gericht.‟

II. „Ei, da müßt ihr mir viel erzählen!‟
 „Gevatter, will's euch nicht verhehlen,
 Kann ich auf euer Schweigen bau'n; 10
 Man kann dort nie dem Andern traun!
 Gar mancher arge Bösewicht
 Schädigt oft hundert Männer und Frau'n,
 Das merkt' ich dorten beim Gericht!

III. Der scherzend bei dem Nachbarn saß, — 15
 Biß ihm vor Neid gern ab die Nas';
 Am Arm mit seinem Feind geht Der;
 Den Rosenkranz sagt Jener her,
 Obwohl auf Lug und Trug erpicht;

Der bückt sich tief, und wär' doch sehr   20
  Hochmüthig, wär's nicht bei Gericht.

IV. Der gibt sein Land ums Recht zum Pfand,
  Der wird von Haus und Hof verbannt.
  Dem glückt's, da ihn das Geld nicht reut,
  Und der klagt ob Parteilichkeit,   25
    Wie Zwist und Gunst das Recht durchbricht.
  Der schwatzt schön, — voll Verschlagenheit,
  Und das erfuhr ich bei Gericht.

VI. Der flucht und lästert Jesum Christ;
  Und Der ein Fuchs im Schafpelz ist;
  Der huldvoll, — bloß mit Worten leider,
  Und Der ein Dieb und Halsabschneider;
    Mancher entgeht dem Galgen nicht;   40
  Der dankt dem Richter, — Der flucht weiter,
  Und das erfuhr ich bei Gericht.

VII. Auch Mönche von verschied'nen Orden
  Liebäugeln mit den Weibern dorten;
  Barfüßler, Carmeliter streben   45
  Zuwachs dem Orden neu zu geben,
    Bedenken ihr Gelübde nicht;
  Die Jungen nach den Alten leben,
  Und das erfuhr ich bei Gericht.

VIII. Die jungen Mönche, die's dort gibt,   50
  Von ros'ger Farb', fromm und verliebt,
  Die schlichten dort gar manchen Streit,
  Gar väterlich, voll Ehrbarkeit;
    So demuthsvoll ist ihr Gesicht:
  Für sie sind stets die Frau'n bereit,   55
  Und das erfuhr ich bei Gericht.

Das Gedicht scheint unvollständig zu sein, was um so mehr zu bedauern ist, als es schon in der uns vorliegenden Gestalt ein ungemein drastisches Bild von dem

bei den damaligen Gerichtsfitzungen herrfchenden Thun
und Treiben liefert. Laing berichtet (II, 291), daß der
erste Herausgeber (Allan Ramfay) zwei Strophen hinzu=
gefügt habe, die nicht nur einen modernen Ton gehabt,
fondern auch fatirifche Ausfälle gegen bestimmte Indivi=
buen enthalten hätten. Leider hat Laing diefe Inter=
polation Ramfays, wie er fie nennt, nicht mitgetheilt.
Hat Ramfay die Verfe felbständig hinzugefügt, fo geht
daraus hervor, daß auch er das Gefühl gehabt hat, daß
das Gedicht unvollständig fei. Man vermißt offenbar
ein paar Schlußstrophen, welche der in den Anfangs=
strophen fo glücklich eingeleiteten dialogifchen Form des
Gedichts entfprechend wären.

Wir fchließen hieran zwei andere fatirifche Gedichte
an, welche für die öffentlichen Zustände in Edinburg zu
Dunbars Zeit charafteriftifch find, das erfte, betitelt Des
Teufels Verhör (The Devill's Inquest, I, 45),
befonders für die Sitten der Bewohner, das zweite, To
the Merchantis of Edinburgh (I, 97), hauptfächlich
für die Befchaffenheit der Stadt felber. In keinem der
beiden Gedichte find Anhaltspunkte irgend welcher Art für
die Bestimmung der Entftehungszeit zu entdecken. Laing
vermuthet, daß das letztere Gedicht um 1500 entstanden
fei, was in der That viel Wahrscheinlichkeit für fich hat.

Um diese Zeit ließ fich Dunbar vermuthlich dauernd
in Edinburg nieder und hatte nun als vielgereifter Mann,
der Städte, wie London und Paris, fowie wahrfcheinlich
auch die Hauptstädte fonstiger Länder kennen gelernt hatte,
Gelegenheit, die Zustände in der fchottifchen Refidenz
mit denjenigen anderer Städte zu vergleichen, was in der
Regel nicht zum Vortheil des eigenen Wohnortes aus=
fallen mochte. So ift es wohl denkbar, daß er fchon

in den erſten Jahren ſeines feſten Aufenthalts in Edinburg, nachdem er ſich einigermaßen wieder in die heimat-
lichen Verhältniſſe eingelebt und Zeit gefunden hatte,
Beobachtungen im Einzelnen anzuſtellen, dieſe mehr allgemein gehaltenen Satiren ſchrieb, in welchen er dem
Unwillen über die Uebelſtände und Mißbräuche, die ſich
ihm im öffentlichen Leben, in den Sitten der Bewohner,
im Gerichtsweſen, in den Zuſtänden der Stadt darboten,
ſcharfen und wirkſamen Ausdruck gab.

Eine arge Unſitte ſcheint damals das beſtändige
Fluchen und Schwören, dem alle Stände, Geiſtliche wie
Laien, ergeben waren, geweſen und leider auch noch
längere Zeit geblieben zu ſein. Unter der Regierung
der Königin Maria wurde 1551 ſogar ein Parlaments-
beſchluß dagegen erlaſſen, und ſolche Maßregeln wurden
auch in der Folgezeit noch öfters erneuert, ſo nach Laings
Angabe (II, 251) unter Jakob VI. und ſelbſt noch unter
Karl II. im Jahre 1661.

Gegen dieſen Unfug nun, der dem Dichter auf dem
Continent wohl in viel geringerem Maße entgegenge-
treten war, iſt ſein Gedicht The Devill's Inquest gerichtet. Doch wendet er ſich in demſelben nicht lediglich gegen
das Fluchen und Schwören allein, ſondern er weiß auf
geſchickte Weiſe die Gelegenheit zu benutzen, denjenigen
Ständen und Klaſſen, welche er mit dieſem Laſter be-
ſchuldigt, auch noch ihre andern Sünden, die bei ihnen
in der Regel anzutreffen ſind, vorzuhalten, wodurch denn
das leider vielfach etwas bunkle und ſchwierige Gedicht
noch ein erhöhtes culturhiſtoriſches Intereſſe gewinnt.

Des Teufels Verhör.

I. Heut Nacht erſchrak im Schlaf ich ſehr,
    Ich träumt', der Teufel ging umher,

Und lud das Volk zum Fluchen ein,
Und sprach, als er den Marktplatz quer
   Durchschritt: „Verläugne Gott, sei mein."   5

II. Mich däucht', als ich ihn gehen sah,
Schwur laut ein Pfaff: „Bei Gott, ja, ja!"
   Obwohl er stand an Altars Schrein.
„Du bist mein Mann," sprach der Teufel da,
   „Verläugne deinen Gott, sei mein!"   10

III. Dann schwur ein Höfling voll Ueppigkeit:
„Bei Christi Wunden, blutig und weit,
   Bei seiner Kreuzesnoth und Pein!"
Da sprach der Teufel an seiner Seit':
   „Verläugne deinen Gott, sei mein."   15

IV. Ein Krämer bot seine Waaren feil,
Verflucht zur Höll' sein Himmelsheil, —
   Sprach Satan: „Sollst willkommen sein,
Biet' nun für meine Rechnung feil,
   Verläugne deinen Gott, sei mein."   20

V. Ein Goldschmied sprach: „Mein Gold ist schier
So fein, daß ich d'ran nur verlier',
   Lüg' ich, will ich des Teufels sein!"
Sprach Satan: „Nun gehörst du mir,
   Verläugne deinen Gott, sei mein."   25

VI. Ein Schneider sprach: „Wenn einer näht
Ein bess'res Wams, als ich es thät',
   Will ich dem Teufel zu eigen sein!"
„Schön Dank, mein Schneider," sprach Mahomet,
   „Verläugne deinen Gott, sei mein."   30

VII. „Ja, wahrlich," sprach ein Schuster d'rauf,
„Hängt mich sofort am Nacken auf,
   Gibt's bess're Schuh' von Leder fein."
„Du stinkst nach Wichs'," sprach Satan, „lauf!
   Pfui! Wasch' dich sauber, dann sei mein."   35

VIII. Ein Bäcker sprach: „Gott verfluche ich,
 All seine Werke feierlich,
  Wenn's Brod noch feiner könnte sein!"
 Der Teufel lacht, winkt ihn zu sich:
  „Verläugne deinen Gott, sei mein."   40

IX. Ein Fleischer schrecklich fluchen thut:
 „Beim Sacrament und Christi Blut!
  Niemand sah fett'res Fleisch noch, nein!"
 Sprach Satan: „Halt den Schwur nur gut!
  Verläugne deinen Gott, sei mein."   45

X. „Verdamm' mich Gott!" der Mälzer sprach,
 „Und hol' der Teufel mich danach,
  Wenn je das Malz kann besser sein!
 An dieser Darr' ich Schaden mach'!"
  „Verläugne deinen Gott, sei mein."   50

XI. „Das Malz ist schlecht," ein Brauer spricht,
 Roth-räuchicht auf der Darr' es liegt,
  Zum Ale wird's mir nicht tauglich sein.
 Ein ‚Boll' gibt sechs Gallonen nicht." —
  „Verläugne deinen Gott, sei mein."   55

XII. Der Kneipwirth sprach: „Bei Gottes Blut!
 Ich habe Wein im Keller, so gut
  Kam nie er noch ins Land herein."
 „Bist viel zu theu'r," sprach Satan, — „Gut!
  Verläugne deinen Gott, sei mein."   60

XIII. Ein Schmied bei Kreuz und Seil schwur d'rauf:
 „An einem Galgen hängt mich auf,
  Nehm' Tag's drei Pence Verdienst ich ein.
 Mein Handwerk nimmt 'nen schlechten Lauf":
  „Verläugne deinen Gott, sei mein."   65

XIV. Ein Minstrel sprach: „Zur Höll' mein Leib,
 Wenn je von Wein und Weib ich bleib'!"

      Sprach Satan: „Laß dich's nicht gereu'n!

      Dein Leben lang nur das betreib'!

        Verläugne deinen Gott, sei mein."   70

XV. Ein Spieler sprach mit zänk'schem Wort:

      „Satan ersteche mich sofort,

        Falls nicht drei Sechs gewürfelt sei'n!"

      Der Teufel sprach: „Verrecke dort!

        Verläugne deinen Gott, sei mein."   75

XVI. Ein Dieb sprach: „Gut, daß ich zum Glück

      Entkam der Schlinge ums Genick.

        Für Geld ging ich zur Höll' hinein!"

      Der Teufel sprach: „Willkommen im Strick!

        Verläugne deinen Gott, sei mein."   80

XVII. Fischweiber fluchten mit Geheul:

      „Dem Bösen werd' Leib und Seel' zu Theil!"

        Sie schrieen's laut in die Luft hinein.

      Der Teufel sprach: „Herbei in Eil'!

        Verläugnet euren Gott, seid mein!"   85

XVIII. Und alle schwuren Eide schwer:

      Ihr Thun und Handwerk sie nicht nähr',

        Ein Jeder nach dem Stande sein.

      Sprach Satan: „Keine Umständ' mehr!

        Verläugnet euren Gott, seid mein!"   90

Von nicht geringerem culturhistorischem Interesse als bies Gedicht ist das folgende Rügegedicht „An die Kaufleute von Edinburg (To the Merchantis of Edinburgh, I, 97), welchen der Dichter den verwahrlosten Zustand ihrer Stadt in einer Strafpredigt vorhält, die an Energie des Ausdrucks, unterstützt durch einen ungemein wuchtigen und wirkungsvollen Tonfall des Versrhythmus und des Strophenbaus, unter allen Dunbar'schen

Gedichten seines Gleichen sucht und selbst heutigen Tags in einem modernen Witzblatt mutatis mutandis seinen Effect nicht verfehlen würde.

An die Kaufleute von Edinburg.

I. Wie kommt's, ihr Kaufherrn hochgeehrt,
Daß Edinburg, die Stadt so werth,
Doch alles Fortschritts ganz entbehrt,
Und Ehr' und Vorteil wird verbannt?
    Welch eine Schand',   5
Wenn man in fremdem Land erfährt,
Daß solche Schmach von euch bekannt!

II. Zur Hauptstraß' kann man nicht hinein
Vor Fischgeruch von Scholl und Schlei'n,
Vor Fischerweiber Zank und Schrein,   10
Unfläth'gem Schimpfen allerhand!
    Welch eine Schand'
Vor fremdem Volk', ob groß, ob klein,
Daß solche Schmach von euch bekannt!

III. Die dunk'le Stinkgaß, liegt ganz dicht   15
Vor Eurer Kirch', raubt ihr das Licht!
Vor Treppen sieht man die Häuser nicht,
Wie sonst in keinem andern Land!
    Welch eine Schand',
Daß euch's an Einsicht so gebricht,   20
Und solche Schmach von euch bekannt!

IV. Am Hochkreuz, wo nur Gold und Seid'
Sein sollt', stehn Milchtöpf' weit und breit,
Nur Muscheln an der Wag' bereit
Und Fladen, Puddings allerhand;
    Welch eine Schand',   25
Daß es hier abwärts ging so weit
Und aller Welt die Schmach bekannt!

V. Die Stadtmusik, — Gott sei's geklagt! —
   Spielt nur: „Im Juni" und „Es tagt";   30
   Für Clowns spielt, wer was and'res wagt,
   Wird zu nichts Bess'rem je verwandt.
      Welch eine Schand',
   Daß diese Bande euch behagt,
   Und solche Schmach von euch bekannt!   35

VI. Von Schneidern, Schustern und derlei
   Gewerk ist keine Hauptstraß frei,
   Doch in die Stinkgaß sind dabei
   Die Kaufleut' dichtgedrängt verbannt.
      Welch eine Schand',   40
   Daß alles euch ganz einerlei,
   Ob solche Schmach von euch bekannt.

VII. Ein Bettlernest ist auf mein Wort
   Die ganze Stadt, und immerfort
   Zur Plag' anständ'ger Leut' im Ort   45
   Nimmt noch das Elend überhand.
      Welch eine Schand',
   Daß nichts geschieht zur Abhilf' dort,
   Und stets von euch nur Schmach bekannt.

VIII. Eu'r Wohlstand täglich sich vermehrt,   50
   Doch euer Wohlthun euch nicht ehrt:
   Die Straße kreuzen wird verwehrt
   Von Blinden, Krüppeln allerhand.
      Welch eine Schand',
   Daß, ob die Goldtruh' auch beschwert,   55
   Doch stets von euch nur Schmach bekannt! —

IX. Da nun die Zeit der Sitzung naht,
   Und, was nur irgend Muße hat,
   Hereinströmt, haltet euch parat:
   Stellt ab, was man zu tadeln fand!   60
      Entgeht der Schand'!
   Wählt künftig man eine andre Stadt,
   Wird vollends eure Schmach bekannt.

X. Drum pflegt die Gäst' mit frohem Muth;
   Verlangt für Kost was recht und gut;
   Ihr Krämer seid auf eurer Hut!
   Sonst werdet Gauner ihr genannt
       Zu eurer Schand'!
   Dem Nachbarn helft, denn Noth es thut,
   Daß Gutes auch von euch bekannt!

XI. Sucht jeder nur sein eig'nes Heil,
    Geht's mit der Stadt bergab in Eil!
    D'rum werd' euch Hilf' von ihm zu Theil,
    Der einst den Tod am Kreuze fand!
        Er wehr' der Schand'
    Und bring' euch zur Vernunft derweil,
    Daß solche Schmach nicht mehr bekannt!

Dies originelle Gedicht ist von um so größerem In=
teresse, als es, wie Laing bemerkt, keine andere Be=
schreibung von Edinburg aus so früher Zeit giebt, da
eine kurze Notiz über diese Stadt in Froissarts Chronik
sich auf eine Zeit bezieht, als die meisten Häuser noch
aus Holz gebaut waren und die Stadt also ein ganz
anderes Aussehen hatte, als dasjenige, welches sie im
15. Jahrhundert darbot und bis zum Schluß des 18.
Jahrhunderts im Großen und Ganzen beibehielt. Gleich=
wohl müssen doch wohl zu Anfang des 16. Jahrhunderts
viele der von Dunbar gerügten Uebelstände, vielleicht aus
Anlaß seines Spottgedichts, beseitigt worden sein. Denn
wenige Jahrzehnte später, im Jahre 1530, besang Sir
David Lyndesay die Hauptstadt des Landes in folgenden,
ganz anders lautenden Versen, welche, wie man wohl
aus der Erwähnung der Kaufleute schließen könnte, sich
vielleicht in tendenziöser Weise auf das Dunbar'sche Ge=
dicht zurückbeziehen:

Leb' wohl nun, Edinburg, ruhmreiche Stadt,
In deſſen Mauern ich ſo glücklich war.
Die treu'ſten Kaufherrn, die das Land nur hat,
Empfangen gern dort Hof und Herrſcherpaar.
In dir wird Recht und Sitte offenbar.
Wo Weisheit, Klugheit, Gottesfurcht verloren
Gegangen iſt, trifft man's in deinen Thoren. [1])

Beide Dichter haben die Stadt offenbar mit ver=
ſchiedenen Augen betrachtet; indeß die Schilderung, welche
Dunbar davon entwirft, macht entſchieden viel mehr den
Eindruck der Wahrheit, da ſie ſich auf Einzelheiten beruft.
Einige derſelben bedürfen noch einiger erklärender Be=
merkungen, welche wir aus Laings lehrreichen Noten
entnehmen.

Die Stinkgaſſe (Stynkand Style) hat, wie Laing
in ſeinem Supplement (I, p. 315) vom Jahre 1865 be=
merkt, bis vor damals ca. 60 Jahren noch unter dem
nämlichen Namen exiſtirt und der St. Giles=Kirche das
Licht entzogen. Das in der folgenden Strophe erwähnte
Hochkreuz, welches in Sir Walter Scotts Marmion ver=
ewigt worden iſt, iſt erſt im Jahre 1756 entfernt worden.
Es ſtand in der High Street, wo jetzt eine ſtrahlen=
förmige Pflaſterung die Stelle bezeichnet, wo es ſich be=
fand, und wo noch heutigen Tages öffentliche Bekannt=
machungen ſtattfinden ſollen. Die commone Menstrallis,
die dann erwähnt werden, ſind von beſonderem Intereſſe.
Es ſind darunter offenbar die Stadtpfeiffer zu verſtehen,
wie jede ſchottiſche Stadt deren einige im Solde hatte,
und die u. a. die Obliegenheit hatten, den ſtädtiſchen
Würdenträgern bei feierlichen Aufzügen mit Muſik vor=
anzuſchreiten. Edinburg hatte drei ſolche Stadtpfeiffer,

---

[1]) In Lyndeſays Testament of the Papingo, B. 626—632.

welche, wie aus einem Beschluß des Stadtraths vom
14. August 1587 ersichtlich ist, der Reihe nach von den
Bürgern zu verpflegen waren. Wer sich dieser Ver=
pflichtung entzog, hatte ihnen à Person drei Pence Ent=
schädigung zu zahlen. Glänzend bezahlt waren also diese
Stadtmusikanten nicht. Gleichwohl hatte doch Dunbar
Recht, daß wohl etwas mehr von ihnen hätte beansprucht
werden können, als die Bekanntschaft mit den zwei Liedern
„Now the day dawis" und „Into Joun", von denen das
erste sehr populär war, und, wie Laing (I, 315) bemerkt,
noch in einem Manuscript des Britischen Museums mit
der Musik erhalten ist.

Daß die Stadt Schaaren von Bettlern beherbergte,
war wohl kein Vorwurf, den der Dichter ausschließlich
der Stadt Edinburg machen konnte, denn aus verschie=
denen Parlamentsbeschlüssen geht hervor, daß zu der
Zeit, namentlich im 16. Jahrhundert, das ganze Land
von Bettlern und Landstreichern überschwemmt war.

Der Hinweis auf die bevorstehende Sitzung, womit
Dunbar in so wirkungsvoller Weise sein Gedicht beschließt,
indem er die Kaufleute warnt, nicht durch Fahrlässigkeit
und Gewinnsucht die Stadt um die Ehre einer Haupt=
stadt des Reiches zu bringen, bezieht sich darauf, daß
Edinburg erst im Laufe des 15. Jahrhunderts zur Re=
sidenz und zum Sitz der Regierung sowie auch der obersten
Behörden gewählt worden war, ein Vorzug, der für den
Aufschwung der Stadt von größter Bedeutung und um
so mehr zu schätzen und zu hüten war, als er damals noch
leicht wieder hätte verscherzt werden können.

Man sieht, es war dem Dichter Ernst mit seiner
Strafpredigt, weil er um die Stadt besorgt war, deren
Wohl ihm am Herzen lag.

11*

Wo ihm nicht ein solches tieferes Interesse die Feder führte, da verstand er es gerade so gut, wie sein jüngerer Dichtergenosse Lyndesay, dieselbe, statt, wie hier, in Gift und Galle, in den Honig süßer Worte und schmeichelnder Lobpreisungen zu tauchen. Das beweist sein „Lob= gedicht zu Ehren der Stadt London" (I, 277), welches er im Jahre 1501 gelegentlich seines Aufenthalts daselbst verfaßt hatte, und welches zu dem Rügegedicht auf die Hauptstadt seines eigenen Landes einen merk= würdigen Gegensatz bildet. Die Dichtung, welche bei einem von dem Lord=Mayor von London der schottischen Gesandtschaft gegebenen Festmahle von Dunbar vorge= tragen wurde und auch mit einer Schlußstrophe zum Preise dieses höchsten Würdenträgers der Stadt endet, ist in der schimmernbsten, überschwenglichsten Sprache ge= schrieben, deren der Dichter fähig war. Jede Strophe schließt mit dem Refrain

„London, thou art the flour of Cities all."

Das Gedicht liefert, wie manche andere Dichtungen Dunbars, den glänzendsten Beleg von seinem hervor= ragenden dichterischen Talent und seiner virtuosen Be= herrschung der Form, ist aber im Uebrigen als ein nur auf kurzer und allgemeiner Beobachtung beruhendes Lob= gedicht nicht von besonderem Interesse in seinen einzelnen Ausführungen.

Die diplomatische Mission aber, an welcher Dunbar mit betheiligt gewesen war, führte wenige Jahre später jenes Ereigniß herbei, welches nicht nur die ganze Um= gebung, in der er gelebt hatte, wesentlich umgestaltete, sondern auch seiner dichterischen Thätigkeit frische An= regung und einen neuen Aufschwung gab: Die Vermählung König Jakobs IV. mit Prinzessin Margarethe von England.

Vierter Abschnitt.

Dichtungen von 1503—1513.

I.

Höfische Gedichte zur Vermählungsfeier des Herrscherpaares.
Dichtungen allegorischen und erotischen Inhalts.

Prinzessin Margarethe von England befand sich noch
in dem jugendlichen Alter von vierzehn Jahren, als sie ihre
Reise nach Schottland, dessen Königin sie zu werden be=
stimmt war, antrat. An der Grenze des Landes war
sie in feierlicher Weise von den englischen Begleitern,
Northumberland und Surrey, den schottischen Bevoll=
mächtigten übergeben worden. Auf der Weiterreise nach
Edinburg kam ihr alsbald der ritterliche König von
Schottland entgegengeritten, und unter dem Jauchzen
des Volks erfolgte am 7. August 1503 der feierliche
Einzug des Brautpaares in die Hauptstadt des Landes.
Daß bei einem so bedeutungsvollen, lange ersehnten Er=
eigniß, welches später die von König Heinrich VII. vor=
her geahnte Vereinigung der beiden Reiche zur Folge
hatte, der Hofdichter des schottischen Königs nicht ein
stummer Zuschauer bleiben konnte und wollte, ist selbst=
verständlich. Es ist daher im höchsten Grade wahr=
scheinlich, daß das durchaus in Dunbars Weise geschrie=
bene kleine Begrüßungs=Gedicht, womit die Königin bei
ihrem Einzuge empfangen wurde, und welches Laing im

Appendix (I, p. 280) mitgetheilt hat, von unserem
Dichter herrührt, obwohl es in der Handschrift des
Britischen Museums, worin es uns überliefert ist, keine
Unterschrift trägt. Das Lied war bestimmt, wie aus der
noch erhaltenen begleitenden Musik ersichtlich ist, der
königlichen Braut bei ihrem Eintritt in den Palast von
Holyrood oder vielleicht schon am Stadtthore vorgesungen
zu werden. Die Musik war also wohl die Hauptsache,
während auf die Worte des Textes weniger ankam, welche
in den vier Strophen, aus denen das Liedchen besteht,
die Schönheit und hohe Abstammung der Braut, sowie
die durch sie erfüllte freudige Hoffnung des schottischen
Volkes auf anmuthige Weise besingen.

Die erste Strophe lautet etwa:

> Nun schönste aller schönen Frau'n,
> Prinzessin, hold und hehr zu schau'n,
> Schönste, von der man je vernommen,
> Sei, Schottlands Königin, willkommen!

Der letzte Vers kehrt als Refrain in jeder Strophe
wieder.

Sein eigentliches Festgedicht hatte Dunbar jedoch
bereits einige Monate vorher, nämlich, wie wir aus der letzten
Strophe desselben erfahren, am 9. Mai, abgefaßt, und
wenn es auch dem Könige vielleicht schon früher bekannt
geworden war, so wird es der jungen Königin, zu deren
Verherrlichung es hauptsächlich bestimmt war, doch erst
nach ihrer Vermählung, welche am 8. August in der
Abtei von Holyrood stattfand, vom Dichter überreicht
worden sein. Es ist die schöne Dichtung „Die Distel
und die Rose" (The Thrissill and the Rois, I, 3),
eins der schon früher erwähnten drei Gedichte Dunbars,
welche seit der eingehenden kritischen Würdigung, die

Warton in seiner History of English Poetry ihnen zu
Theil werden ließ, hauptsächlich den Dichterruhm des
schottischen Barden stützten.

In der That gehört das Gedicht auch zu seinen her=
vorragendsten Leistungen und zu den schönsten Erzeugnissen
der englischen Literatur der vor Shakspeare'schen Zeit
überhaupt. Wir lernen in demselben den Dichter von
einer ganz neuen Seite kennen. So rücksichtslos, scharf
und cynisch er uns in den früher betrachteten satirischen
Gedichten oft entgegentritt, so liebenswürdig, zartfühlend,
freundlich lobend und mahnend oder begeistert huldigend,
wie es für die Gelegenheit angemessen war, zeigt er sich hier.

Dunbar war ein zu geistvoller, weitblickender Mann
und vor allen Dingen ein zu energischer, mannhafter
Charakter, um ein für sein Land und Volk so hochbe=
deutsames Ereigniß, wie die Vermählung des Königs mit
der englischen Prinzessin es war, mit einem nichtssagenden,
leeren Festpoem feiern zu können. Neigung und Beruf
stellten ihm die Aufgabe, zu jenem Anlaß, ebenso wie
der jugendlichen Königin, von der nur Schönes und
Gutes zu hoffen und zu verkünden war, so auch dem
ritterlichen, hochherzigen König seine Huldigung darzu=
bringen. Erfahrung und Klugheit aber machten es ihm
in gleicher Weise zur Pflicht, den leidenschaftlichen Sinn
des Herrschers bei dieser Gelegenheit nicht nur an die
Rücksichten, die er von nun an seiner Gemahlin schuldete,
sondern auch an seine Pflichten gegen seine Unterthanen
zu erinnern.

Um derartige, immerhin etwas gewagte Mahnungen
unbehindert einflechten zu können, bot sich dem Dichter
in der Anwendung der für solche Anlässe ohnehin im
Mittelalter ungemein beliebten allegorischen Einkleidung

seines Stoffes ein bequemes Mittel dar, welches auch von
seinem großen englischen Vorgänger Chaucer in seinem
Parliament of Fowles bereits mehr als 100 Jahre
vorher mit Erfolg angewandt worden war. Wie Chaucer
in diesem wahrscheinlich zur Feier der Brautwerbung König
Richards II. um die Prinzessin Anna von Böhmen verfaßten
Gedicht die Vögel am St. Valentinstage vor der Königin
Natur erscheinen läßt, um sich von ihr die Gefährtinnen
zuweisen zu lassen, so läßt Dunbar in seiner Dichtung
jene oberste Herrscherin, der alles, was Leben hat, unter=
worfen ist, die Vierfüßler, Vögel und Pflanzen zu sich
entbieten, um ihnen ihre königlichen Gebieter in ihren
Reichen zu bestimmen und einzusetzen. Der Löwe als
der König der Thiere wird zuerst herbeicitirt, und seine
stolze Erscheinung bietet zunächst dem Dichter eine be=
queme Gelegenheit, durch heraldische Anspielungen auf
das Wappen des schottischen Königs, welches einen Löwen
auf einem mit Lilien eingefaßten Felde zeigte, die auf
ihn bezügliche Huldigung noch augenfälliger zu machen.
An solche Complimente ließ sich dann die Erinnerung,
für Alle gleiches Recht walten zu lassen und des unter=
drückten Bauernstandes sich als Schutz= und Schirmherr
anzunehmen, leicht anschließen, eine Mahnung, die dem
Dichter so wichtig erscheint, daß er sie bei der Krönung
des Adlers zum König der Vögel noch einmal wiederholt.

In ähnlicher Weise wird dann die Krönung der
Distel, dieses nach Pinkerton hier zum ersten Male er=
wähnten schottischen Abzeichens (Laing II, 218), als Königs
der Blumen benutzt, um zunächst die kriegerischen Eigen=
schaften des Herrschers zu preisen, dann aber dem König
in humoristischer, schelmischer Einkleidung die ernste Mah=
nung angedeihen zu lassen, daß es jetzt mit den bis=

herigen, den schönen Unterthaninnen des Landes in so
reichem Maße gespendeten Beweisen seiner Huld und
Zuneigung ein Ende haben müsse. Er thut dies, indem
er Königin Natur den neugekrönten Distelstrauch er=
mahnen läßt, niemals der garstigen Nessel oder sonstigen
wilden Feldblumen den Vorzug vor der edlen Lilie oder
Rose zu geben, der nichts an Schönheit und Reinheit
zu vergleichen sei.

Damit wendet sich Dunbar dieser letzteren, der
Rose von England zu, die zur Königin der Blumen ge=
krönt wird, und zu deren Lob und Preis dann die ver=
sammelten Vögel die überschwenglichsten Lieder freudiger
Huldigung und Verehrung anstimmen. Von dem schmettern=
den Gesange der Vögelschaar erwacht der Dichter aus
seinem Schlummer —, und damit ist diese ganze Vision,
die an einem schönen Maitage während des Morgen=
schlafes seinen Geist beschäftigt hatte, verschwunden. —
Zarter und anmuthiger konnte ein Hochzeitsgedicht kaum
eingekleidet werden, dessen Schönheit im Einzelnen hoffent=
lich auch aus der nachstehenden Uebersetzung noch einiger=
maßen erkennbar sein wird.

Die Distel und die Rose.

I. Als schon der März, der stürmische, entflohn,
    Und auch April, der Silberschauer sendet,
  Mit rauhem Ostwind uns verlassen schon,
    Und nun im lust'gen Mai, der Blumen spendet,
    Aufs Neu der Vögel Schaar ihr Lied entsendet   5
  Aus farbenreicher Blüthenpracht hervor,
  Mit ihrem Sang entzücken unser Ohr,

II. Als so des Morgens noch im Schlaf' ich lag,
    Kristallklar'n Aug's Aurora mir erschien,
  Blickte durchs Fenster, als begann der Tag,   10

Und grüßte mich mit fahler, bleicher Mien'.
Die Lerche sang laut schallnde Melodien
Auf ihrer Hand: Wacht auf vom Schlummer! auf!
Seht, lustig steigt der Morgen schon herauf.

III. Die Dame Mai schien mir am Bett zu stehn,   15
    Im Kleid, mit bunten Farben reichgeschmückt,
So rein und mild und gütig anzusehn,
    Im Prachtgewand von Blumen, neugepflückt,
    Wo weiß, roth, braun und blau das Aug' entzückt,
Mit Thau getränkt, goldig von Phöbus Strahlen,   20
Die rings das Haus in ros'gem Schimmer malen.

IV. „Du Träumer", sprach sie, „schäme dich, wach auf!
    Geh' hin und dicht' ein Lied zu meinen Ehren.
Schon sang die Lerch' den heit'ren Tag herauf,
    Um Freud' und Lust Verliebten zu gewähren.   25
    Doch dir scheint nichts den Frohsinn zu vermehren,
Da sonst dein heitrer Sinn doch jeder Zeit
Im grünen Hain zu dichten war bereit.

V. „Was stünd' ich auf", sprach ich, „so früh am Morgen?
    Nicht oft sang diesen Mai der Vögel Schaar;   30
Sie möchten klagen eh'r vor lauter Sorgen,
    Weil deine Luft nicht mild und freundlich war.
    Lord Aeolus beherrscht dich ganz und gar.
So stürmisch blies es in sein Horn hinein,
Daß ich's noch ließ, mich zu ergehn im Hain."   35

VI. D'rauf lächelt mir die Dame gütig zu
    Und sprach: „Steh' auf und thue deine Pflicht!
Zur lust'gen Maienzeit ja wolltest du
    Die schönste Rose feiern im Gedicht;
    Merkst du der Vögel Sang und Hüpfen nicht   40
Im goldnen Schein der hellen Sonnenstrahlen,
Die mit Azurlicht neu sie übermalen?"

VII. So sprach sie und ging fort, die Königin,
    Und trat in einen lust'gen Garten ein;
Und dann ich selbst in aller Eile bin   45
    In Hemd und Mantel, schien's mir, hinterdrein
    Gefolgt ihr in den Garten, duftend sein
Von Kräutern, Blumen, Pflanzen, zart und süßen,
Und grünen Blättern, die von Thau noch fließen.

VIII. Die Purpursonn' mit ihrem milden Licht   50
    Als Engel beut ihr leuchtend Bildniß dar,
Erhebt zum Himmelsgold ihr Angesicht,
    Umwallt von Flammenlocken wunderklar,
    Daß es der ganzen Welt Erquickung war,
Dies frische, güt'ge Antlitz anzuschauen,   55
Vor dem die Wolken flohn, die düstern, grauen.

IX. Und gleich der Englein hehrem Himmelschor
    Scholl auch der Vögel Lied in Sonnenpracht,
Und rings von hellen Stimmen klang's empor:
    „Fort, der Verliebten Feindin, dunkle Nacht!   60
    Heil dir, o Tag, der alles heiter macht!
Heil, Mai! Heil, Flora! Heil, Aurora, euch!
Und dir, Natur, und, Venus, deinem Reich!"

X. Und Frau Natur schärft das Verbot nun ein
    Dem Grimm Neptuns, der Wuth des Aeolus,   65
Unhold dem Wasser und der Luft zu sein,
    Und daß kein kalter Sturm und Regenguß
    Den Blumen schaff' und Vögelein Verdruß;
Des Himmels Göttin, Juno, bat sie weiter,
Daß sie den Himmel trocken hielt, und heiter.   70

XI. Und jedes Thier und jedes Vögelein
    Zu ihrer Hoheit eil' es flugs herbei,
Und jede Blum', ob groß von Werth, ob klein,
    Und jedes Kraut, ob fern, ob nah es sei,
    Wie jährlich es geschieht im Monat Mai,   75

Um ihr, der Schöpferin von allen Dingen,
In Ehrfurcht ihre Huld'gung darzubringen.

XII. Und so entsendet sie das schnelle Reh,
    Zu holen alle Thiere jeder Art.
Die Schwalb' hieß sie, die rastlos eilige,   80
    Die Vögel bringen, ob groß, ob klein und zart;
Und zu der Blumen Meng' entsendet ward
Das Nieswurz,[1]) angespornt zu größter Eil',
Und fort entschwirrt es, schneller, als ein Pfeil.

XIII. Zugegen war im Augenblick die Schaar: 85
    Thier', Vögel, Blumen vor der Königin.
Den Löwen, der an Rang der erste war,
    Rief sie zuerst, und ritterlich und kühn,
In stolzer Haltung trat er vor sie hin;
Und tief vor Frau Natur beugt er sich nieder,   90
Das Antlitz kühn und leuenhaft die Glieder.

XIV. Dies mächt'ge Thier war furchtbar anzusehn,
    Die Haltung stolz, durchbohrend war sein Blick,
Gar stark sein Bau und ohne Gleichen schön,
    Voll Würde und voll Anstand und Geschick;   95
Sein Fell strahlt Glanz, roth wie Rubin, zurück;
Auf gold'nem Grund stand er gewaltig da,
Den man mit Lilien eingeschlossen sah.

XV. Die Dam' hob an den Klau'n ihn zu sich hin,
    Und auf ihr Knie lehnt er geduldig sich;   100
Mit einer kostbar'n Krone schmückt sie ihn,
    Strahlend von Steinen, wahrhaft königlich.
„Zum König aller Thiere mach' ich dich,"

---

[1]) Die im Text genannte Pflanze ist the yarrow; vermuth=
lich deswegen, wie Lord Hailes meint, zur Eilbotin vom Dichter
auserkoren, weil man das Wort mit arrow in Zusammenhang
brachte, indem die Pflanze als Heilmittel gegen Pfeilwunden an=
gesehen wurde.

Sprach sie, „zum Schutz und Schirm in Wald und Hain;
Wahr' das Gesetz, und nimm dein Lehen ein.   105

XVI. Ueb' aus das Recht, mild und gewissenhaft;
 Lass' nie ein kleines Thier Unrecht und Noth
Von größren dulden, weil stärker sie an Kraft;
 Für Aff' und Einhorn sei ein gleich Gebot.
 Nicht dulde, daß des Büffels Horn bedroht   110
Voll Stolz den sanften Pflugstier, nein, er schreite
Ihm friedlich unterm Joch gesellt zur Seite."

XVII. Mit Lärm und Freudenruf, als kaum sie noch
 Geendet, riefen alle Thiere wie
Mit einer Stimm': „Der König lebe hoch!   115
 Und voller Demuth beugten sie die Knie',
 Und Huldigung und Treu' gelobten sie.
Er grüßt sie mild, wie's eblem Herrn gebührt,
Er, der den Spruch parcere prostratis führt.

XVIII. Dann krönt den Adler sie für das Geschlecht   120
 Der Vögel, schärft ihm auch die Klauen sein;
„Stets sei für Möv' und Eule gleich gerecht,"
 Befahl sie, „wie für Pfau'n und Papagein!
 Und ein Gesetz nur sei für Groß und Klein!
Und kein Raubvogel andren Schreck bereite,   125
Und tödte nichts, als nur die eig'ne Beute.

XIX. Die Blumen ruft sie, die im Felde blühn,
 Betrachtet ihre Arten und Gestalt:
Blickt auf den Distelstrauch, der, borstig kühn,
 Umschlossen stand von seiner Speere Wald.   130
 So für den Krieg er ihr geeignet galt,
Gab eine Kron' ihm von Rubin zum Putz,
Sprach: „Zieh' ins Feld und sei der andren Schutz.

XX. Und sei besonnen, willst du König sein;
 Nie halte du ein unnütz Kraut so werth,   135

Wie eins, das trefflich ist und duftet fein;
Der garst'gen Nessel sei es stets verwehrt,
Wenn sie der ed'len Lilie Rang begehrt;
Auch laß' die wilde Wick' in ihrer Rohheit
Sich nie vergleichen mit der Lilie Hoheit.   140

XXI. Und keine Blume soll so hoch dir stehn,
Wie sie, die Rose, frisch und roth und weiß;
Denn thust du's, ist's um deinen Ruf geschehn,
Da keine sonst verdient so hehren Preis;
So herrlich, engelschön und lieblich weiß   145
Ich keine andre, keine, die an Ehre,
An Würd' und Herkunft ihr vergleichbar wäre."

XXII. Dann zu der Rose das Gesicht gekehrt
Sprach sie: „Du holde, sanfte Tochter mein,
Der Lilie¹) nicht war solcher Stamm beschert,   150
Von Königen, wie dir, so jung und rein;
Ganz ohne Makel ist die Abkunft dein.
Komm', daß ich dich mit Edelsteinen kröne,
Denn, holde Blume, nichts gleicht deiner Schöne."

XXIII. Die reichste Krone, schimmernd von Gestein,   155
Die holde Kön'gin ihrem Haupte beut.
Das ganze Land erstrahlt von lichtem Schein,
Deß sind die Blumen alle hocherfreut.
„Heil dir, du feine Rose, schallt es weit;
Heil, Blumenfürstin, tönt's aus Einem Munde,   160
Dir, Herrin, Ruhm und Ehr' zu jeder Stunde!

XXIV. Nun aus der Höh' der Vögel Lied erklang,
Ihr froher Sang tönt wunderbar daher;
„Heil, schöne Rose, dir!" die Drossel sang,
„Die du nun aufblühst unter Phöbus Speer!   165
Heil, junger Sproß! Du Fürstenkind so hehr!

---

¹) Selbst das Haus Valois muß hinter dem Hause Tudor
zurückstehen, ist der Sinn dieser Allegorie.

Heil dir, vom Königsstamm du Blüthenreis, —
Ja, kaiserlich ist deiner Tugend Preis!"

XXV. Die Amsel sang: „Dir, schönste Rose, Preis!
Heil dir, der Blumen hohe Königin!"   170
Die Lerche sang: „Heil, Rose, roth und weiß,
Zwei stolzer Farben mächt'ge Herrscherin."[1]
Die Nachtigal: „Heil dir, die stets den Sinn
Gerichtet hielt auf Anmuth, Schönheit, Ruhm,
Auf feine Zucht und wahres Ritterthum."   175

XXVI. Und „Heil dem Tag!" ward aus der Vögel Chor
Der helle Ruf einstimmig jetzt vernommen,
Die dich zu uns'rer Herrscherin erkor!
O Ehrenfürstin, sei uns hier willkommen,
Du uns're Perle, Wonne, Lust und Frommen,   180
Du unser Frieden, unser Heil und Glück!
Gott schütze dich vor jedem Mißgeschick."

XXVII. Nun sangen alle sie so hell und laut,
Daß ich, vom Schlaf erwacht' an jenem Ort,
Mich aufgerichtet hab' und umgeschaut,   185
Den Schwarm zu sehn, — doch alles war schon fort.
Dann ging ich, halb verwirrt noch, weg von dort
Und schrieb dies auf, wie hiemit kund euch sei,
Am neunten Tag im wonnigen Monat Mai.

Abgesehen von der geistreichen Erfindung und Durch=
führung des Plans, von der lebendigen, echt poetischen
Sprache, die freilich hin und wieder durch gewisse über=
schwengliche, fremdartige Modeausdrücke (aureate terms)
etwas überladen erscheint, von der virtuosen Behandlung

---

[1] Dies bezieht sich auf die Vereinigung der rothen und
weißen Rose der Häuser York und Lancaster durch die Ehe Hein=
richs VII. und seiner Gemahlin, der Eltern der Prinzessin Margarethe.

des Vers= und Strophenbaus hat das Gedicht noch den
so seltenen Vorzug allegorischer Gedichte des Mittelalters
einer im Ganzen knappen, concisen Ausdrucksweise und
einer mit dramatischer Lebendigkeit vorgeführten Handlung.

Diese Vorzüge sind in nicht ganz so hohem Grade
dem anderen berühmten allegorischen Gedichte Dunbars,
betitelt Der goldene Schild (The Goldyn Targe.
I, 11) zuzusprechen, obwohl der Dichter und die Zeitgenossen
es vielleicht noch höher stellten. Es gehört mit zu den=
jenigen Dichtungen, welche schon im Jahre 1508 von
Chepman und Myllar gedruckt wurden. Ob es bereits
längere Zeit vorher verfaßt war, darüber läßt sich mit
Gewißheit nichts angeben. Doch scheint es uns in hohem
Grade wahrscheinlich zu sein, daß es später, als das oben
mitgetheilte Hochzeitsgedicht geschrieben wurde, also zwischen
1503 und 1508 entstand.

Das Gedicht macht nämlich im Vergleich mit The
Thrissill and the Rois durchaus den Eindruck, als ob der
Verfasser damit die Schönheiten dieser Dichtung, womit er
sicherlich vielen Beifall geerntet hatte, noch habe über=
treffen wollen. Die einleitende Schilderung des Frühlings=
morgens ist noch länger und eingehender ausgeführt, als
in dem ersteren Gedicht, die Sprache ist noch viel mehr
mit fremdartigen, schillernden Ausdrücken durchflochten,
so daß sie vielfach einen geradezu buntscheckigen, geschmack=
losen Eindruck macht; indeß diese Ausdrucksweise, wozu
Chaucer und noch mehr König Jakob I. den Anstoß ge=
geben hatten, war damals Mode, und Dunbar, der un=
zweifelhaft seit der Ankunft der englischen Prinzessin die
Werke der großen englischen Dichter, der von ihm in den
Schlußstrophen dieses Gedichts gepriesenen Meister und
Vorbilder: Chaucer, Gower und Lydgate emsig studirt

hatte, huldigte dieser vermeintlich sprachverschönernden Mode in rückhaltlosester Weise. Der Strophenbau endlich zeigt gleichfalls deutlich das Streben nach gesteigerter Kunstfertigkeit der Form. Während der Dichter sich in der „Distel und Rose" der schönen, von Chaucer und Lydgate oft angewandten Rhyme Royal-Strophe bediente, wählt er für seinen „Goldenen Schild" eine sehr schwierige, von Chaucer nur einmal, nämlich in seinem Gedicht Compleynt of Faire Anelida upon fals Arcite gebrauchte Strophenform, bei welcher in neun Verszeilen nur zwei Reime in kunstvoller Verschlingung wiederkehren. Ist unsere Datirung des Gedichtes richtig, so wurde Dunbar direct vermuthlich durch Gawain Douglas' umfangreiches Gedicht „Der Palast der Ehre", welches in der nämlichen Strophenform abgefaßt war, zu seinem eigenen, vortrefflich gelungenen Versuch, in diesem schwierigen Metrum mit jenem zu rivalisiren, veranlaßt.

Der Hauptvorzug dieses von den Zeitgenossen viel bewunderten Gedichts bestand für sie jedenfalls in der edlen, hochpoetischen Diction und in der virtuosen Behandlung der schwierigen metrischen Form, welcher letzteren auch wir unsere Anerkennung nicht versagen können. Uebrigens ist nicht zu läugnen, daß auch hier die Allegorie mit Geschick von dem Dichter ausgeführt ist und sich gleichfalls durch Klarheit und eine gewisse dramatische Lebendigkeit vortheilhaft auszeichnet. Da indeß deutlichere persönliche Nebenbeziehungen, welche das Gedicht von der „Distel und Rose" so interessant machen, hier fehlen und die bloße Allegorie unserem modernen Geschmack nicht mehr zusagt, da es ferner außerordentlich schwierig, wenn nicht geradezu unmöglich ist, die eigenthümliche, schillernde Diction der Dichtung einigermaßen

entsprechend in der Uebersetzung wiederzugeben, so be=
gnügen wir uns, abgesehen von einigen Strophen, die
wir zu übertragen versucht haben, im Wesentlichen mit
einer kurzen Analyse des Gedichts, welches die Tendenz
hat, wie Warton es ausdrückt, den allmählichen und un=
merklichen Einfluß nicht in Schranken gehaltener Liebe
über die Vernunft zu schildern.

Das Gedicht beginnt mit einer begeisterten Schil=
derung eines Frühlingsmorgens, die jedoch abgesehen von
der Allegorie und den damit verbundenen mythologischen
Zuthaten für unsern Geschmack viel zu überladen ist. Wir
lassen die ersten Strophen, namentlich auch zur Veran=
schaulichung der metrischen Form, in der Uebersetzung folgen:

I. Als hell sich hob des Morgensternes Schein,
    Lucin' und Vesper schon ins Bett hinein,
      Erwacht' ich, und bei einem Rosenpaar
    Lagert' ich mich; aufstieg die Sonne, rein,
    Klar wie Krystall und goldig war ihr Schein,   5
      Grüßend im Nest der muntren Vögel Schaar.
      Bevor mit Purpur Phöbus schmückt sein Haar,
    Hob sich die Lerch', des Himmels Sänger sein,
    Am Maienmorgen, lieblich wunderbar.

II. Wie Engelchör' die Vögel Messe sangen,   10
    Von grünen Laubeskäfigen umfangen,
      Mit Blüthenpracht umschlungen, roth und weiß;
    Buntfarbig sah man die Gefilde prangen;
    In Silberschauern Perlentropfen sprangen;
      Und wie von Balsam neu floß Blatt und Reis,   15
      Sagt' Lebewohl Aurora Phöbus leis':
    Krystallne Thränen in die Blüthen drangen,
    Die er in Liebe einsog glühend heiß.

So wird die Maienlust der Vögel, die Pracht der
von Thautropfen glitzernden Blumen und Blätter, die

von einem schönen Fluß durchströmte, von einer weiten
Wasserfläche begrenzte, anmuthige Landschaft noch weiter
in überschwenglicher Weise besungen.

VI.   Und bei der Vögel lust'gen Harmonien,
    Wie thalwärts neben mir die Wellen flieh'n,
      Als ich auf Floras Mantel schlafend lag,
    Gar bald in meines Traumes Phantasien
    Sah ich daher vor Sonnenaufgang ziehn   50
      Ein Schiff, weißleuchtend, wie ein Blüthenbach.
      Der goldne Mast strahlt wie die Sonn' am Tag,
    Es steuert nach dem Ufer lustig hin,
    Schnell wie ein Falke fliegt der Beute nach.

VII.   Dicht an dem Rand der blum'gen Wiese dann,   55
    Im grünen Ried und Schilfe, legt es an.
      Dem Schiff entstiegen nun wohl hundert Frauen,
    Mit wallenden Gewändern angethan,
    Frisch, wie man Maienblumen sehen kann,
      In grüner Tracht holdselig anzuschauen.   60
      Das freie Haar streifet den Kies, den rauhen,
    Die weißen Brüste auch gewahret man
    Der schönen, schlankgebauten, holden Frauen.

VIII.   Gern sagt' ich Euch, doch wär' mein Wort ein Lallen,
    Wie auf den Au'n die Lilienblüthen wallen,   65
      So leuchtend weiß, wie heller Himmelsglanz;
    Selbst du, Homer, so sehr dein Sang vor allen
    Die Seel' uns füllt mit höchstem Wohlgefallen,
      Noch Tullius, du, der prangt im Lorbeerkranz,   70
      Der du als Rhetor uns bezauberst ganz,
    Zu schwach selbst würde euer Wort erschallen,
    Zu schildern solchen Paradieses Glanz.

Die Frauen, welche der Dichter in seiner Vision
dem Schiff entsteigen sieht, werden nun zunächst von ihm
aufgeführt. Er erblickt die Dame Natur und gleich

darauf Dame Venus, die Königin. Juno, Latona, Pro=
serpina, Diana, die keusche Göttin der Wälder, Dame
Clio, die Dichtern hilfreich naht, Thetis, Pallas, die weise
Minerva, die schöne, wankelmüthige Fortuna und die
leuchtende Lucina, alle diese hehren, mit Kronen ge=
schmückten Frauen werden nacheinander sichtbar. Auch
Mai, die Königin der Monate, erscheint in Begleitung
ihrer beiden Schwestern, März und April, und wie sie
in dem Park lustwandelnd sich ergehen, beschenkt Dame
Natur sie mit einem prächtigen Gewande. Ihr, der
Herrscherin aller Wesen, werden zunächst, wie der Dichter
aus seinem Versteck unter den Blättern gewahrt, die
Huldigungen aller Vögel und Blüthen dargebracht. Als=
dann wird Dame Flora in derselben Weise begrüßt; der
Königin Venus zu Ehren aber erklingen laute Liebeslieder.

Hierauf sieht der Dichter eine andere Schaar herbei=
ziehen: den König Cupido mit gespanntem Bogen, Mars,
der gewaltige Kriegsgott, der alte Saturn, der kluge Merkur
treten dann auf. Auch Priapus, der Gott der Gärten,
Faunus, Janus, Neptun, Aeolus, Bacchus, Pluto fehlen
nicht. Diese Gottheiten, welche alle mit einem den my=
thologischen Anschauungen entsprechenden Beiwort richtig
gezeichnet sind, — ein weiterer Beweis für Dunbars
klassische Bildung —, nähern sich den Frauen und be=
ginnen mit ihnen einen Tanz. Der Dichter kriecht leise
näher hinzu, um den Anblick besser genießen zu können.
Da aber wird er von einem Blick getroffen und erschreckt,
den er theuer bezahlen muß. Die Liebesgöttin hat ihn
entdeckt und befiehlt nun ihren Damen, ihn anzugreifen,
was sogleich geschieht. Die Dame Schönheit kommt zu=
erst sieggewohnt ihm entgegen, und ihre Gefährtinnen
Anmuth, Grazie, Lieblichkeit, Heiterkeit stehen ihr bei.

Indeß alle Geschosse, die sie gegen ihn entsenden, prallen ab von dem goldenen Schild, womit ihn sein Beschützer, Vernunft, deckt. Der Sinn der Allegorie ist ohne Mühe zu erkennen.

Zu neuem Angriff naht dann zarte Jugend mit Unschuld, Schamhaftigkeit, Scheu, Gehorsam im Gefolge, die aber nichts auszurichten wagen. Neue Bundesgenossinnen, wie Geduld, Standhaftigkeit, Güte, Milde und andere kommen zu ihrer Unterstützung herbei, doch ebenfalls vergebens. Vernunft schirmt ihn mit dem goldenen Schilde so sorgsam, daß alle Wurfgeschosse abprallen. Andere Damen, wie Würde, Ehre, Ueppigkeit, Reichthum und ihre Genossinnen, entsenden neue Schwärme von Pfeilen, die wiederum wirkungslos bleiben.

Als Dame Venus den wiederholten Rückzug ihrer kämpfenden Frauen bemerkt, sendet sie eine andere Schaar zum Angriffe vor, namentlich die Dame Verstellung und ihre Bundesgenossinnen, Schmeichelei, Liebkosung, vor allem aber Dame Gegenwart, d. h. die häufige Nähe der Geliebten.

Eine erneute Salve von Wurfgeschossen wird zuerst wieder von dem goldenen Schilde, womit ihn Vernunft, sein Beschützer, deckt, aufgefangen. Dann aber streut Dame Gegenwart diesem ein Pulver in die Augen. Vernunft taumelt wie ein trunkener Mann, der Dichter wird, da ihn der goldene Schild nicht mehr schützt, als Gefangener fortgeführt zur Dame Schönheit, die ihm jetzt viel lieblicher erscheint, und deren Begleiterinnen, Schmeichelei und Liebkosung, nun Macht über ihn gewinnen, sowie auch der Neuheit Reiz. Doch diese verschwindet alsbald; Gefahr naht sich, die nur langsam weicht und ihn der Schwermuth überläßt, welche sich nun seiner bemächtigt.

Da plötzlich läßt Lord Aeolus sein Horn ertönen,
und die ganze Schaar verschwindet eilends aus dem Park.

XXVII. Das Schiff bestiegen sie in hast'gem Lauf,   235
    Und schleunig zogen sie die Segel auf,
      In eilger Fahrt entschwand das Schiff danach.
    Sie schossen Flinten in die Luft hinauf,
    Rauchwolken ballten sich empor zu Hauf,
      Die Felsen hallten wieder vom Gekrach.   240
      Der Regenbogen von dem Lärm sich brach.
    Erfüllt von Schrecken sprang ich schleunig auf,
      Denn das Getöse war fürwahr nicht schwach.

XXVIII. Als ich von meinem Traum erwacht nun war,
    Hört' ich den Sang der lust'gen Vögelschaar,   245
      Voll Wonne über Phöbus' milden Strahl.
    Süß war der Duft, der Morgen lieblich klar;
    Frisch stellt' in Blüthen das Gefild sich dar,
      Die Lüfte mild und wonnevoll zumal.
    In weiß und rothen Farben glänzt das Thal,   250
    Womit Natur es schmückt so wunderbar
      Im königlichen Maimond, ohne Zahl. —

XXIX. Ehrwürd'ger Chaucer, aller Dichter Zier,
    In unsrer Sprache Keinen giebt's, der hier
      Im Britenland kann dir vergleichbar sein;   255
    Der Dichtkunst höchster Preis gebührt nur dir;
    Mit Himmelsred' hätt's dir geziemt, nicht mir,
      Dies Thema zu besingen, hold und fein.
    Warst du doch unsres Englisch Sonnenschein,
    Das überstrahlt die andern Sprachen schier,   260
      Wie wenn nach finstrer Nacht der Mai zieht ein.

XXX. O ernster Gower, Lydgate lorbeergeschmückt,
    Der süße Sang, womit ihr uns entzückt,
      Hat höchste Wonne unsrem Ohr gewährt.
    Mit Engelszungen schienet ihr beglückt;

Der Rohheit habt' ihr unfre Sprach' entrückt,
Die jedes eblen Ausdrucks ganz entbehrt,
Bis eure Feder schreiben sie gelehrt.
Wüst war die Insel, nichts ward hier gepflückt
Von dem, was Poesie und Kunst gewährt.   270

XXXI. Du kleines Büchlein, stets bescheiden sei,
Demüthig, unterthänig, schlicht und treu
Vor jedes kundgen Mannes Angesicht.
Denn deine Wissenschaft ist ja nicht neu;
Von der Rhetorik Blüthen ist babei   275
Selbst Eine nur in deinem Kranze nicht.
Drum schäm' dich, geh mir aus dem Aug', du Wicht,
Grob ist dein Kleid, beschmutzt, kahl und entzwei;
Mit Recht drum scheuest du das Tageslicht.

Wie Dunbar in der obigen, vermuthlich nach Chaucers
oder Lybgates Vorbild als Geleit hinzugefügten, sehr gezierten
Schlußstrophe selber andeutet, war der von ihm behandelte
Stoff kein origineller. Die leitenden Gedanken sind ähn=
liche, wie diejenigen des berühmten, von Chaucer ins
Englische übersetzten allegorischen Gedichts Le Roman
de la Rose, welches einen so außerordentlich großen
Einfluß auf die Literatur des Mittelalters ausübte. Auch
an das Chaucer zugeschriebene Gedicht The Flower and
the Leaf finden sich in der Einkleidung des Gegenstandes
starke Anklänge. Indeß die Ausführung im Einzelnen
ist doch durchaus Dunbars selbstständiges geistiges Eigen=
thum. Der Umstand, daß er sich selber als das schließ=
liche Opfer der Dame Venus, der Schönheit und ihrer
Bundesgenossinnen darstellt, könnte vermuthen lassen, daß
dem Gedichte doch irgend eine persönliche Beziehung zu
Grunde liege. Eine derartige Behandlung eines allego=
rischen Stoffes war jedoch etwas ganz gewöhnliches: man

denke nur an Gowers Confessio amantis, wo der betagte
Dichter sich gleichfalls noch als einen jugendlichen Lieben=
den darstellt.

Andererseits ist die Annahme eines gewissen Herzens=
antheils an diesem Stoff von Seiten unseres Dichters nicht
gänzlich abzuweisen. Er selbst macht in einem später zu
betrachtenden Gedicht an die Königin eine ihrer Hofdamen,
Lady Musgraiffe, als die Dame seines Herzens namhaft,
und auf das Verhältniß zu dieser könnten sich sowohl The
Goldyn Targe, als auch die wenigen anderen allegorischen,
resp. erotischen Gedichte, die wir von Dunbar besitzen,
bezogen haben.

Unter diesen nimmt das Gedicht S ch ö n h e i t u n d
i h r G e f a n g e n e r (Beuty and the Presoneir. I, 22)
seines Umfangs wegen eine hervorragende Stelle ein.
Es folgt bei Laing unmittelbar auf The Goldyn Targe
und ist in der That diesem Gedicht auch sehr nahe
verwandt. Die Form freilich, welche einer beliebten
Lydgate'schen Strophenform entlehnt sein mag, [1] weicht
erheblich von derjenigen jener Dichtung ab, wie aus fol=
gender Anfangsstrophe ersichtlich ist:

I. Da ich nun ihr Gefangner bin,
    Die ja das schönste, beste Weib,
Beschließe ich in meinem Sinn,
    Daß ich in ihrer Haft verbleib'.
Ich schaut auf ihren schlanken Leib,   5
    Ganz unverwandt in Staunen hin;
Man faßt' mich bei dem Zeitvertreib,
So daß ich nun gefangen bin.

Er wird in das von Vergleichung befehligte Schloß

---

[1] Vgl. des Verfassers Altengl. Metrik, p. 420.

der Buße geführt und hat dort Hohn und Sehnsucht zu Gefährten. Indeß Hoffnung tröstet ihn und räth ihm, der Schönen einen Brief zu schreiben; Dienstbeflissenheit überbringt ihn, und Mitleid beschließt, den Gefangenen zu befreien. Mit ihren Bundesgenossinnen Erwägung, Lust und Eifer belagert sie den Thurm, der tapfer vertheidigt, aber doch schließlich genommen wird. Den Ueberwundenen geht es schlecht genug. Vergleichung ist getödtet worden und wird schleunigst begraben, Hohn erhält einen Pflock durch die Nase getrieben und wird mit Schimpf davongejagt. Sehnsucht springt aus dem Thurm und bricht sich den Hals. Lust vertreibt den Kämmerling der Dame, Guter Ruf wird ertränkt und so der Gefangene befreit. Indeß neue Feinde treten auf: Verläumbung, Eifersucht, Zanksucht, Neid suchen ihm zu schaden. Da aber wird der „heilige Ehstand,“ dieser „edle König“, von Bekümmerniß ergriffen und legt sich ins Mittel; er sammelt ein großes Heer und verjagt Verläumbung bis an die westliche Küste, wo er mit seinem ganzen Anhang untergeht. Heilige Ehe knüpft nun ohne Verzug das Band der Freundschaft zwischen Schönheit und ihrem Gefangenen, und der Sohn von Guter Ruf, der inzwischen zu Jahren gekommen ist, kehrt zurück, um für immer bei ihnen zu verweilen.

Das ist der Gedankengang dieses in seiner Art anmuthigen Gedichtes, in welchem die Allegorie im Gegensatz zu den vorher betrachteten Dichtungen dieser Gattung mit jenem leichten, scherzenden Humor behandelt ist, welcher als einer der liebenswürdigsten Züge in dem Charakterbild unseres Dichters anzusehen ist. Auch scheint das Gedicht sehr beliebt gewesen zu sein, denn wie Laing erwähnt (II, 227), wird noch 1549 in dem Complaynt of Scotland unter

ben bamals populären sweit songs eines erwähnt, betitelt
Lady help your presoneir, womit vermuthlich das
Dunbar'sche Gedicht gemeint war. Daß dasselbe übrigens,
wie Laing meint, von unserem Dichter einem allegorischen
Maskenspiele nachgezeichnet sei, ist nicht anzunehmen. Die
Maskenspiele entwickelten sich gerade umgekehrt aus der
allegorischen Dichtung, und wenn auch im Laufe der
Zeit wohl eine Wechselwirkung stattfinden mochte, so läßt
doch hier der keineswegs beschreibende, sondern vielmehr
lyrische Ton des Gedichtes eine derartige Annahme nicht zu.

An eine streng durchgeführte persönliche Beziehung
des Dichters zu denken, gestattet hier übrigens doch das
schließliche Auftreten des heiligen Ehestandes nicht, dessen
Protection dem Verfasser als Geistlichen versagt bleiben
mußte. Denn daß das Gedicht derselben Epoche mit
der „Distel und Rose" und dem „Goldenen Schild" angehört, also der Zeit, als Dunbar den Entschluß faßte
oder ausgeführt hatte, „in holy orders" einzutreten,
scheint mir nach Ton und Inhalt der Dichtung ziemlich
sicher zu sein.

Als ein durchaus subjectiv empfundenes Liebesgedicht
ist dagegen die kleine, An eine Dame überschriebene
poetische Epistel anzusehen, welche bei Laing (I, 27) auf
das vorige Gedicht folgt. War die früher erwähnte
Lady Musgraiffe, wie wir wohl annehmen dürfen, die
Dame, an welche der Dichter sich hier mit der Bitte um
Mitleid mit seinem Liebesschmerz wendet, so hat er in
der ersten Strophe des Liedchens von ihr ein anmuthiges
Bild entworfen, jedenfalls aber seine eigene Befähigung
für das von ihm, wie es scheint, wohl nur wenig ge-
pflegte Gebiet der rein erotischen Lyrik dargethan.

An eine Dame.

I. Du Ros' an Tugend und Erhabenheit,
Lilie an Anmuth und Holdseligkeit,
   Du bist der Güte und der Schönheit Krone,
   Der Tugend höchster Preis ward dir zum Lohne,
Nur, leider, fehlt dir die Barmherzigkeit.   5

II. In deinem Garten heut' erging ich mich,
Ein frischer Blumenflor dort zeigte sich,
   Den weiß und roth ich sah gar lieblich blühn,
   Heilkräuter hingen an der Stengel Grün,
Jedoch von Raute[1]) sah kein Blättchen ich.   10

III. Ich fürchte, vor des Märzes kalter Luft
Verdorrt sank dieses Kräutlein in die Gruft;
   Sein Tod erfüllt mein Herz mit Trauer ganz,
   Ich möchte neu beleben diese Pflanz',
So tröstlich war mir ihrer Blüthe Duft.   15

Das nämliche Thema wird von dem Dichter behandelt in dem von Laing I, 121 gedruckten Gedicht To a Ladye, quhen he list to fayne, An eine Dame, als er ohnmächtig werden wollte. Man sieht schon aus diesem Zusatz, daß wir es hier mit einer von ihm in scherzhafter Weise übertriebenen poetischen Bittschrift an das Mitleid und Erbarmen einer seine Liebe verschmähenden Dame zu thun haben, vermuthlich derselben, an welche das vorige Gedicht gerichtet war. Durch Erfahrung hinlänglich über die Erfolglosigkeit seiner Werbung belehrt, macht der Dichter hier einen neuen Versuch, das Herz seiner Angebeteten zu rühren, von dessen Aussichtslosigkeit er aber bereits überzeugt ist, weshalb

---

[1]) Rew (Raute) galt in der Liebessprache für die Blume des Mitleidens (rue Mitleid, Kummer; rueful mitleidig).

er in heiterer Selbstironie seinen Liebesgram in sieben sentimentalen Strophen Ausdruck gibt. Nur wenn man das Gedicht in diesem Sinne liest, macht es den vom Dichter beabsichtigten, scherzhaften Eindruck, während es, ernsthaft genommen, allerdings wegen der Monotonie der sentimentalen Klagen ermüdet und die Bemerkung Pin=kertons zu dem Gedicht (Laing, II, 305) „This is a ballad by Dunbar, but worth nothing" begreiflich erscheinen läßt. Wir theilen hier nur die erste Strophe desselben mit:

I. Du meines Herzens Schatz, mein süßer Feind,
  Der mir auf immerdar mein Leben endet,
  Der grausam mir das Herz zu brechen meint,
   Verdient ich das, daß man zum Tod mich sendet?
  Halt auf den Streich, o Mörderin, bis sich wendet   5
  Vom Leib die Seele; schon' deinen Knecht, den armen,
  Der tausendmal dich anfleht um Erbarmen.

Vielleicht haben wir zu dieser Gruppe von Gedichten noch ein anderes zu rechnen, betitelt Unbeständigkeit der Liebe (Inconstancy of Luve I, 172), welches von Laing freilich unter den späteren satirischen und didaktischen Dichtungen Dunbars mitgetheilt worden ist, vermuthlich aus dem Grunde, weil der Dichter sich hier ebenso, wie in verschiedenen Gedichten an den König, über tyme misspendit beklagt.

Von wirklichem Liebesleid ist in der That auch wenig in dem kleinen Poem zu bemerken. Der Verfasser beschwert sich darin, wie der Titel andeutet, über die Unbeständigkeit der Liebe, welche mit der Beharrlichkeit keine Gemeinschaft pflege, keine Rücksicht und freundliche Erinnerung kenne, weshalb es thöricht sei, selber Ergeben=heit und Treue zu beobachten. Das Interessanteste an dem Gedichtchen ist das Metrum, welches deutlich erkennen

läßt, wie sehr Dunbar sich in technischer Hinsicht die
französischen und provenzalischen Vorbilder zum Muster
genommen hatte, und mit welcher virtuosen Leichtigkeit
er die schwierigsten Formen nachzuahmen verstand,[1] da
er in den vierundzwanzig vier= und zweitaktigen Versen,
aus denen es besteht, nur zwei Reime anwendet. —

Während so der Dichter der schönen Hofdame der
Königin seine erfolglosen Werbungen widmete, versäumte
er nicht, der Herrscherin selber bei passender Gelegenheit
ebenfalls seine dichterischen Huldigungen darzubringen.

Eine solche bot sich dar, als es im Jahre 1506
bekannt wurde, daß die junge, damals siebzehnjährige
Königin in gesegneten Umständen sei und damit die
Hoffnung des Königs und des Landes auf einen Thron=
erben der Erfüllung näher rückte.

Dunbar gab dieser Hoffnung in einem panegyrischen
Gedicht höchsten Stiles An die Königin (I, 281),
welches ganz und gar in der überschwenglichen, schimmern=
den Ausdrucksweise des Goldyn Targe gehalten war, be=
redten Ausdruck. Er vergleicht in der ersten Strophe
die jugendliche Königin in galanter Anspielung auf ihren
Namen Margarethe mit einer kostbaren Perle, führt dann
weiter aus, daß ihre Reize selbst diejenigen der Polyxena
von Troja übertreffen und sie als „Tochter der Pallas
in engelgleicher Schönheit" erscheinen lassen, er nennt sie
das Meisterwerk der Natur, womit diese habe zeigen
wollen, wie schön und gut sie ein Menschenkind zu schaffen
im Stande sei, und fährt dann fort:

IV. O Rose, lieblich schimmernd, roth und weiß,
　　Neu aufgeblüht im frischen Morgenstrahl,

---

[1] Vgl. für eingehendere Mittheilungen über die Form des
Gedichts des Verfassers Altenglische Metrik, S. 373/4.

O zarte, junge Blum' am grünen Reis,
  Die du mit Huld beglückest Berg und Thal,
  Gott schenk uns, was wir heiß ersehnt zumal:
Es werd' ein Sprößling uns von dir zu Theil,   30
  Den Gaben schmücken werden ohne Zahl;
  Dir sei, o Königin von Schottland, Heil!

Die letzte Strophe, worin der kostbaren Perle vor
allen Edelsteinen, dem Diamanten, dem Saphir, dem
Smaragd und dem Rubin, der Vorzug gegeben wird, nimmt
den einleitenden Vergleich wieder auf und bringt diese
poetische Huldigung in anmuthiger Weise zum Abschluß.

II.
Satirische Gedichte aus dem Hofleben.

Zu dem idealen Bilde, welches Dunbar uns in seinen
panegyrischen Dichtungen von der Königin entwirft,
steht dasjenige, welches ihre Umgebung, ihre Hofleute und
Diener bieten, in einem merkwürdigen Gegensatz.

Ueber das Benehmen und die Sitten derselben erhalten wir von dem Dichter einige Aufklärung in zwei
besonderen Gedichten. Das eine, welches direct An die
Königin gerichtet ist (I, 115), gibt uns einen Begriff
von der Freiheit oder richtiger rohen Ungeniertheit, mit
der gewisse Dinge, die heutigen Tages in Gesellschaft
von Frauen nicht erwähnt werden, damals selbst hohen
und höchstgestellten Damen gegenüber behandelt und, wie
man hier sieht, sogar in poetischer Gestalt besprochen
wurden. Der eigentliche Sinn des cynischen Refrains
jeder Strophe ist selbst dem schottischen Herausgeber nicht
klar geworden. Jedenfalls ist der Inhalt des Gedichts
der Art, daß es sich der Wiedergabe völlig entzieht.
Der Dichter setzt darin die Königin von gewissen Aus-

schweifungen ihrer Diener in Kenntniß, welche ihnen schlecht bekommen zu sein scheinen, und woran er dann zum Schluß seine an alle jungen Männer gerichtete Warnung, sich vor Unzucht zu hüten, anknüpft. Un-zweifelhaft verband Dunbar mit diesen Versen die beste Absicht und verdient ihrentwegen gewiß nicht den Vor-wurf der Immoralität, den sie ihm eingetragen haben. Das Gedicht ist eben nichts weiter, als eine mit derben Pinselstrichen entworfene Illustration der rohen Sitten und Ausdrucksweise einer trotz aller beginnenden Ver-feinerung der Renaissancezeit selbst in den höchsten Ständen noch ganz ungeleckten Gesellschaft.

Diese Thatsache wird noch weiter bestätigt durch ein anderes Dunbar'sches Gedicht (I, 119), betitelt Auf eine in dem Zimmer der Königin stattgefundene Tanzunterhaltung, an welcher er selber mit be-theiligt gewesen war. Wir sehen daraus, daß es auch in der nächsten Umgebung der Königin nicht allzu an-ständig und schicklich zuging, und wir werden schwerlich der „Rose von England" großes Unrecht thun, wenn wir annehmen, obwohl wir darüber von dem Dichter nichts erfahren, daß sie selber bei diesen in ihren Ge-mächern aufgeführten Tänzen, welche er beschreibt, eine aufgeräumte und heitere Zuschauerin abgegeben habe.

In jeder einzelnen Strophe des Gedichts wird ein Tänzer oder eine Tänzerin vorgeführt, deren choreo-graphische Geschicklichkeit geschildert wird und zwar in einer Weise, daß wir daraus nicht die vortheilhafteste Vorstellung gewinnen können, weder von der in der Tanz-kunst erlangten Fertigkeit, deren sich die meisten Mitglieder des Hofstaats der Königin rühmen konnten, noch von irgend welchen veredelnden Einflüssen jener Kunst auf

ihr Benehmen. Zuerst tritt Sir John Sinclair[1]) auf,
der, obwohl eben erst aus Frankreich zurückgekehrt, den=
noch nichts vom Tanze versteht und sogar, wie es scheint,
mit dem Boden in horizontale Berührung geräth. Als=
dann kommt Maister Robert Shaw,[2]) der ein Gesicht
macht, als ob er's besser könne, als alle Anderen, indeß
gleichfalls nicht allzu sicher auf den Füßen steht. Ferner
nimmt an der Unterhaltung ein etwas seltsamer Gesellschafter
Theil, nämlich der Meister Almosenier[3]) der Königin,
der sich selbst bei diesem Tanze vor seiner Herrin nicht
durch allzu große Sauberkeit ausgezeichnet zu haben
scheint; wenigstens sieht sich John Bute,[4]) der Hofnarr
des Königs, genöthigt, seinen Empfindungen durch einige
kräftige Ausrufe, wie Wa is me! und Fi, fi! Luft zu
machen. Nun tritt Dunbar, der Dichter, selber auf, dem,
wie er mit lustigem Humor von sich rühmt, Keiner es
an Geschicklichkeit gleich thut, und der, ganz entzückt über
den Anblick seiner geliebten Lady Musgraiffe,[5]) den

---

[1]) Der Name dieses Hofmanns wird nach Laings, von uns
hier benutzten Angaben (II, 202), schon im Jahre 1490, also lange
vor des Königs Vermählung, in den Rechnungsberichten des Schatz=
meisters erwähnt. Er war, wie aus jenen Aufzeichnungen hervor=
geht, ein beliebter Gesellschafter des Königs, der oft an ihn im
Kartenspiel verlor.

[2]) Diese Persönlichkeit wird 1502 zuerst ebendaselbst erwähnt.
Sir R. Shaw war, wie es scheint, ein Arzt, trat aber später (1508)
in den geistlichen Stand und war gleichfalls ein Günstling des Königs.

[3]) Dies Amt bekleidete ein gewisser Dr. Babington, der mit
der Königin aus England herübergekommen war und 1507 zum
Dean von Aberdeen befördert wurde.

[4]) Dieser wird als einer von des Königs Hofnarren, zusammen
mit seinem Diener Spark zuerst im November 1506 in den Rech=
nungsbüchern erwähnt.

[5]) Maestris Musgraiffe, Frau eines Sir John Musgraiffe,
war als erste Hofdame der Königin mit ihr aus England herüber=

„Dyrrie Dantoun“, einen Tanz, der sich, nach weiteren Andeutungen zu schließen, nicht durch allzu strenge Sittsamkeit auszeichnete, mit solcher Lebhaftigkeit zu aufzuführen beginnt, daß er dabei seinen Schuh verliert. Jene Dame, die nächste in dem lustigen Reigen, findet begreiflicherweise nicht nur Gnade vor den Augen unseres gestrengen Kritikers der Tanzkunst, sondern dieser zollt ihrer Geschicklichkeit und Anmuth sogar unbedingtes Lob in der folgenden Strophe:

V. Dann kam an Frau Musgraiffe die Reih’,
Die allen Andren Vorbild sei.
So zierlich tanzt’ sie, wie ich fand,   30
Sie war so schön und so gewandt,
   Daß ich zu sein wünscht’ nur für sie
Der größte Graf und Fürst im Land:
   Einen lustigern Tanz sah man noch nie.   35

Dieser letzte Vers, welcher den Refrain aller Strophen bildet, steht sonst überall in ironischem Sinne, so auch in den beiden Schlußstrophen, die noch zwei würdigen Genossen jener erlesenen Hofgesellschaft gewidmet sind.

Es sind dies die sauer dareinschauende Dame Doutiebour,[1] welche durch ihre Ungeschicklichkeit und namentlich durch ein in Folge der Heftigkeit ihrer Bewegungen ihr widerfahrendes, nicht näher zu bezeichnendes Malheur die größte Heiterkeit erregt, und ferner der Garderobier

---

gekommen und erfreute sich, wie aus dem Verzeichniß vieler ihr zu Theil gewordener Geschenke hervorgeht, bei Hofe großer Gunst.

[1] Der wirkliche Name der Dame, welche von dem Dichter mit diesem Beiwort geschmückt wurde, ist unbekannt. Es war zu damaliger Zeit in Schottland ein volksthümlicher Ausdruck für eine leichtfertige Person und findet sich nach Laings Angabe auch bei Sir David Lyndesay und John Knox in diesem Sinne.

der Königin, James Dog, welcher, wie der Dichter mit
einer boshaften Anspielung auf den Namen desselben be=
merkt, wie ein Kettenhund einhertappt.

Da auch dieses letzte Paar, ähnlich wie der vorher
erwähnte Almosenier Dr. Babington, keineswegs bei seinem
Erscheinen die „Wohlgerüche Syriens und Arabiens" um
sich verbreitet, so ist es erfreulich, uns nach ihrem Auf=
treten aus dieser etwas dumpfen Atmosphäre, welche den
Salon der Königin erfüllte, entfernen zu können.

Das merkwürdige Gedicht wird, wie aus der Er=
wähnung des Hofnarren John Bute und des Almoseniers
Dr. Babington zu schließen ist (vgl. S. 192, Anm. 3 und 4),
vermuthlich im Jahre 1506 geschrieben worden sein. Die Ent=
stehungszeit des vorher betrachteten möchten wir um
einige Jahre später annehmen, da jene seltsame Zuschrift
an die Königin doch ein etwas reiferes Alter der Adressatin
voraussetzt. In dem Gedichte selber sind indeß keine An=
haltspunkte für eine bestimmte Zeitangabe zu finden.

Mit dem Einzuge der jungen Königin in die schottische
Hauptstadt wird das Leben und Treiben bei Hofe alsbald
einen noch heitereren Charakter angenommen haben, als
es bisher schon zeigte. Der ritterliche König wird alles
aufgeboten haben, seine junge Gemahlin durch Veran=
staltung von Festlichkeiten, Maskenspielen, Tournieren,
Belustigungen aller Art zu unterhalten und ihren Schmerz
über die Trennung von der Heimath und dem elterlichen
Hause, der in ihrem ersten, wenige Tage nach der Hoch=
zeit geschriebenen, kindlichen Briefe an ihren Vater
(Laing, II, 453) durchbricht, zu besänftigen. Das Talent
des Hofdichters wurde dabei sicherlich stark in Contribution
gesetzt, und dieser war, wie wir aus manchen Einzelheiten
schließen können, stets bereit, auf die Neigungen und Lieb=

habereien der jungen Königin besondere Rücksicht zu nehmen.
Zu den letzteren gehörten unzweifelhaft, wie es für ein
junges, lebenslustiges, in Glanz und Pracht eines könig=
lichen Hofes aufgewachsenes, in jugendlichem Alter auf
den Thron gelangtes weibliches Wesen ohnehin schon er=
klärlich wäre, und wie wir noch weiter aus dem zuletzt
besprochenen Gedichte Dunbars schließen können, Tanz und
Maskeraden in erster Linie. Wir gehen vielleicht nicht
fehl, wenn wir annehmen, daß eine kleine Gruppe Dun=
bar'scher Dichtungen, für deren Abfassungszeit wir zum
Theil keine sicheren Anhaltspunkte aufzufinden vermögen,
der Betheiligung des Dichters an solchen Unterhaltungen
oder den daraus gewonnenen Anregungen ihre Entstehung
verdankt. Dies ist um so wahrscheinlicher, als sich in
den Rechnungsbüchern des Schatzkammeramts, namentlich
seit 1503 verschiedene Notizen finden, welche auf Veran=
staltung von Tänzen und Maskenspielen hinweisen; so
z. B. unter dem 3. Februar 1505, wo eine Summe von
13 £ 2 sh. 10 d. eingetragen ist, welche für die Kostüme
von 12 Tänzern verausgabt wurde, die zum Fastnachts=
abend auf des Königs Befehl einen von Peter More,
einem der Musiker des Königs, neuerfundenen Tanz auf=
zuführen hatten (II, 255).

An diese, allem Anschein nach bei Hofe fest einge=
bürgerte Sitte der Aufführung von Tänzen und Fest=
lichkeiten am Fastnachtsabend knüpft nun auch eins der
berühmtesten Gedichte Dunbars an, sein „Tanz der
sieben Todsünden" (I, 49). Aus dem ersten Verse
des Gedichtes, woraus hervorgeht, daß die besondere Fast=
nachtfeier, zu welcher Dunbar sein Gedicht schrieb, am
16. Februar stattfand, hat man berechnet, daß dies nur
für die Jahre 1496, 1507 und 1518 habe zutreffen

können. Wahrscheinlich ist das Jahr 1507 als dasjenige
anzusehen, in welchem diese Dichtung entstand, schon des=
wegen, weil Dunbars Anwesenheit in Schottland, resp.
Edinburg vor 1500 ja nicht einmal sicher verbürgt ist
und das Gedicht eine zu locale Beziehung in der Schluß=
strophe enthält, um eine Entstehung desselben während
der Zeit seines Aufenthalts in fremden Ländern als zu=
lässig erscheinen zu lassen. Das Jahr 1518 kann kaum
in Frage kommen. Kurz, aus äußeren, wie aus inneren
Gründen ist wohl mit Sicherheit anzunehmen, daß Dun=
bar den Tanz der sieben Todsünden im Jahre 1507 ge=
schrieben hat.

Es war ein origineller und doch naheliegender Ge=
danke, die sieben Todsünden, welche in der mittelalterlichen
Poesie und Kunst, der bildenden, wie der darstellenden,
eine so bedeutende Rolle spielen, am Fastnachtabend in
einem Reigentanz vorzuführen. Die Lust an allerlei
Mummenschanz und lustigen Tänzen, welche am Fast=
nachtabend ihren Gipfelpunkt erreichte, und der Hinweis
auf die bevorstehende Zeit der Buße und Enthaltsamkeit
konnte nicht besser, als auf diese Weise, mit einander ver=
einigt werden. Ob eine solche tableauartige Aufführung,
in welcher die sieben Todsünden in der für sie charak=
teristischen Erscheinung vor den Augen der Zuschauer nach
einander auftraten, wirklich stattgefunden, wovon Dunbar
dann etwa in freier, poetischer Ausführung eine Schil=
derung entworfen haben mochte, erfahren wir nicht aus
dem Gedicht. In diesem Fall scheint uns eine solche
Annahme der Entstehung desselben, die wir für Bewty
and the Presoneir ablehnen mußten, große Wahrschein=
lichkeit für sich zu haben, da hier allerdings der be=
schreibende Ton in der Darstellung vorherrscht. Dunbars

Verdienst an der meisterhaften Schilderung der einzelnen
Gestalten würde dadurch nicht geschmälert werden, ganz
abgesehen davon, daß er dann wohl auch die Anregung
zu jenen Tableaux gegeben haben mochte. Auf jeden
Fall aber dürfte die Einkleidung des Ganzen, die gro=
teske Idee, einen solchen Tanz der sieben Todsünden
vor dem Höllenfürsten aufführen zu lassen, des genialen
Dichters ausschließliches geistiges Eigenthum sein. Wir
werden uns für die Uebersetzung damit begnügen, nur
diesen Rahmen, welcher das Gemälde umschließt, wieder=
zugeben, während wir auf die Uebertragung derjenigen
Strophen, welche der Schilderung der sämmtlich als
männliche Personen gedachten Todsünden selber gewidmet
sind, wegen der vielen darin vorkommenden dunkeln und
schwer übersetzbaren volksthümlichen Ausdrücke verzichten
müssen. Leider sind uns gerade Einleitung und Schluß
des Gedichts in verstümmelter Gestalt überliefert:

I.   Im Februar, die fünfzehnte Nacht,
      Lang eh' des Tages Licht erwacht,
        Beherrscht' ein Traum mich ganz.
      Himmel und Hölle nahm ich wahr.
      Mich däucht, es wollt' aus der Bösen Schaar   5
        Der Teufel sehn einen Tanz
      Von Schelmen, die nie beichten gingen;
      Die sollten Huldigung ihm bringen
        Zum Fastnachtsabend=Glanz.
      Er wünscht' verbuhlte Mummerein,   10
      Bocksprünge in die Luft hinein,
        Nach Art des Frankenlands.

— — — — — — — — —

— — — — — — — — —

II. Verbuhlte Frömmler mit stolzem Sinn
    Zogen gar manche vor ihm hin, —

Satan wollt's nicht gefallen,   15
Bis pfäff'sche Glatzköpf' traten ein,
Dann lachten die Teufel hinterdrein,
Packan und Puck vor Allen.

III. Laß sehn, sprach er, wie fängt man's an,
Der sieben Todsünden närrisch Gespann   20
    Ins Hüpfen gleich zu bringen?
Stolz tritt zunächst im Hoppser vor,
Das Haar gelockt, Mütz' auf dem Ohr,
    Als könnt' ihm nichts mißlingen.

Der Stolz, mit langem, wallenden Gewande an=
gethan, von einer Schaar von Betrügern begleitet, tritt
also hier, wie wohl in allen Beschreibungen[1]) der sieben
Todsünden, zuerst auf, denn Stolz verursachte den Sturz
der bösen Engel.

Dann kam der Zorn, mit Zank und Streit,   31
    Die Hand am Messer, stoßbereit,
        Er wackelt wie ein Bär.

Eine Schaar von Raufbolden, mit stählernen Wämsern
und Beinschienen bekleidet, trollt, sich raufend und knuffend,
hinter ihm drein. Hierauf folgt der Neid, begleitet von
Heuchlern, Schmeichlern und Lügnern, von denen leider,
fügt der Dichter mit einer nicht mißzuverstehenden An=
spielung auf die Umgebung des wenig wählerischen
schottischen Herrschers hinzu, die Höfe edler Könige nie=
mals frei sind. Nun tritt Habsucht auf, die Wurzel
alles Uebels, gefolgt von einer Schaar von Filzen und
Beutelschneidern, denen der Teufel stets glühendes Gold
in den Rachen gießt.

---

[1]) Vgl. u. a. die Beschreibungen in den Publicationen der
Early English Text Society, vol. XV, p. 215 und vol. XXV, p. 11.

Dann Faulheit kam, zweimal gerufen,
Wie eine Sau von ihrer Kufen,   67
Schlaftrunk'nen Angesichts,

von allerlei trägem Gesindel begleitet, welches von Belial
mit Geißelhieben zum schnelleren Tanzen genöthigt wird.
Hierauf tritt Unzucht auf, dünn und schlaff, umringt
von Personen gleichen Gelichters, die einen unanständigen
Tanz aufführen. Den Reigen beschließt dann Völlerei
mit einem Gefolge von dickbäuchigen Trunkenbolden, denen
der Teufel heißes Blei zu trinken gibt, um ihren nie
versiegenden Durst zu löschen.

X. Kein andrer Minstrel spielte dort, —
   Denn Musikanten blieben fort
   Von da bei Tag und Nacht, —   105
   Als einer, der einst einen Mann
   Erschlug und dessen Erbtheil dann
   Verbrieft an sich gebracht.

XI. Einen Hochlandstanz wünscht Satan drauf:
   Ein Teufel sucht schnell Macfadian[1]) auf,   110
   Weit im Nordwesten des Lands.
   Sobald er seinen Juchzer schreit,
   Kamen die Gälen von weit und breit
   Und füllten die Hölle ganz;
   Die lump'ge, schmutz'ge Schaar fing dann   115
   Wie Krähn und Raben zu kreischen an
   Auf „Ersch" bei ihrem Tanz.

---

[1]) Laing meint, Dunbar habe diesen Namen gewählt als
einen der am häßlichsten klingenden gälischen Personennamen.
Wahrscheinlicher ist doch wohl, daß der Dichter eine bestimmte
Persönlichkeit, irgend einen Hochländer von zweifelhaftem Ruf,
im Auge hatte, worauf schon der Hinweis auf den Nordwesten des
Landes, von wo er geholt wird, schließen läßt.

Satan ward taub von dem Gegell —
Schmort' ab in Rauch und Qualm sie schnell
Des tiefsten Höllenbrands. 120

Die letzte Strophe enthält, wie man sieht, eine beißende
Satire auf die gälischen Hochlandsbewohner, deren krei=
schende Sprache selbst dem Teufel zu gräßlich klingt, um
sie anhören zu können. Ein ähnlicher satirischer Zug findet
sich schon in dem angelsächsischen, in Prosa geschriebenen
Leben des heil. Guthlak, wo geschildert wird, wie dieser
ein Gespräch der Teufel belauscht, welche sich auf „Britisch"
unterhalten. Die gälische Sprache der Briten ist also
dieselbe, wie diejenige der Höllenbewohner; das ist der Sinn
dieses angelsächsischen Volkswitzes. Diese Animosität, die
erklärlicher Weise zwischen den keltischen Urbewohnern des
Landes und den angelsächsischen Eroberern herrschte, dau=
erte zu Dunbars Zeit, wo die schottischen Lowlands noch
manchmal von den Einfällen der Hochländer zu leiden
hatten, ungeschwächt fort und veranlaßte ihn, den alten
Feinden einen gelegentlichen Seitenhieb zu geben, indem
er ihre ersche, d. h. irische oder gälische Sprache, die
den angelsächsischen Südschotten unverständlich war, mit
dem Rabengekreisch vergleicht und ihnen ihren Platz im
tiefsten Höllenpfuhle anweist. Ja, noch Shakspere scheint
in seinem King Kenry IV, Part I, mit den Worten
Now I perceive the devil understands Welsh (III, 1,
233) auf diesen Volkswitz anzuspielen.

Das Gedicht zeugt von einer Kraft der Phantasie
und einer Darstellungsgabe, wie wir sie nur bei den her=
vorragendsten Dichtern zu finden gewohnt sind. Gerade
das Skizzenhafte, welches demselben eigen ist, ist einer
seiner Hauptvorzüge. In seiner dramatischen Lebendigkeit
erinnert es an die Moralitäten der beginnenden Bühnen=

dichtung, unter deren Einfluß es, wie gesagt, möglicher=
weise entstanden sein kann. Die allegorischen Gestalten
der sieben Todsünden schweben an uns vorüber mit der=
selben geisterhaften Eile, wie die Hexen in Shakspere's
Macbeth. Dunbar hatte, wie schon bei seinen großen
allegorischen Gedichten The Thrissill and the Rois und
The Goldin Targe zu beobachten war, die richtige Ein=
sicht, daß derartige Personificationen nur dann auf die
Phantasie des Lesers gehörig wirken konnten, wenn sie
mit wenigen, kräftigen Zügen geschildert wurden.

Als eine vielleicht etwas später gedichtete Fortsetzung
dieses grotesk=satirischen Gedichts ist ein anderes anzusehen,
welches bei Laing unmittelbar darauf folgt (I, 54) und
betitelt ist Das Tournier zwischen dem Schuster
und dem Schneider. Es knüpft, zumal im Maitland=
Manuscript, direct an das vorhergehende an mit den Versen:

> Nixt at a Tornament was tryit,
> That lang before in Hell was cryit,
> In presens of Mahoune.

Also auch dies Tournier wird nach der Darstellung
des Dichters in der Hölle zur Erheiterung des Teufels
abgehalten. Das im selben Versmaß, wie das frühere,
geschriebene Gedicht ist eine derbe Satire gegen den ehren=
werthen Stand der Schuster und Schneider, der von je=
her dem Spott ausgesetzt und von Dunbar bereits in
seinem Verhör des Teufels (vgl. S. 157) gehörig mit=
genommen worden war. Es ist hauptsächlich von kultur=
historischem Interesse als ein neuer Beweis von der schon
mehrfach hervorgehobenen Rohheit der Sitten jener Zeit,
da sogar der Hof Gefallen fand an den unfläthigen
Späßen, wie sie sich in diesem Gedichte finden, und ein
Dichter von Dunbars hervorragendem Talent und einem

so verfeinerten Geschmack, wie er ihn in The Thrissill and the Rois und andern Dichtungen bekundete, sich gelegentlich mit sichtlichem Behagen zu so niederer Ausdrucksweise bereit finden ließ. Uebrigens zeichnet sich das Gedicht aus durch einen echt volksthümlichen, wenn auch derben Humor, sowie durch dieselben Vorzüge dramatischer Lebendigkeit und Anschaulichkeit, wie das vorher besprochene. Dies möge aus den folgenden Anfangsstrophen, soweit wir sie in der Uebersetzung mittheilen können, ersichtlich werden:

I. Alsdann ward ein Tournier gestoßen,
　Das längst schon in der Höll' beschlossen,
　　In Satans Gegenwart:
　Ein Schuster und ein Schneiderlein,
　Eine Pricklaus und ein Humpelbein;　　　5
　　Der Platz umzäunt schon ward.
　Der Schneider ward nun aufgestellt
　Mit Speer und Schild im Kampfesfeld
　　Und Schelmen seiner Art,
　Wie Nadelhelden und Ellenreitern,　　　10
　Tuchdieben auch und Beutelschneidern,
　　Die wundersam gepaart.

II. Sein Banner trug man vor ihm her,
　Von hundert Lappen war es schwer,
　　Von Farben mancherlei.　　　15
　Und alles war gestohl'nes Gut;
　So lang das Meer hat Ebb' und Fluth,
　　Ist nie ein Schneider treu.
　Der Richter auf die Schranken winkt,
　Ach, aller Muth sofort ihm sinkt,　　　20
　　Vor Furcht wird er ganz bleich.
　Doch Satan tröstet seinen Sinn,
　Er schlägt zu seinem Ritter ihn, —
　　Die Ehr' stärkt ihn sogleich.

III. Vor Satan laut verschwur er sich,
   Den Schuster fällt' er sicherlich,
     Ob mastbaumstark er wär'.   25
   Doch da er auf die Schranken blickt,
   Des Schneiders Muth aufs Neu erschrickt,
     Sein Herz, das pocht gar sehr.   20
   Und als der Schuster kam heran,
   Ganz still und wortlos ward er dann,
     Gewaltig zittert er.
   Vor Angst das Herz so sehr ihm schwoll ꝛc. ꝛc.

Auf die Mittheilung der weiteren Kundgebung der Seelenpein des Schneiders, auch auf die Schilderung der ebenso wenig martialischen Gestalt und Aufführung seines Gegners, sowie auf den ganzen folgenden Bericht über den Verlauf des Tourniers müssen wir aus ästhetischen Rücksichten Verzicht leisten.[1] Genug, daß selbst dem Teufel, der doch keineswegs durch etwaige Wohlgerüche seines Aufenthaltsorts verwöhnt sein soll, bei der Aufführung jener beiden Ritter von der traurigen Gestalt übel zu Muthe wird, so daß er sie in den tiefsten Höllenschlund treibt, wo sie sich ihrer Rüstungen entledigen können. Der Dichter aber schüttelt sich über den ganzen Hergang derart vor Lachen, daß er dadurch aus seinem Traum erwacht, mit dem er den Tanz der sieben Todsünden, sowie dieses daran sich anschließende Tournier eingeleitet hatte, und sich nun hinsetzt, das in seiner Vision Gesehene zu Papier zu bringen.

---

[1] Pinkerton bemerkt: The flames alone can cleanse the filth of this poem. Sir Thomas More has his epigrams „De ventris crepitu“. Wen es trotzdem gelüsten sollte, in Ermangelung des Originaltextes mehr über die Einzelheiten desselben zu erfahren, der findet eine eingehendere Besprechung des Gedichts in der „Geschichte des englischen Dramas von J. L. Klein“ (1, 610), der in der Diction desselben manche seinem Stil congeniale Züge gefunden zu haben scheint.

Trotz dieser Einkleidung in eine Vision, wie sie für alle möglichen Arten von Dichtungen damals die stereotype Manier war, haben wir es, wie bereits bemerkt, sowohl für den „Tanz der sieben Todsünden", als auch für dieses Schuster- und Schneidertournier höchst wahrscheinlich mit der poetischen Beschreibung wirklicher Darstellungen und Vorgänge zu thun. Für das letztere Gedicht wird dies nahezu zur Gewißheit (und damit auch für das erstere um so wahrscheinlicher) wegen einer Notiz in den Rechnungen des Schatzkammeramts vom 24. October 1502, wo eine Summe verzeichnet ist, die verausgabt wurde für die Errichtung der Schranken, „als Schneider Christopher focht" (II, 266). Es geht daraus hervor, daß es nichts Ungewöhnliches war, solche komische Scheinturniere zur Belustigung des Hofes zu veranstalten, und so ist es denn durchaus wahrscheinlich, daß gelegentlich der zu Fastnacht des Jahres 1507 oder später aufgeführten Belustigungen ein Schuster und ein Schneider sich für Geld und gute Worte bereit finden ließen, sich in Harnische stecken zu lassen und zur Erheiterung der höchsten Herrschaften, der Ritter und Damen des Hofes, hoch zu Roß, so gut und so schlecht, wie sie es vermochten, ein Tournier zu veranstalten.

Das zur Verherrlichung dieses Ereignisses geschriebene Gedicht Dunbars scheint zu einer Beschwerde von Seiten der ehrsamen Schuster- und Schneidergilde Veranlassung gegeben zu haben. Der Dichter verfaßte in Folge dessen eine ironische „Sühne für die Schuster und Schneider" (I, 59), worin er den Spott noch ärger treibt, indem er sie nun in den Himmel erhebt und jede Strophe mit dem Refrain schließt:

Taylyeouris and Sowtaris, blist be ye.

Wir lassen das originelle Gedicht hier in der Ueber=
setzung folgen:

Sühne für die Schuster und Schneider.

I. So zwischen elf und zwölf etwa
Träumt ich, daß ich einen Engel sah,
Der flog laut rufend vom Himmelreich:
Schneider und Schuster, Heil sei euch!

II. Im Himmel ist eu'r Platz euch schon   5
Bestimmt vor aller Heil'gen Thron;
Nächst Gott kommt ihr an Ansehn gleich:
Schneider und Schuster, Heil sei euch!

III. Die Ursach' ist bekannt euch ja,
Ihr bessert das, was Gott versah,   10
Die ihr an Kunst und Klugheit reich:
Schneider und Schuster, Heil sei euch!

IV. Schuster mit guten Schuh'n und feinen
Macht schöne Füß' ihr aus gemeinen,
Drum kommt ihr sicher ins Himmelreich: 15
Schneider und Schuster, Heil sei euch!

V. 's gibt niemand in der ganzen Stadt,
Der Hühneraugen am Fuße hat,
Frostbeulen, krumme Zeh'n, daß gleich
Ihr es nicht bessert, — Heil sei euch!   20

VI. Und ihr auch, Schneider, mit Kleidern schön
Macht grade, den man krumm gesehn,
Daß Keinem an Gestalt er weich':
Schneider und Schuster, Heil sei euch!

VII. Macht Gott auch eine Mißgestalt,   25
So formt ihr ihn aufs Neu' alsbald
Und macht ihn dreimal besser gleich:
Schneider und Schuster, Heil sei euch!

VIII. Hat einer einen krummen Rücken,
Mög' er nur gleich zum Schneider schicken,   30

Der seine Kunst an ihm bezeig':
Schneider und Schuster, Heil sei euch!

IX. Gott schuldet euch gar vielen Dank,
Denn Krumm' und Lahme macht ihr schlank.
Ihr bessert jeden Fehler gleich: 35
Schneider und Schuster, Heil sei euch!

X. Da Wunder ihr so wirkt auf Erden,
Müßt ihr im Himmel Heil'ge werden,
Obwohl ihr Schelme in diesem Reich:
Schneider und Schuster, Heil sei euch!   40

Als ein komisches Tournier ähnlicher Art, wie dasjenige zwischen dem Schuster und Schneider, ist das früher
S. 64—67 und 76—83 bereits besprochene, zur Uebersetzung
nicht geeignete Streitgedicht zwischen Dunbar und
Kennedy anzusehen. Nur wird hier mit den Waffen des
Geistes, des Witzes und der Satire gekämpft, wenn auch diese
Waffen selber und die Kampfesweise mit der Schilderung
der in jenem wirklichen Tournier angewandten an Un-
geschlachtheit und Derbheit entschiedene Verwandtschaft
haben. Daß trotzdem dieser aus den übertriebensten Grob-
heiten und den unfläthigsten Scheltreden bestehende, jedoch
in wohlgeformten, kunstvollen Strophen durchgeführte
Wettkampf der beiden Dichter im Schimpfen nicht nur
zum Amusement der zwei Hauptbetheiligten, sondern auch
zur Belustigung des Hofes bestimmt war, bedarf wohl
nach den bisherigen Ausführungen keiner weiteren Be-
gründung. Zum Ueberfluß möge daran erinnert werden,
daß König Jakobs IV. Sohn, der poetisch beanlagte
Jakob V., durch jenes Gedicht, welches zu den ersten gehörte, die im Jahre 1508 in Schottland gedruckt wurden,
zu einem ähnlichen Zankduett mit seinem Hofdichter Sir

David Lyndesay angeregt wurde. Auch andere Streit=
gedichte, wie dasjenige zwischen Montgomery und Hume
oder vielleicht auch dasjenige zwischen Skelton und Gar=
nesche, sind wohl auf die Popularität und Nachwirkung
jenes Vorbildes zurückzuführen.

Von Unterhaltungen etwas edlerer Art, die am Hofe
König Jakobs IV. und seiner Gemahlin stattfanden,
nämlich von dramatischen Aufführungen, gibt uns eine
andere Dichtung einen allerdings nur oberflächlichen Be=
griff, welche von Laing unter den Dunbar zugeschriebenen
Gedichten mitgetheilt worden ist (II, 37) und den Titel
führt Des Zwerges Rolle im Stück; ein Zwischen=
spiel (The Droichis Part of the Play, An Interlude.)

Von Sibbald und Anderen ist dieser interessante,
vermuthlich früheste Ueberrest altschottischer dramatischer
Dichtkunst dem Dichter Sir David Lyndesay zugeschrieben
worden, von dem bekanntlich eine umfangreiche dramatische
Composition erhalten ist. Da dies Gedicht aber in dem
Asloane=Manuscript überliefert ist, welches wenigstens
14 Jahre früher geschrieben wurde, als die ersten Dich=
tungen Lyndesays entstanden sind, so kann es nicht von
ihm herrühren. Der Schluß, welchem der Name des
Verfassers angefügt gewesen sein könnte, fehlt leider in dieser
Handschrift, und in dem Bannatyne=Manuscript ist es
anonym, gleichfalls mit einigen Lücken, überliefert.

Aus localen Anspielungen und Beziehungen in dem
Gedichte selber geht hervor, daß es in Edinburg beim
Hochkreuz, vermuthlich als Theil eines Festspiels, dar=
gestellt worden ist. Laing schreibt das Gedicht Dunbar
zu, und es ist in der That sehr wahrscheinlich, daß er
der Autor gewesen sei, zumal da wir von ihm selber

das Zeugniß haben, daß er sangis, balattis and playis
(I, 253) geschrieben habe.

Das Metrum und die Strophenart ist zunächst die
nämliche, wie in den beiden vorher betrachteten Tournier=
gedichten und in anderen Dunbar'schen Dichtungen ähnlichen
Charakters. Ferner trägt namentlich auch der poetische
Stil ein entschieden Dunbar'sches Gepräge. Außerdem
kommt ein anderer, von Laing übersehener Umstand hinzu,
der Dunbars Autorschaft noch wahrscheinlicher macht. In
Kennedys Antheil an dem Flyting wird Dunbar ver=
schiedentlich mit Schimpfwörtern angeredet, welche auf
die kleine Statur des Dichters Bezug haben. Jener nennt
ihn mandrag, mymmerkin (29), ignorant elf (36),
duerch (396), und auch der Dichter selber scheint
in dem Gedicht Of deming auf seine eigene kleine Ge=
stalt anzuspielen (I, 182).

In dem oben erwähnten Gedicht nun, betitelt „Des
Zwerges Rolle im Stück; Ein Zwischenspiel", tritt der
Genius des Reichthums, wie Plutus im zweiten Theil
von Goethe's „Faust", aber freilich in ganz anderer Dar=
stellung, nämlich in Gestalt eines drolligen Zwerges auf,
und Dunbar besaß also jedenfalls die erforderliche kleine
Gestalt für die Rolle, wenn der Dichter sie, was wahr=
scheinlich ist, selber recitirt hat. Wäre das nicht von
vornherein bei der Abfassung des „Interlude" von ihm
beabsichtigt gewesen, so würde er schwerlich den Gegen=
satz der Kleinheit des Darstellenden zu dem Prahlen mit
seiner reckenhaften Gestalt und derjenigen seiner Ahnen
zu einem so wesentlichen Theil der Dichtung gemacht
haben, wie hier geschehen ist. Gerade die hierin zu Tage
tretende Selbstironie ist aber wieder ein charakteristischer
Zug in Dunbars ganzem Wesen.

Wir können uns nicht enthalten, den Gedankengang
des Gedichts in den wesentlichsten Zügen und einige
Proben daraus in der Ueberſetzung mitzutheilen.

Es beginnt ſehr lebendig mit folgenden Strophen,
bei denen man die phantaſtiſche Zwergengeſtalt förmlich
auf dem Schaugerüſte hervorſpringen ſieht:

I. Heißa, heißa, hoppſaßa!
   Seht nur, wer gekommen da,
   Weiß doch nicht, wie es geſchah, —
     Durch den Wirbelwind?
   Ein Ritter aus des Sultans Land,   5
   Ein Rieſe ſtark im Widerſtand,
   Der ich mit meiner kräft'gen Hand
     Wohl einen Bären bind'.

II. Doch da ich mich verändern kann,
   Seht mich jetzt für Blind Harry[1]) an,   10
   Der war im Feenland lang und ſann,
     Ob Wunderding' er find';
   Und falls ich etwa dies nicht ſei,
   Weiß ich, bin ich der Geiſt des Guy;
   Wenn nicht, ſo flieg' ich, eins zwei drei,   15
     Gen Himmel, wie der Wind.

III. Gott ſchütz' in ſeiner höchſten Gnad',
   Was ſich allhier verſammelt hat,

---

[1]) Der S. 20 erwähnte Dichter Blind Harry hatte noch von
König Jakob IV. verſchiedene Geſchenke erhalten. Zum letzten
Mal wird eines ſolchen im Monat Januar des Jahres 1492 in
den Regiſtern des Schatzkammeramts Erwähnung gethan, welche
vom Auguſt 1492 bis Januar 1494 fehlen. Irving vermuthet,
daß Blind Harry vielleicht während dieſer Zeit geſtorben ſei. Blind
Harry wird hier offenbar erwähnt als eine populäre Perſönlichkeit;
oder ſollte er zu dem Gedicht noch in näherer Beziehung ſtehen?
Der Schluß der Dichtung paßt allerdings ganz für einen Minſtrel.

> In dieser ehrenwerthen Stadt,
>> Voll Ansehn und voll Ruhm;   20
> Den Provost, städt'sche Officier,
> Die ehrenwerthen Bürger hier,
> Hausväter, Kaufleut', für und für,
>> Das ganze Bürgerthum.

> IV. Bin ich gekommen nicht zur Stell',   25
> Ein kühner, stürmischer Gesell,
> Daß ich am Hochkreuz laut und hell
>> Euch meine Rede halt'?
> Ich stamme von den Riesen ab,
> Den Herkules zum Vater hab',   30
> Den Westen Indiens lenkt' ihr Stab,
>> Dort hatten sie Gewalt.

So gibt der renommistische Kleine noch weiter seine ganze Genealogie zum Besten. Als seinen Urgroßvater nennt er den Fyn Mackowle, der seinen Großvater Gog Magog erzeugte, von dem er Folgendes berichtet:

> VI. Als Kind war er nur zart und klein,
> Doch sollt' er bald viel größer sein,
> Elf Meilen breit war sein Mund allein,
>> Die Zähn' zehn Meilen gar.
> Wenn er auf seinen Zehen stand,   45
> Faßt er die Sterne mit seiner Hand,
> Und setzt' sie auf ein goldnes Band
>> Für seines Weibes Haar.

Dieses Weib, die Großmutter des Helden, wird dann geschildert als eine Riesin von ähnlichen Dimensionen, aber durchaus nicht von so verfeinerter Lebensart, wie ihr Gemahl, weshalb wir auf die Mittheilung ihres Porträts verzichten.

XI. Mein Vater ward Gow Mackmorne, doch bloß,
　　Indem man aus jenes Weibes Schoß
　　Ihn ausschnitt, da sie nicht so groß,
　　　　Zur Welt zu bringen ihn.
　　Kaum war drei Jahre alt er dann,　　　　　　85
　　Da schritt er über den Ocean,
　　Der Mond stieg ihm ans Knie hinan,
　　　　Der Himmel fürchtet' ihn.

XII. Jetzt sind herum wohl tausend Jahr,
　　Seitdem von ihm erzeugt ich war,　　　　　　90
　　Und das in Indiens Wüsten zwar,
　　　　Wo Löwe war und Bär.
　　Der König Arthur und Herr Gawain
　　Und mancher britt'sche Ritter fein,
　　Die müssen längst erschlagen sein,　　　　　　95
　　　　Seit ich schwang meinen Speer.

Nun erzählt er weiter von seinen Erlebnissen im
Reich des Sultans, in Frankreich, in der Lombardei,
Dänemark, Schweden, Norwegen, den Niederlanden, Irland, wo er es überall nicht habe aushalten können, in
Irland nicht, weil ihm die ersche Sprache so sehr zu-
wider sei.[1] In Folge seiner in den verschiedenen Ländern
ausgeführten Heldenthaten, sowie auch seines Alters und
der erlittenen Strapazen sei er nun, wie sie sehen könnten,
ein wenig zusammengeschrumpft. Lange sei er zum
Aequator verbannt gewesen, so daß keiner ihn habe
finden können, und erst mit dem letzten Südwind sei er
hier angelangt. Dann fährt er fort:

XVI. Mein Nam' ist Reichthum, drum seid froh,
　　Denn euch zum Trost kam ich also,

---

[1] Ein Anklang an früher (S. 200) erwähnte Spöttereien
Dunbars, sowie die Erwähnung der fremden Länder durch seine
eigenen weiten Reisen veranlaßt worden sein könnte.

Gibt's Arm' und Bettler irgendwo:
    Das Elend scheuch' ich fort.
Ich kam ja her, das sag' ich gleich,   125
Zu wohnen stets hier unter euch,
Nie von St. Giles-Kirch' ich entweich',
    Und nie von diesem Ort.

XVII. Nach Schottland kam ich her fürwahr,
Bei euch zu bleiben immerdar, ·   130
  In Edinburg, wo stets noch war
    Lust, Kurzweil, Spiel und Tanz;
Von allen Städten, weit und breit,
Die Leuchte in der Christenheit,
An Wohlstand und an Ehrbarkeit,   135
    An Ruhm und reichem Glanz.

XVIII. Da ich, der Reichthum, kommen bin,
Könnt, edle Kaufherrn, fürderhin
  Ihr aus mit Pfeil und Bogen ziehn
    In lustig grüner Tracht.   140
Folgt Robin Hood auf seiner Spur,
Mit muth'gem Sinn durch Wald und Flur, —
Kommt um manch armer Teufel nur,
    Denkt, daß das euch nichts macht.

XIX. Denn ich und meine Brüder dort,   145
Wohlstand und Lustigkeit und Sport,
Wir bleiben immer hier am Ort,
    Verjagen allen Schmerz.
Wir werden furchtlos uns bemühn,
Daß Noth und Kummer fort muß ziehn,   150
Drum pflegt nur Kurzweil, heitren Sinn,
    Und hoch schlag' euch das Herz. —

XX. Da ich von großer Qualität,
Vom Stamm der Riesen, wie ihr seht,

Sagt, wo ein Weib wohl geht und steht,   155
   Das grad so groß und schwer. *
Ich fürchte, daß die ganze Stadt
   Für mich nicht eine einz'ge hat;
Wer weiß, ob mich nicht eine satt
   Nach einer Nacht schon wär'.   160

XXI. Da ich bei euch nun bleibe hier,
   So sucht in Fife und Lothian ihr
Ein Weib von richt'ger Größe mir,
   Eine derbe, tücht'ge aus.[1])

— — — — — — — —   165

XXII. Doch jetzt lebt wohl; ich geh nun fort,
   Doch nicht für lange, auf mein Wort.
Gott nehm' in seinen Schutz euch bort,
   Weib, Mägdelein und Mann.
Gesegn' Euch Gott und Christi Blut;   170
   Gebt einen Trunk mir, wenn er gut;
Wer glaubt, daß mir's recht nöthig thut,
   Reich' mir zuerst die Kann'.

Für die Entstehungszeit dieses Interlude sind weder in der Dichtung selber, noch auch anderswo irgend welche Anhaltspunkte zu finden. Die in den letzten Strophen enthaltene Satire gegen die Edinburger Kaufleute erinnert an das früher besprochene Rügegedicht Dunbars gegen diese und bietet noch eine weitere Stütze für die Annahme seiner Autorschaft, die überhaupt kaum in Zweifel zu ziehen sein dürfte. Bei dem Einzuge der jungen Königin fand die Aufführung eines Moral-Play statt. Vielleicht könnte unser Interlude ein Bestandtheil desselben gewesen sein. Dr. David Irving sagt in seiner History of

---

[1]) Die zweite Hälfte dieser Strophe fehlt im Bannatyne-Manuscript bis auf den ersten, für sich nicht verständlichen Vers.

Scotish Poetry, p. 370: At the celebration of the nuptials of James the Fourth, a company of English actors regaled the court with a dramatic entertainment. Die Notiz von John Younge, welche Irving in dem folgenden Satz aus Leland, De Rebus Britannicis Collectanea, vol. IV. p. 300 als Quelle für jene Behauptung citirt, lautet aber: After dynnar a moralite was played by the said Master Inglishe and his companyons, in the presence of the kyng and qwene; and then daunces were daunced. Hier ist also nicht von englischen Schauspielern, sondern von einem Master Inglishe und seinen Genossen die Rede, was Irving mißverstanden zu haben scheint. Master Inglishe ist unzweifelhaft ein und dieselbe Person mit Sir James Inglis, der, wie aus Laings sorgfältigen Noten hervorgeht (II, 392—394), in den Listen des Schatzkammeramts öfters als Clerk of the Kingis closet oder auch als Maister of Werk, d. h. Oberaufseher der königlichen Bauten erwähnt wird und zugleich, wie aus mehreren Notizen von Ausgaben „to be (buy) him and his collegis playcotis etc." ersichtlich ist, die Aufgabe hatte, die Inscenirung dramatischer Aufführungen für den Hof zu veranstalten. Er war also, wie es scheint, der schottische Inigo Jones, während William Dunbar gelegentlich als sein Ben Jonson thätig gewesen sein mag. Daß Dunbar zahlreiche Stücke dieser Art geschrieben habe, ist übrigens nicht anzunehmen, weil sich dann doch noch wohl einige weitere Proben davon erhalten haben würden.

Seine Begabung und Neigung war während der eigentlichen Glanz- und Blüthezeit seiner dichterischen Thätigkeit, wie auch aus diesem wenig umfangreichen,

monolog= oder prologartigen Interlude hervorgeht, ent=
schieden dem dankbaren Gebiet des kurzen humoristisch=
satirischen Gedichtes, wie wir deren in diesem und in
dem vorhergehenden Abschnitt mehrere kennen gelernt
haben, oder des auf einzelne Personen bezüglichen Pas=
quills zugewandt.

III.

Humoristisch-satirische Spottgedichte auf einzelne Personen.

Zu Dichtungen dieser Art bot ihm das Leben bei
Hofe mit seinem Klatsch und seinen Intriguen Stoff in
Menge dar, und gewiß hat Dunbar außer den sechs bis
sieben uns erhalten gebliebenen noch manche andere solcher
Spottgedichte verfaßt, deren Verlust sehr zu bedauern ist.
Denn diejenigen, welche Dank der Einsicht und Sorgfalt
eines Bannatyne und Maitland auf uns gekommen sind,
gehören zum Theil, ganz abgesehen von ihrem großen
culturhistorischen Interesse, mit zu den witzigsten und
originellsten Erzeugnissen der Dunbar'schen Muse.

Am passendsten sind unter diesen zunächst zwei Ge=
dichte zu erwähnen, welche auf eine uns schon durch die
Tanzunterhaltung im Gemach der Königin (vgl. S. 194)
bekannt gewordene Persönlichkeit Bezug haben, nämlich:
Auf den Garderobier der Königin. Beide Ge=
dichte sind aber nicht an diesen, sondern an die Königin
selber gerichtet.

In dem ersten (I, 110) beklagt Dunbar sich bei ihr über
diesen Hofbeamten, der, wie wir schon früher erfahren
haben, den wenig wohlklingenden Namen James Doig
(wie Dog gesprochen, also = Jakob Hund) führte, ein
Umstand, den der Dichter in echter Pasquillanten=Manier
benutzt, jede Strophe seines Gedichts mit dem Refrain:

Madam, ye heff a dangerous Dog!

zu schließen.

James Doig, der schon 1489 als einer der könig=
lichen Diener in den Registern des Schaßkammeramts
erwähnt wird, wurde bei des Königs Vermählung dem
besonderen Hofstaate der Königin zugewiesen, der er viele
Jahre treu und ergeben diente. Von seinen Ersparnissen
kaufte er sich am 12. Mai 1500 einen ländlichen Besiß
in Perthshire, und am 4. August 1523 wurde ihm, dem
„lovit servitour James Doig", von König Jakob V.
noch eine besondere Schenkung zu Theil. James Doig,
der die Oberaufsicht über die Garderobe der Königin,
ihres Hofstaats und ihrer Dienerschaft hatte, war also
vermuthlich eine treue, ehrliche Haut, ein ordnungsliebender,
exacter Hofbediensteter, der dem Ansinnen des leichtlebigen
Poeten betreffs Ueberlassung eines neuen Gewandes aus
dem Vorrath der Livreen der Königin, troß der Berufung
desselben auf ihre mündliche oder schriftliche Anweisung,
nicht immer allzu bereitwillig und vertrauensvoll ent=
gegenkommen mochte.

Dieser Mangel an Vertrauen und Willfährigkeit
von Seiten des Obergarderobiers ist es denn auch, wo=
rüber Dunbar sich bei einem bestimmten Anlaß, als ihm
nämlich außer dem zu Neujahr stets bewilligten Ge=
schenke an Kleidungsstücken noch ausnahmsweise von
der Königin ein Gewand versprochen worden war, was
jener ihm auszufolgen sich geweigert hatte, in dem kleinen
Gedicht beklagt, indem er bei der Schilderung des Be=
nehmens von James Doig, wie in dem bereits citirten
Refrain, so auch in gewissen Ausdrücken, stets dessen Hunds=
natur hervorhebt. Wenn er ihm das Siegel der Königin
zeigt, so knurrt James Doig ihn an wie einen Eber;

hält er ihm ihre Unterschrift hin, so bellt er, daß der
Dichter fürchtet, von ihm gebissen zu werden; er wünscht
daher, daß diesem gefährlichen Hunde ein Klotz angehängt
werden möge; selbst wenn er ihn freundlich anrede, so
belle er wie der Hund auf dem Düngerhaufen, der das
Vieh durch den Morast jagt 2c. Statt weiterer Hinweise theilen wir besser das originelle Gedicht selber in
der Uebersetzung mit.

Auf James Doig, Aufseher der Garderobe der Königin.

An die Königin.

I. Der Gard'robier in Venus' Haus
   Zeigt sich so geizig mit 'nem Flaus,
   Als wär's ein Rock von Seide bunt;
   Madam, Ihr habt 'nen bösen Hund.

II. Zeig' ich ihm Euer Siegel bloß,   5
    Springt mit Gebell er auf mich los,
    Als jagt ein Schwein er in der Rund;
    Madam, Ihr habt 'nen bösen Hund.

III. Wenn Eure Handschrift ich erdreist mich
     Zu zeigen ihm, fürcht' ich, er beißt mich;   10
     Ich wollt', er trüg einen Klotz zur Stund;
     Madam, Ihr habt 'nen bösen Hund.

IV. Und wenn man mit ihm freundlich ist,
    Bellt wie ein Hund er auf dem Mist,
    Der's Vieh jagt durch den sumpf'gen Grund;   15
    Madam, Ihr habt 'nen bösen Hund.

V. Er ist ein Bulldogg, der mit Macht
   Wohl Euren Kleiderschrank bewacht
   Vor Gog-Magog zu nächt'ger Stund';
   Madam, Ihr habt 'nen bösen Hund.   20

VI. Zum Schooßhund ist er viel zu patzig;
Einen kleinern stell' an seinen Platz ich,
Von dem nicht dröhnt des Zimmers Rund,
Madam, Ihr habt 'nen bösen Hund.

Der Witz mit dem Namen war an sich freilich nicht
übermäßig geistreich, aber in der Durchführung unter
billiger Berücksichtigung der damals selbst bei Hofe zu=
lässigen, derben Ausdrucksweise geschickt genug variirt.
Wie es scheint, hat das Gedicht auch seine Wirkung nicht
verfehlt. Der übereifrige Cerberus der Garderobe bekam
vermuthlich einen ernsten Verweis, und der Dichter über=
sandte sehr bald nachher, vielleicht auf Bitten des in
seiner Ehre gekränkten Hofbeamten, der Königin eine zweite
Epistel in Betreff des biederen James Doig, als
er ihm gefällig gewesen war, (quhen he had
pleisit him, I, 111). Diese fiel so aus, daß sich Pinkerton,
der erste Herausgeber dieser Gedichte, mit gutem Grund
zu der Frage veranlaßt sieht, was für den Betreffenden
schlimmer gewesen sein möge, dem Dichter zu gefallen
oder ihm zu mißfallen.

Dieser stellt nämlich in den drei ersten Strophen
des Gedichts zunächst die guten Eigenschaften des alten
Dieners, dessen Freund er sich jetzt nennt, ins hellste
Licht und zwar im Ganzen in ernstem Tone, nur daß
jeder Vers mit dem satirischen Refrain schließt:

He is na Dog; he is a Lam.

Dann aber geht seine übermüthige Laune wieder
mit ihm durch.

Der gute Hofbeamte muß wohl in seinem eigenen
Hause nicht mit derselben absoluten Autorität geherrscht
haben, die er über die Verwendung der königlichen
Garderobe in der Regel behauptete, und diesen Umstand

läßt sich der Dichter nicht entgehen, um die dem James Doig trotz seines Namens im Grunde doch eigenthümliche Lammsnatur recht deutlich, wenn auch wenig rücksichts= voll, zu veranschaulichen.

Auf den erwähnten James.
Als er ihm gefällig gewesen war.

I. O edle Fürstin, schön und gut,
James Dog, bitt' ich, nur Gutes thut,
Der mir als Freund und Bruder kam:
    Er ist kein Hund; er ist ein Lamm.

II. Macht' ein Gedicht ich auch auf ihn,   5
Geschah's doch nicht in bösem Sinn;
Nur zum Vergnügen Euch, Madam:
    Er ist kein Hund; er ist ein Lamm.

III. Eure Hoheit könnt' keinen Bess'ren finden
Zum Hüter Eurer Kleiderspinden;   10
Er schützt und putzt sie wundersam:
    Er ist kein Hund; er ist ein Lamm.

IV. In einer Pfütz' ersauf' sein Weib,
Das mit der Zang' ihm ging zu Leib',
Daß er 'nen Beinbruch fast bekam: 15
    Er ist kein Hund; er ist ein Lamm.

V. Das Weib wollt' ihn mit Hörnern schmücken,
Drum gerbe man ihr Seit' und Rücken
Mit einem schlanken Weidenstamm:
    Er ist kein Hund; er ist ein Lamm.   20

VI. So willig jetzt erwies er sich
In jeder Weis', drum bitte ich,
Nichts mache ihm mehr Schmerz und Gram:
    Er ist kein Hund; er ist ein Lamm.

Zu dieser Gruppe von Gedichten gehört ferner das= jenige, welches den Titel trägt Of Sir Thomas

Norray (I, 125) und mit den beiden vorherbetrachteten insofern noch eine gewisse nähere Verwandtschaft hat, als der Dichter sich hier wieder über eine untergeordnete Persönlichkeit des Hofes lustig macht.

Aus den Rechnungen des Schatzmeisteramtes, dieser unschätzbaren Quelle für biographische Aufschlüsse, geht nämlich wiederum mit Sicherheit hervor, daß der Held dieses satirischen Gedichts einer der zahlreichen Hofnarren des Königs war.[1])

Der eigentliche Name indeß, mit dem er in jenen Registern und zwar von dem Jahre 1503 bis 1512 (II. 308) aufgeführt wurde, war Thomas Nornee oder Norny. Meistens scheint er im Scherz mit „Sir" angeredet worden zu sein, vielleicht weil er wirklich einzelne Proben ritterlicher Tapferkeit abgelegt haben mochte, hauptsächlich aber wohl wegen seiner Renommisterei und eines gewissen imponirenden Aussehens, welches er sich zu geben suchte. Mit jener Bezeichnung findet sich sein Name sogar bisweilen in den Rechnungsbüchern vor; so wurde am 5. August 1512 dem Sir Thomas Norny ein Paar Schuhe zum Preise von 16 d. verabfolgt.

Die Veranlassung zu dem Dunbar'schen Gedicht auf ihn scheint die gewesen zu sein, daß der gleichzeitige Dichter Quhentyne, der von Dunbar in seinem „Klaggedicht auf die verstorbenen Dichter" genannt wird, dessen auch Gawain Douglas in seinem „Palast der Ehre" und Sir David Lyndesay gelegentlich einer Aufzählung verstorbener schottischer Dichter Erwähnung thun, (Laing, II. 422), den Hofnarren Thomas Norny, diesen Vorläufer eines Ralph Roister

---

[1]) Für die Namen anderer Narren vgl. Laing, II, p. 310.

Doister und Sir John Falstaff, mit einem satirischen
Gedicht oder irgend einem bissigen Ausspruch angegriffen
hatte, worauf die zwei vorletzten Strophen des Gedichts
Bezug nehmen, in welchen Dunbar die Schmähungen
Quhentynes für seinen Klienten zurückweist. Die Art
und Weise indeß, wie er für ihn eintritt, ist wieder ganz
seiner in der „Sühne für die Schuster und Schneider"
(vgl. S. 205) und in dem Lobgedicht auf James Doig
befolgten Methode entsprechend. Er spendet nämlich
seinem Helden mit diesem, im echten Balladenton und
Metrum (vgl. Chaucers Sir Thopas) geschriebenen Ge=
dicht das übertriebenste Lob, wobei die Satire sogleich
im ersten Verse stark genug durchblitzt, wenn er ihm
einen großen Khan zum Vater und die Feenkönigin zur
Mutter giebt. Er preist dann seine ruhmvollen Thaten,
die er in Roß und Murrayland, wohin er vielleicht
einmal dem König als dessen beständiger Begleiter ge=
folgt war, vollbracht habe, obwohl niemand von diesen
Heldenthaten, fügt der Dichter schalkhaft hinzu, etwas
weiß. Er rühmt von ihm, wie er bei Festlichkeiten und
Hochzeiten im Hochland stets den Preis und den Kranz
gewann; wie keiner so wie er in der Halle zu tanzen
verstand. Bei wohl hundert Raufereien war er betheiligt
gewesen, aber nie hat er zu unterst gelegen; er selbst
weiß, ob dies gelogen ist. Jetzt werden die verschiedenen
populären Volkshelden aufgezählt, ein Robin=under=Beuche,
jedenfalls gleichbedeutend mit Robin Hood, ferner Allan
Bell, vermuthlich ein und dieselbe Person mit Adam Bell,
dem bekannten Genossen von Clym of the Cleughe, und
einige andere, jetzt unbekannte Volksheroen, die es ihm
an Heldenthum nicht gleich zu thun vermocht hätten; ja,
der berühmte Ritter Sir Bevis von South=Hamptoun

hätte sich nicht entfernt mit ihm vergleichen können. Darum war denn auch Ouhentyne ein Dummkopf, der ihm verschiedentlich wenig schmeichelhafte Epitheta beilegte und ihn zum Diener des Hofnarren Currie begradiren wollte, der zweimal schon einen Sattel beschmutzt habe, was dem Th. Norray nie passierte.

IX. Zu Weihnacht, wie zur Osterzeit
　　Der Fürst der Narren weit und breit　　　50
　　　Heißt er in allen Fällen;
　　Sonst würde Unrecht ihm gethan,
　　Denn zum berühmten Rittersmann
　　　Fehlt nichts ihm, als — die Schellen.

Da des Hofnarren Currie, welcher im Mai 1506 starb, in dem Gedicht als eines Lebenden Erwähnung gethan wird, so muß das Gedicht vor diesem Zeitpunkt abgefaßt sein, vermuthlich also zwischen 1503, in welchem Jahr Thomas Nornee zuerst in den Rechnungsbüchern genannt wird, und 1506, dem Todesjahr Curries.

Wenige Jahre später gab eine dem Hofstaate der Königin angehörige afrikanische Repräsentantin des schönen Geschlechts dem Dichter Anlaß zu einem übermüthigen Spottgedicht, betitelt Auf eine Mohrin (Of ane Blakmoir I, 123), worin er die allerdings wohl nicht sehr verlockenden Reize dieser Schönheit mit derbem Humor schildert. Indeß scheint es uns, daß nicht ausschließlich ihre wie Seife glänzende, schwarze Haut, die ihn an eine Theertonne erinnert und die charakteristischen Eigenschaften ihrer Gesichtsbildung, wie z. B. ihre aufgestülpte Nase und ihre im Refrain jeder Strophe hervorgehobenen dicken Lippen es waren, welche die Spottlust des Dichters herausforderten, sondern namentlich das lächerliche Aufheben, welches bei Hofe von derartigen, als Raritäten gehätschelten

afrikanischen Schönen gemacht wurde. Dies wird uns
zur Gewißheit durch die zwei letzten Strophen des Ge=
dichts, welche unzweifelhaft auf eine der beiden Negerin=
nen zu beziehen sind, welche, wie Laing angiebt, im
Jahre 1504 nach Schottland gebracht, bei Hofe erzogen
wurden und in der Taufe die Namen Ellen und Margaret
erhielten. Zu Ehren der einen derselben, gewöhnlich
Ellen More oder Black Ellen genannt, wurde im Juni
1507 ein glänzendes Tournier veranstaltet. Auf dies
Ereigniß, welches seiner Absurdität wegen Dunbars
Spottlust reizte, wurde unzweifelhaft, kurz bevor es statt=
fand, unser Gedicht von ihm verfaßt.

Es heißt in der vorletzten Strophe: Wer um ihrent=
willen mit Speer und Schild als Sieger vom Kampf=
platz kommt, soll sie küssen und ihr künftig seine
Liebe weih'n,

      „Der Dame mit den dicken Lippen."

Wer sich aber bei dem Tournier mit Schmach be=
deckt und seinem ritterlichen Namen Unehre macht, sagt
der Dichter in der Schlußstrophe, der soll sie ebenfalls
küssen, nur freilich nicht ihre Lippen, sondern in ähnlicher
Weise (Dunbar drückt sich weniger umschreibend aus),
wie in Chaucers Geschichte des Müllers der Küster
Absalom das süße Elschen, des braven Zimmermanns
Weib, geküßt hat.

Wenn irgend wo, so liegt hier die Satire klar zu
Tage. Es ist wahr, daß die Herausgeber noch an eine
andere Mohrin, die im Jahre 1506 mit einem ge=
kaperten portugiesischen Schiffe nach Schottland gekommen
war, denken, und es ist wohl möglich, daß ihre Person
dem Dichter als Modell vorgeschwebt habe, zumal da er
Bezug nimmt auf eine Negerin,

That landit furth of the last schippis.

Daß aber das im Juni 1507 zu Ehren von Black Ellen veranstaltete Tournier ihm den Anlaß zu seiner Satire gab, ist wegen der Bezugnahme der beiden letzten Strophen auf dasselbe ganz unzweifelhaft. Jedenfalls war der Spott viel mehr gegen die Abgeschmacktheit der Hofleute, welche sich zu einem solchen Tournier bereit finden ließen, als gegen die gewiß sehr passive Heldin dieses ritterlichen Spieles selber gerichtet.

Ernsterer Art ist eine andere gegen eine bestimmte Persönlichkeit gerichtete Satire, welche den Titel trägt „Gegen Verätherei. Eine Grabschrift für Donald Owre" (I, 135).

Unzweifelhaft wurde diese Grabschrift zu Lebzeiten des Donald Owre d. h. des schwarzen Donald (nach Laing, II, 315) gedichtet, wahrscheinlich um die Zeit, als dieser, ein unehelicher Sohn von Angus, der wieder ein natürlicher Sohn des John, Lord of the Isles war, sich diesen Titel angemaßt hatte und im Jahre 1503 nebst seinem Mitschuldigen geächtet worden war, worauf dann die westlichen Inseln Schottlands der Krone zu= fielen. Der Dichter scheint mit diesen Versen den König vor unzeitmäßiger Milde gegen den Verräther, welcher Verwandte bei Hofe hatte, warnen zu wollen. Das Gedicht ist wieder sehr interessant wegen der Kraft und Prägnanz des Ausdrucks, die überall da, wo wahrer Unwille und ernste Entrüstung ihm die Feder führt, am stärksten hervortritt und alsdann in der Regel, wie auch hier, durch ein originelles Versmaß aufs wirksamste unterstützt wird. Wir theilen zum Belege hierfür die erste Strophe in der Uebersetzung mit:

I. Der ist von ärgster Schuld befleckt,
   Der in Verräthereien steckt;
   Wird der Niedertracht
   Auch Verzeihung gebracht,
   Bleibt er doch mit Verdacht   5
   Und Schmach stets bedeckt.

Der Dichter weist dann in den kräftigsten Ausdrücken
auf das Gehässige und Verabscheuungswürdige des Ver-
raths hin und hebt hervor, daß die Hinterlist gewöhnlich
dem Verräther selbst zum Verderben gereiche, wie man
es eben jetzt auf den Inseln erlebt habe an jenem Donald Owre mit seinem Galgengelichter. Die Falschheit
komme mit Gottes Hülfe zwar stets an den Tag; doch
einem Verräther bei seiner falschen Fuchsnatur Gnade
zu gewähren, sei Thorheit, da ein solcher sein wahres
Wesen doch nicht verläugnen könne. „Der Mörder mordet,
bis er selbst erschlagen wird, und der Fuchs läuft, so
lange ihn seine Beine tragen.“ —

Während der Dichter so einem Feinde seines königlichen Herrn, einem Hochverräther, ein Epitaphium verfaßte, welches demselben verhängnißvoll werden konnte,
schrieb er, wahrscheinlich ungefähr zur selben Zeit, im
Namen einer anderen, harmloseren Persönlichkeit dessen
letztwillige Verfügungen. Es ist dies Das Testament
des Mr. Andro Kennedy (I, 137), ein Gedicht,
welches in mehr als einer Hinsicht von hervorragendem
Interesse ist und jedenfalls zu den originellsten Dichtungen gehört, die wir von Dunbar besitzen.

Was zunächst die poetische Form betrifft, so besteht
es aus achtzeiligen Strophen, in denen gewöhnlich viertaktige englische und lateinische Verse (welche letzteren
also nicht nach den Regeln der Quantität, sondern
accentuirend, nach Art der mittelalterlichen kirchlichen

Hymnen gebaut sind) mit einander abwechseln oder in
denen bisweilen auch lateinische und englische Wörter
und Wendungen zu Verszeilen verbunden sind.

Die lateinischen Ausdrücke und Wendungen, deren
der Dichter sich im Namen seines Erblassers bedient,
zeichnen sich aber keineswegs durch Correctheit und Classi-
cität aus, sondern sind vielmehr als vortreffliche Nachahmungen derjenigen Ausdrucksweise anzusehen, welche
unter dem Namen „Küchenlatein“ bekannt ist. Gedichte
dieser Art, gewöhnlich — obwohl der Ausdruck streng-
genommen nicht zutreffend ist — macaronische Gedichte
genannt, waren, wenn auch Spuren dieser Ausdrucksweise
bereits in der angelsächsischen Poesie anzutreffen sind
(vgl. den Schluß des „Phönix“), in England doch erst
in der zweiten Hälfte des zwölften Jahrhunderts durch
die Vagantenpoesie populär geworden. In der Regel
hatten diese Gedichte einen humoristisch-satirischen Inhalt,
und zu dem nämlichen Effect hat auch Dunbar sich in
seinem Testament des Mr. Andro Kennedy dieser äußerst
charakteristischen poetischen Form bedient.

Wer dieser Andro Kennedy war, welche Stellung
er bekleidete, und welcher Art die persönlichen Eigenschaften waren, die ihn kennzeichneten, darüber sind uns
nur einige wenige andere Aufschlüsse erhalten, als diejenigen, die wir aus dem merkwürdigen Gedichte selber
gewinnen können. In den Maitland- und Reidpeth-Manu-
scripten heißt der Vorname Walter, was zu der ganz unmög-
lichen Annahme verführt hat, die Satire auf den Dichter
Walter Kennedy zu beziehen, auf den keine einzige Zeile
derselben passen würde. Im Bannatyne-Manuscript aber,
wie auch in dem alten, 1508 erschienenen Druck Chepmans
heißt der Name Andro Kennedy, und unter diesem Namen

findet sich öfters in den Rechnungsbüchern des Schatz=
meisteramtes eine Persönlichkeit, — freilich ohne den
Zusatz „Maister" — aufgeführt, der auf Befehl des
Königs verschiedene Gaben und Zahlungen zuerkannt
wurden. So erhielt Andro Kennedy im Jahre 1502
ein Pferd im Werth von 50 sh; am 19. August des=
selben Jahres 28 sh. Die interessanteste auf ihn be=
zügliche Notiz aber ist diejenige vom 8. September 1503:
„An Andro Kennedy 14 sh, um sich mit einer Reliquie
des heil. Niniane nach Wigtoun zum Könige zu be=
geben." Diese Reise hatte wohl schwerlich einen andern
Zweck, als um dem Könige oder irgend Jemandem seiner
Umgebung mit Hülfe der Reliquie Heilung von einem
Leiden zu bringen, und es erscheint uns kaum zweifel=
haft (obwohl Laing und Paterson keinerlei Ansicht über
die muthmaßliche Stellung Andro Kennedys äußern),
daß Dunbar uns hier mit einem der Aerzte, resp. Quack=
salber bekannt gemacht hat, welche der König gelegentlich
consultirte. Darauf scheint namentlich auch die erste Strophe
des Gedichts und vor allem der zweite Vers desselben:

Curro quando sum vocatus

deutlich hinzuweisen.

Andro Kennedy war, wie aus dem weiteren Inhalt
des vielleicht noch zu seinen Lebzeiten von unserem Dichter
auf ihn geschriebenen Gedichtes hervorgeht, keineswegs
eine sehr respectable Persönlichkeit. Er war offenbar im
höchsten Grade dem Trunke ergeben, und von seiner Ge=
schicklichkeit weiß der Dichter in dem Testament, welches
er in seinem Namen schreibt, auch nicht viel Rühmliches
zu berichten, wenn er ihn sagen läßt:

Omnia mea solatia

Thay wer bot lesingis all and ane.

15*

Weiter geht aus dem Gedichte hervor, daß Maister Andro Kennedy, der vielleicht geistlichen Standes war (wenn nicht, was uns wegen des ihm in den Mund gelegten Küchenlateins wahrscheinlicher dünkt, das von Dunbar ihm beigelegte, aber in den Rechnungsbüchern fehlende „Maister" als ein ironischer Titel anzusehen ist, wie das „Sir" bei Thomas Nornee), von den Tröstungen der Religion nicht viel hielt und mit den Repräsentanten der Kirche nicht auf dem besten Fuße stand. In dieser Hinsicht war er jedenfalls ein Geistesverwandter seines letztwilligen Wortführers. Denn das Gedicht enthält in den letzten Strophen eine Parodie auf die beim Begräbniß üblichen kirchlichen Gebräuche, welche vom leichtfertigsten, ja, wildesten Humor dictirt ist und nur von einem Dichter geschrieben werden konnte, der, wie er es schon in seinem Dirige to the King at Stirling bewiesen hatte, damals noch mit dem Helden seines Gedichts in Gemüths= und Denkart eine gewisse Aehnlichkeit hatte. Andererseits aber zeugt es in den satirischen Versen, welche sich auf die Heuchelei der Mönche beziehen, doch auch von einer Unabhängigkeit der Gesinnung und einem kühnen Freimuth, derselben Ausdruck zu geben, welche unsere entschiedene Achtung und Anerkennung verdient.

Wir können uns nicht enthalten, das originelle Gedicht seinem ganzen Umfange nach in der Uebersetzung, die sich natürlich nur auf die englischen Verse desselben beziehen durfte, mitzutheilen, obwohl uns ebenso wie den Herausgebern einzelne Ausdrücke und Wendungen dunkel geblieben sind.

Das Testament des Mr. Andro Kennedy.

I. Magister Kennedy bin ich,
    Curro quando sum vocatus;

Ein Incubus erzeugte mich,
    Oder ein Mönch infatuatus;
Nicht kann ich sagen sicherlich,   5
    Unde aut ubi fui natus,
Doch meiner Treu, das glaube ich,
    Quod sum diabolus incarnatus.

II. Cum nichil sit certius morte,
    Ein jeder stirbt, wenn's geht zu End,   10
Nescimus quando, vel qua sorte,
    Wie Hans der blinde den Mond nicht kennt.[1]
Ego patior in pectore,
    An Schlaf heut' Nacht war kein Gedank;
Licet aeger in corpore,   15
    Doch seufzt mein Mund nach feuchtem Trank.

III. Nunc condo testamentum meum,
    Für alle Zeit ich meine Seel'
Per omnipotentem deum
    Dem Weinfaß meines Herrn befehl';   20
Semper ibi ad remanendum,
    Ohn Unterlaß, zum jüngsten Tag,
Bonum vinum ad bibendum
    Mit Freund Cuthbert,[2] der mich nicht mag.

IV. Ipse est dulcis ad amandum,   25
    Oft flucht er mir in seinem Muth,

---

[1] Der Originaltext lautet hier: Na blind Allane wait of
the mone. Paterson druckte Na, blind, alane, wait of the mone
und erklärt: „Nay, blind, alone, to know or have knowledge
of the moon." This is intelligible, meint er; wohl nur für
ihn selber; er scheint anzunehmen, daß ein Blinder, wenn er nicht
allein ist, vom Monde sich eine Vorstellung machen könne. Die=
selbe Phrase, vermuthlich eine sprüchwörtliche Redensart, findet sich
übrigens in Lyndesays Tragedy of the Cardinal, v. 396.

[2] Vermuthlich der Kellermeister, der den Andro Kennedy
wegen seines beständigen großen Durstes nicht leiden konnte.

Det michi modo ad potandum,
Und ich verzeih' ihm Zorn und Wuth:
Quia in cellario cum cerevisia
Ich lieber liege früh und spät,   30
Nudus solus in camisia,
Als in des Grafen Himmelbett.[1]

V. Mein Mund am Spund war stets die Losung,
Kein irb'sches Gut sonst mein Begehr,
Et corpus meum ebriosum   35
Lass' ich dem guten Flecken Air;
Für immer auf 'nem Träberhaufen
Ut ibi sepeliri queam,
Wo Trunk und Träber täglich laufen
Von oben super faciem meam.   40

VI. Ich lass' mein Herz, das nie beständig,
Sed semper variabile,
Das nie mehr flackern wird inwendig,
Consorti meo Jacobe;
Obwohl ich es ihm wollt' verwehren,   45
Verum Deum renui;
Doch wenn es hieß: den Becher leeren,
Hoc pactum semper tenui.

VII. Das Beste lass' ich meines Gutes,
Quod est Latinum, als Vermächtniß[2]   50
Dem Stammeshaupt, hab' nicht, was thut es,
Quis est ille, mehr im Gedächtniß.

---

[1] Nach Paterson vermuthlich der Earl of Cassillis, zu dessen
Clan Andro Kennedy wahrscheinlich gehörte, da er, wie aus der
folgenden Strophe hervorgeht (trotz der nach Strophe I darüber
herrschenden Ungewißheit), wohl aus Airshire gebürtig war, wo
die Carrick Kennedys ansässig waren.

[2] Der Originaltext lautet: Quod est Latinum propter
caupe. Der Dichter sagt also scherzhaft „um es lateinisch auszu-
drücken: propter caupe." Dies letzte Wort aber ist ein schottisches,
wozu Laing die von Lord Hailes aus Skene, De verborum signi-

Ohn' Argwohn ich ihn „Herr“ stets nannte,
    Sed nulli alii hoc dixerunt;
Wie Sieb und Rasp waren wir Verwandte,[1]   55
    In una silva quae creverunt.

VIII. Omnia mea solatia,
    Nichts war's als Lug und Niedertracht,
Cum omni fraude et fallacia
    Sanct Antons[2]) Provoft sei's vermacht;   60
Willelmo Gray, sine gratia,
    Dem eig'nen Vetter, wie ich glaub',
Qui nunquam fabricat mendacia,
    Als nur, wenn grünt des Buchsbaums Laub.

IX. Mein Heucheln und mein falsch Gegreine   65
    Relinquo falsis fratribus;
Das fordert Gott ja, wie ich meine,
    Dispersit, dedit pauperibus.
Fürs Seelenheil plärr'n sie und singen,
    Mentientes pro muneribus;   70
Doch schlechtes End wird's ihnen bringen,
    Pro suis pravis operibus.

---

ficatione entnommene Erklärung citirt: Caupes, calpes in Gal-
loway and Carrict, quhairof mention is maid in the actes of
parliament, James IV. p. 2, c. 18, 19 signifies ane gift, quhilk
ane man in his awin lifetime and liege poustie, gives to his
maister, or to onie uther man, that is greatest in power and
authoritie, and specially to the head and chiefe of the clann,
for his maintenance and protection.

[1] „We were als sib as seif and riddell“; sprüchwörtliche
Redensart; „wir waren so nahe verwandt, wie zwei Siebe von
verschiedener Feinheit, verfertigt aus Holz von Bäumen, die in ein
und demselben Walde gewachsen sind“ (Lord Hailes).

[2] Es ist das a. 1435 gegründete St. Antonius-Hospital zu
Leith bei Edinburgh gemeint, dessen Vorsteher sich nach den beiden
Schlußversen dieser Strophe zu schließen, nicht durch große Wahr-
heitsliebe ausgezeichnet zu haben scheint.

X. Dem Hofnarren meine närr'ſchen Schlich'
    Lego post corpus sepultum;[1])
Gewiß mehr Narr, als er, bin ich,   75
    Licet ostendit bonum vultum:
An Vieh und Futter, Geld und Gut
    Ipse habet valde multum,
Doch unſern Herrn rupft er aufs Blut,
    Fingendo eum fore stultum.   80

XI. Dem Meiſter Johnny Clerk[2]) derweil
    Do et lego intime
Gottes Fluch und auch mein Theil:
    Ipse est causa mortis meae.
Wär' ich ein Hund und er ein Schwein,   85
    Multi mirantur super me,
Doch ließe ich den Narren ſchrein,
    Scribendo dentes sine de.

XII. Residuum omnium bonorum
    In meines Herrn Gewalt ſoll wandern,   90
Cum tutela puerorum,
    Adam, Kyttie und all den andern.

---

[1]) Vermuthlich hatte alſo auch Maiſter Andro Kennedy oft in weinſeliger Laune zur Erheiterung des Hofes beigetragen.

[2]) Der Inhalt dieſer Strophe iſt nicht ganz klar, da wir über die Perſönlichkeit des Maiſter Johne Clerk nicht hinlänglich unter= richtet ſind. Ein Dichter dieſes Namens, dem in den Handſchriften auch einige der Dunbar zugeſchriebenen Gedichte zugetheilt werden, wird von dieſem in dem Lament for the Makaris erwähnt. Doch finden ſich keinerlei Anhaltspunkte für die Annahme, daß dieſer Dichter hier gemeint ſei. Vermuthlich war, wie wir aus dem Inhalt dieſer Strophe zu ſchließen geneigt ſind, der hier erwähnte Johne Clerk ein Arzt, der dem trunkſüchtigen Andro Kennedy ſtarke Concurrenz gemacht, ihm wohl gar die Praxis entzogen hatte, den dieſer aber für einen ſchlechten Quackſalber hielt und dem er, wie Lord Hailes meinte, vielleicht einmal nachgewieſen hatte, daß er in der Eile ad curandos entes ſtatt ad curandos dentes hin= geſchrieben habe.

Doch jetzt das Schwatzen eingestellt!
   Pro sepultura ordino,
Auf neue Art, wenn's Gott gefällt,   95
   Non sicut more solito.

XIII. In die meae sepulturae
   Wünsch' unsre Band' ich zum Geleit,[1])
Et duos rusticos de rure
   Mit einem Faß an ihrer Seit;
Die Becher leerend mit ganzer Seel',   100
   Sicut egomet solebam;
Singend und heulend aus voller Kehl',
   Potum meum cum fletu miscebam.

XIV. Nicht Priestersang soll mich begleiten,   105
   Dies illa, Dies irae;
Auch sollen nicht die Glocken läuten,
   Sicut semper solet fieri;
Doch laßt den Dudelsack erklingen
   Et unum ailwosp[2]) ante me,   110
Und statt der Fahnen könnt ihr bringen
   Quattuor lagenas cerevisiae.
Verziert mein Grab mit diesen Dingen
   In modum crucis juxta me
Als Teufelsscheuch', dann könnt ihr singen: 115
   De terra psalmasti me.

Hatte der Dichter sich bei der Abfassung der bisher
betrachteten persönlichen Satiren hauptsächlich nur von
seiner übermüthigen, lustigen Laune leiten lassen, so

---

[1]) „I will nane haif bot our awne gyng."
[2]) Wir lassen dies dunkle Wort unübersetzt. Wosp soll
nach Laing so viel heißen wie wisp Wisch, Bündel; sonach könnte
ailwosp vielleicht etwas Aehnliches, wie alestake Wirthshauszeichen,
bedeuten. Jamieson giebt in seinem Scottish Dictionary für wosp
die Bedeutung a measure or certain quantity.

führte ihm bei einer kleinen Gruppe anderer Gedichte dieser Art zugleich auch das Gefühl eines ihm selbst widerfahrenen Unrechts die Feder.

Dahin gehören zunächst zwei höchst originelle Spott= gedichte auf den Abt von Tungland, der ihm bereits Jahre lang, wie wir aus häufigen Anspielungen auf ihn in den später zu betrachtenden poetischen Bittschriften Dunbars an den König entnehmen können, ein Dorn im Auge gewesen war. Und diese Antipathie des Dichters gegen den Abt war durchaus nicht unbegründet. Denn John Damian, das war der Name desselben, war ein Ausländer von ziemlich fragwürdigen Antecedentien, von entschieden schwindelhaftem Auftreten und Charakter, der sich aber dennoch in die Gunst des leichtgläubigen, gut= müthigen Königs einzuschleichen gewußt hatte und von diesem nun mit Gnadenbezeugungen überhäuft wurde, während der Dichter trotz aller Bitten und Vorstellungen in der Regel leer ausging.

John Damian, über den sich bei Laing (II, 237 ff.) ausführliche Mittheilungen finden, war im Jahre 1501 zuerst nach Edinburg gekommen, und zwar scheint er sich daselbst zunächst als Arzt eingeführt zu haben, denn er wird in den Rechnungsbüchern des Schatzkammeramts zu der Zeit als The French Leich, Maister John the French Leich, Maister John the French Medicinar namhaft gemacht und gehörte als solcher, da er Livree bekam, zur königlichen Hofhaltung. Als Franzose wurde er aber vermuthlich nur deshalb bezeichnet, weil er aus Frankreich, wo er längere Zeit gelebt hatte, nach Schott= land herüber gekommen war. Von Geburt aber war er, wie aus einem der Dunbar'schen Gedichte auf ihn hervorgeht und von Bischoff Lesley bestätigt wird, ein

Italiener und zwar ein Lombarde. Durch ein gewandtes, liebenswürdiges Benehmen hatte er offenbar zunächst des Königs Wohlwollen gewonnen, dessen dauernde Gunst er dann dadurch zu erwerben und für sich in lucrativster Weise nutzbar zu machen verstand, daß er ihm ein lebhaftes Interesse für die Alchemie einzuflößen wußte und ihn dadurch veranlaßte, ihm erhebliche Summen zur Herstellung von Quintessenz, diesem angeblichen Erforderniß, um andere Metalle in Gold zu verwandeln, zukommen zu lassen. Es wurde für den Schwindler ein eigenes Laboratorium in Stirling eingerichtet, und die Rechnungsbücher des Schatzkammeramts berichten aus dem Jahre 1502 von erheblichen Summen, die dorthin übersandt wurden to the Leich to multiply, wie es heißt. In der That, eine ungemein passende Bezeichnung für derartige alchemistische Schwindeleien, indem sie in der Regel allerdings die Vervielfältigung der Goldstücke, aber nicht derjenigen des Auftraggebers, sondern des Experimentirenden zur Folge hatten. Hierauf war der schlaue John Damian auch noch in anderer Weise bedacht, denn es finden sich ebenfalls beträchtliche Summen verzeichnet, die er dem Könige im Kartenspiele abgewann, und noch im Jahre 1507, lange nachdem er bereits zum Abt von Tungland befördert war, wurde eine Summe von 33 £, 6 s, 8 d als ein auf Befehl des Königs ihm verabfolgtes Darlehn eingetragen mit dem Zusatz and can nocht be gottin fra him. Also mit der Wiedererstattung geliehenen Geldes scheint er es ebenfalls nicht sehr genau genommen zu haben; es diente ihm auch zum „multipliciren."

Dieser Schwindler und Schmarotzer war, wie gewiß von vielen andern Leuten bei Hofe, so auch von Dunbar sehr bald durchschaut worden, und mehr als einmal giebt

er in seinen poetischen Episteln an den König seinem
Aerger über denselben unverblümten Ausdruck.

Namentlich erregte es seinen Unwillen, als dieser
„Landstreicher", wie er ihn nannte, im Frühjahr des
Jahres 1504 zum Abt von Tungland ernannt wurde,
während ihm selber ein solches und selbst ein beschei-
beneres Kirchenamt trotz aller Bitten und Vorstellungen
beharrlich vom Könige vorenthalten wurde.

Indeß einige Jahre barauf sollte sich ihm eine er-
wünschte Gelegenheit bieten, seiner Verachtung und seinem
Ingrimm gegen den Abenteurer in zwei Gedichten Luft
zu machen, die an satirischer Schärfe, an Spott und
Hohn alles bisher von ihm in dieser Richtung Geleistete
übertrafen. Der Abt von Tungland gab selber die Veranlassung dazu. Als nämlich im September des Jahres
1507 eine Gesandtschaft nach Frankreich abgeschickt worden
war, machte sich Abt Damian anheischig, die französische
Küste noch vor den Gesandten zu erreichen, indem er
vorgab, hinüberfliegen zu können. Wirklich ließ er sich
ein Paar große Flügel von Federn machen, befestigte
sie an seinem Körper und versuchte von der Mauer von
Stirling-Schloß aus seinen Flug zu beginnen. Indeß das
Experiment, welches natürlich Tausende von Zuschauern
herbeigelockt hatte, nahm, wie zu erwarten war, einen
unglücklichen Ausgang: Statt in die Lüfte emporzu-
steigen, fiel der fliegende Abt kläglich zu Boden und
brach sich das Bein. Das Mißlingen schrieb er nach
dem Berichte des Bischoffs Lesley, wie ein richtiger, nie
um eine Entschuldigung verlegener Charlatan, dem
Umstande zu, daß in den Flügeln einige Hühnerfedern
gewesen sein müßten (statt der Adlerfedern, von denen
Dunbar berichtet), welche stets das Bestreben hätten, zum

Misthaufen zurückzukehren, nicht aber in die Lüfte auf-
zusteigen.

Daß Dunbar diesen verunglückten Flugversuch des
ihm verhaßten Abenteurers nicht vorübergehen lassen
würde, ohne denselben noch mehr, als es ohnehin schon
der Fall war, dem Gespött des ganzen Landes auszu-
setzen, war allerdings zu erwarten.

In der That trug er schon vorher, als sich erst das
Gerücht von dem beabsichtigten Fluge des Abtes ver-
breitet hatte, nach Kräften dazu bei, indem er in dem
Gedicht „Die Geburt des Antichrist" (I, 36) seinen
Phantasien über die möglichen Folgen dieses Fluges
freien Lauf ließ. Er malt nämlich in dieser grotesken
Vision aus, (als solche ist das Gedicht natürlich wieder
eingekleidet) wie der Abenteurer in Gestalt eines Greifen
emporfliegt, oben in der Luft einen weiblichen Drachen
antrifft und mit diesem im Gewölk den Antichrist erzeugt.
Wir lassen die phantastische Dichtung, in welcher der
Verfasser auch seine eigenen Beschwerden anzubringen
nicht vergißt, in der Uebersetzung folgen.

Die Geburt des Antichrist.

I. Als schon Lucina glänzt' in stiller Nacht,
   Der Sternenhimmel strahlt' in voller Pracht,
     Sucht' ich mein Bett, doch keine Ruh' ich fand,
     Mich drückten schwere Sorgen allerhand,
   Und sehnlichst hofft' ich, daß der Tag erwacht.   5

II. Ich klagte Frau Fortuna zornig an,
   Daß sie mir niemals freundlich zugethan;
     Und spät erst, als ich oftmals mich vor Kummer
     Zum Schlaf gewandt, konnt' sich ein sanfter Schlummer
   Mit Träumen mir und Phantasien nah'n.   10

III. Mir schien's, Fortuna trät' mit ernster Mien'
    Und diese Worte redend zu mir hin:
      „Laß Freund, wenn klug du bist, mich ruhig walten,
      Und rühm' dich nicht, mein Glücksrad aufzuhalten,
    Das alles dreht und lenkt nach seinem Sinn.   15

IV. Gar Manchen hab' ich in die Höh' gebracht,
    Und Manchen stürz' ich auch in dunkle Nacht;
      Und oft, eh' du noch mein Gefährt besteigst,
      Du deiner Mühen Ende schon erreichst,
    Merk' diese Zeichen und genau gieb Acht.   20

V. Dein trüber Sinn soll nie getröstet sein,
    Und du wirst keiner Pfründe dich erfreu'n,
      Bis einen Abt bekleidet du geseh'n
      Mit Adlerfedern fliegen zwischen Kräh'n,
    Schön wie ein Falk von Ost nach West hinein.   25

VI. Als fürchterlicher Greif er aufwärts steigt
    Und eine Drachin in der Luft erreicht;
      Alsdann der Ungethüme Hochzeit ist,
      Sie zeugen im Gewölk den Antichrist,
    Ihr gift'ger Dunsthauch durch die Lüfte streicht.   30

VII. Und wo Saturn in Feuerwolken steht,
    Trifft Simon Magus sie und Mahomet;
      Merlin mit ihnen wird am Mond hin schreiten,
      Und Wittwe Jonet auf 'nem Besen reiten,
    Die ganze Schaar von Hexen mit ihr geht.   35

VIII. Dann kommen sie in Rauch und Feu'r zugleich
    Zur Erd' und predigen Antichristes Reich;
      Auch ist der Welten End' dann nahe schon."
      Die Dame sprach's und eilte schnell davon,
    So nie ich meiner Wünsche Ziel erreich'.   40

IX. Als ich erwacht, schien mir so wundersam
    Mein Traum, ich schwieg davon vor jedermann;
      Bis ich glaubwürd'ge Männer hörte sagen:

Ein Abt woll' einen Flug zum Himmel wagen,
Schon sei'n die Flügel fertig für den Plan.   45

X. Sofort kam Trost mir nun in Herz und Sinn:
   Abe, die harten Tage sind dahin!
      Ich wußte wohl, daß nicht mein Glück erblüht,
      Bis man zwei Monde an dem Himmel sieht,
   Oder ein Abt fliegt hoch am Mond dahin.   50

So wenig schmeichelhaft das Bild war, welches
Dunbar hier von dem Italiener als dem Erzeuger und
Propheten des Antichrist entworfen hatte, so wurde es
in dieser Hinsicht doch noch übertroffen von dem mehr
nach dem Leben gezeichneten Portrait desselben, welches
er in seinem zweiten, dem Abt Damian gewidmeten Gedicht, betitelt Der verkappte Mönch von Tungland (Of the fenyeit freir of Tungland, I, 39), bei der
Schilderung von dem verunglückten Flugversuche desselben
lieferte. Begreiflicherweise hält er sich bei der Beschreibung dieses Ereignisses nicht an den einfachen tra-
gischen Verlauf desselben gebunden; das wäre für einen
Dichter von Dunbars lebhafter Phantasie viel zu nüchtern
und schmucklos gewesen. Er läßt zunächst den Abt wirklich
in die Luft emporsteigen. Dort umringt ihn aber alsbald ein Schwarm von Vögeln, die, entrüstet über das
Eindringen des fremdartigen Ungethüms in ihr Element,
mit Schnäbeln und Klauen auf ihn loshacken und ihn
nöthigen, schleunigst seine Flügel fahren zu lassen und
sich in einem Sumpf, in welchen er hinabfällt, zu ver-
bergen. Die wiederum in eine Vision eingekleidete
Schilderung ist von einer solchen Anschaulichkeit und
Lebendigkeit, daß man die phantastische Gestalt des in
der Luft mit seinen Flügeln sich abmühenden, von Vögel-
schwärmen umringten und bedrängten, zu Tode entsetzten

Abtes leibhaftig vor sich sieht und dem genialen Dichter
einige naive Derbheiten seiner Darstellung ebenso wenig
übel nehmen kann, wie wir sie Rembrandt bei seinem
Gemälde des von dem Adler durch die Lüfte entführten
Ganymed verargen. Das Gedicht, für welches er die
dem Gegenstand vortrefflich entsprechende, volksthümliche,
erweiterte Schweifreimstrophe wählte, trägt den Titel,
da er den Helden desselben nicht einmal für einen Christen=
menschen hält:

Von dem verkappten Mönch von Tungland.

I. Als hell Aurora aufwärts stieg,
   Dem Ost ihr bleiches Bild entwich,
   Ein Traumbild plötzlich mich beschlich
     Von ganz satan'scher Art.
   Mich däucht', ein Türk der Tartarei   5
   Käm' aus dem Land der Berberei,
   Der Strolch dann in der Lombardei
     Landstreichend sichtbar ward.

II. Der Tauf' entkam er schlau genug,
   Indem er einen Mönch erschlug   10
   Und dessen geistlich Kleid dann trug,
     Da er schreiben konnt' und lesen.
   Als kundig seine Mummerei'n
   Und alle seine Gaunerei'n,
   Floh er voll Furcht nach Frankreich hinein,   15
     Mit welschem Trödelwesen.

III. Ein Arzt zu sein gab dort er kund,
   Was Manchen schmerzt wohl noch zur Stund';
   Nicht leben ließ er Krank' und Wund'
     Und ging nicht eher fort.   20
   Vortrefflich konnt' er Ader lassen,
   Doch da so mancher mußt' erblassen,

Scheut' man ihn bald verdientermaßen,
    Und schnell floh er von dort.

IV. Schottland war dann sein nächstes Ziel,   25
  Und dort auch prakticirt' er viel,
  Doch Manchen war's kein Kinderspiel,
    Die ihn erproben wollten.
Als Apotheker stand's schlimm um ihn,
  Nur Gift war seine Medicin,   30
  Dem Juden nichts verboten schien:
    Er stammte von Kobolden.

V. Als Arzt hat Manche er umgebracht,
  Verlangte ein Pferd für eine Nacht,
  Und dann voll Gier und Niedertracht   35
    Auch noch die Haut des Todten.
Wie Dachsparr'n roh waren seine Sachen,
  Wenn Blut er ließ, war's nicht zum Lachen,
  Manch Instrument zum Garausmachen
    Ihm seine Kasten boten.   40

VI. Oft gab er eine Larircur,
  Die paßt für keine Pferdsnatur;
  Versuchte Mann wie Weib sie nur,
    War's gleich zum Hüftverrenken.
Nichts anderes seine Kunst noch bot,   45
  Als schnelles End' und schwere Noth;
  Sein Abführmittel half zum Tod
    Dem Dieb, ohn' ihn zu henken.

VII. Nie als Prälat er Messe hört,
  Nie an die Klosterglock' sich kehrt;   50
  Sein Fell war grobschmiedschwarz betheert,
    Nie ward sein Hammer müde.
Obgleich noch neu in geistlichen Dingen,
  Dacht' niemals er ans Messesingen;
  Stola und Schärp' ihn nie umfingen,   55
    Denn stets raucht' seine Schmiede.

VIII. Und er probirte mancherlei,
Wie Quintessenz zu machen sei;
Doch als es damit ganz vorbei,
    Schafft' er sich Flügel an.   60
Nach der Türkei hin wollt' er fliegen,
Und als er aufwärts nun gestiegen,
Stutzten die Vögel, die ihn wiegen
    Sich in den Lüften sah'n.

IX. Sie glaubten, er sei Dädalus,   65
Vielleicht auch gar Minotaurus,
Oder Mars' Grobschmied Vulcanus,
    Oder Saturnus' Hahn.[1])
Doch als die Holztauben stets ihn knufften,
Die Dohlen ihn zerrten, die Raben ihn rupften,   70
Die Aaskräh'n ihm die Haar auszupften,
    Ging's nicht mehr himmelan.

X. Sanct Martins Vogel und der Weih
Glaubten, daß er die Horneul' sei,
Sie flogen auf ihn mit Geschrei   75
    Und hieben wacker drein.
Der Kuckuk, Habicht und der Rab'
Ihn stießen, bis das Blut floß ab;
Der Falk schoß wild auf ihn herab,
    Wie ein Funk vom Feuerstein.   80

XI. Der Sperber gab ihm Stoß um Stoß,
Nach jedem Ohr ein Gei'r hinschoß,
Die Kräh' zog sein Gefieder los,
    Der Storch hieb drein aufs Best'.
Der Bussard ihn geschickt zu hacken   85
Verstand und mit den Klau'n zu packen,
Zerkratzt ihm seine Hinterbacken,
    Hielt wacker ihn d'ran fest.

---

[1]) Der Adler ist gemeint.

XII. Die Luft von Kräh'n verfinstert war;
    Der Dohlen, Weih'n und Möven Schaar,   90
    Die zankten sich um jedes Haar
        Herum in seinem Bart.
    Sie kneipten ihn mit Schrei'n und Zank;
    Der Lärm hoch auf zum Himmel drang;
    Nicht wußt' er der Fortuna Dank;   95
        Sein Leben fraglich ward.

XIII. Der Häher verlacht ihn voller Hohn,
    Giebt schmähend ihm verdienten Lohn;
    Vom Adler trägt er Hieb' davon
        Und leidet manche Qual.   100
    Vor Angst kräht er sein Allerbest;
    All seine Federn er benäßt;
    Wohl hundert Küh' besprenkeln läßt
        Er seinen Wasserstrahl.

XIV. Schnell zerrt das Federhemd er empor   105
    Und zog es schleunigst über's Ohr,
    Doch bis zum Hals mußt' er im Moor,
        In Sumpf und Schilf versinken.
    Die Vögel stießen hin und her
    Das Flügelpaar die Kreuz und Quer;   110
    Die Federn flogen weit umher,
        Man sah im Wind sie blinken.

XV. Und in dem Sumpfe lag er lang,
    So lang der Raben Schrei erklang;
    Die Kräh'n sah man sich kreischend bang   115
        Zu Busch und Dickicht wenden.
    Wär' von den Dohlen er entdeckt,
    So hätt' er ihre Klau'n geschmeckt;
    Drei Tag' blieb er im Sumpf versteckt,
        Im Schmutz und bei den Enten.   120

XVI. Vor Vögeln dunkelt der Sonne Schein,
    Die kamen mit Klagen und mit Schrei'n,

16*

Mit Krächzen, Kreischen, groß und klein,
  Ihn in der Fluth zu greifen. —
Vom Lärm und Schrei'n erwachte ich,   125
  Denn der Tumult war schauerlich;
Seitdem verwünsch' das Unthier ich,
  Wo ich umher mag schweifen.

Der verunglückte Abt selber scheint, wie aus der
oben citirten Entschuldigung, die er für das Mißlingen
seines Plans angab, sein Mißgeschick mit einem gewissen
Humor ertragen zu haben, was ihm um so leichter wurde,
als der König ihm nach wie vor gewogen blieb und, wie
aus den Rechnungsbüchern des Schatzkammeramtes hervorgeht, von October 1507 bis zum August des folgenden
Jahres noch weitere Summen im Karten- und Würfelspiel an ihn verlor. Im September dieses Jahres erhielt Abt Damian sogar einen fünfjährigen Urlaub, den
er im Auslande zum Zweck gelehrter Studien zubringen
konnte, ganz unbeschadet aller seiner Anrechte an die
Abtei Tungland. Vor dem Tode des Königs muß er
von dieser Urlaubsreise jedenfalls zurückgekehrt sein, denn
am 29. März 1513 wurden dem Abt von Tungland
aufs Neue 20 £ ausgezahlt, um die Minen von Craw-
ford-Moor zu besuchen, die der König daselbst, um Gold
zu gewinnen, hatte anlegen lassen. Der schlaue Prälat
wird dort vermuthlich auf seine Weise weiter „multipli-
cirt" haben. Dunbar aber scheint sich nach der letzten
Verwünschung, die er ihm nachgeschleudert hatte, nicht
wieder um ihn gekümmert zu haben. Freilich werden
die übrigen Gedichte, in denen sich Anspielungen auf
jenen Abenteurer finden, vermuthlich zum Theil vorher
geschrieben sein; doch wird in keinem einzigen des lächerlichen, verunglückten Flugversuches des Abtes von Tungland auch nur mit einer Silbe gedacht.

Von geringerer Bedeutung in dichterischer Hinsicht, aber von ebenso hervorragendem Interesse für die Beurtheilung der Persönlichkeit des Dichters selber ist ein anderes, gegen eine bestimmte Person gerichtetes Spottgedicht, womit wir zugleich die Reihe der zahlreichen auf die eigenen Klagen und Wünsche des Dichters bezüglichen, meistens an den König adressirten poetischen Compositionen einleiten. Dies ist seine Beschwerde über Mure (Complaint aganis Mure, I, 117).

Das Gedicht ist interessant, weil Dunbar damit auf energische Weise seine Autorenehre wahrt. Er beklagt sich darin bei dem König über einen gewissen, sonst nicht weiter bekannt gewordenen Menschen, Namens Mure, der in böswilliger Absicht zu seinen, Dunbars Gedichten, satirische Zusätze gemacht habe, in denen verschiedene Lords des Hofes auf verläumberische Weise angegriffen worden seien. Er empfiehlt dem Könige schließlich, jenem Mure eine Narrenpritsche zu senden und ihn der besonderen Obhut von Cubby Ring, dem Narren von Dumfries, anzuvertrauen. Dieser Cubby Ring oder richtiger Cubby Rig wird vom 11. September 1504 bis zum 28. Februar 1512 in den Rechnungsbüchern des Schatzkammeramts öfters erwähnt, und es ist also wahrscheinlich, daß unser Gedicht, wovon wir nachstehende Uebersetzung mittheilen, innerhalb jenes Zeitraums entstanden sein mag.

Beschwerde über Mure.
An den König.

I. Herr, über Unrecht klag' ich sehr:
Vom sumpf'gen Moor kam Einer her,
Der meine Verse ganz und gar
Entstellt bracht' im Palais Euch dar;

Da er mit mir nun streiten möcht',   5
Mach' bis Calais ich's offenbar,
    Giebt mir Eure Hoheit nicht mein Recht.

II. Der Narr hat mein Gedicht verhunzt,
Vergiftet mit Salpeterdunst,
Hat Lord's beleibigt und geschmäht,   10
Wovon in dem Gedicht nichts steht.
    Mit Todesstraf' man den belegt,
Der so aus auf Verläumbung geht;
    Ich bitt' Eure Hoheit um mein Recht.

III. Was er von mir geschrieben fand,   15
Füllt' er mit Versen seiner Hand,
Und voll Verrath und Tücke zwar.
Er ist ein ausrangirter Narr,
    Wenn man die Ohren ab ihm sägt.
Sein Kopf ist wirr ganz offenbar;   20
    Ich bitt' Eure Hoheit um mein Recht.

IV. Bestraft ihn für die Missethat, —
Nein, gebt ihm eine Pritsch' anstatt;
Der Narr von Dumfries, Cuddy Ring,
Zu Weihnacht' ihn dann mit sich bring'.   25
    In Narrentracht, recht bunt und echt, —
Die Buben all' um ihn im Ring, —
    Dann käm' ich doch zu meinem Recht.

IV.
Poetische Bittschriften an den König und Verwandtes.

Viel häufiger und andauernder, als solche vereinzelte
Chicanen, gegen welche der Dichter sich, wie das vor=
stehende Gedicht bezeugt, auf ebenso schlagfertige, als wirk=
same Weise zu wehren verstand, veranlaßten ihn seine
häufigen pecuniären Bedrängnisse, sein immerwährendes
vergebliches Hoffen und Harren auf Erlangung einer
Pfründe, zu Klagen und Beschwerden. Es ist, wie schon

bemerkt, rührend und manchmal scherzhaft zu beobachten,
— denn nach unseren heutigen Begriffen von Mannes=
würde und Schriftstellerehre dürfen wir das Verhalten
Dunbars, Chaucers und anderer Dichter jener mittel=
alterlichen Zeit ihren königlichen Herrn und Gönnern
gegenüber natürlich nicht beurtheilen, — mit welcher
Geschicklichkeit der schottische Hofpoet seine Bittgesuche zu
variiren wußte. Manchmal bringt er sein Gesuch vor
in Form eines humoristisch=satirischen Gedichts; dann
wieder in Gestalt einer pathetischen Ansprache; ein anderes
Mal wählt er die beliebte Einkleidung in eine Vision
und in das Gewand der Allegorie; öfters auch läßt er
jede Rücksicht fallen und macht seinem Unwillen in heftigen,
entrüsteten Ausdrücken Luft, indem er sein kleines Ein=
kommen mit den einträglichen Pfründen und reichen Gunst=
bezeugungen vergleicht, welche der König Schmarotzern
und Abenteurern zukommen lasse.

Fast alle Gedichte dieser Art sind direct oder in=
direct an den König gerichtet mit Ausnahme von zweien,
worin er sich an einflußreiche Persönlichkeiten wendet.

Sehr hübsch und voller Humor ist zunächst des
Dichters Willkommgruß an den Lord Schatz=
meister (I, 105), der ihm seine Pension auszuzahlen
hatte und daher für ihn eine Person von größter Wichtig=
keit war. Dunbar hatte ihn, wie er sagt, um eine Zahlung
angesprochen, und der Schatzmeister hatte ihn auf seine
Rückkehr von Stirling nach Edinburg vertröstet. Jetzt
langt jener genau zum bestimmten Termin in der Haupt=
stadt an, und der Dichter preist ihn mit begeisterten Worten
wegen seiner Pünktlichkeit, natürlich um ihm auf seine
und desto wirksamere Weise das gegebene Versprechen ins
Gedächtniß zurückzurufen:

IV. Ihr hieltet Wort so wunderbar,
  Ihr seid ja treu wie Gold fürwahr;
  Habt Keinem je den Muth benommen,
  Mein Lord Schatzmeister, seid willkommen!

Nur eins hat ihn mit Besorgniß erfüllt, nämlich
daß der Lord Schatzmeister etwa, statt den nächsten Weg
einzuschlagen, den von Ort zu Ort ziehenden und Recht
sprechenden Gerichtshof hätte begleiten müssen, um den
Richtern Zahlung zu leisten. Dann freilich würde der
Dichter bis Neujahr auf seinen Sold zu warten gehabt
haben, statt daß er ihm jetzt aus voller Brust seinen
Willkommgruß entgegenjubeln könne. Zum Schluß des
Gedichts identificirt er ihn in seinem Uebermuth geradezu
mit seiner Rente oder seiner Pension, wie er sich ausdrückt.

Laing theilt in seinen Anmerkungen zu diesem Ge=
dicht (II, 292) die Namen der neun Schatzmeister mit,
welche in den Jahren 1488—1514 dieses Amt verwalteten.
An welchen derselben das Dunbar'sche Gedicht gerichtet,
und zu welcher Zeit es also geschrieben war, ist nicht zu
bestimmen. Nach dem leichten Ton desselben möchten wir
es den ersten Jahren des 10. Jahrhunderts zuschreiben.

Ganz ähnlicher Art ist Dunbars Gedicht An die
Lords vom Königlichen Staatsschatze (To the
Lordis of the Kinges Chacker, I, 109). Nach dem Inhalt
desselben sollte man vermuthen, daß der Dichter von jener
Behörde zur Rechnungsablage über eine empfangene Summe
aufgefordert worden sei und sich mit dieser poetischen Ant=
wort in genial=nonchalanter Weise, ähnlich wie Goethe
es einmal dem Weimarer Landtage gegenüber that, (vgl.
Lewes, Goethes Leben, II, 502) aus der Affaire gezogen
habe. Da aber nicht bekannt ist, daß Dunbar außer
seiner gewöhnlichen Pension noch besondere Einnahmen

bezogen habe, so mag das Poem vielleicht nur ein in diese Form eingekleideter humoristischer Versuch sein, die Aufmerksamkeit des Königs auf die bedauernswerthe Ebbe in seiner Kasse hinzulenken. Wir lassen das witzige Gedichtchen, welches derselben Zeit, wie das vorhergehende angehören mag, in der Uebersetzung folgen.

An die Lords vom königlichen Staatsschatze.

I. Ihr Herrn Schatzmeister, hört mich an,
Und meine Rechnung mach' ich dann
    Euch klar ohn' allen Umschweif schon;
    Denn fort ist alles, Pfund und Kron',
Von dem, was ich dies Jahr gewann.   5

II. Denn was ich hab' an Zins und Rent',
Dran schreibt Euch nur nicht müd' die Händ';
    Viel Rechner braucht man nicht dafür,
    Auch nicht viel Tinte und Papier
Für das, was ich erhielt am End'.   10

III. Vom Lord Schatzmeister, das ist wahr,
Empfing ich eine Summe zwar;
    Weiß nicht, wie ich sie ausgegeben,
    Nur daß sie ist zu Ende eben;
Die Rechnung stimmt ganz offenbar.   15

IV. Ich glaubte, als ich's steckte ein,
Das müßt' von langer Dauer sein;
    Jetzt trägt den Rest man leicht davon,
    Die Börse hier beweist es schon,
Die lügt nicht, schaut man nur hinein.   20

Entschiedene äußere und inhaltliche Aehnlichkeit mit diesem Gedicht trägt ein anderes, An den König betiteltes (I, 157), welches den Refrain hat:

My paneful purs so prikillis me.

Dasselbe hat zugleich mit Chaucers kleinem, aus seinem letzten Lebensjahre stammenden Poem auf seine leere Börse eine unverkennbare innere Verwandtschaft. Der Gedanke, daß die Leere der Börse ihren Besitzern alle Lebensfreude raube, ist beiden Gedichten gemeinsam; indeß die Verse Chaucers, der sich Jahre lang in ernster Bedrängniß befunden hatte, sind eindrucksvoller, als diejenigen Dunbars, den der Mangel an Geld nur am Dichten, Singen und Tanzen hindert, der sich ärgert, fasten zu müssen, wenn Andere zechen und schmausen. Auch gesteht er zu, daß die Haut, aus der seine Börse gemacht sei, der Art sei, daß die schottischen Kronen es nicht darin auszuhalten vermögen, daß sie dieselbe fliehen, als ob es der Böse selber sei.

VI. Wenn ich nur irgend jemand fände,
   Der aufs Beschwören sich verstände,
      Damit stets Silber in ihr wär',
   So flöh' der Teufel wohl am Ende,
   Und schmerzt es mich nicht mehr so sehr.   30

VII. An manchem Orte fragt' ich nach
   Um Rath und Auskunft in der Sach';
      Es heißt, mein Fürst, das beste wär'
   Eu'r Mittel für solch Ungemach,
   Das mich noch immer schmerzt so sehr.   35

Den nämlichen leichten Humor (der vielleicht wegen des oben citirten Refrains nicht ganz so harmlos war, als es auf den ersten Blick der Fall zu sein scheint) finden wir wieder in einem bereits früher (S. 86) erwähnten, für seine Stellung als Hofpoet charakteristischen kleinen Poem Auf sein Kopfweh und noch mehr in einem anderen Gedicht, An den König, im Originaltext betitelt: To the King. That he war Johne Thomsounis man (I.

113), welches aber einen noch höheren Grad von Familiarität zwischen dem Könige und dem Dichter voraussetzt.

Denn der Sinn des obigen Zusatzes zur Ueberschrift, welcher auch als Refrain in jeder Strophe des Gedichtes wiederkehrt, ist gleichbedeutend mit demjenigen unserer deutschen Redensart: „Stünde er doch unter dem Pantoffel". Statt des entstellten und an sich nicht recht verständlichen Ausdrucks Johne Thomsounis man wird nämlich, wie Pinkerton meint (Laing, II, 297), die ursprüngliche Wendung Joan (= Johanna) Thoumsounis man gelautet haben, und die Bedeutung dieser volksthümlichen Bezeichnung für einen Mann, der von seiner Frau beherrscht wird, wird durch den Umstand noch erklärlicher, das im Schottischen das Wort man sowohl für „Gatte", als auch für „Diener" gebraucht wird.

Dunbar wurde zu jenem auf den König bezogenen Wunsch offenbar aus dem Grunde veranlaßt, weil die Königin, deren besondere Gunst er sich durch seine poetischen Willkommgrüße und Lobgedichte erworben hatte, ihm ihre Unterstützung zur Erlangung der heiß ersehnten Pfründe versprochen haben mochte. Indeß der Dichter bemerkte bald, daß ihr guter Wille größer sei, als ihr Einfluß auf den König, und er suchte daher mit diesem poetischen Stoßseufzer ihren Bemühungen für ihn zu Hilfe zu kommen.

An den König.

(Daß er doch Joan Thomsons Mann wäre, d. h. daß
er doch unter dem Pantoffel stünde).

I. Herr, für Euch betend Nacht und Tag,
Fleh' ich auf meinen Knie'n und sag'
So fromm, wie ich nur immer kann:
 O, wär't Ihr doch Joan Thomsons Mann!

II. Wär' dem so, ging's mir besser schon,   5
Hätt' eine Pfründe dann zum Lohn;
Mein Unglück wär' zu End' alsdann;
O, wär't Ihr doch Joan Thomsons Mann!

III. Dann, um der Allerschönsten willen,
Müßt' Euch Erbarmen doch erfüllen,   10
Der Besten, seit die Welt begann;
O, wär't Ihr doch Joan Thomsons Mann!

IV. Kein Unheil kann ja d'raus entstehn,
Ob eine, die so gut und schön,
Durch Tugend solche Ehr' gewann,   15
Daß Ihr dann wär't Joan Thomsons Mann.

V. Ich träte, was ich immer hab',
Gern unter der Bedingung ab,
Daß Ihr gelobtet bei dem Schwan,[1]
Ein Jahr zu sein Joan Thomsons Mann.   20

VI. Die Huld der sanften, schönsten Ros'
Müßt', Distel, Euch besänft'gen bloß,
Deß' Stachel so verletzen kann;
Gott geb', Ihr wär't Joan Thomsons Mann.

VII. Mein Advocat so schön und gut,   25
Die Wonn' und Lust für meinen Muth,

---

[1] Dies bezieht sich auf den mittelalterlichen, ritterlichen Brauch, Gelübde abzulegen bei einem Schwan, und in Folge dessen wohl auch bei einem anderen Vogel, wie z. B. einem Pfau, Fasan, Kranich ꝛc. Chaucer scheint diese Sitte parodirt zu haben in seinen Canterbury Tales im Sir Thopas, wo es heißt (B. 161—163).

And there he swore on ale and bred,
How that the geaunt shuld be ded,
Betide what so betide.

Tyrwhitt führt in seinem Glossar unter ale einen interessanten Beleg zu jenem Brauche an; dsgl. Laing, II, 298. Es liegt nahe, an einen Zusammenhang dieser Sitte mit der Schwanen-rittersage zu denken.

Würd' all mein Trachten fördern dann,
Wär't Ihr nur erst Joan Thomsons Mann.

VIII. So oft Ihr hart und unwirsch seid,
Zu keiner Gunst für mich bereit,   30
Fleh' Gott ich und Sanct Anna an,
Daß Ihr doch wär't Joan Thomsons Mann.

Von einer mehr resignirten, jedoch gleichfalls hu=
moristischen Stimmung giebt ein anderes kleines Gedicht
Dunbars Zeugniß, betitelt: Wer sein eigener
Feind ist (Ane his awin ennemy I, 107), welches
auf den ersten Blick ganz allgemeinen Inhalts zu sein
scheint, in der vorletzten Strophe jedoch eine deutliche
Beziehung auf sein eigenes Verhältniß zum Könige ent=
hält. Wir theilen das hübsche Poem mit Ausschluß
der dritten, sehr cynischen Strophe hier in der Ueber=
setzung mit.

Wer sein eigener Feind ist.

I. Wer Reichthum hat an Gut und Geld,
Das beste Leben von der Welt,
Und läßt doch allen Frohsinn sein,
Und dann in Trübsal gar verfällt,
Der schafft sich selber Noth und Pein.   5

II. Wer leben kann ohn' Zank und Streit,
Ein Dasein voller Heiterkeit,
Und spannt in's Ehejoch sich ein,
Indem ein zänkisch Weib er freit,
Der schafft sich selber Noth und Pein.   10

IV. Wer redlich konnte stets und gut,
Ohn' Heuchelei und Wankelmuth
Demselben Herrn zu Diensten sein,
Der ihm doch nichts zu Liebe thut,
Der schafft sich selber Noth und Pein.   20

V. Darum laßt froh sein uns und heiter,
  Kümmern uns um die Welt nicht weiter;
  Wer, wo man trinkt noch guten Wein,
  Brod trocken kaut, ist kein Gescheidter
  Und fahre gleich zur Höll' hinein.   25

Entschiedener schon tritt Dunbar mit seinen Wünschen
und Beschwerden hervor in zwei etwas längeren Ge=
dichten, welche beide in Form einer Vision eingekleidet
sind. Das eine ist der bereits früher (S. 72) mitgetheilte
Besuch des heiligen Franciskus, dessen Mönchskleid
er zurückweist, während er ein bischöfliches Gewand gern
anzunehmen bereit sein würde. Die Aeußerung dieses
Wunsches weist es jedenfalls dem ersten Decennium des
sechszehnten Jahrhunderts zu, und die humoristische Ein=
kleidung läßt es als ziemlich gleichzeitig mit den zuletzt
besprochenen Gedichten, etwa der Zeit von 1505—7 an=
gehörend, erscheinen.

Während desselben Zeitraums, nur vermuthlich nach
dem eben erwähnten, dürfte ein etwas umfangreicheres,
ernster gehaltenes allegorisches Gedicht, Dunbars Traum
(I, 31), entstanden sein, welches als Neujahrsgedicht an
den König gerichtet war und den Klagen und Ansprüchen
des Dichters schon einen dringlicheren Ausdruck giebt.
In einer Vision, Dunbars beliebter Dichtungsart, er=
scheint ihm eine Anzahl allegorischer Personificationen,
singend und tanzend, die von „Edelmuth" angeführt
werden. Wie diese Dame den Dichter von „Verdruß" und
„Schwermuth" bedrängt sieht, tröstet sie ihn und giebt
ihm die Versicherung, allerdings nicht ohne vorherige
Einsprache von „Ungerechtigkeit" (euphemistisch von dem
Dichter mit anoportunitie bezeichnet) nebst seinen Ge=
nossen, daß der edle König ihn sicherlich nicht für das

Einkommen eines ganzen Bisthums noch ein halbes Jahr
die ihm gebührende Belohnung vorenthalten werde. Das
Gedicht gehört nicht zu den hervorragenderen Schöpfungen
Dunbars; es läßt trotz einiger etwas lebhafter gehaltener
satirischer Stellen seine gewohnte kräftige Sprache ver=
missen. Wir theilen es gleichwohl, um auch von den
schwächeren Leistungen des Dichters eine Probe zu geben,
dem ganzen Umfange nach in der Ueberſetzung mit.

Dunbars Traum.

I. Als ich halb schlafend lag die letzte Nacht,
    Träumt' ich, mein Zimmer strahlt' in neuer Pracht.
      In bunten Farben sei es ganz bemalt,
      Mit herrlichen Geschichten, neu und alt,
      Seitdem aus Lehm der erste Mensch gemacht.   5

II. Die Luft schien mir erhellt von Lampenschein,
    Und manches muntre Wesen trat herein;
      Alte und Junge, oft wunderbar behangen,
      Sie spielten Instrumente, tanzten, sangen,
      Und trieben Kurzweil viel und Schelmerei'n.   10

III. Dann dacht' ich: Ein Tumult gar wunderlich
     Ist's oder mein Verstand verwirrte sich.
      Das scheint mir eine heit're Compagnie;
      Doch wenn's nur eine üpp'ge Phantasie,
      Dann Jesus und Maria schützet mich!   15

IV. Doch ihre Lust nicht und ihr heit'rer Sang,
    Auch nicht ihr Jubel mir zum Herzen drang;
      Mir schien's, die finstre Frau Verlegenheit
      Sammt ihrer Schwester, der Schwermüthigkeit,
      Schwebt' über mir im Bette schwer und bang.   20

V. Verdruß zu Häupten saß am Bett dabei,
    Mit einer jammervollen Dudelei,
      Und spielte so trübselig anzuhören,

Daß eine Stunde schien ein Jahr zu währen,
Ihr Angesicht erschien so fahl wie Blei.   25

VI. Dann kam im Tanz der Frauen Schaar heran,
Und Edelmuth trat aus den Reih'n alsdann
    Und sprach mit weiblich mildem Angesicht:
    „Voll Sorgen jemand hier im Bette liegt;
Geht, Schwestern, hin und helft dem armen Mann."   30

VII. Zwei Schwestern traten aus der Frauen Mitt',
Trost und Behagen vor mit leichtem Schritt,
    Begannen zu zwei Harfen gleich zu singen,
    Doch konnten sie damit nicht Muth mir bringen,
So sehr mein Geist noch von der Schwermuth litt.   35

VIII. Sie sahn, daß noch mein Sinn nicht heitrer war,
Das dünkte ihnen seltsam offenbar.
    Dann sprach die Dame, die Verständniß hieß:
    „Zu sehr noch drückt die Schwermuth ihn gewiß,
Denn euren Sang verschmäht er ganz und gar."   40

IX. „Sie und die Schwester Noth bekümmern ihn"
Sprach Edelmuth, „doch wie kann er entfliehn?"
    Und Klugheit, diese güt'ge Frau, sprach dann:
    „Jetzt singe ich, stimmt alle mit mir an,
Und sicherlich läßt dann Verdruß ihn ziehn."   45

X. Alsdann sprach Witz: „Gehorchen sie nicht dir,
So folgen sie auch sicherlich nicht mir."
    Doch Klugheit sprach: „Die Krankheit ist mir kund:
    Melancholie versetzt' ihm eine Wund',
Und Heilung, Edelmuth, gelingt nur dir.   50

XI. Denn eher wird sein Herz nicht froh und heil,
Bis du und ich nicht gehn zu Hof in Eil'.
    Dort hat er lang genug umsonst gedient,
    Drum nun ihn zu belohnen uns geziemt,
Und jetzt als Neujahrsgab' werd's ihm zu Theil."   55

XII. „Das,“ sprach Vernunft, „ist deiner würdig ganz,
Ich steh’ dir bei zu leiten diesen Tanz.“
 Doch nun entgegnet blinde Willkür schnell:
 Zuerst komm’ ich, und der, den ich erwähl’,
Denn mir gebührt bei Hof die Herrschaft ganz.“ 60

XIII. Alsdann erwiderte Verständigkeit:
„Ich glaub’s, ihr habt geherrscht schon lange Zeit
 Und ausgetheilt; doch eure Zeit ist hin;
 Und ich vertheile nun nach meinem Sinn;
Schon vielen schadet’ eure Schlechtigkeit. 65

XIV. Zeit ist’s, auch ihm den Dank nun abzutragen;
Dem König dient’ er treu seit Jahr und Tagen,
 Und nie hat er geschmeichelt und bethört,
 Demüthig nur in Versen sich beschwert,
Und stets trug er geduldig seine Plagen. 70

XV. Ich rath’ ihm, froh zu sein und guter Dinge,
Und Edelmuth zuerst ihm Hilfe bringe.“
 „Vortrefflich!“ Klugheit sprach, „das muß ich sagen!
 Könnt’st mit den Lords wohl in der Sitzung tagen,
Dein Werth in diesem Land wär’ nicht geringe.“ 75

XVI. Dann sprach sofort die Ungelegenheit:
„Wenn ich nicht mitsprech’, bringt ihr es nicht weit,
 Denn stets dem König ich vor Augen steh’;
 Ich mach’ ihn taub, sonst selbst ich jagen geh’,
Ist man vor dem nicht mir zu Wunsch bereit. 80

XVII. Wer dreist verlangt, kommt sicher besser fort,
Als zwei getreue Diener, auf mein Wort.
 Denn wer vergebens heischt, verliert nur das;
 Doch langen Dienst umsonst thun, ist kein Spaß,
Auch hätt’ ich nie verübt die Thorheit dort.“ 85

XVIII. Dann kam herbei John Kirchenpacker gleich,
Für manche Kuren war er einflußreich.[1]

----

[1] Vielleicht ist hier wieder John Damian gemeint.

Er sprach: „Sieben Kirchen schon besitz' ich nun,
Doch bis es elf sind, denk' ich nicht zu ruhn,
Bevor nur eine der Poet erreich'." 90

XIX. Dann sprach Sir Wettekirch: „So muß es gehn;
Vier, fünf getreue Diener zu mir stehn,
Und alle schick' ich nach verschiednen Orten,
Den Tod der Pfarrer abzuwarten dorten,
Von denen will ich nun die Botschaft sehn." 95

XX. Dann sprach Vernunft: „Nicht ist's in Richtigkeit,
Daß du sieben Kirchen hältst zu gleicher Zeit,
Und von sieben Würdigen keiner ein' erhält.
In Habsucht ganz versunken ist die Welt,
Im Himmel nur ist noch Genügsamkeit." 100

XXI. „Das," sagte Mäßigung, „versteh' ich nicht;
Doch halt' ich auch auf gutes Gleichgewicht,
Möcht' ohne Fehl gerecht Gewicht auch geben,
Läßt man doch eine Schal' stets abwärts streben,
Wer Macht besitzt, ist noch auf mehr erpicht. 105

XXII. Geduld sprach nun zu mir: „Freund, sorge nicht,
Und deinem Fürsten dien' mit Zuversicht!
Mir ist gar wohl bekannt sein edler Plan:
Für eines Bisthums Rent' säh' er's nicht an,
Daß dir noch ein halb Jahr dein Lohn gebricht." 110

XXIII. Dann eilten mit Tumult zur Thür sie all,
Von einem Böllerschuß hört ich den Knall,
Die Erde dröhnte unterm Regenbogen,
Der Sand von Leith[1]) schien berstend aufgeflogen,
Und ich erwachte von dem lauten Schall. 115

Die Klagen und Beschwerden, welche Dunbar hier
in allegorischer Form an die Adresse des Königs ge=

---

[1]) Dort wurden in der Regel die Schießversuche, mit denen sich der König amüsirte, angestellt.

langen ließ, führt er weiter aus in drei scheinbar all=
gemein gehaltenen didaktischen Gedichten betitelt **Maß=
halten im Bitten** (Discretion in Asking I, 165),
Maßhalten im Geben (Discretion in Geving I,
167), **Maßhalten im Nehmen** (Discretion in Taking I. 170), worin die Schäden und Uebelstände, über
die er sich beklagt, eingehender behandelt und zugleich
dem Könige eindringliche Mahnungen ertheilt werden,
sich vor Heuchlern und Schmeichlern, Schmarotzern und
Betrügern in Acht zu nehmen. Die drei Gedichte ge=
hören offenbar zusammen, wie schon aus dem gleichen
Versmaß und dem gemeinsamen Refrain In Asking
(resp. Geving, Taking) sould Discretion be hervorgeht.
Obgleich die Dichtungen einen allgemeinen Charakter
tragen, so sind sie doch voll von persönlichen Beziehungen,
und wenn sie auch nicht direct an den König gerichtet
waren, so enthalten sie dennoch, wie bemerkt, manche ernste
Winke für denselben.

In Betreff des ersten Gedichts kann kein Zweifel
obwalten, daß der Dichter die von ihm empfohlene Be=
sonnenheit im Bitten in keiner Weise selber verletzt zu
haben sich bewußt ist. In der vierten Strophe sagt er
mit offenbarer Beziehung auf sich selber:

IV. Wer ohn' Verdienst heischt, sich erfrecht;
    Wer bittet für Verdienst, thut recht;
      Doch dienend stets in Armuth sein,
      Ziemt sich für Herrn und Diener schlecht:
        Wer bittet, muß besonnen sein.   20

Mancher, führt er dann aus, hat sich den Mißerfolg
seiner Bitten selber zuzuschreiben, weil er sie zu unrechter
Zeit und mit thörichter Zudringlichkeit vorträgt. Dem
Weisen genügen wenige Worte. Und wenn der Diener

17*

auch, ſchließt er ſein Gedicht, lange unbelohnt bleibt, ſo wird ſein Herr doch eines Tages ihm den Lohn nicht mehr vorenthalten. Wenn nicht? Was iſt dann zu thun? Mit Fortuna zu habern, wäre Thorheit.

Wer bittet muß beſonnen ſein.

Weniger reſignirt drückt ſich der Dichter in dem zweiten Gedicht über das Maßhalten im Geben aus. „Der Eine,“ ſagt er, „giebt um Verdienſt und Lohn und weltlicher Ehre wegen, der Andere giebt da, wo es nicht nöthig iſt.“ So handelt er noch weiter über unzeitge=mäßes und unrichtiges Geben in mehr allgemeinen Wendungen. Dann bemerkt er wieder mit offenbarer perſönlicher Beziehung:

IV. „Oft wird ſo lang petitionirt,
    Daß der Bittſteller müde wird,
        Und eh die Gabe noch trifft ein,
        Der Dank verfliegt und ſich verliert;
        Wer giebt, der ſoll beſonnen ſein.   20

 V. Die Gab' iſt oft ſo karg beſtellt,
    Daß man alsdann für nichts ſie hält
        Der Geber ein Filz heißt allgemein,
        Und pfui! ihm zuruft alle Welt;
        Wer giebt, der ſoll beſonnen ſein!   25

„Wieder ein Anderer,“ fährt er fort, „iſt höchſt freigebig, aber Laſter und Verſchwendung plündern ihn aus. Manch Einer giebt dem Reichen, der ſeine Gaben wohl ent=behren könnte, während der Arme, deſſen Nothſchrei nicht an ſein Ohr bringt, vor Hunger ſtirbt. Dann ſagt er, wie es ſcheint wieder mit directer Beziehung auf den ihm höchſt widerwärtigen Abt John Damian von Tungland:

VIII. Mancher giebt Fremden großen Lohn,
     Die geſtern erſt aus Flandern flohn;
         Die alten Diener ſtehn allein,

Wie groß auch wär' ihr Anrecht schon;
  Wer giebt, der soll besonnen sein.   40

Der Eine," sagt er dann weiter, „giebt Denen, die
zu bitten und zu jammern verstehen, der Andere Denen,
die heucheln und schmeicheln; noch ein Anderer aber giebt
ehrlichen Männern und verachtet alle Schwindler." Diesen
Gedanken führt der Dichter in den beiden folgenden
Strophen noch weiter aus, um zum Schluß noch ein=
mal betreffs eines nicht weiter bekannten, besonderen
Falls seinem Aerger Luft zu machen, wenn er sagt:
„Mancher auch giebt weite Kirchspiele hin, Kirchen wie
St. Barnard und St. Bryd an Einen, der das Volk
lehren und beaufsichtigen soll, obwohl dieser keineswegs
hinlänglichen Verstand hat, die Leute anzuleiten:
  Wer giebt, der soll besonnen sein."

Das dritte Gedicht über Maßhalten oder Be=
sonnenheit im Nehmen ist von den dreien das
originellste, da der Dichter sich hier, wo er die Unver=
schämtheit und Habgier geißelt, keinerlei Zwang und
Rücksicht mehr aufzuerlegen brauchte.

„Nach dem Geben," sagte er, „spreche ich vom
Nehmen; denn wenig habe ich davon zu sagen, daß Leute
ein werthvolles Gut aufgeben; das kommt nicht vor;
oftmals dagegen, daß sie zu gierig danach trachten.

So setzen sich Geistliche mit Gewalt in den Besitz
der Pfründen,[1]) der eine von St. Peter, der andere

---

[1]) Dies war, wie auch Lord Hailes mittheilt, in der That
öfters vorgekommen. So hatte, wie S. 49 bemerkt wurde, John
Hepburn die Kathedrale von St. Andrews gestürmt, die er aber
später wieder dem Andrew Foreman überlassen mußte; und auch
Gawain Douglas, der berühmte Dichter und Uebersetzer des Virgil,
hatte die Kathedrale von Dunkeld belagert und zur Capitulation
gezwungen.

von St. Paul; haben sie nur das Einkommen, so kümmert
es sie wenig, ob der Teufel die ihnen anvertrauten
Seelen holt. Die Barone nehmen von den armen Pächtern
die ganze Erndte ihres Ackers in übermäßigen Pacht=
zinsen und Abgaben und zwingen sie, als Bettler von
Thür zu Thür zu ziehen. Manche Kaufleute nehmen
ungerechten Gewinn, was aber bei ihren Nachkommen,
wie man sieht, nur selten von Bestand ist; denn unrecht
Gut gedeihet nicht. Der entreißt den Andern seine Habe,
bedrückt die Armen und bedenkt nicht eher, daß er sterben
muß, als bis er unter dem Galgen steht. Der nimmt
zur See und Der zu Land und kann nie die Hand da=
von halten, bis er an einem Baume aufgeknüpft wird;
erst dann wird es ihm klar, daß man auch beim Nehmen
besonnen sein soll. Der möchte gern seines Nachbarn
Gut nehmen, und hätte er vor Menschen so wenig Furcht,
als vor Gott, so würde er sich nicht scheuen, es zu thun.
Der Eine möchte die ganze Welt auf einmal nehmen
und hätte in der Unersättlichkeit seines Herzens doch
noch nicht genug; der Andere wäre mit Wenigem zu=
frieden und kann selbst das nicht erlangen. Dann schließt
der Dichter mit dem leider auch heutigen Tages noch
so wahren Wort:

> IX. „Der Große, welcher raubt und brennt,
>   Sitzt oft geehrt im Parlament;
>   Die kleinen Diebe hängt man fein,
>   Mit Schande ihr Geschlecht man nennt;
>   Wer nimmt, der soll besonnen sein." 45

Waren die zuletzt betrachteten Gedichte meistens als
indirecte an den König gerichtete Beschwerde= und Bittschriften
anzusehen, in welchen Dunbar mit im Ganzen bescheidener
Zurückhaltung demselben sein Anliegen vorträgt, so sehen

wir ihn doch öfters, da alle Andeutungen und Winke
erfolglos bleiben, zu directen und immer bringenderen
und ungehalteneren Ansprachen seine Zuflucht nehmen,
die zuletzt einen so scharfen und rücksichtslosen Ton an=
nehmen, daß wir kaum wissen, ob wir uns mehr über
die Kühnheit des Dichters oder über die Gelassenheit
des Königs verwundern sollen, welcher die rücksichtslose
Sprache Dunbars kaum oder jedenfalls nicht dauernd
übel genommen zu haben scheint.

Die eingetretene Vacanz verschiedener Pfarreien gab
ihm den nächsten Anlaß, seine Ansprüche auf eine solche
geltend zu machen in dem Gedicht An den König.
Als viele Pfründen vacant waren (To the King
Quhen mony benefices vakit, I, 156). Es ist eine
zwar kurze, aber energische, geschickt eingekleidete, noch
immer von einem gewissen Humor getragene Bittschrift
an den König, bei der großen Menge leerstehender Stellen
doch eine gerechte Vertheilung walten zu lassen und Die=
jenigen zufrieden zu stellen, welche wirkliche Ansprüche
hätten, denn Diejenigen, welche sich nicht auf solche be=
rufen könnten, seien doch nie zufrieden.

An den König.
Als viele Pfründen vacant waren.

I. Herr, da Ihr Pfründen jetzt verleiht,
Bedenkt, daß Kleines oft geht weit,
   Und geht's nur zu nach richtigem Brauch,
   Befriedigt's den Verständ'gen auch;
Den Unverständ'gen nichts erfreut.   5

II. Sagt, heißt das wohlthun nicht viel mehr,
Zu tränken Den, der dürstet sehr,
   Als Einen, der zum Bersten voll,

Derweil vor Durst Der sterben soll,
Der ganz des Weins so würdig wär'?   10

III. Das ist fürwahr ein traurig Fest,
Wo Der sich freut, Der Trübsal bläst,
Der zecht, und Der muß durstig stehn;
Laßt mal den Becher im Kreise gehn,
Und habt den Beifall Eurer Gäst'.   15

Das folgende Gedicht An den König (I. 159)
scheint geschrieben zu sein, nachdem die vacanten Stellen
alle besetzt waren, wobei Dunbar, wie gewöhnlich, wieder
keine Berücksichtigung gefunden hatte. Seinem Aerger
über seine getäuschten Hoffnungen machte er dann in der
nachstehenden sarkastischen Zuschrift an den König Luft,
welche wieder, wie die vorhergehende, als ein vollgültiges
Zeugniß für den von Witz und Satire übersprudelnden
Geist des Dichters anzusehen ist.

An den König.

I. So oft Ihr Pfründen austheilt, Herr,
Verlangt, wer viel hat, noch viel mehr;
Hat er nicht alles, nimmt's ihn Wunder;
Und stets tönt laut der Ruf daher:
Gebt ihnen nur den ganzen Plunder.   5

II. Der schmauset Ente, der schmaust Schwan;
Ich steh' im Winkel nebenan,
Bis alles sie gewürgt hinunter;
Doch ach! wie traurig werd' ich dann,
Wenn sie getheilt den ganzen Plunder.   10

III. Bei Festen an der Heil'gen Thore,
Wo Hoch und Nieder all' im Chore,
Und Lords Patrone, sang ich munter:
Caritas pro Dei amore,
Und hatte doch nichts von dem Plunder.   15

IV. So in der blinden Welt ja geht's:
Vor dem Armen wirft der Reiche 's Netz,
   Fischt das Gewässer ganz hinunter;
   Wer nichts hat, kriegt auch nichts, so steht's;
Für ihn ist Null der ganze Plunder.   20

V. Wie Manche ihrer Kirche farmen,
Das ist wahrhaftig zum Erbarmen;
   Führ'n Kirchenbücher lässig, und der
   Glocken nicht denken sie und Armen,
Wenn ihnen nur gehört der Plunder.   25

VI. So wechselnd geht's in dieser Welt,
Daß Keinem es darin gefällt,
   Bis ihn zuletzt der Tod kriegt unter;
   Dann der das größte Schuldbuch hält,
Wer's Meiste hatte von dem Plunder.   30

Eine gedrücktere Stimmung verräth das nächste
Gedicht An den König (I, 161), welches im Uebrigen
aber doch wegen des verwandten Tones und Metrums
in dieselbe Gruppe mit den beiden vorher betrachteten
gehört und nur vielleicht etwas später geschrieben ist.

An den König.

I. O Herr, woll't doch bedenken schon,
Wie mir die Jugendzeit entflohn
   In Eurem Dienst, voll Sorgen schier,
   Nun ruf' ich: Gebt mir meinen Lohn!
Das viele Grübeln schadet mir.   5

II. Ob alle Clerks versorgt auch sei'n,
Muß ich doch wie ein Falke schrei'n,
   Der nicht zur Ruhe kommt allhier,
   Obgleich schon los' die Federn mein:
Das viele Grübeln schadet mir.   10

III. Der Falken Art vergißt man stets;
 Dem Habicht ganz nach Wunsche geht's,
  Der übel lohnt dem Weih dafür;
 Auch mit dem Sperber schlimm nur steht's:
  Das viele Grübeln schadet mir.   15

IV. Die Elster glaubt im hübschen Kleid,
 Sie überträf' die Nachtigall weit
  An Sangeskunst, und kann doch schier
 Nicht einen Ton vor Heiserkeit:
  Das viele Grübeln schadet mir.   20

V. Der frembste Vogel ist der best';
 Ist er auch scheußlich, wie die Pest,
  Sitzt er im Silberkäfig hier;
 Nur Eulen heckt das heim'sche Nest:
  Das viele Grübeln schadet mir.   25

VI. Wie geht das zu, o edler Aar,
 Der Ihr zu Höchst fliegt offenbar,
  Daß Euren eig'nen Leuten Ihr
 Nicht nach Verdienst den Lohn bringt dar?
  Das viele Grübeln schadet mir.   30

VII. Wenn schon bedacht ist jedermann,
 Hoch und gering von jedem Clan,
  John Reifs, Rauf Colyears Abkunft hier,[1]
 Ich doch noch nichts erlangen kann:
  Das viele Grübeln schadet mir.   35

VIII. Obwohl man mich bei Hof weist ab,
 Und ich Verdienste wenig hab',

---

[1] Rauf Colyear with the thraw in brow ist der Held eines
alten volksthümlichen Gedichts gedruckt in den Select Remains
of Scottish Poetry (vgl. S. 11) und in neuerer Zeit in der
für den Hunterian=Club veranstalteten Ausgabe des Bannatyne=
Manuscripts. Ein Gedicht über John the Reif ist noch nicht
entdeckt worden. Der Dichter will sagen: Leute von der Art wie
jene beiden Raufbolde werden berücksichtigt, nur ich nicht.

Von Adam ich den Stammbaum führ',
Wie Andre, denen man was gab:
   Das viele Grübeln schadet mir.   40

IX. Eh' ich verharr' in solcher Noth, —
Wär's eine Sünde nicht vor Gott —,
   Würd' ein Spion ich lieber hier;
Die sind von Sorgen nicht bedroht:
   Das viele Grübeln schadet mir.   45

X. Darin klag' ich mich selber an,
Daß ich nicht schmeicheln und heucheln kann
   Und nichts als Verse producier';
Das ist für mich ein Hemmschuh dann:
   Das viele Grübeln schadet mir.   50

XI. Gering ist mein Verdienst, 's ist wahr,
Und nur als Gnade ganz und gar
   Und so, daß niemand es genir',
Bitt' ich, reicht Medicin mir dar:
   Das viele Grübeln schadet mir.   55

XII. Von Keinem Heilung ich erreich'
So zweifellos, als nur von Euch;
   Drum mit 'ner Pfarre man's probir',
Und wird mir dann nicht besser gleich,
   Dann schadet nur das Grübeln mir.   60

XIII. Mich rief die Amme auf ihrem Knie:
Dandely, Bischof, Dandely!
   Und nun ich schon das Alter spür',
Bracht' ich's zum armen Vicar nie:
   Das viele Grübeln schadet mir.   65

XIV. Hans, der einst hütet Küh' und Schweine,
Nennt eine Anzahl Kirchen seine
   Durch eine falsche Kart', die hier[1]

---

[1] „With ane fals cairt in to his sleif" also genauer:
Mit Hülfe einer falschen Karte im Aermel. Es ist m. E. kaum
zweifelhaft, daß dies nicht bildlich zu verstehen ist, wie Lord Hailes

Viel mehr werth ist, als meine Reime:
      Das viele Grübeln schadet mir.   70

XV. Michel vom Moor hat zwei bis drei,
      Ein Knäu'l Dispense noch dabei,
        Obwohl vom Vieh erst kürzlich hier,
      Daß totum ihm, mir nihil sei:
        Das viele Grübeln schadet mir.   75

XVI. Ohn' Hab und Gut wie leb' ich dann,
      Wenn keine Pfarr' ich haben kann!
        Ich table Euch, Herr, nicht dafür,
      Doch streift es freilich nah' hinan:
        Das viele Grübeln schadet mir.   80

XVII. Wie in der Höll' der Seel' muß sein,
      Die zwischen Hoffnung lebt und Pein,
        Ist mir zu Muth, Herr, glaubt mir's, hier;
      Ich hoff', Ihr wollt mein Helfer sein:
        Das viele Grübeln schadet mir.   85

In einer ähnlichen Stimmung ist auch das an den
König gerichtete Gedicht Ueber die Unbeständig=
keit der Welt (I, 204) gedichtet, in welchem all=
gemeine Klagen über die Wandelbarkeit irdischen Glücks
und über die Unzuverlässigkeit der Menschen auf geschickte
Weise mit seinen eigenen Beschwerden verbunden sind,
wie dies gleich die erste Strophe veranschaulichen möge:

I. Die Schlechtigkeit der schnöden Welt,
      Fruchtlos und leer das Arbeitsfeld,
        Vergeblich Müh'n, verlorne Zeit,
      Das zu bedenken schafft mir Leid.

---

meint, der erklärt: by means of secret columny and false sug-
gestion," sondern wörtlich. Der König wird wirklich gelegentlich
um ein vacantes Kirchenamt gespielt haben. Dadurch gewinnt
auch die Bezeichnung Schir Bet-the-Kirk in Dunbar's Dream
(vgl. S. 258, Vers 91) eine bestimmtere Bedeutung.

Die schnell schwindende Lebensfreude, die Doppel=
züngigkeit der Menschen bilden weitere Gegenstände
der Klage, an die er dann wiederum den geringen Lohn
für lange treue, demüthige Arbeit anreiht. „Das ist
nicht etwa nur in diesem Lande so,“ fährt er dann fort
in der schon früher citirten Strophe, „sondern auch in
Frankreich, England, Irland, Deutschland, Italien und
Spanien. Treue und Glauben ist gänzlich aus der Welt
verschwunden“, führt er dann in mehreren Strophen aus;
„selbst der Sohn möchte den Vater enterben.“ Auch von
den Geistlichen weiß er nicht viel Gutes zu sagen und noch
weniger von der Verleihung der Kirchenämter, diesem
beständigen Herzenskummer des Dichters, denn „Mancher
hat sieben Pfarrstellen, ich nicht eine einzige“, jammert
er auch hier wieder.

XIII. Mancher, zu schlecht als Knecht im Stall,
      Begehrt zu sein ein Cardinal;   50
      Ein Bisthum wär’ eine Kleinigkeit;
      Das zu bedenken schafft mir Leid.

XIV. Und ich, noch ein Unwürd’ger mehr,
      Stets eine Kirch’ umsonst begehr’.
      Ein Schock für Andre ist bereit;   55
      Das zu bedenken schafft mir Leid.

„Zwar ist mir vom König und der Königin die
Erfüllung meiner Bitte versprochen worden,“ fährt er fort,
„aber es könnte eher von Calcutta oder von der neu auf=
gefundenen Insel (Amerika) jenseits der See, oder aus
Indien, Persien oder Afrika zu mir gelangen, als von da.“

XIX. Ich fürcht’, daß es so lange währt,
      Daß wir dann nichts davon gehört.
      Ja, daß ich schon in Rückstand weit: 75
      Das zu bedenken schafft mir Leid.

XX. Ich habe drauf versprochen schon
   Einhorne und auch manche Kron';[1]
   Wenn's endlich kommt, bringt's mir noch Streit;
   Das zu bedenken schafft mir Leid.   80

XXI. Ich weiß, mir ist's bestimmt in Huld,
   Doch wart' ich drauf mit Ungeduld;
   Es schmerzt mir Herz und Kopf zur Zeit:
   Das zu bedenken schafft mir Leid.

XXII. Ich jage nicht Abteien nach,   85
   Ein Kirchlein mit 'nem Heidebach,
   Dies Wenige brächt' mir große Freud;
   Das zu bedenken schafft mir Leid.

XXIII. Was ich sonst that verschiedentlich,
   Mit Hilf' Eurer Hoheit, hoffe ich,   90
   Kost't nicht der Seele Seligkeit,
   Bringt nicht für Sünde mich in Leid.

XXIV. Erfahrung hat mich so erhellt,
   Daß ich bin müde dieser Welt,
   Die wie ein Trugbild allezeit;   95
   Das zu bedenken schafft mir Leid.

XXV. Die größte Hoffnung in der Noth,
   Auf dieser Welt, so helf' mir Gott!
   Ist Eure Hoheit, weit und breit;
   Das schafft mir Lind'rung für mein Leid.   100

In einem entschiedenen, auch äußerlich durch das
lebhaftere Metrum angedeuteten Gegensatz zu den bisher
betrachteten, theils humoristisch, theils wehmüthig klagenden
Bittschriften stehen zwei andere Gedichte Dunbars an
den König, in welchen er seinem Ingrimm über die
Mißbräuche und Willkürherrschaft, deren jener sich schuldig
machte, in rückhaltloser Weise Ausdruck verleiht. Dieselben
sind betitelt Klage an den König (Complaint to

----

[1] Damals in Schottland gangbare Goldmünzen, jede im
Werth von 18 sh. (Laing).

the King I, 142) und Beschwerde an den König (Remonstrance to the King I, 145).

Die Bemerkungen Pinkertons zu dem ersteren „This complaint is written in a passion which is a great enemy to clearness" und „many harsh names in this piece I cannot explain" mögen uns zur Entschuldigung dienen, wenn wir die beiden Gedichte nicht so vollständig und genau, wie wir gewünscht hätten, in der Uebersetzung wiedergeben. In der Klage an den König wendet der Dichter sich zunächst in ernsten Worten an den Herrscher, der doch die Krone trägt, um Gerechtigkeit zu üben, wegen des schreienden Unrechts, welches nicht nur die Abligen des Landes zu erbulden haben, sondern auch andere Männer, die durch Verdienst, Kenntnisse und Weisheit ausgezeichnet seien, dennoch aber bei Hofe keine Anerken= nung und Beförderung finden, da aufdringliche Dumm= köpfe, denen der König seine Gunst zuwendet, ihre Stellen einnehmen. Das Gedicht beginnt in feierlichem Tone mit folgenden Versen:

> Ich möchte klagen, wenn ich nur wüßt',
> An wen die Schrift zu richten ist;
> An Gott, der alles sieht und lenkt,
> Der alles hört, an alles denkt,
> Der alles schuf in sieben Tagen?　　　　5
> Soll ich's der Mutter Gottes klagen?
> Oder dem Fürsten dieser Welt,
> Der für das Recht die Krone hält,
> Wie arge Ungerechtigkeit
> Der Adel leidet in heut'ger Zeit;　　　　10
> Auch Männer von Verstand und Wissen,
> Die stets der Weisheit sich beflissen,
> Und finden nichts hier an Gewinnst,
> Trotz langer Ansprüch' und Verdienst'.

Der Dichter macht nun im weiteren Verlaufe des Gedichts seinem Zorn Luft, indem er die Günstlinge des Königs, welche jenen verdienten Männern den Weg versperren, kühnlich mit den stärksten Schimpfwörtern belegt. In der Auswahl derselben zeigt sich wieder sein derber, volksthümlicher Humor.

Eine Uebersetzung ist hier aber um so weniger möglich, als die Komik zum großen Theil in der Anwendung der in diesem Fall besonders schwer nachzuahmenden Alliteration besteht; auch sind manche jener Ausdrücke dunkel; der Dichter resumirt dieselben in dem nächsten Verse, womit wir die Uebertragung wieder aufnehmen:

Scheußliches Pak, so falsch, wie hohl;
Der steckt sich in eine Kutte wohl,
Von Sünd' ein Kloster zu erlösen,
Obwohl selbst Urbild alles Bösen,   30
Aus Habgier statt aus Frömmigkeit,
Worob sich nur der Teufel freut.
Vom König Der die Stola erpreßt,
Und arme Schlucker sterben läßt;
Der meint, erhält er 'ne Pfarrei,   35
Daß eine Pagengab' es sei,
Und wär' zufrieden wohl nicht eh'r,
Bis er „My Lord" betitelt wär'.

Doch ob er g'nug hat oder nicht,
Erwägt wohl Ihr mit Zuversicht.   40
Der Sohn des Earl oder Lord
Soll über einen Strolch sich dort
Nicht ärgern, wenn in alten Fetzen
Für jenen er muß ab sich hetzen,
Und ist gebor'n als Herr im Land,   45
Auch seine Vorfahr'n, wie bekannt;
Hat mehr Verstand, als solcher drei,
Ein Amt zu führen, was es sei,

Und dient jetzt keuchend solchem Wicht,
Mit dummem Pfaffenangesicht,   50
Der nun bei Tisch obenan gehört,
Obwohl er einst den Stall gekehrt;
Ein Schnorrer im Prälatenkleid,
Mit platten Füßen, Zehen breit,
Mit schiefen Hüften, dürren Lenden,   55
Mit dicken, plumpen Schubkarrnhänden,
Mit runden Schultern, krummem Rücken,
Gemacht zum Packtragen und zum Bücken,
Mit gierigem Sinn und grellem Schrei'n,
Dickköpfig wie ein Mörtelstein,   60
Der sich nun gleich dünkt einem Lord,
Und ist ein Tölpel, auf mein Wort,
Der höhnet, wie er steigt an Ehr',
Die Adligen nur um so mehr
Und hält sie nieder, wie er kann,   65
Daß keiner reicht an ihn hinan.

   Darum, o Fürst, so hehr und hoch,
Erwäget diese Sache doch.
Gedenkt doch alter Diener jetzt,
Die ihr Vertrau'n auf Euch gesetzt.   70
Vielleicht mein' ich auch mich damit,
Der aller Länder Müh'n erlitt,
Wie meine Schriften mir bezeugen,
Und kann doch Euren Sinn nicht beugen.
Jedoch auf Ungnad' folget Gnad',   75
Wie man schon oft erfahren hat.

Mit dieser Hoffnung, die ihn schon so oft für eine
Zeitlang getröstet hat, schließt der Dichter seine Klage.
Ueber die Person des Prälaten, der hier seinen besonderen
Groll zu fühlen bekam, sind uns keinerlei Nachrichten
erhalten. Der Abt von Tungland kann nicht gemeint
sein. Es scheint dieselbe Persönlichkeit zu sein, auf welche

er schon in einem früheren Gedicht an den König (vgl.
S. 267, Strophe XIV) mit den Versen

Hans, der einst hütet' Küh' und Schweine,
Nennt eine Anzahl Kirchen seine ꝛc.

angespielt hatte, und der er nun hier in viel derberer
Weise die Wahrheit sagte, welche freilich indirect ebenso
sehr den König traf. Ueberhaupt ist das Gedicht haupt=
sächlich wegen der freimüthigen Sprache, die der Dichter
sich darin dem Herrscher gegenüber erlaubt, von besonderem
Interesse.

In noch viel höherem Grade aber tritt dies zu Tage
in dem Pendant zu dieser „Klage“, in der Vor=
stellung an den König.

Der Anfang dieses Gedichts ist namentlich deswegen
interessant, weil darin die mancherlei Diener des Königs
aufgezählt werden und wir so eine ziemlich klare Vor=
stellung gewinnen von der Umgebung des Hofes in engeren
und weiteren Kreisen.

„Herr,“ sagt er, „Ihr habt manche Diener und
Beamte für die verschiedenartigsten Verrichtungen: Diener
der Kirche, des Hofes, Handwerker, Doctoren des
Rechts und der Medicin, Wahrsager, Rhetoren, Philo=
sophen, Astrologen, Künstler und Oratoren, Krieger und
tapfere Ritter, Musiker, Minstrels und lustige Sänger,
Höflinge, Registratoren (?) und französische Tänzer, Münz=
präger, Bildhauer und Zimmerleute, Erbauer von Barken
und Kriegsschiffen, [1] Maurer und Schiffszimmerleute,
Glaser, Goldschmiede und Steinschneider, Buchdrucker,
Maler und Apotheker; und alle diese sind ehrenwerthe,

---

[1] König Jakob IV. ließ sich die Verbesserung seiner Flotte
sehr angelegen sein; vgl. Burton, History of Scotland, Edinburgh
and London, 1873. 8°. vol. III, p. 66 ff.

fleißige Leute und Eurer Hoheit von großem Nutzen, so
daß ihnen in der That Dank und Lohn gebührt." Dann
fährt er fort mit stolzem Selbstbewußtsein:

Und falls nun ich, wie Andre mehr,   25
Unwürdig einer Stelle wär',
Oder zu ihnen zu gehören,
Wird mein Werk grab' so lang doch währen,
So völlig unversehrt und ganz
In Form, Materie und Substanz,   30
Unabgenützt und unverletzt,
Durch Rost und Fäulniß nicht zersetzt,
Wie irgend eins von ihren Dingen,
Wird's auch nur wenig Lohn mir bringen.

„Nun aber," sagt er dann, den allgemeinen Ver=
hältnissen sich wieder zuwendend, „befindet sich noch in
Folge der Gnade und Milde Eurer Hoheit eine andere
Sorte von Menschen in Eurer Umgebung, die weniger
achtungswerth und nützlich sind, nämlich Heuchler und
Schmeichler, Schreier, Prahler und Schwätzer, Faullenzer,
Gauner, habgierige Geier, Kanoniere,[1] Herrchen aus Frank=
reich, die gute Weinkenner sind, lästige Bittsteller ir=
ländischer Race, unverschämte Schmarotzer und Bettler,
die in den Speisehallen eine Ente oder einen Enterich
zu erhaschen suchen, die sich drängen und stoßen, als wenn
sie toll wären, zudringliche Gesellen, die kein ordentlicher

---

[1] König Jakob IV. führte die Kanonen in seine Armee ein.
Indeß scheint er dieselben auch häufig zu seinem Amusement haben
abfeuern zu lassen. Es finden sich nach Laing (II, 236) in den
Rechnungsbüchern des Schatzkammeramtes verschiedene Summen
aufgeführt, die der König in Pulver verknallte, so u. a. am 4. Februar
1508 28 sh., die er verausgabte an Hans the Gunner, um in
der Halle des Schlosses von Holyrood (welches also damals
fertig war) die Feldschlange abzuschießen. Vielleicht hatte Dunbar
diesen im Sinne.

18*

Menſch kennt, Achſelträger und Scheinheilige ohne Scham,
die nichts anderes verſtehen, als ſich an Euren Thüren
herumzuſtoßen, ſich dort einzubrängen, wo ſie von den
Berathungen etwas hören könnten und keine Manieren
von Anderen lernen wollen; auch luſtige Erfinder von
Quinteſſenz, die aber nur die Narrheit vervielfältigen
können (offenbar ein neuer Hieb auf den Abt von Tung=
land), phantaſtiſche Narren, falſch und gierig, unwahr
in Worten, unredlich in Thaten, ſo daß ihrer nur
wenige aus dem Gefängniß, wenn ſie ſich ihm zu nähern
wagten, wieder loskommen würden.‟

Der Dichter fährt dann nach dieſer neuen Probe
ſeines Talentes für „Flyting‟ in rückhaltloſer, drohender
Sprache fort:

> Und wenn dann jene edle Schaar,
> Von der zuerſt die Rede war,
> Belohnt wird, iſt's mir ja ſchon recht,
> Daß niemand weiter danach frägt.
> Doch wenn für dieſe Narren all   65
> Gemäſtet wird ein Schwein im Stall,
> Wenn jeder ſeinen Lohn erhält,
> Nur ich nicht, — Pfui, der falſchen Welt!
> Vor Gram muß berſten ſchier mein Herz,
> Denn es erduldet bitt'ren Schmerz,   70
> So arge Mißbräuch' anzuſeh'n,
> Wie täglich hier bei Hof geſcheh'n.
>
>   Und doch, mehr Nachſicht hätt' ich ſchon,
> Bekäm' ich gleichfalls meinen Lohn.
> Das brächt' in meiner Traurigkeit   75
> Mir doch ein wenig Troſt und Freud',
> Ließ' mich wohl Fehler überſeh'n,
> Die mir vor Augen hier geſcheh'n.
> Jetzt bin aufs Schelten ich erpicht,

Was anb'res bichten kann ich nicht,   80
Es muß mein Herz vor Leib mir brechen,
Ober mich meine Feder rächen.
Da nun nichts anb'res frommt, als wie
Zu sterben vor Melancholie,
Ober bem Gifte seinen Lauf   85
Zu lassen, springt's auch hoch hinauf, —
Habt Acht, baß es nicht spritzt zu schlimm;
Heilt bas Geschwür unb meinen Grimm!

Wann biese beiben Gebichte, welche unzweifelhaft
ziemlich zu gleicher Zeit entstanden, abgefaßt worden sein
mögen, ist nicht mit Bestimmtheit zu sagen. Laing meint,
baß bas zweite im Jahre 1509 entstanden sein könne,
was wegen ber Erwähnung ber Buchbrucker, welche ihre
Kunst erst im Juni 1507 in Schottland einführten, wahr=
scheinlich ist. Andererseits ist nicht anzunehmen, baß
Dunbar bieses ober irgenb eines ber bisher besprochenen
poetischen Bittgesuche an ben König nach bem 26. August
1510 geschrieben habe, an welchem Tage ihm, wie wir
wissen, seine Pension von 20 £ auf 80 £ erhöht wurde;
benn bann würbe er weber Anlaß gehabt haben, seiner
Sehnsucht nach einem Kirchlein mit einem Heibebach Aus=
bruck zu geben, welches Amt nach bem Wortlaut seiner ersten
Pensionsbewilligung zu schließen etwa ein Einkommen von
40 £ repräsentirt hätte, noch auch berechtigt gewesen sein,
in so beharrlicher Weise unb in so entrüstetem Ton, wie es
in manchen jener Dichtungen geschieht, über gänzliche
Vernachlässigung von Seiten bes Königs zu klagen. Es
ist wohl mit Wahrscheinlichkeit anzunehmen, baß bie stets
wieberkehrenben, immer bringlicheren Bitten bes Dichters
bie im Jahre 1507 erfolgte Aufbesserung seines festen
Einkommens von 10 £ auf bie boppelte Summe unb

bann anno 1510 bie wefentliche Erhöhung auf 80 £ zur Folge hatten.

Ob nun aber das originellfte aller poetifchen Bitt= fchriften Dunbars an den König, Die Bittfchrift des alten Graufchimmels, genannt der alte Dunbar (The Petition of the Gray Horse, Auld Dunbar, I, 149), worin er fich in der Rolle eines alten Gauls vorführt, der fich feit langer Zeit in des Königs Dienft abgemüht habe und nun zu Weihnachten verdiene, in den Stall geführt und mit einer neuen Decke behängt zu werden, ob dies Gedicht vor oder nach jenem Datum gefchrieben ift, das ift fchwer zu entfcheiden. Wir laffen es hier zunächft in der Ueberfetzung folgen.

An den König.

Die Bittfchrift des Graufchimmels, genannt der alte Dunbar.

I. Da nah' die Weihnachtszeit nun fehr,
    Wird ftolz das Roß nicht gehn einher,
    Wenn Klepper faft geputzt noch mehr,
    Ob Lords, ob Knecht' die Reiter fei'n?
      Laßt, Herr, die ganze Stadt nicht fchrei'n,   5
      Ich müff' ein alter Schinder fein.[1]

---

[1] Falls ich nämlich kein Gefchenk zu Weihnachten, oder richtiger zu Neujahr, welches die eigentliche Zeit für Gefchenke war, erhalten würde, was fo ausgelegt werden könnte, als hätte ich keines verdient.

Wir theilen die erfte Strophe, die vielfach dunkel ift, im Ori= ginal mit, da wir uns zu einer freien Ueberfetzung genöthigt fahen:

    Now Lufferis cummis with largess lowd,
    Quhy sould not Palfrayis thane be prowd,
    Quhen Gillettes wil be schomd and schroud.
    That ridden ar baith with lord and lawd?
      Schir, lett it nevir in toun be tald,
      That I sould be ane Yuillis yald!

Namentlich die beiden letzten Verfe, welche als Refrain in

II. Als jung ich war und gut im Stand'
    Und Sprünge machte allerhand,
    Wär' ich verkauft in fremdes Land,[1]
    Würd' ich bereit gewesen sein.   10
      Laßt, Herr, die ganze Stadt nicht schrei'n,
      Ich müss' ein alter Schinder sein.

---

jeder Strophe wiederkehren, sind schwierig und selbst den Herausgebern nicht ganz verständlich. Das Wort yald scheint, wie Laing
(II, 327) aus den Reimen bauld: yald; gnawin (statt gnawld
oder gnawd): yald schließt, yawd oder yaud gesprochen worden
zu sein und war wohl gleichbedeutend mit dem englischen jade,
altes, abgetriebenes Pferd, Kracke, Schindmähre, Schinder, alter Gaul.
Yuillis yald würde also wörtlich etwa zu übersetzen sein mit „Weih-
nachtsgaul". Der Ausdruck scheint zu dem Volksaberglauben eine
jetzt nicht mehr ganz deutliche Beziehung gehabt zu haben. Nach
der Angabe von R. Jamieson herrschte noch gegen Ende des 18. Jahrhunderts in Moraynshire (nach Paterson noch heutigen Tages in
Schottland) der Aberglaube, daß jede Frau und jedes Mädchen
ihre Arbeit, Spinnen, Stricken, oder was immer, vor Weihnachts-
abend beendet und weggeräumt haben müsse, falls sie nicht für das
ganze nächste Jahr Yule's yaud sein wolle. Das sollte wohl heißen,
daß während des nächsten Jahres einer solchen nichts nach Wunsche
gehen werde. Diese volksthümliche Redensart wendet also der Dichter
hier an, offenbar in dem Sinne: Uebergeht mich nicht mit Eurem
Geschenk, damit nicht die Leute sagen, ich müßte Yuillis yald sein,
d. h. eine nachlässige Person, die nicht ihre Schuldigkeit gethan habe
und zu nichts mehr nütze sei, oder im Sinne der von ihm gewählten
Personification: ein alter Schindergaul. — Der erste Vers der Strophe
würde etwa zu übersetzen sein: Da nun die Gabenspender kommen
mit dem lauten Ruf: „Freigebigkeit". Dies bezieht sich auf die Sitte,
daß bei festlichen Gelegenheiten, namentlich auch zu Weihnachten
königliche Herolde Gold- oder Silbermünzen unter das Volk warfen
und dabei riefen: Largess! d. h. Wohlthätigkeit, Freigebigkeit (vgl.
Laing II, 338/9).

[1] Vermuthlich denkt der Dichter hier an die freundliche Aufnahme, die er im Jahre 1501 von Seiten König Heinrichs VII.
von England gefunden hatte, der ihn damals vielleicht einlud, an
seinem Hofe zu leben.

III. Wollt' ich mit eblen Rossen weiden,
Mußt' ich die Peitsche gleich erleiden,
Bei Kohlenpferden mich bescheiden,   15
Die nicht von Schorf und Druse rein.
   Laßt, Herr, die ganze Stadt nicht schrei'n,
   Ich müss' ein alter Schinder sein.

IV. Ist mir auch nicht ein Stall bereit,
Wie Rennern, eingehüllt in Seib',   20
Würde zur kalten Weihnachtszeit
Ein Obdach mich doch sehr erfreu'n.
   Laßt, Herr, die ganze Stadt nicht schrei'n,
   Ich müss' ein alter Schinder sein.

V. Wär' ich ein Gaul, ganz abgetrieben,   25
Stets draußen auf der Weid' geblieben,
Und wär' so stark auch, wie sonst sieben,
Müßt' ich zu Weihnacht' doch herein.
   Laßt, Herr, die ganze Stadt nicht schrei'n,
   Ich müss' ein alter Schinder sein.   30

VI. Ich bin ein altes Pferd, Ihr wißt,
Von Noth geplagt zu jeder Frist,
Das aus dem Stall vertrieben ist
Vom Staatspferd, in die Heid' hinein;
   Laßt, Herr, die ganze Stadt nicht schrei'n,   35
   Ich müss' ein alter Schinder sein.

VII. Lang trabt' ich fort auf öder Spur,
Auf kahler Weid', auf dürrer Flur,
Möcht' gern hinein im Alter nur,
Da mein Gebiß schon schief und klein.   40
   Laßt, Herr, die ganze Stadt nicht schrei'n,
   Ich müss' ein alter Schinder sein.

VIII. Ganz weiß ist jetzt schon meine Mähn',
Weshalb, das ist leicht einzusehn!
Wenn and're Gäul' beim Hafer steh'n,   45

Hatt' ich nur Gras, fand ich's allein.
Laßt, Herr, die ganze Stadt nicht schrei'n,
Ich müß' ein alter Schinder sein.

IX. Man hat niemals gestriegelt mich,
   Ich lebte so elendiglich,   50
   Daß meine Haut gern gäbe ich
   Für schlechtes Stroh, wär' es nur mein.
      Laßt, Herr, die ganze Stadt nicht schrei'n,
      Ich müß' ein alter Schinder sein.

X. Doch falls mein Gut ich Euch vererbe,   55
   Erlaubt nicht, wenn ich bei Euch sterbe,
   Daß meine Haut ein Schuster gerbe,
   Mit schmutz'ger Laug' sie weiche ein.
      Laßt, Herr, die ganze Stadt nicht schrei'n,
      Ich müß' ein alter Schinder sein.   60

XI. Der Hof gab mir so manchen Stoß, —
   Ich ward ein muthlos, dürres Roß;
   Doch hätt' 'ne Weihnachtsdeck' ich bloß,
   Könnt' man die Spor'n mir setzen ein.
      Laßt, Herr, die ganze Stadt nicht schrei'n, 65
      Ich müß' ein alter Schinder sein.

Das originelle Bittgesuch fand ein bereitwilliges Gehör von Seiten des Königs. Denn es ist uns im Reidpeth=Manuscript folgende Antwort des Königs überliefert worden, welche dem Dichter offenbar zur Ueber= reichung an den Lord Schatzmeister zuging:

Euch soll, Schatzmeister, kund nun sein,
Dunbar, den Grauschimmel, holt herein,
Der treu mir dient' zu jeder Frist
Und nun ganz weiß geworden ist.
Behängt zu Weihnacht ihn aufs Neu;   5
Die Decke ganz so kostbar sei,
Wie für ein Bischofsroß; und dann
Zahlt, was sie immer kosten kann.

Laing druckt diese hübsche Responsio Regis (I, 152) mit lauter großen Buchstaben, entgegen der handschriftlichen Ueberlieferung, welche keinen Unterschied macht. In seinen Memoirs of William Dunbar (I, 25) überläßt er es aber dem Leser, zu entscheiden, ob die Verse wirklich von dem Könige herrührten oder etwa vom Dichter in seinem Namen hinzugefügt worden seien, um auf diese Weise seinem Gesuch noch größeren Nachdruck zu geben. Diese letztere Annahme setzt aber doch eine gar zu große Kühnheit von Seiten Dunbars voraus. Auch berichtet Laing in einer Anmerkung (II, 328), daß Chalmers die Verse als echt in seine Poetical Remains of the Scotish Kings, London, 1824, aufgenommen habe, wozu er u. E. gewiß berechtigt war. Die versificirte Antwort des Königs auf das Bittgesuch seines Hofdichters läßt somit erkennen, daß Jakob IV. nicht nur für Scherz und Humor ein freundliches Verständniß hatte, sondern auch, daß er eine gewisse productive Begabung dafür besaß. Es ist nämlich wohl unzweifelhaft, daß die Anweisung, dem alten, treuen Grauschimmel eine Decke zu geben, so kostbar, wie für das Roß eines Bischofs, nicht lediglich ein Compliment für den Dichter enthält, sondern daneben auch eine humoristische Anspielung des Königs auf das so oft kundgegebene Verlangen Dunbars nach einem Bischofssitz, welches er damals allerdings wohl schon längst auf den bescheideneren Wunsch nach einem „Kirchlein mit einem Heidebach" reducirt hatte. Denn daß das Gedicht entstanden sein muß, als der Verfasser desselben schon ziemlich vorgerückt in Jahren, als er bereits alt und grau geworden war, wenn auch vielleicht in Folge vieler Sorgen und Mühen vor der Zeit, geht aus dem ganzen Tone desselben deutlich hervor. Nehmen wir an, dasselbe sei Ende des

Jahres 1511 geschrieben, so würde Dunbar damals etwa
52 – 54 Jahre alt gewesen sein, was zu dem ganzen
Inhalt des Gedichts wohl stimmen würde. Die reiche
Neujahrsbescheerung an kostbaren Kleidungsstoffen, welche
ihm am 23. Januar 1512 zu Theil wurde (vgl. S. 95),
könnte dann die Folge der poetischen Correspondenz zwischen
ihm und dem König gewesen sein. Dunbar mochte ge=
fürchtet haben, nach der ihm gewährten bedeutenden Ge=
haltserhöhung zu Weihnachten nicht mehr so reichlich be=
dacht zu werden und aus diesem Grunde dem Könige sich
als Grauschimmel in Erinnerung gebracht haben.

Zwingende Gründe für diese Annahme sind aber
nicht vorhanden, und es könnte ebenso gut das Jahr
1508 oder 1509 angenommen werden, um so mehr, als
die Rechnungslisten des Schatzkammeramts vom August
1508 bis November 1511 fehlen. Einige Strophen, wie
z. B. die sechste, stimmen sogar besser zu der Annahme,
daß der Dichter sich zur Zeit, als er sie schrieb, noch in
recht gedrückten Verhältnissen befand, und es ist denkbar,
daß er sich entschloß, nachdem alle bisherigen Versuche,
vom König ein Amt zu erlangen, vergeblich gewesen
waren, sowohl die ernste, eindringliche Bitte, als auch
die indignirte Vorstellung, es noch einmal mit einer hu=
moristischen Petition zu versuchen, welche so guten Erfolg
hatte, daß sie ihm nicht nur ein reichliches Weihnachts=
geschenk, sondern ein halbes Jahr später auch noch eine
bedeutende Gehaltszulage eintrug.

Wahrscheinlich war der Dichter sogar in Folge seiner
kühnen Kritik der Mißwirthschaft bei Hof und der Willkür
und Ungerechtigkeit, welche König Jakob IV. sich in Bezug
auf die Verleihung der Kirchenstellen zu Schulden kommen
ließ, zeitweilig in Ungnade gerathen, worauf verschiedene,

in einigen Gedichten enthaltene Andeutungen schließen laffen, fo z. B. der Schluß feiner Klage an den König (vgl. S. 273).

Einen noch directeren Hinweis dafür enthält das Gedicht Schwer zu befriedigende Leute (Of men evill to pleis, I, 173), welches nur im Reidpeth=Manufcript unferem Dichter zugefchrieben wird, während es im Bannatyne=Manufcript anonym fteht. Die Autor=fchaft Dunbars ift aber nicht zu bezweifeln, denn es trägt alle charakteriftifchen Eigenfchaften feiner Dichtungsweife an fich. Es ift eins von denjenigen Gedichten, die anfangs ganz allgemeine Betrachtungen enthalten, fchließlich aber auf die perfönlichen Verhältniffe des Verfaffers Bezug nehmen. Aus der Schlußftrophe erfahren wir, daß er bei einer Weihnachtsbefcheerung übergangen worden, alfo doch ficherlich nicht mit gewohnter Rückficht und Güte behandelt worden war. Vielleicht erfang er fich bei dem nächften Weihnachtsfeft durch fein originelles, humoriftifch=rührfames Gray-Horse=Gedicht dann die Verzeihung und Gnade des Königs.

Schwer zu befriedigende Leute.

I. Vier Arten Volk beglückt man fchwer:
Der ein' ift Der, der fchon gar fehr
An Silber, Gold, Vieh, Kühen reich,
Und nähm' noch gern von Andern gleich.

II. An Rent' und Feld ein And'rer mehr   5
Ift folch ein großer mächt'ger Herr,
Daß er kaum felber weiß, wie reich;
Und nähm' noch gern von Andern gleich.

III. Ein Andrer hat von edlem Blut
Ein muntres Weibchen, fchön und gut,   10

Ehrbar, verständig, tugendreich;
Und nähm' noch gern ein andres gleich.

IV. Ein Andrer schüttet Bier und Wein
So gräulich viel in sich hinein,
Bis alles in ihm naß und weich;   15
Und nähm' noch gern von Andern gleich.

V. Ich sah' auf Erden Keinen, der
Im Ueberfluß wär', noch so sehr,
Und keinen Menschen, noch so reich,
Daß er nicht nähm' von Andern gleich.   20

VI. Jedoch wer all dies Gold und Geld
Und andre Güter dieser Welt
Auch hat, ich bin's nicht, sag' ich euch;
Von mir geht es zu Andern gleich.

VII. Zumal bei diesem Weihnachtsfest,   25
Wo stets Herr Gold sich sehen läßt,
War er für mich nicht gabenreich,
Ging mir vorbei zu Andern gleich.

Eine ähnliche, nur viel melancholischere und hoffnungs-
losere Stimmung spricht sich aus in dem Gedicht **Man
kann auf diese Welt nicht bau'n**, welches bei
Laing den Titel trägt: None may assure in this warld
(I, 195). Daß es der späteren Lebenszeit Dunbars
angehört, ist nicht zu bezweifeln wegen der in der letzten
Strophe ausgesprochenen Todesahnungen und namentlich
wegen des in der zweiten Strophe enthaltenen Hinweises
auf seine langen, bisher unbelohnt gebliebenen Dienste,
woraus zugleich zu schließen ist, daß es vor 1510 geschrieben sein muß.[1]) Die in dem Gedichte enthaltene

---

[1]) Es ist unbegreiflich, wie Paterson dies Gedicht der Jugendzeit Dunbars zuschreiben und es auf die Regierungszeit Jakobs III.
beziehen kann. Uebrigens ist die ganze in seiner Ausgabe befolgte
Anordnung eine durchaus gedankenlose und widersinnige.

Kritik des Lebens und Treibens bei Hofe ist eine in allgemeinen Ausdrücken gehaltene Bestätigung der in den früheren Gedichten im Einzelnen dargelegten Uebelstände, zum Theil in etwas zu weitschweifiger Ausführung, obwohl einige Strophen sich durch die gewohnte prägnante Ausdrucksweise Dunbars auszeichnen.

Man kann auf diese Welt nicht bau'n.

I. Sagt, wem ich klagen soll mein Leid
Und meine Sorg' und Traurigkeit?
  Soll Arm ich oder Reich vertrau'n?
  Wer steht auf Freund's, auf Feindes Seit'?
  Man kann auf diese Welt nicht bau'n.   5

II. O Herr! Mich drückt das Dasein schon;
Für langen Dienst wird mir kein Lohn,
  Und lang währt wohl mein Leben kaum;
  Verlor'ne Zeit, die mir entfloh'n!
  Man kann auf diese Welt nicht bau'n.   10

III. Falschheit fährt mit Gepräng' einher,
Wahrheit zu Fuß folgt hinterher;
  Freigebigkeit läßt sich nicht schau'n.
  Ich weiß nicht, was zu machen wär';
  Man kann auf diese Welt nicht bau'n.   15

IV. Nur reiche Leute sind geehrt,
Die Armen in den Staub man zerrt,
  Der Brave hat stets Unrecht, — trau'n,
  So wird Vernunft und Witz bethört;
  Man kann auf diese Welt nicht bau'n.   20

V. Bei Hof die Tugend wird geschmäh't,
Dem Wüstling es nach Wunsche geht,
  Der Stallknecht hält den Lord im Zaum,
  Der Tropf in Amt und Würden steht;
  Man kann auf diese Welt nicht bau'n.   25

VI. Ein jeder, der von Rang und Stand,
Ist längst aus seinem Amt verbannt;
 Ein freies Wort bringt Angst und Grau'n,
In Fürstengunst ist kein Bestand;
 Man kann auf diese Welt nicht bau'n.   30

VII. So stark ist Keiner und gestählt,
Daß er das Unglück fern sich hält;
 Kein Mensch kann stets auf Glück vertrau'n,
Das Unglück meuchlings ihn befällt;
 Man kann auf diese Welt nicht bau'n.   35

VIII. Der Schmeichler trägt ein Pelzgewand,
Der Falsche ist mit Lords bekannt,
 Wahrheit steht draußen vor dem Zaun,
Und Ehr' ist aus der Stadt verbannt;
 Man kann auf diese Welt nicht bau'n.   40

IX. Schönredner hört man allerwärts,
Und Falschheit brütet jedes Herz,
 Demüthig kann das Auge schau'n;
Doch gute Thaten, — wer erfährt's?
 Man kann auf diese Welt nicht bau'n.   45

X. Zungen sind glatt wie Elfenbein,
Und Herzen hart wie Kieselstein;
 Die Augen wecken wohl Vertrau'n,
Doch Geben fällt der Hand nicht ein;
 Man kann auf diese Welt nicht bau'n.   50

XI. Doch Herz und Hand und Leib und Leben
Muß einst dem Tode Antwort geben,
 Dem Richter in das Antlitz schau'n;
Wenn alles stirbt, nichts bleibt am Leben,
 Wer kann auf diese Welt noch bau'n?   55

XII. Der Tod nur stellt sich ein geschwind,
Derweil das Glück stets falsch ich find',

Stets lächelnd, mit der Dirne Brau'n,
In Worten trüg'risch, wie der Wind;
   Man kann auf diese Welt nicht bau'n.   60

XIII. Sagt, wem das unrecht Gut zufällt,
Das Gold, erpreßt auf dieser Welt, —
   Wenn einst ertönet die Posau'n, —
Verziehn nur, wenn's zurückgestellt?
   Man kann auf diese Welt nicht bau'n.   65

XIV. Was nützt ein Fürstenthum der Seel',
Wenn's nur noch Himmel giebt und Höll',
   Nur Licht und dunkler Höllenraum,
Wo Wehgeschrei ertönt so grell;
   Man kann auf diese Welt nicht bau'n.   70

XV. Ubi ardentes Animae,
Semper dicentes Vae! Vae!
   Weh', daß uns je gebaren Frau'n!
O quantae sunt istae tenebrae!
   Man kann auf diese Welt nicht bau'n.   75

XVI. Wer plagt sich dann noch für die Welt,
Wenn Fluth und Feuer auf sie fällt,
   Auf Flur und Furche ödes Grau'n,
Wenn grauser Sturm umfaßt sie hält?
   Man kann auf diese Welt nicht bau'n.   80

XVII. Herr, da die Zeit nun bald herum,
De terra surrecturus sum,
   Will ich auf irb'schen Lohn nicht trau'n;
Empfange mich in regnum tuum,
   Man kann auf diese Welt nicht bau'n.   85

Auch das kleine Lied **Wechsel des Geschicks**
(Of the Changes of Lyfe, I, 203) mag derselben Zeit
angehören, da es in einem ähnlichen, nur weniger gedrückten Tone enthalten ist.

Wechsel des Geschicks.

I. Für diese Welt so unbeständig,
   Welch' einen Ausspruch an wohl wend' ich?
     Wie ich auch sinn' in meinem Geist,
     Behagt es mir noch allermeist,
   Zu sagen, sie sei wetterwendig.   5

II. Erst gestern war's, da sagte ich,
    Wie schön die Zeit und wonniglich;
      So lieblich war es nicht seit lange,
      Und heute sticht's wie eine Schlange;
    So spricht nun alles gegen mich.   10

III. Man hofft, die Blumen würden dauern,
     Die heut' ertränkt in Regenschauern;
       Die Vögel, die im Walde sangen,
       Lassen die Köpfe traurig hangen;
     's ist rauh und kalt in ihren Bauern.   15

IV. So tritt nach Sommer Winter ein,
    Dem Glück folgt Sorge hinterdrein;
      Nach dunkler Nacht kommt heller Morgen,
      Und nach der Freude kommen Sorgen;
    So war's, und so wird's immer sein.   20

Die beiden mittleren Verse der letzten Strophe finden
sich ziemlich wörtlich in Chaucers Troilus and Chryseide
(I, 951, 952); gleichwohl braucht man für einen derartigen Gemeinplatz keine Entlehnung anzunehmen.

V.

Höfische Gelegenheitsgedichte.

Während dieses ganzen Zeitraums von 1503—1510
war Dunbar unzweifelhaft in vielseitiger Weise dichterisch
thätig gewesen, denn diese Jahre sind als seine eigentliche
Blüthezeit anzusehen, aus der uns leider nur ein Bruch-
theil seiner Dichtungen erhalten geblieben ist. Wenn er

in seiner „Vorstellung an den König" die Ueberzeugung
ausspricht, daß sein „Werk" sicherlich ebenso lange dauern
werde, wie dasjenige aller anderen königlichen Diener,
so dürfen wir wohl vermuthen, daß er darunter mehr
Dichtungen im Stil von The Thrissill and the Rois
und The Goldyn Targe, als seine satirischen Dichtungen
und die zuletzt betrachteten kleinen Gelegenheitsgedichte
persönlichen Charakters verstand, obwohl in diesen sein
eigenartiges Talent viel deutlicher zu Tage tritt. Es
ist daher wohl anzunehmen, daß neben manchen kleineren
Gedichten auch noch einige von ihm herrührende Dichtungen
größeren Umfangs verloren gegangen sind.

Einige Gelegenheitsgedichte ernsten Inhalts sind uns
jedoch aus dieser Zeit von ihm erhalten geblieben. Dahin
gehört zunächst in gewisser Hinsicht seine etwa 1506 oder
1507 geschriebene, schon früher hinreichend besprochene
Klage um die Dichter (vgl. S. 94), insofern dies
wehmüthige, von gedrücktester Stimmung zeugende Gedicht
durch seine eigene Erkrankung veranlaßt wurde.

Ferner sind hier zwei Gelegenheitsgedichte auf eine
und dieselbe Persönlichkeit zu nennen, in denen Dunbar
sich ganz als höfischen Dichter kund giebt, nämlich sein
Bewillkommnungsgedicht an Bernard Stewart,
Lord Aubigny (I, 129) und seine Elegie auf den
Tod desselben (I, 133).

Der Held dieser Gedichte war ein Familien=Ange=
höriger des Hauses der Stewarts von Darnley, lebte aber
in Frankreich, wo ihm Titel und Herrschaft Aubigny durch
Erbschaft zugefallen waren. Er war einer der berühmtesten
Männer seiner Zeit und wurde von den Franzosen Le
chevalier sans reproche genannt, was unseren Dichter
veranlaßte, ihm in dem Refrain seiner Elegie den Ehren=

titel The flour of Chivalrie beizulegen. Lord Aubigny
war schon 1484 als Gesandter König Karls VIII. von
Frankreich nach Schottland gekommen, um das alte Bünd=
niß zwischen den beiden Ländern zu erneuern. Im Dienste
seines Königs hatte er sich indeß, wie auch der Dichter
hervorhebt, nicht nur als Diplomat, sondern gleichfalls
durch ruhmreiche Waffenthaten ausgezeichnet.

Gelegentlich des zweiten Besuchs Lord Aubignys
in Schottland, woselbst er in vorgerückten Jahren, am
9. Mai 1508 mit einem glänzenden Gefolge ankam, ist
der Panygyrikus Dunbars auf ihn gedichtet worden.
Und zwar ist derselbe in einem so überschwänglichen Tone
abgefaßt, daß man sich der Vermuthung Laings nicht
erwehren kann, nicht blos das Gefühl der Bewunderung,
sondern auch das der persönlichen Dankbarkeit gegen den
vornehmen Herrn, der sich dem Dichter bei dessen Aufent=
halt in Frankreich freundlich und gütig erwiesen haben
mochte, habe ihm die Feder geführt. So macht denn
das Gedicht in seiner Ueberschwänglichkeit vorwiegend
den Eindruck einer poetischen Huldigungs= und Dank=
adresse, während es des echten Gefühls in hohem Grade
ermangelt und sogar durch eine auffallende Armuth an
Gedanken sich kennzeichnet. Denn in jeder Strophe werden
immer aufs Neue die hervorstechenden Eigenschaften des
Lords, seine hohe Abstammung, seine Tapferkeit, Weisheit,
Herzensgüte mit großer Virtuosität in stets neuen, schim=
mernden Wendungen, schließlich mit Succurs der olym=
pischen Gottheiten gepriesen. Nur die Gewandtheit der
Diction und vor allem des Metrums ist entschieden be=
wundernswerth. In der allegorischen Deutung der ein=
zelnen Buchstaben des Namens seines Helden bricht das
Gedicht, welches nicht handschriftlich, sondern nur in einem

19*

alten Druck von Chepman und Myllar erhalten ist, ab,
was ebenso wenig als ein großer Verlust zu bedauern
ist, als daß Dunbar durch den schon am 8. Juni desselben Jahres erfolgten Tod Lord Aubignys daran ver-
hindert wurde, ein noch ausführlicheres Gedicht zum Lobe
desselben, wie er es beabsichtigte, zu schreiben.

Poetisch viel werthvoller, in der Form ganz gleich
und nicht minder vollendet, ist seine durch jenes Ereigniß veranlaßte Elegie auf den Tod des Bernard
Stewart, Lord Aubigny. Die Sprache ist viel
einfacher, namentlich nicht so sehr mit hochtönenden,
exotischen Modeausdrücken versetzt und macht daher mehr
den Eindruck der Wahrheit. Die Gedanken sind so
ziemlich die nämlichen, wie in dem vorigen Gedicht,
aber wegen der größeren Kürze ist hier wenigstens in
den einzelnen Strophen die Tautologie vermieden. Die
Schlußstrophe lautet:

IV. Betet für ihn, der so geliebt gestorben!   25
    Eu'r heißes Flehen schickt für seine Seele
  Zu Gott empor, der ihn so theu'r erworben,
    Auf daß nicht Gnad' ihm und Erbarmen fehle;
    Daß er auf Schottlands Söhn' umsonst nicht zähle,
  Auf die er einst vertraut mit ganzer Kraft,   30
    Vergessen niemals wir, mit ganzer Seele
  Für ihn zu fleh'n, die Blum' der Ritterschaft.

Ungleich anziehender, als diese beiden Lobgedichte,
ist die einige Jahre später geschriebene poetische Beschreibung von dem feierlichen Empfang der Königin
zu Aberdeen (I, 153).

Das Gedicht ist namentlich von hervorragendem
culturhistorischen Interesse, da der Dichter in demselben
eine genaue und doch poetisch gehaltene Schilderung von

den Empfangsfeierlichkeiten giebt, welche die Stadt Aberdeen zur Feier des ersten Besuches der Königin daselbst
im Mai des Jahres 1511 veranstaltet hatte.

Vermuthlich hatte die Königin den Dichter beauf-
tragt, das Ereigniß in einem Gedicht zu besingen zum
Beweise ihrer Dankbarkeit für den großartigen Empfang,
welcher ihr zu Theil geworden war. Schon bei
Zeiten hatte der Magistrat die nöthigen Vorbereitungen
dazu getroffen. Am letzten April schon war, wie Laing
in seinen Anmerkungen zu diesem Gedicht (II, 328)
mittheilt, der Beschluß gefaßt worden, daß der Ausrufer
mit seiner Glocke (the Belman) durch die ganze Stadt
gehen und alle Personen, welche Misthaufen vor ihren
Thüren liegen hätten, auffordern sollte, dieselben bei
einer Strafe von 40 Schillingen bis zum kommenden
Sonntage zu entfernen. Auch mußten alle Schweine-
ställe bis zu dem Termine aus der Hochstraße beseitigt
sein bei Verlust der in denselben befindlichen Schweine
und einer Strafe von 8 Schillingen. Alsdann wurde am
fünften Mai beschlossen, der Königin einen so glänzenden
Empfang zu bereiten, wie nur irgend eine Stadt in
Schottland mit Ausnahme von Edinburg dies zu thun
im Stande sei und ihr eine zu dem Zweck zu erhebende
Summe von 200 £ als Ehrengeschenk anzubieten.

Dieser Beschluß wurde, wie aus des Dichters Beschreibung des festlichen Einzuges hervorgeht, aufs ge-
naueste ausgeführt.

Die Königin wurde empfangen von festlich gekleideten
Bürgern der Stadt, die ihr entgegengezogen waren, sie
einzuholen. Vier stattliche junge Leute in sammetnen
Wämsern trugen den carmoisinrothen Baldachin über
ihrem Haupte, und so bewegte sich der Zug während die

Böller krachten — Gryt was the sound of the ar-
tillerie — der Stadt entgegen. Dort nun wurde Ihre
Majestät erst von dem eigentlichen Festgepränge über=
rascht, welches in seltsamster Weise nach dem Geschmack
damaliger Zeit zusammengesetzt war.

Zuerst sah man dort, sagt der Dichter, Mariä Ver=
kündigung, vermuthlich wie es in den Mirakel=Spielen
aufgeführt wurde, auf einem Gerüste pantomimisch als
eine Art lebendes Bild dargestellt. Dann konnte man
die heiligen drei Könige aus dem Morgenlande sehen,
wie sie Christus anbeteten und ihm Gold, Weihrauch
und Myrrhen darbrachten; hierauf, wie der Engel mit
seinem Schwerte Adam und Eva zur Strafe ihres Un=
gehorsams aus dem Paradiese trieb. Auch diese Strophe
schließt der Dichter mit dem hier fast komisch klingenden
Refrain

     Be blyth and blisful, burgh of Aberdein, —
doch wohl nicht wegen des Sündenfalls, sondern wegen
des Besuches der Herrscherin und all der Herrlichkeit,
die da zu sehen war.

Nach diesen frommen biblischen Schaustellungen
kommen auch die weltlichen Festesstimmungen zu ihrem
Rechte, zuerst der Patriotismus: Der König Bruce, der
von Barbour besungene Nationalheld der Schotten, kommt,
von einem stattlichen Kämpen dargestellt, mit der Krone
auf dem Haupte majestätisch einhergeritten, und ihm folgt
das ganze edle Geschlecht der Stuarts zum Entzücken
der Zuschauer. Und um dem Empfange der hohen Frau
erst die rechte Weihe zu geben, beschließt den Zug eine
Schaar von jungen, reizenden Repräsentantinnen ihres
eigenen Geschlechts; vierundzwanzig junge Mädchen von
wunderbarer Schönheit, alle in Grün gekleidet, mit auf=

gelöstem Haar, das ihre Schultern wie Goldfäden um=
wallte, geschmückt mit reichdurchwirkten weißen Hüten,
ziehen mit Sang und Klang der Königin entgegen, sie
ehrfurchtsvoll zu begrüßen. Alle Straßen, die der Zug
passirte, waren mit Teppichen und gewirkten Stoffen ge=
schmückt, und sonst noch verschiedentlich konnte das in
den Straßen sich drängende Volk an anmuthigen Schau=
stellungen sich erfreuen.

Wo der königliche Aufzug erschien, scholl ihm lauter
Jubel= und Willkommruf entgegen, um so mehr, da am
Hochkreuz der Wein in Strömen floß. So wird die
Königin von der ganzen Stadt in ihr Quartier geleitet,
wo ihr eine weitere Ueberraschung bevorsteht. Die
Bürger von Aberdeen haben, bemerkt der Dichter in der
vorletzten Strophe, ihr ganzes Sinnen darauf gerichtet,
der Herrscherin auf alle Weise ihre Ergebenheit zu be=
zeugen; ein reiches Geschenk bieten sie der Königin dar:
einen kostbaren, großen Becher, gehäuft voll von ge=
prägtem Golde. Dann schließt er:

IX. O mächt'ge Fürstin, Du, so hold und hehr,   65
    Wohl hast Du Grund zu danken dieser Stadt,
  Die, was sie nur vermocht, zu Deiner Ehr'
  An Pracht und Reichthum aufgeboten hat,
  An Menschen, die Dir zeigten mit der That,
Dich zu erfreu'n sei nur all ihr Bemüh'n;   70
  D'rum ist, so lang' die Kron' Dich schmückt, mein Rath:
Sei dankbar stets dem Orte Aberdeen.

VI.
Satirische Gedichte allgemeinen Inhalts.

Diejenigen Dichtungen Dunbars, welche mit Wahr=
scheinlichkeit noch diesem Zeitraum zuzuweisen sind, da
sie mehr oder weniger auf die Verhältnisse der höfischen

Umgebung Bezug nehmen, gehören theils der allgemein
satirischen, theils und zwar vorwiegend der bidaktischen
Gattung an. Die Themata, welche darin behandelt
werden, sind solche, wie sie ein Mann, der ein erfahrungs=
reiches Leben hinter sich hat, leicht zu poetischen Be=
trachtungen auswählt. Klagen über Vernachläſſigung
und Mangel treten in denſelben nicht mehr in früherer
Weiſe hervor, weshalb wir annehmen möchten, daß die
meiſten dieſer Gedichte in den Jahren 1510—1513 ent=
ſtanden ſeien.

Unter den wenigen ſatiriſchen Gedichten, die hierher
gehören, iſt zunächſt dasjenige zu erwähnen, welches wir
nach dem Refrain betitelt haben Wie richt' ich wohl
mein Leben ein! (How sall I governe me! I, 184).
Das Gedicht macht ſeinem Inhalt nach den Eindruck, als
ob es bald darauf geſchrieben wäre, nachdem Dunbars
Lage durch die ihm zu Theil gewordene erhebliche
Penſionserhöhung ſo weſentlich gebeſſert worden war, daß
er nun von dem Neide und der Mißgunſt ſeiner Gegner
zu leiden hatte. Die achte Strophe ſcheint ſogar direct
darauf hinzuweiſen.

Wie richt' ich wohl mein Leben ein!

I. Wie ordne ich mein Leben hier?
   Ich wollt', ein Weiſer ſagt' es mir!
     Mein Thun kann nie derartig ſein,
  Daß ich nicht ernbte Spott dafür:
     Wie richt' ich wohl mein Leben ein!   5

II. Bin ich vergnügt und unverzagt,
   Dann wird ſogleich von mir geſagt:
     Der muß wohl ganz von Sinnen ſein,
  Oder von zu viel Glück geplagt.
     Wie richt' ich wohl mein Leben ein!   10

III. Bin traur'gen Sinns ich und gebückt,
Dann heißt es gleich: Ich sei verrückt,
   Ich seufz', als ging's ins Grab hinein,
Und Alt und Jung mich so beglückt.
   Wie richt' ich nur mein Leben ein!   15

IV. Bin ich freigebig, liebevoll,
Wie ich nach meiner Abkunft soll,
   Dann hört man Ihn und Sie gleich schrei'n:
Der Mensch benimmt sich ja wie toll;
   Wie richt' ich wohl mein Leben ein!   20

V. Trag' ich ein stattliches Gewand:
Heißt's, ich sei Weibern nachgerannt,
   Oder ich müßt' voll Hochmuth sein,
Oder ich hätt's wohl falscher Hand;
   Wie richt' ich wohl mein Leben ein!   25

VI. Bin ich nicht ganz nach ihrem Sinn, —
Daß ich auf argen Wegen bin,
   Hört man dann raunen sie zu zwei'n;
Schaut nur auf seine Kleider hin!
   Wie richt' ich wohl mein Leben ein!   30

VII. Halt ich bei Hofe lang mich auf,
Dann sagt sogleich der große Hauf'
   Daß meine Freunde Tröpfe sein'n,
Da ohne Lohn so lang ich lauf';
   Wie richt' ich wohl mein Leben ein!   35

VIII. Erhalt' ich meinen Lohn zur Zeit,
Sind sie voll Bosheit und voll Neid,
   Und stets mit Lügen mich beschrei'n;
Verläumden mich in Heimlichkeit;
   Wie richt' ich wohl mein Leben ein!   40

IX. Ich wollt', man unterwiese mich!
Man lästert gleich, bin sparsam ich,

Bin ich freigebig, nobel, fein,
Nennt man sogleich verschwend'risch mich!
Wie richt' ich wohl mein Leben ein!   45

X. Drum, muß ich Lob, muß Tadel hören, —
   Ich kann ja niemand es verwehren —,
   Will ich bedacht aufs Gute fein,
   An ihr Gerede mich nicht kehren;
   Gott richte, wie's ihm gut dünkt, ein.   50

Ein ähnliches Thema wird im nämlichen Ton und Metrum behandelt in dem Gedicht Läſterzungen (Of Deming, I, 181), welches unzweifelhaft derselben Zeit angehört. Daß es geschrieben wurde, als König Jakob IV. nicht mehr im Jünglingsalter stand, geht außerdem deutlich aus der vorletzten Strophe hervor. Obwohl auch dieses Gedicht sich ähnlich wie das vorhergehende scheinbar gegen einen allgemeinen Fehler wendet, ist doch sicherlich auch hier Manches persönlichem Verdruß entsprungen. Mit seiner Kleinheit mochte er z. B. öfters selber auch noch von Andern, als von Kennedy in seinem Flyting, verspottet worden sein, und seine bisweilen gar zu gezierte, blumenreiche Redeweise, wovon übrigens diese moralisirenden und satirischen Gedichte völlig frei sind, mochte vielleicht Manchen wenig geschmackvoll erschienen sein.

Aus der vorletzten Strophe hat Chalmers (wie Laing, II, 342 angiebt) ohne genügenden Grund geschlossen,[1]) daß auch König Jakob IV. ein Dichter gewesen sein müsse. Außer seiner kurzen versificirten Antwort auf Dunbars Grauschimmel-Gedicht ist uns jedenfalls nichts, was zu einer solchen Annahme berechtigte, erhalten geblieben.

---

[1]) Poetical Remains of the Scotish Kings. London, 1824, 8°. p. 118.

Lästerzungen.

I. Vergang'ne Nacht ich sinnend lag,
Als längst vorüber schon der Tag,
 Von einem Baum, wie ich vernahm,
Im Garten eine Stimme sprach:
 Ganz ungelästert bleibt kein Mann.   5

II. Trüg' ich als König eine Kron',
Wär' ich dem Lästern nicht entflohn;
 Der nennt mich gut, der klagt mich an;
Der wünscht, Gott stürze meinen Thron,
 Ganz ungelästert bleibt kein Mann. 10

III. Bin ich ein Lord und nicht ganz reich,
Sagt jeder Dieb und Gauner gleich:
 Ich sei ein güterloser Mann;
Taugt er auch nicht zum Hundsknecht gleich,
 Das Lästern er nicht lassen kann. 15

IV. Bin eine Dam' ich, frisch und schön,
Von edlen Männern gern gesehn,
 Gleich sagen Er und Sie alsdann,
Daß früh und spät man mich verhöhn';
 Das Lästern man nicht lassen kann. 20

V. Wenn ich ein Höfling, Ritter bin,
Ehrbar von Tracht nach meinem Sinn,
 Heißt's gleich, ich sei ein stolzer Mann;
Gott lass' am Strick den aufwärts ziehn,
 Der nie das Lästern lassen kann. 25

VI. Wenn ich nur klein bin von Statur,
Heiß ich 'ne Jammercreatur;
 Bin stattlich ich und groß, alsdann
Bin ich ein Monstrum von Natur;
 Das Lästern man nicht lassen kann. 30

VII. Bin ich gewählt in meiner Rede,
Heiß affectirt ich bei Frau Grete,

Da ich Gesindesprach' nicht kann;
Ein Arzt für ihr Maul nöthig thäte,
Doch's Lästern sie nicht lassen kann.   35

VIII. Wenn solche Lästerzungen wüßten,
Wie ihr Geschwätz dünkt andern Christen,
Die ihr Verläumden hören an,
Glaub ich, die Plappermäuler müßten
Das Lästern bleiben lassen dann.   40

IX. Wär's nicht, daß ich's nur schlimmer mache,
Nähm' an den Lästerern ich Rache,
Brächt ich zum Tod wohl manchen Mann;
Und manchem stört' ich seine Sache,
Der's Lästern gar nicht lassen kann.   45

X. Jakob der Vierte, unser Herr,
Sprach, als er jung war noch gar sehr,
So treffend, wie man sagen kann:
Thu' recht, und kümmr' um nichts dich mehr,
Denn ungelästert bleibt kein Mann.   50

XI. So hoff' ich nun mit Gottes Gnad',
Stets zu befolgen seinen Rath
Und flehe den Dreiein'gen an:
Gieb mir im Himmel eine Statt,
Denn niemand dort uns lästern kann.   55

Ein anderes satirisches Gedicht Habsucht (Of
covetyce, I, 175) betitelt, welches wir hier anschließen,
ist in einem ähnlich kräftigen Stil geschrieben, wie die
vorher mitgetheilten und vom tiefsten Unwillen und sitt=
licher Entrüstung über die Genußsucht, Selbstsucht und
Habsucht der Menschen, zumal der Großen, dictirt. Es
fehlt darin jede directe Klage über sein eigenes Loos,
und aus diesem Grunde namentlich möchten wir es der
Zeit nach 1510 zuweisen. Indirect freilich klagt er,

daß alle edleren Genüsse, zu deren Pflege er als Dichter
ja namentlich beizutragen hatte, von Hofe verbannt seien
und dort nur noch für Karten= und Würfelspiel Sinn
sei. Es ist anzunehmen, daß diese Liebhaberei des
Königs, von deren Kostspieligkeit die Rechnungen des
Schatzkammeramtes manche Proben liefern, mit den
Jahren eher zu=, als abnahm. Wie das Gedicht andeutet,
fand das von oben gegebene böse Beispiel alsbald bei
dem Adel, wie bei den Gutsherrn und Bürgern, nur zu
rasche Nachahmung, nicht zum Vortheil der allgemeinen
Zustände des Landes.

Habsucht.

I. Freimüthigkeit, Ansehn und Ehr',
   Mannheit, Verdienst und Lust wird sehr
   Bei Hof jetzo verachtet, und
   Davon ist Habsucht nur der Grund.

II. Wohlstand, Reichthum und Freudigkeit   5
    Ist nun verkehrt in Herzeleid;
    Kurzweil verachtet ist zur Stund';
    Davon ist Habsucht nur der Grund.

III. Statt Falkenjagd und Pferderennen
     Braucht jetzt man nur zu spielen können   10
     Mit Würfeln und mit Karten bunt;
     Davon ist Habsucht nur der Grund.

IV. Ehrsame Häuser sind zerstört;
    Der Herr 'nen Gauner hat am Heerd,
    Der rupft ihn kahl zu jeder Stund';   15
    Davon ist Habsucht nur der Grund.

V. Die Städt' am Meere und im Land,
   Wo einst nur Glanz und Lust bekannt,
   Wein, Wild, Geflügel für den Mund,
   Gingen durch Habsucht ganz zu Grund.   20

VI. Der Landwirth, dem sonst immerdar
Die Scheun' voll Korn und Kühen war,
Hat jetzt nur Mäuse, Katz' und Hund;
Davon ist Habsucht nur der Grund.

VII. Die Städter, wackre Bürgersleut',   25
Gingen in rothem und braunem Kleid
Und tragen Fetzen nun und Schund;
Davon ist Habsucht nur der Grund.

VIII. Die Gutsherrn fahren zur Höll in Seid,
Die Pächter verkauften das Sommergetreid'   30
Und leben von Wurzeln nur jetzund,
Davon ist Habsucht nur der Grund.

IX. Wer Mitleid fühlt mit Noth und Leid
Und Thaten der Barmherzigkeit
Verübt, gilt als ein Narr zur Stund';   35
Davon ist Habsucht nur der Grund.

X. Wer andrer Menschen Gut verzehrt,
Von armer Leute Hab' sich nährt,
Den rühmt als Weisen jeder Mund;
Davon ist Habsucht nur der Grund.   40

XI. Mensch, ehr' den Schöpfer und sei heiter,
Kümmre Dich um die Welt nicht weiter,
Ans Paradies denk' jeder Stund',
Dort ist zu keiner Habsucht Grund.

Derselben Epoche gehört endlich noch ein etwas längeres satirisches Gedicht an, welches unter dem Titel Allgemeine Satire (A general Satire) von Laing unter den Dunbar zugeschriebenen Gedichten mitgetheilt worden ist (II, 24). Im Bannatyne-Manuscript ist Dunbar, im Maitland-Manuscript dagegen der schon (S. 214) genannte Sir James Inglis als Verfasser angegeben. Laing ist der Ansicht, daß diese letztere An-

gabe die richtigere sein dürfte. Da uns sonst von den
Dichtungen des Sir James Inglis nichts erhalten ist,
wir also nicht vergleichen können, in wie weit dies Gedicht
mit seiner sonstigen Dichtungsweise übereinstimmt oder
von ihr abweicht, so ist die Frage schwer zu entscheiden.
Von Sir David Lyndesay erfahren wir, daß Sir James
Inglis später als Abt von Culroß der Dichtkunst ent-
sagte, früher am Hofe aber ballatis, farsis and plesand
playis geschrieben habe. Unter den „ballatis“, damals
ein ziemlich weiter Begriff, könnte allenfalls auch die
„Allgemeine Satire“ mit verstanden sein. Andererseits hat
das Gedicht mit Dunbars poetischem Stil allerdings
manche Züge gemein. Doch dürfen wir wohl mit Bestimmtheit annehmen, daß unter dem Einfluß seiner
satirischen Dichtungen eine gewisse besondere Art poetischer
Ausdrucksweise und metrischer Form allmählich allgemein
in Gebrauch gekommen war. In letzterer Hinsicht waren
viertaktige kurze Reimpaare oder vierzeilige Strophen
aus dieser kurzen Versart mit Refrainzeilen, oder fünfzeilige Strophen im selben Metrum mit der Reimstellung
aabab und aabba, häufig mit Refrain, sowie fünfzeilige
Strophen aus fünftaktigen Versen ohne Refrain in
dieser letzteren strophischen Bindung die bei Dunbar gebräuchlichen Rhythmen. Davon weicht nun die „Allgemeine Satire“ allerdings insofern ab, als der Dichter sich
hier einer Strophenform aus fünftaktigen Versen mit
Refrain in der Reimstellung aabab bedient und zwar
mit kunstvoller Einflechtung von Binnenreimen. Indeß
da Dunbar gerade in der Reimkunst glänzte und in den
Responsionen seines „Trauergesanges an den König zu
Stirling“ eine ähnliche Verwendung des Binnenreims
durchführte, er auch sonst für den Refrain große Vorliebe

zeigt, so können diese Besonderheiten wohl nicht gegen
seine Autorschaft angeführt werden, welche durch die Eigen=
thümlichkeiten der Diction entschieden gestützt wird. Gleich=
wohl wagen wir nicht, die Frage zu entscheiden, sondern
begnügen uns damit, den Inhalt des Gedichts in Kürze
anzugeben und ein paar Strophen als Probe mitzutheilen.
Wegen der Erwähnung von König und Königin sowie
einer Neuerung des Gerichtswesens muß es, möge nun
Dunbar oder Inglis es verfaßt haben, zwischen den
Jahren 1503 und 1513 entstanden sein, wie dies schon
von Sibbald hervorgehoben und von Laing (II, 391)
zugestanden wurde. Vermuthlich wurde es gegen das Ende
des ersten Jahrzehntes des 16. Jahrhunderts geschrieben.

Das Gedicht beginnt ganz in Dunbars beliebter Art
der Einkleidung, die jedoch allgemein populär war, als
ein visionärer Traum. Freilich ist die Vision dürftiger,
als sonst bei ihm üblich ist, angedeutet, und auch der ge=
wöhnliche Abschluß derselben fehlt.

I. Ein Traum sogleich zeigt' mir, als ich entschlafen,
   Wie dieses Reich von Adligen und Grafen
      Geleitet und gelenkt so manches Jahr.
   Und wie beschaffen es nun, — von Matten, Schlaffen
      Voll, wie gehört nie und gesehn noch war.   5.

II. Priester in Menge, auf's Predigen nicht bedacht,
   Dirnengedränge bei ihnen Tag und Nacht,
      Die Gott doch scheuen sollten immerdar.
   Buntes Gepränge, öde die Klostergänge,
      Wie nie gehört hier und gesehn noch war.   10

Der Dichter wendet sich dann gegen die unpassende
Gewohnheit der Geistlichen, sich in weltliche Tracht zu
kleiden, gegen die Unwissenheit vieler studierten Leute,
die sich mit dem Magistertitel brüsten, gegen die Ein=

fältigkeit und Leichtfertigkeit vieler Lords, denen alles
Ungemach ihrer Untergebenen gleichgültig sei. Hierauf
wird die Ungerechtigkeit in der Handhabung der Gesetze,
die im Lande herrschende Unsicherheit, wo es Räuber und
Mörder in Menge gebe, die Unzulänglichkeit der neuen
Organisation des Gerichtswesens gegeißelt. Die überall
verbreitete Leidenschaft für das Karten- und Würfelspiel,
die Habsucht der Kaufleute, die Schmähsucht gegen den
Hof, gegen König und Königin, liefern dem Dichter weiteren
Stoff für seine Satire, welche er mit zwei Strophen gegen
die Putzsucht der Frauen in etwas abrupter Weise zu
Ende bringt. Vielleicht ist das Gedicht, obwohl es in
zwei Manuscripten gleichmäßig überliefert ist, dennoch nur
unvollständig erhalten, da ein eigentlicher Abschluß, das Er-
wachen von dem Traum, womit es eingeleitet wurde, fehlt.

VII.
Didaktische Gedichte.

Unter Dunbars rein didaktischen Gedichten, zu denen
wir jetzt übergehen, nimmt zunächst Eines eine besondere
Stellung hinsichtlich der Entstehungszeit ein. Dies ist das
Gedicht Gelehrsamkeit ohne guten Wandel ist
eitel (Learning vain without guid Lyfe, I, 199),
welches den Zusatz trägt: Written at Oxinfurde. Aus
dem Inhalt des Gedichtes ist es klar, daß damit nicht
etwa das Schloß Oxenford bei Edinburg, sondern nur
die englische Universitätsstadt Oxford gemeint sein kann.
Zweifelhaft ist nur, wann Dunbar es dort geschrieben haben
mag. George Ellis meinte, es sei sicherlich während der
Jugend- und Studienzeit des Dichters in Oxford abgefaßt
worden.[1] Ihm war aber noch unbekannt, daß Dunbar

---

[1] Specimens of Early English Poets by George Ellis,
London, 1801. 3 vols. 8⁰. vol. I, 373.

in St. Andrews studirt hatte. Auch ist der didaktische,
um nicht zu sagen lehrmeisterliche Ton, in welchem das
Gedicht geschrieben ist, der Art, wie man ihn einem jungen
Studenten seinen Professoren gegenüber kaum zumuthen
könnte, und wie er nur einem Manne geziemt haben
würde, der selber schon Anderen Lehren zu geben berechtigt
war. Es ist also anzunehmen, daß Dunbar auf einer seiner
Reisen nach England, vielleicht im Jahre 1501/2, die
Universitätsstadt berührte und durch irgend eine Unter=
haltung, welche sich auf den vielleicht nicht ganz tadel=
losen Lebenswandel der Professoren bezog, zu dem Gedichte
veranlaßt wurde. Der Inhalt desselben ist durch die Ueber=
schrift, daß Gelehrsamkeit ohne guten Wandel eitel sei,
genugsam angedeutet. In den beiden ersten Strophen des
über Gebühr von dem patriotischen Pinkerton gelobten,
inhaltlich ziemlich dürftigen Poems werden nur die ver=
schiedenen Disciplinen der Gelehrsamkeit specificirt, welche
weder einzeln noch alle zusammen ein tugendhaftes Leben
zu ersetzen vermögen.

Mit der dritten und letzten Strophe schließt dann
der Dichter seine kurze moralisirende Betrachtung folgender=
maßen:

III. Drum, ihr Gelehrten, voll Beharrlichkeit,
    So wohlbewandert in gelehrten Dingen,
Seid Vorbild uns im Wandel allezeit,
    Seid Leuchten uns, die Licht im Dunkeln bringen; 20
    All euer Streben muß euch sonst mißlingen,
Wenn eure Reden fremd sind euren Thaten;
    Das Wissen wird nur mehr in Schuld euch bringen:
Wer recht thut nur zum Schein, ist schlecht berathen.

Zwei andere didaktische Gedichte Dunbars, betitelt
Guter Rath (Gude Counsale, I, 177) und Lebens=
regeln (Rewl of anis self, I, 179) gehören vermuthlich

der uns hier beschäftigenden Epoche seines Lebens an,
da sie nur einen erfahrenen Mann zum Verfasser haben
können und Verhaltungslehren für das Leben und Benehmen in höfischer Umgebung enthalten. Beide Gedichte
waren vielleicht an eine und dieselbe Person, nämlich an
einen dem Dichter nahestehenden jungen Mann gerichtet,[1]
der, wie das aus dem zweiten Gedicht direct hervorgeht,
fortan bei Hofe zu leben beabsichtigte.

Sie sind namentlich aus dem Grunde von hervorragendem literarhistorischen Interesse, weil der Dichter
hier gewisse, vermuthlich schon lange vor seiner Zeit in
unterrichteten Kreisen verbreitete Gruppen von Lebensregeln auf seine Weise in kunstvollen achtzeiligen Strophen
aus fünftaktigen Versen poetisch paraphrasirt hat.

Die guten Rathschläge des ersten Gedichts sind an
einen Liebenden gerichtet und im Grunde genommen auch
wenig origineller Art. Es wird ihm empfohlen, in seinen
Ausgaben nicht knauserig und geizig zu sein, sowie un-
rechtes und schimpfliches Thun zu meiden. Verschwiegen-
heit, Treue und Bedachtsein auf Befestigung des guten
Rufes wird in dem Refrain jeder Strophe angerathen.
Vor der Lüge, Geschwätzigkeit, Zanksucht und Schmähsucht wird dann in der zweiten Strophe eindringlich gewarnt, während die dritte Strophe nur noch die Warnung
vor Selbstüberhebung enthält, im Uebrigen aber die früheren
Gedanken wiederholt, ein Fehler, der dem Dichter bei seiner
Vorliebe für den Refrain und für kunstvoll gebaute Strophen
überhaupt öfters begegnet.

Das zweite Gedicht Lebensregeln bietet jedoch
zu diesem Vorwurf keinen Anlaß. Außerdem ist es noch

---

[1] Zu beachten ist jedoch, daß in dem ersteren die Anrede
mit ye, in dem zweiten diejenige mit thow durchgeführt ist.

aus dem Grunde von hervorragendem Interesse, weil die darin enthaltenen Maximen zum Theil, namentlich in den beiden ersten Strophen, mit denjenigen große Aehnlichkeit haben, welche Shakespere etwa hundert Jahre später den alten Polonius seinem Sohne Laertes vortragen läßt,[1]) worauf bei der nachstehenden Inhaltsangabe des Gedichts durch Einschaltung der Shakespere'schen Verse aufmerksam gemacht werden möge.

„Wenn dich gelüstet, mein Freund, bei Hofe zu leben," sagt der Dichter, „so beneide du keinen Stand wegen der Gaben des Schicksals. Halte Augen und Ohren offen, aber halte deine Zunge im Zaum; in vielem Reden zeigt sich nur die Eitelkeit (Give every man thine ear, but few thy voice; Take each man's censure, but reserve thy judgment). Aus keiner bösen Absicht laß dich jemals zum Lügen verleiten und bemühe dich zu keiner Zeit, Andere zu leiten, die nicht geleitet sein wollen! Nur Der kann regieren (heißt es dann als ständig wiederkehrender Refrain), der sich selbst richtig zu lenken versteht (This above all, — to thine own self be true; And it must follow, as the night the day, Thou canst not then be false to any man).

Sei achtsam, mit wem du Rathes pflegst, denn Wahrheit wohnt nicht immer dort, wo sie zu sein scheint (Be thou familiar, but by no means vulgar). Setze deine Ehre nicht in irgend einem Abenteuer aufs Spiel (Beware of entrance to a quarrel); ein Freund mag dein Feind sein, wie's das Schicksal wendet. Wähle ehren-

---

[1]) Es wird also hierdurch die Vermuthung Ch. Knights, daß dieselben irgend einer bekannten Quelle entnommen sein könnten, einigermaßen bestätigt (vergl. Hamlet, ed. by H. H. Furness, London and Philadelphia, 1877, 8⁰, vol. I, p. 66).

werthe Gefährten zu deiner Gesellschaft (The friends thou hast, and their adoption tried, Grapple them to thy soul with hoops of steel); und halte dich fern von leichtsinnigen Leuten. (But do not dull thy palm with entertainment Of each new-hatch'd, unfledg'd comrade.) Der Psalmist sagt: Cum sancto sanctus eris; nur Der kann regieren, der sich selber richtig zu lenken versteht."

In der folgenden Strophe ermahnt dann der Dichter den jungen Freund, zufrieden zu sein mit dem, was er besitze und sich nicht zu Habgier und Mißgunst verleiten zu lassen. Weiter räth er ihm, die Gesellschaft der Schmeichler und Ehrlosen zu meiden, um nicht zu ihnen gerechnet zu werden, mit eigensinnigen Menschen nie zu streiten, doch auch selber nicht in den Winkeln zu flüstern, um den Leuten nicht verdächtig zu werden (Give thy thoughts no tongue), noch auch Denjenigen Rath zu er= theilen oder sie zu tadeln, die sich über alles erhaben dünken und wo Reden ohne Nutzen und Wirkung sein würde (reserve thy judgment). „Sei mitleidig gegen die Armen, thue Niemandem Unrecht und setze dein Ver= trauen auf Gott! Wer so handelt, der weiß in der That selber sein Leben gut zu lenken", mit diesen Worten schließt der Dichter seine vortrefflichen Lebensregeln, die er mit gewohnter Virtuosität in dichterischer Form vor= zutragen versteht. Daß dieselben weitere Verbreitung fanden, wie sie denn vermuthlich von Dunbar, wie ge= sagt, ebenfalls schon anderen, vielleicht auch von Shak= spere benutzten Quellen[1]) entnommen waren, geht schon

---

[1]) Abgesehen von den Psalmen, auf welche der Dichter selber hinweist, den Sprüchen Salomonis u. s. w., die wohl ursprünglich zu Grunde liegen.

daraus hervor, daß nach Laings Angabe (II, 340), dies
Gedicht von Sir Richard Maitland von Lethington in
seinem Poem Counsell to his Son beand in the Court
in ziemlich engem Anschluß nachgeahmt wurde. Schon vor
Dunbar sind in einem Gedichte Lydgates,[1]) betitelt Rules
for preserving Health ebenfalls vielfach ähnliche Gedanken ausgesprochen worden.

Ueber die Entstehungszeit dieser beiden Dunbar'schen
Gedichte läßt sich nichts Genaueres angeben; nach dem
Ton und Stil derselben möchten wir vermuthen, daß sie
dem Ende des ersten oder Anfange des zweiten Decenniums
des sechszehnten Jahrhunderts angehören.

In demselben Zeitraum mögen die meisten der hier
noch zu besprechenden Gedichte entstanden sein; das zunächst zu erwähnende aber wohl noch etwas früher. Dies
ist das schöne Gedicht Betrachtung im Winter
(Meditatioun in Wyntir, I, 253), von welchem auch
Laing annimmt, obwohl er es als das letzte mittheilt,
daß es etwa ums Jahr 1507, als Dunbar seine „Klage
um die Dichter" schrieb, entstanden sein könne. Uns
scheint es noch etwas früheren Datums zu sein, da der
Dichter unter den Genüssen, auf die er verzichten muß,
auch „Frauenschönheit und Liebeslust" mit aufzählt.

Wir haben hier ein reizendes Stimmungsbild, worin
er uns sein innerstes Wesen offenbart; wie er unter dem
Einfluß der rauhen, trüben Winterszeit melancholischen
Betrachtungen sich hingiebt, wie Verzweiflung, Geduld
und Klugheit ihm abwechselnd ihre Rathschläge ertheilen,
wie Alter und Tod ihm drohend vor Augen treten, und

---

[1]) A Selection from the Minor Poems of Dan John
Lydgate ed. by J. O. Halliwell. London, Percy Society (vol. II)
1840, 8⁰, p. 66.

wie dennoch seine unverwüstliche Lebenslust, die Hoffnung
auf den kommenden Lenz mit seinen Blumen und Blüthen
die trüben Bilder verscheucht. Uebrigens bricht auch in
den trübsinnigen Betrachtungen der Humor und die Selbst=
ironie des Dichters siegreich durch.

Betrachtung im Winter.

I. In dieser trüben, düsteren Zeit,
   Wo schwarz der Himmel weit und breit,
   Voll Wolken, Nebel, Dunst und Rauch,
   Benimmt Natur den Muth mir auch
   Zu Lied, Gesang und Lustbarkeit.   5

II. Sobald die Nacht verlängt die Stunden,
    Sturm, Regen, Schnee sich eingefunden,
    Mein Geist von Trübsinn wird beschwert,
    Mein Herz in Sehnsucht sich verzehrt,
    Da Lenz und Blumen sind entschwunden.   10

III. Mich flieht der Schlaf, ich wandl' umher,
     Schwermüth'ges Sinnen drückt mich sehr;
     Wie ich bedenk' den Lauf der Welt,
     Beständ'ges Zweifeln mich befällt, —
     Wenn Hilf' ich such', nur um so mehr.   15

IV. Auf mich bringt's ein von allen Seiten;
    Verzweiflung sagt: Hilf dir bei Zeiten,
    Verschaff' etwas zum Leben dir,
    Sonst mußt auf Sorg' und Noth du hier
    Bei Hof hinfort dich vorbereiten.   20

V. Geduld sagt: Fürchte dich nur nicht;
   Auf Treu' und Hoffnung nicht verzicht'.
   Laß das Geschick gehn seinen Lauf!
   Vernunft hält es ja doch nicht auf,
   Bis einst sein Stundenglas zerbricht.   25

VI. Und immer raunt mir Klugheit zu:
    Warum, was fort will, hältst denn du,

Begehrst was nie dir wird zu Theil,
Und sinnst auf andres doch derweil,
Verlebst nicht einen Tag in Ruh'?   30

VII. Und dann sagt Alter: Freund, gieb Acht,
Thu' nicht so fremd mit mir und sacht;
Komm, Bruder, nimm mich bei der Hand,
Mach' deine Rechnung unverwandt,
Wie deine Zeit du hier verbracht.   35

VIII. Dann öffnet Tod die Thore weit,
Und spricht: Bleibt offen allezeit!
Warst du auch noch so stark zuvor,
Bück'st doch dich unter diesem Thor;
Da ist kein and'rer Weg zur Seit'.   40

IX. So sinnend seufz' ich schwer und bang';
Kein Wein im Becher, kein Geld im Schrank,
Nicht Frauenschönheit, noch Liebeslust,
Bin mir nur dessen froh bewußt,
Wann je ich hatte Speis' und Trank.   45

X. Doch wenn dann kürzer wird die Nacht,
Wird mir doch etwas Trost gebracht,
Trotz Schwermuth und trotz Regenschauern. —
Komm, Lenz, und laß die Blumen dauern!
Sei auch für mich auf Lust bedacht!   50

In näherer Beziehung zu der „Klage um die Dichter",
sowohl zeitlich wie inhaltlich, steht vermuthlich das Gedicht
Ird'sche Freude wird zu Leid (Erdly Joy returnis
in Pane, I, 209), welches im nämlichen Metrum wie jenes
geschrieben und von Laing demselben auch unmittelbar
vorangestellt ist. Beide Gedichte stehen dem vorher betrachteten an poetischem Werthe übrigens erheblich nach.

Ird'sche Freude wird zu Leid.

I. Zu Fastnacht war's, am ersten Tag,
Als früh des Morgens Licht noch schwach,

Ein Vogel mit schriller Stimme schreit:
All' ird'sche Freude wird zu Leid.

II. O Mensch, bedenk', daß kurz die Frist,   5
Und du aus Staub und Asche bist
Und Asche wirst in kurzer Zeit:
All' ird'sche Freude wird zu Leid.

III. Auf Tugend folgt des Alters Noth,
Und auf das Leben folgt der Tod,   10
Für Frucht und Blüthe gleich bereit;
All' ird'sche Freude wird zu Leid.

IV. Reichthum und Ehr' und Glanz und Pracht
Sind Dornen, auf deinen Weg gebracht,
Wo Hinterlist dir Blumen streut: 15
All' ird'sche Freude wird zu Leid.

V. War auch der Mai gar schön und grün,
Kommt doch Januar mit Ungestüm;
Auf Dürre folget Regenzeit:
All' ird'sche Freude wird zu Leid.   20

VI. Und stets, nach dieses Lebens Glück,
Bleibt als sein Erbe Leid zurück;
Drum, wenn das Glück hinweg schon weit,
Stellt sich als Erbe ein das Leid.

VII. Gesundheit wird zu Krankheit oft,   25
Und Lust zu Schwermuth unverhofft;
Belebte Stadt zu Einsamkeit:
All' ird'sche Freude wird zu Leid.

VIII. Wohlstand zu Elend wird zerstört,
Wahrheit zu Hinterlist verkehrt,   30
Voll Trug und Doppelzüngigkeit;
All' ird'sche Freude wird zu Leid.

IX. In Laster wandelt Tugend sich,
Zu Geiz wird, was der Ehre glich,

Gewiſſen ſtirbt vor Gier und Neid: 35
   All' ird'ſche Freude wird zu Leid.

X. Da ird'ſche Freude dauert nimmer,
   Denk' an die Freud', die währt für immer,
   Denn andre Freud' iſt Eitelkeit:
   All' ird'ſche Freude wird zu Leid.   40

Die gedrückte, manchmal gereizte, dann wieder ſchwer=
müthige Stimmung, in welcher ſich Dunbar während der
letzten Jahre des erſten Decenniums des neuen Jahr=
hunderts in Folge ſeiner getäuſchten Hoffnungen befand,
wird mit der bedeutenden Erhöhung ſeiner Penſion von
20 £ auf 80 £, die ihm im Auguſt des Jahres 1510
zu Theil wurde, einer zufriedeneren, ruhigeren Lebens=
anſchauung Platz gemacht haben. Waren auch ſeine
früheren kühnen Hoffnungen auf eine glänzende kirch=
liche Stellung, wie die eines Biſchofs oder Abtes, nicht
in Erfüllung gegangen, ſo war doch jetzt ſeine äußere
Lage nicht mehr der Art, daß er zu klagen brauchte,
wie er es in der „Betrachtung im Winter" vielleicht in
etwas übertriebener Weiſe that:

    „Bin mir nur deſſen froh bewußt,
     Wann je ich hatte Speiſ' und Trank."

Bei beſcheidenen Anſprüchen an das Leben mußte
es ihm jetzt möglich ſein, ohne ſich gar zu ſehr ein=
ſchränken zu brauchen, ein leidlich behagliches Auskommen
zu finden, und von einer daraus erwachſenen ruhigeren
Stimmung geben einige, vermuthlich der Zeit von 1510
bis 1513 angehörige Gedichte Zeugniß, in denen er Ge=
nügſamkeit, vernünftigen Lebensgenuß und Heiterkeit des
Gemüths predigt. Dies ſind die Dichtungen Zufriedenheit
(Of Content, I, 189), Das Beſte iſt ſtets heiter
ſein (Best to be blyth. I, 187), Rath, wie man

sein Hab und Gut verwenden soll (Advice to
spend anis awin Gude, I, 191) und Nichts nützen
Schätze ohne heit'ren Sinn (No tressour availis
without Glaidnes. I, 193), die wir hier in der Uebersetzung mittheilen.

Zufriedenheit.

I. Wer denkt, er habe genug zur Zeit
Der duldet Mangel nicht und Leid,
Hat er auch weder Feld noch Flur,
Und keine Macht und Herrlichkeit:
Genug hat der Zufried'ne nur.   5

II. Nennst du auch Indiens Schätze dein
Und könntest nicht zufrieden sein,
Wärst du 'ne arme Kreatur,
Der Habgier unterthan allein:
Genug hat der Zufried'ne nur.   10

III. Drum, lieber Bruder, bitte ich:
Der Leckerei'n enthalte dich;
An Gottes Gaben der Natur
Dankbaren Sinns ergötze dich:
Genug hat der Zufried'ne nur.   15

IV. Trotze der Welt, so falsch und schnöde,
Voll Gall' im Herzen bei süßer Rede;
Wer ihr sich weiht, fühlt Reue nur,
Denn bitter ist, was sie dir böte:
Genug hat der Zufried'ne nur.   20

V. Hast du Besitz, sei mild und gut;
Und weißt du nur, wie Armuth thut,
Füge dich drein mit Frohnatur,
Dann wirst du reich sein grad' so gut:
Genug hat der Zufried'ne nur.   25

VI. Und euch, wie mir, ihr Brüder, allen,
Denen nur wenig zugefallen,

Empfehl' ich: Flieht der Mißgunst Spur;
Steht man nicht hoch, kann man nicht fallen:
Genug hat der Zufried'ne nur.   30

VII. Den Gierigsten erachte ich
    Grab' für den ärmsten sicherlich;
      Denn stets begehrlich von Natur
    Nach fremdem Gut nur sehnt er sich:
      Genug hat der Zufried'ne nur.   35

Das Beste ist stets heiter sein.

I. Oft der Gedanke mich befällt,
  Wie falsch und wechselnd doch die Welt,
    Wo nichts geregelt, wie ich mein';
  Drum gut thut, wer sich hieran hält:
    Das Beste ist, stets heiter sein.   5

II. In dieser Welt sich alles dreht,
   Fortunens Rad nie stille steht,
    Und alle Ruhe ist nur Schein;
   Ein Thor ist, wem's zu Herzen geht;
    Das Beste ist, stets heiter sein.   10

III. Wenn einer wohl sich überlegt,
    Eh' ihn das Glücksrad mit sich trägt,
      Ob ird'sche Ehren dauernd sei'n,
    Den Sturz er leichter dann erträgt:
      Das Beste ist, stets heiter sein.   15

IV. Wenn mit der Welt du stets nur streitest,
   In Kummer hin dein Leben leitest,
    Und wär' auch eine Grafschaft dein,
   Ein elend Los du dir bereitest:
    Das Beste ist, stets heiter sein.   20

V. Und dieser Erde Geld und Gut,
   Was nützt es ohne frohen Muth?
    Wär' es von Ost bis West auch dein,

Ohn' Frohsinn ist zu nichts es gut:
  Das Beste ist, stets heiter sein.   25

VI. Wer stürb' um Schaden wohl vor Leid,
  Um Dinge, die nur Eitelkeit?
    Geht's doch zum ew'gen Leben ein
    In eines Augenblickes Zeit:
    Das Beste ist, stets heiter sein.   30

VII. Hätte der Welt Hartherzigkeit
  Mein Herz erfüllt mit Traurigkeit,
    Mich abgehalten, mich zu freu'n,
    Wär' todt ich wohl schon lange Zeit:
    Das Beste ist, stets heiter sein.   35

VIII. Täuscht uns die Welt auch manchesmal,
  Sei uns das Herz drum nicht voll Qual;
    Stets mög' es in Bereitschaft sein,
    Zu flieh'n dies irdsche Jammerthal;
    Das Beste ist, stets heiter sein.   40

Kann man sich mit der in diesen Gedichten enthaltenen Lebensanschauung Dunbars im Ganzen wohl
einverstanden erklären, so ist nicht zu läugnen, daß er
in dem folgenden Poem, Rath, wie man sein Hab und
Gut verwenden soll, zum Theil geradezu die Selbstsucht predigt, obwohl es hauptsächlich gegen das Widersinnige des Ansammelns unbenutzt daliegender Schätze
gerichtet ist. Oder sollte er vielleicht, als es ihm etwas
besser ging, den unerfreulichen Anblick einiger mit Gier
nach seiner Hinterlassenschaft ausschauender Verwandten
gehabt und dem Gedicht so absichtlich einen satirischen
Stachel gegeben haben? Bei den sonstigen humanen
Ansichten des Dichters scheint uns dies noch die wahr-
scheinlichste Erklärung zu sein. Die fünfte Strophe enthält übrigens einen deutlichen Hinweis, daß es geschrieben wurde, als der Dichter noch bei Hofe lebte.

Rath, wie man sein Hab und Gut verwenden soll.

    I. O Mensch, da trügt die Lebensfrist,
       Der Tod dir stündlich näher ist,
       Und Ort und Zeit unsicher steht,
       Verzehr' dein Gut, eh' es zu spät.

    II. Ists dein, so ists bir zum Gewinn,   5
       Ists nicht, sparst du's nach deinem Sinn,
       Ein Andrer mit dem Nutzen geht;
       Verzehr' dein Gut, eh' es zu spät.

    III. Hast heut' vielleicht noch Hof und Haus,
       Und morgen schon mußt du hinaus,   10
       Vor deiner Truh' ein Andrer steht;
       Verzehr' dein Gut, eh' es zu spät.

    IV. So lang 's noch Zeit, sei dein Bemüh'n,
       Daß um dein Gut, wenn du dahin,
       Doch Krieg und Todtschlag nicht entsteht;   15
       Verzehr' dein Gut, eh' es zu spät.

    V. Der müht sich täglich nutzlos ab,
       Plagt sich, zu mehren seine Hab',
       Zu Neujahr und zu Ostern schmäht;[1]
       Verzehr' dein Gut, eh' es zu spät.   20

    VI. Ein Andrer freut sich seiner Sorgen,
       Bat nicht am Abend, noch am Morgen,
       Steckt alles ein und munter geht;
       Verzehr' dein Gut, eh' es zu spät.

    VII. Der spart und muß stets mehr erwerben,   25
       Und nach ihm kommen seine Erben,
       Vergäuden, was er einst gesä't;
       Verzehr' dein Gut, eh' es zu spät.

    VIII. Was du verzehrst, nur das ist dein,
       Was du zurückläßt, ist nur Schein;   30

---

[1] Nämlich wegen zu geringer Geschenke.

Nur dem gehört's, der damit geht;
Verzehr' dein Gut, eh' es zu spät.

IX. Glaub nicht, ein Andrer thue dir,
Was selber du nicht thätest hier;
Thu'st du's, schlimm deine Rechnung steht;   35
Verzehr' dein Gut, eh' es zu spät.

X. Schau, wie's der Mutter macht das Kind,
Und nimm ein Beispiel d'ran geschwind,
Daß dir's hernach nicht g'rad so geht;
Verzehr' dein Gut, eh' es zu spät.   40

Die beiden letzten Strophen, die etwas dunkel sind,
scheinen eine Warnung zu enthalten, seine Habe nicht
vorzeitig den Erben abzutreten und nicht auf ihre frei-
willige Dankbarkeit zu rechnen. Der Dichter führt den
Säugling als Beispiel an, welcher sich nur von der
Mutter nährt und ihr die Kraft entzieht. Möglicherweise auch weist er auf einen besonderen, uns nicht
weiter bekannten Fall kindlichen Undankes hin.

Ähnlichen, aber doch im Ganzen erfreulicheren Inhalts ist das nächste Gedicht **Nichts nützen Schätze
ohne heitren Sinn**, womit wir die Reihe der nach
unserem Dafürhalten der Zeit vor 1513 angehörigen
Dichtungen Dunbars beschließen.

Nichts nützen Schätze ohne heitren Sinn.

I. Sei heiter, Mensch, und lasse unbeweint
Den Lauf der Welt mit seinem Leid und Sorgen;
Sei Gott getreu, sei liebreich deinem Freund,
Dem Nachbarn leih', um auch von ihm zu borgen;
Wie heut' es ihm, geht's dir vielleicht schon morgen;   5
Mit frohem Herzen nimm, was eintrifft, hin;
Wirst dann, wie Andre leben, ohne Sorgen;
Nichts nützen Schätze ohne heitren Sinn.

II. An dem, was Gott dir giebt, magst du dich freu'n;
　　Der Welt Getriebe kann ohne Freud' nichts nützen; 10
Was du genießest, ist in Wahrheit dein;
　　Was übrig bleibt, schafft Sorge im Besitzen;
Trifft Trübsal dich, magst du mit Trost dich schützen,
Nicht hin in langem Schmerz dein Leben ziehn;
　　Zieh auf die Segel, laß im Wind sie blitzen; 15
Nichts nützen Schätze ohne heitren Sinn.

III. Sei mitleidvoll, und meide Zank und Streit;
　　Laß stets mit braven Leuten dich nur ein,
Nach deinem Stande üb' Barmherzigkeit;
　　Weltliche Ehr' wird nie von Dauer sein. 20
Laß ird'sche Sorgen niemals dich bedräu'n;
Bist arm du auch, nimm mit Geduld es hin;
Wer heiter ist, wird immer glücklich sein;
Nichts nützen Schätze ohne heitren Sinn.

IV. Armselig sind, die stets in Sorg' und Harm 25
　　Das ganze Leben nur nach Reichthum streben;
Bei vollen Säcken sind sie selber arm,
　　Stets nur bedacht, die Schätze aufzuheben.
Ein Andrer kommt alsdann, sie auszugeben,
Nimmt ihrer Arbeit Früchte sorglos hin; 30
　　Laß das dich lehren, selbst vergnügt zu leben;
Nichts nützen Schätze ohne heitren Sinn.

V. Wär' alles Gut der Welt auch immer dein,
　　Würde doch nichts zu deinem Antheil fallen,
Als Kleidung, Speise, Trank, der Rest ist Schein; 35
　　Doch Rechnung wird von dir begehrt von allem;
Für kleine Einnahm' kann oft viel entfallen;
Stets freudig recht zu thun nur bringt Gewinn;
　　Dann wirst in Wahrheit du besteh'n vor Allen;
Nichts nützen Schätze ohne heitren Sinn. 40

Fünfter Abschnitt.

Gedichte nach 1513.

I.

Höfische Dichtungen ernsten und allegorischen Inhalts.

Es würde, wie schon angedeutet, ein vergebliches Bemühen sein, bevor nicht neue, bisher unbekannt gebliebene Quellen für den Ausgang der Regierung König Jakobs IV. und die ersten Jahre der minorennen Herrschaft seines Sohnes durchforscht werden können, weitere Muthmaßungen, als die bereits vorgetragenen, über die Schicksale anzustellen, welche das Leben unseres Dichters nach der verhängnißvollen Schlacht von Flodden betroffen haben mögen. Daß ihm das Unglück des Landes, der frühe Tod des ritterlichen Königs, dem er so viele Jahre treu und anhänglich gedient hatte, ebenso wie allen patriotisch gesinnten Männern, sehr zu Herzen ging, dürfen wir mit Sicherheit annehmen. Ebenso wenig kann es einem Zweifel unterliegen, daß er der vom Schicksal schwer heimgesuchten, erst fünfundzwanzig Jahre alten Königin, die ihm seit ihrer Ankunft in der schottischen Hauptstadt gnädig und huldvoll gesinnt gewesen war, in ihrer bedrängten Lage, soweit ihm seine Stellung dazu die Möglichkeit gewährte, mit Trost und Rath hilfreich zur Seite gestanden haben wird.

Vermuthlich dauerte es einige Zeit (wenn auch, wie wir wissen, nicht gar zu lange), bis sie sich von dem schweren Schlage einigermaßen erholte, und ihre Um-

gebung mochte fürchten, daß ihre traurige Gemüths=
stimmung ihre Gesundheit gefährden könne. Aus dieser
Stimmung heraus ist das Gedicht geschrieben, welches
von Laing nach dem Bannatyne=Manuscript, wo es ohne
Ueberschrift und Angabe des Autors steht, zum ersten
Mal als ein von Dunbar An die Königin Wittwe
gerichtetes Gedicht (To the Quene Dowager, II, 45)
gedruckt worden ist.

Beide Annahmen des verdienstvollen Herausgebers,
sowohl diejenige der Autorschaft Dunbars, als auch die
der königlichen Adressatin, scheinen uns nach dem ganzen
Inhalt und Tone der Dichtung kaum zweifelhaft zu sein.
Das Gedicht ist eine in so überschwänglichem Tone ge=
schriebene Huldigung für die Schönheit, Güte, Tugend
und Weisheit der königlichen Herrin, daß es ganz an
das früher besprochene Festgedicht Dunbars, welches er
zur Feier ihres Einzuges gedichtet hatte, erinnert, ja, gerade=
zu als ein Pendant dazu erscheint. Diction und Metrum
tragen ebenfalls alle Kennzeichen von Dunbars poetischer
Ausdrucksweise an sich, wie wohl aus der nachstehenden
Uebersetzung noch einigermaßen ersichtlich sein wird.

An die Königin Wittwe.

I. O junge, zarte Blume, hold und gut,
  So anmuthvoll, so lieblich und so schön,
Erhab'ne Herrin, von so edlem Blut,
  Knospende Blüth', wie die am Halm noch stehn,
  Liebliche Lilie, wonnig anzusehn,   5
  Sei frohen Sinns, meide die Traurigkeit,
    Ist auch ein schweres Unglück Dir geschehn,
  Sei wieder heiter und verscheuch' das Leid.

II. Die Nacht vertreibst Du, wie der Morgenstern,
  Und bringst den hellen, lichten Tag herein;   10

Es halt' uns kein Gewölk Dein Antlitz fern,
   Kein Dunkel trübe Deiner Schönheit Schein;
Wo wir auch weilen, kann uns nichts erfreu'n,
   Schau'n wir nicht ihrer Strahlen Lieblichkeit;
Versuch' es, wieder frohen Muth's zu sein,   15
Sei wieder heiter und verscheuch' das Leid.

III. Bist Du so jung und schön, so hochgemuth,
   An allen Tugenden und Gaben reich,
So weise, sittsam, von so edlem Blut,
   So ruhmvoll und so ehrenvoll zugleich,   20
So liebevoll, so gütig, o, so zeig',
   Daß Trübsinn Dich nicht niederdrückt zu weit;
Sei frohen Muthes, aller Schmerz entweich'!
Sei wieder heiter und verscheuch' das Leid.

IV. Und Deiner Schönheit, Deiner Güt' und Huld   25
   In aller Demuth ich mich nun empfehle,
Der in Ergebenheit und in Geduld
   Zu Deinen treuen Dienern stets ich zähle,
Bis daß der Tod einst abruft meine Seele;
Dir weih' ich meine Feder allezeit,   30
   Lieder zu dichten, wie ich nicht verhehle,
Damit Du froh wirst und verscheuchst das Leid.

V. Liebliche Blume, in der Schönheit Prangen,
   Der Tugend hold die Rosenwangen färben,
O, trübe nicht mit Weinen Deine Wangen,   35
   Obwohl Dein edler Gatte mußte sterben.
Nimm Trost doch an, entsag' dem Schmerz, dem herben;
   O, hehre Frau, so weise jeder Zeit,
Laß Deinen Diener nicht in Gram verderben,
Sei wieder heiter und verscheuch' das Leid!   40

Trotz aller übertriebenen höfischen Huldigung und
Schmeichelei, welche in dem Original noch stärker, als
in unserer Uebersetzung zu Tage tritt, ist dennoch inniges
Mitgefühl in dem Gedicht nicht zu verkennen, welches in

21*

formeller Hinsicht mit zu den schönsten Erzeugnissen der
Dunbar'schen Muse zu rechnen ist.

Ob der alternde Dichter seinen Vorsatz, den Gram
der trauernden jungen Herrscherin durch heitere Lieder
zu verscheuchen, ausgeführt haben mag? Dies ist wohl
schwerlich anzunehmen, um so weniger, als es sich nach
einiger Zeit gezeigt haben wird, daß die Königin keiner
besonderen Tröstung über den erlittenen Verlust mehr
bedürftig war. Denn noch vor Ablauf des Trauerjahres,
elf Monate nach dem Tode König Jakobs IV., vermählte
sie sich mit Archibald, dem Enkel des Earl von Angus,
zum großen Aerger und Unwillen des Volkes. Sie wurde
der Regentschaft und der Vormundschaft über den jungen
König Jakob V. beraubt, und der in Frankreich lebende
Herzog von Albany, der jüngere Bruder König Jakobs III.,
wurde zum Regenten ernannt. Die zweite Ehe der Königin
war eine unglückliche. In Folge schlechter Behandlung
von Seiten ihres Gatten trennte sie sich von ihm und ver=
band sich mit dem Regenten gegen die Familie der Douglas.
Erst im Jahre 1528 aber gelang es ihr nach vielen
Schwierigkeiten, die Scheidung zu erwirken, doch nur, um
mit einem anderen jungen Liebhaber, Harry Stewart,
dem Sohn des Lord Evandale, eine neue Verbindung
einzugehen, die ebenso wenig eine glückliche gewesen zu
sein scheint. Nachdem ihr in den späteren Jahren ihres
Lebens aller Einfluß auf die Politik benommen war,
machte sie sich nur noch durch ihre Bemühungen, auch
diese dritte Ehe wieder aufzulösen, bemerkbar, bis sie im
October 1541 durch den Tod davon befreit wurde.[1]

Bei diesem stürmischen Verlauf, den das Leben der

---

[1] Vgl. Burton, History of Scotland, III. p. 85, 96, 136,
137, 176.

„Rose von England" bald nach dem Tode ihres ersten
königlichen Gemahls nahm, ist es erklärlich, daß das oben
citirte Gedicht unter allen Dichtungen Dunbars das einzige
ist, welches nach jenem Ereigniß von ihm direct an sie
gerichtet wurde. Unter den in den früheren Abschnitten
besprochenen Gedichten, deren Datum unsicher ist, möchten
wir kaum eines dieser letzten Epoche seines Lebens zu=
weisen, und was uns von seinen Dichtungen sonst noch
erhalten ist, trägt alles einen erbaulichen, zum Theil reli=
giösen Charakter. Dabei fehlt es in der poetischen Diction
einiger dieser Gedichte doch nicht an Anzeichen für die
Annahme, daß sie mit Rücksicht auf den Geschmack der
Königin geschrieben sein mochten. Fromme, erbauliche
Dichtungen sagten vermuthlich in der allererſten Zeit nach
ihres Gatten Tode ihrer Stimmung mehr zu, als heitere
Lieder, vor allem auch entsprachen sie mehr der eigenen
Lebensanschauung und Neigung des in den Jahren vor=
gerückten Dichters, um so mehr, da wir uns, wie früher
ausgeführt wurde, zu der Annahme einigermaßen berechtigt
halten, daß ihm nun im Alter doch noch durch die Gunst
der Königin das ersehnte geistliche Amt zu Theil wurde.
So geben wir dann Laings Anordnung, wonach alle diese
erbaulichen Dichtungen dem Ausgange von Dunbars
Leben und Dichten zugewiesen werden, unsere volle Zu=
ſtimmung und möchten im Besonderen diejenigen beiden
Gedichte, in denen der Dichter die Vorzüge der himm=
lischen, gottgeweihten Liebe vor der irdischen Liebe preist,
als seine muthmaßlich frühesten poetischen Erzeugnisse dieser
Epoche bezeichnen.

Ja, das erste derselben, Die Amsel und die
Nachtigall (The Merle and the Nyghtingaill, I, 216)
betitelt, zeigt in der Diction so unverkennbare Verwandt=

schaft mit dem oben mitgetheilten Gedicht an die Königin, daß wir daraus schließen möchten, es sei, wenn nicht von ihr veranlaßt, so doch für sie bestimmt gewesen.

Zu der Einkleidung des Gedichtes, zwei Vögel, die Amsel und die Nachtigall, über die Vorzüge der irdischen und himmlischen Liebe sich streiten zu lassen, lieferte sowohl die nationale, als auch die fremdländische Literatur manche Vorbilder.[1]) Die Nachtigall vertritt die himmlische Liebe, die Amsel die irdische. Das Herz des Dichters scheint fast noch auf der Seite der letzteren zu sein. Gleichwohl erklärt die Repräsentantin dieser Anschauungsweise sich schließlich, — allerdings ohne besondere Motivirung —, für überwunden und stimmt in den Lobgesang der Nachtigall auf die himmlische Liebe mit ein. Der Hauptvorzug des Gedichts liegt weniger in dem Inhalt oder in der Behandlung des Gegenstandes, als vielmehr in der gewandten Form und Sprache.

Die Amsel und die Nachtigall.

I. Im Maimond, als Auroras Schein sich hob,
    Und ihr Krystall vertrieb der Wolken Menge,
Lauscht' ich der Amsel, die der Liebe Lob
    Zu singen anfing, voll der schönsten Klänge,
    Entgegen Phöbus' strahlendem Gepränge,   5
Auf einem Lorbeerzweig, saftig und grün;
    Dies war das Thema ihrer Lobgesänge:
Im Liebesdienst fließt schön das Leben hin.

II. Ein klarer Bach des Zweiges Stamm befeuchtet,
    Mit Balsamfluthen, schimmernd wie Krystall;   10
Des Himmels Bläue ihm entgegenleuchtet;
    Dort auf der andern Seit' die Nachtigall

---

[1]) Vgl. Geschichte der englischen Literatur von Bernhard ten Brink. Berlin, Verlag von Robert Oppenheim, 1877. 8°. p. 268 ff.

In süßen Tönen sang, mit hellem Schall;
Wie Engelfittige war der Flügel Schein,
 Dies war ihr Sang, so schön und gut zumal: 15
Nichts ist der Liebe werth, als Gott allein.

III. Mit lust'gen Tönen, prächt'gen Harmonien,
 Die muntre Amsel grüßt den Tag herbei.
Es schallt der Wald von ihren Melodien;
 Erwacht, ruft sie, ihr, die ihr liebt im Mai; 20
Flora erblüh'n ließ jeden Zweig auf's Neu';
 Wie sie Natur gelehrt, die Königin;
Bunt strahlt die Flur von Blumen mancherlei:
 Im Liebesdienst fließt schön das Leben hin.

IV. Nie lauscht' ein Lebender je süß'rem Klang, 25
 Nie schöner sang die holde Nachtigall;
Es trug ihr Lied der muntre Fluß entlang
 Dem wonnevollen, blüthenreichen Thal.
 O Amsel, sprach sie, deine Kunst ist schaal;
Nicht ist Vernunft und Sinn in deinem Schrei'n, 30
 Und Zeit und Müh' ist nutzlos allzumal
Jedweder Lieb', die nicht dient Gott allein.

V. Stell' nur, die Amsel sprach, dein Pred'gen ein;
 Soll Jugend denn vergeh'n in Heiligkeit?
Die jungen Heil'gen werden Teufel sein; 35
 Pfui, Heuchlerin, schon in der Jugendzeit!
Wagst gegen die Natur du Kampf und Streit?
 Machst Alter eins mit heit'rem Jugendsinn,
Die an Natur verschieden himmelweit?
 Im Liebesdienst fließt schön das Leben hin. 40

VI. Die Nacht'gall sprach: O Thörin, denke d'ran,
 Für Jeden, Alt und Jung, gilt das Gebot:
Den Schöpfer muß stets lieben Jedermann!
 Aus nichts nach seinem Bilde schuf uns Gott,
Und starb dann selbst, zu retten uns vom Tod; 45
 War das nun wahre Lieb', ja oder nein?

Er ist ein treuer Freund in aller Noth;
Nichts ist der Liebe werth, als Gott allein.

VII. Die Amsel sprach: Warum hat denn gewährt
    Gott solche Reize wohl der Frau'n Geschlecht?   50
Doch sicherlich, daß man es liebt und ehrt;
    Auch hat Natur in sie den Trieb gelegt.
Und Er, der alles machte schön und recht,
    Hätt' nie etwas geschaffen ohne Sinn;
Was Er hat angeordnet, ist nie schlecht: 55
    Im Liebesdienst fließt schön das Leben hin.

VIII. Die Nacht'gall sagte: Nicht zu diesem Zwecke
    Schmückt Gott die Frau mit Schönheit jederzeit,
Daß sie für sich nur Lieb' und Dank erwecke,
    Nein, auch für ihn, der solchen Reiz ihr beut.   60
Für Schönheit, Güte, Reichthum, Raum und Zeit
    Und jede Gabe, die uns kann erfreu'n,
Gebührt nur ihm der Dank in Ewigkeit;
    Nichts ist der Liebe werth, als Gott allein.

IX. O Nachtigall, das wäre schön am Platz,   65
    Daß Lieb' und Tugend sich nicht ließ' vereinen;
Wenn Tugend ist zum Laster Gegensatz,
    Dann ist auch Liebe Tugend, sollt' ich meinen.
Der Neid mag stets der Liebe Feind erscheinen;
    Gott sprach: Den Nächsten lieb' mit Herz und Sinn! 70
Ein lieb'rer Nächster, als das Weib, giebt's keinen;
    Im Liebesdienst fließt schön das Leben hin.

X. Die Nacht'gall sagte: O, du Sinnverwirrte!
    Dem Manne oft so sehr das Weib gefällt,
Daß er vergißt Den, der mit Reiz sie zierte;   75
    Ihr zartes Weiß er für den Himmel hält.
Ihr Goldgelock, das schimmernd niederfällt,
    Wär' es auch leuchtend, wie Apollos Schein,
Blende ihn nicht für alles auf der Welt;
    Nichts ist der Liebe werth, als Gott allein.   80

XI. Die Amsel sprach: Liebe schafft Ehrbemühn;
    Liebe läßt Feiglinge nach Mannheit streben;
Liebe macht Ritter stets zum Angriff kühn;
    Liebe macht Arme gar geneigt zum Geben;
    Liebe macht fleißig, die sonst müßig leben,   85
Liebe giebt Träumern wieder frohen Sinn;
    Liebe läßt Laster auf als Tugend schweben;
    Im Liebesdienst fließt schön das Leben hin.

XII. Die Nacht'gall sprach: das Gegentheil ist wahr,
    Die falsche Liebe macht die Menschen blind;   90
Ihr Sinn und Denken macht es wandelbar,
    In falschem, eitlem Ruhm sie trunken sind;
    Seh'n nicht das Weh, ihr Witz flieht, wie der Wind;
Ihr Anseh'n schwindet hin als leerer Schein,
    Kraft, Ruhm, Besitz gleichfalls; drum stets ich find': 95
Nichts ist der Liebe werth, als Gott allein.

XIII. Dann sprach die Amsel: ich seh' den Irrthum ein,
    Die falsche Lieb' ist voller Eitelkeiten;
Verblendung gab mir diese Kühnheit ein,
    So gegen alle Wahrheit anzustreiten.   100
    Drum rath' ich: Jeder flieh' die Lieb' bei Zeiten;
Die ihn nur zieht in Satans Netz hinein;
    Den lieb' er, der aus Lieb' den Tod mußt' leiden;
Nichts ist der Liebe werth, als Gott allein.

XIV. Dann tönten beider Stimmen hell und klar;   105
    Die Amsel sang: Lieb' Gott, der dich gemacht;
Die Nachtigall: Den Herrn lieb' immerdar,
    Der dich und alle Welt ans Licht gebracht.
    Die Amsel sang: Lieb' ihn, der dein gedacht
Im Himmel schon, und hier ward Fleisch und Bein, 110
    Der dich, sprach jene, sich zu eigen macht;
Nichts ist der Liebe werth, als Gott allein.

XV. Dann sang von Liebe aus dem Laub mir zu
    Das Paar, und flog über die Zweige hin;

Im Traum und Wachen, in Arbeit und in Ruh', 115
Ihr Treiben meinem Sinn gar hold erschien;
Und oft, wenn ich voll Liebessehnsucht bin[1])
Und kann doch niemals mich der Liebe freu'n,
Denk' ich an ihren Sang in meinem Sinn:
Nichts ist der Liebe werth, als Gott allein.   120

Den nämlichen Gegenstand behandelt das bei Laing unmittelbar folgende Gedicht Irdische und himmlische Liebe (Of Love Erdly and Divine, I. 221). Die Ausführung freilich ist eine durchaus verschiedene. Wenn wir hinsichtlich des vorhergehenden Poems wegen der zarten, idealisirenden Diction zu der Annahme geneigt waren, daß es vielleicht für die zeitweilige Gemüthsstimmung der Königin berechnet war, so möchten wir wegen des gemüthlichen Tones dieses Gedichtes, welches in derselben Vers- und Strophenform wie die Grauschimmel-Petition abgefaßt ist, annehmen, daß Dunbar es in resignirter Stimmung, so zu sagen für den eigenen Hausgebrauch, gedichtet hatte.

Irdische und himmlische Liebe.

I. Da abgekühlt Frau Venus Glut,
Wächst wahrer Liebe jetzt der Muth,
Und nun verstehe ich es gut,
Wie falsche Lieb' der Klugheit bar:
Nun Alter kommt, wo Jugend war,   5
Wird erst, was wahre Lieb' ist, klar.

II. Bis Venus' Feuer nicht todt und kalt,
Hat wahre Liebe nicht Gewalt;

---

[1]) Zum Beweise der Annahme, daß dies ein Jugendgedicht Dunbars sei, wie Paterson will, könnte dieser Vers nicht ausreichen, da wir es hier mit einem rein conventionellen Kunstgedicht zu thun haben, dessen Abfassung immerhin auch einige Jahre früher stattgefunden haben kann.

Doch wird die eine Liebe alt,
Wächst gleich die and're offenbar: 10
  Nun Alter kommt, wo Jugend war,
  Wird erst, was wahre Lieb' ist, klar.

III. Wie wahre Lieb' erfreuen kann,
Das aufzuschreiben wagt kein Mann,
Der falscher Lieb' noch unterthan,   15
Denn so verschieden ist das Paar.
  Nun Alter kommt, wo Jugend war,
  Wird erst, was wahre Lieb' ist, klar.

IV. Beglückt ist der, dem es gelingt,
Daß er sofort sein Herz bezwingt   20
Zu dem, was wahre Liebe bringt,
Und ficht den Kampf aus ohn' Gefahr:
  Nun Alter kommt, wo Jugend war,
  Wird erst, was wahre Lieb' ist, klar.

V. Ich sag' euch, so verhält es sich;   25
Im Liebeshof selbst weilte ich,
Jedoch für eine Freude mich
Verfolgten fünfzehn Leiden gar:
  Nun Alter kommt, wo Jugend war,
  Wird erst, was wahre Lieb' ist, klar.   30

VI. Wo früher ich in Sorgen stand,
Wird jetzt mir Tröstung zugewandt,
Und wo ich nur Enttäuschung fand,
Bietet sich Lohn und Dank mir dar:
  Nun Alter kommt, wo Jugend war,   35
  Wird erst, was wahre Lieb' ist, klar.

VII. Was einst mir an der Lieb' mißfiel,
Ist stets nun meiner Sehnsucht Ziel,
Giebt mir das tröstlichste Gefühl,
Wo sonst nur Krankheit und Gefahr: 40
  Nun Alter kommt, wo Jugend war,
  Wird erst, was wahre Lieb' ist, klar.

VIII. Wo ich, mit Eiferſucht geplagt,
Die Nebenbuhler all' verjagt,
Es meinem Wunſche nun behagt,   45
Daß jedem Liebe widerfahr':
    Nun Alter kommt, wo Jugend war,
    Wird erſt, was wahre Lieb' iſt, klar.

IX. Wenn früher ich vor lauter Scham
Verbarg ſogar der Liebſten Nam',   50
Dünkt's jetzt mir ſchön und wunderſam,
Mach' aller Welt ich's offenbar:
    Nun Alter kommt, wo Jugend war,
    Wird erſt, was wahre Lieb' iſt, klar.

X. Sonſt wagt' ich nie, mich zu beklagen,   55
Konnt' ihren Zorn nur ſchwer ertragen;
Nun ihrer Schönheit ohne Zagen
Trotz' ich und ihrem Augenpaar:
    Nun Alter kommt, wo Jugend war,
    Wird erſt, was wahre Lieb' iſt, klar.   60

XI. Ein ſchön'res Lieb nun habe ich,
Das nie mir zürnet ſicherlich,
Das Lohn und Güte häuft auf mich
Und Troſt, biet' ich ihm Klagen dar:
    Nun Alter kommt, wo Jugend war,   65
    Wird erſt, was wahre Lieb' iſt, klar.

XII. Nichts thu' und ſag' ich ohne Lohn,
Ein Lieb'sgedank iſt kaum entfloh'n,
Und g'rad ſo ſehr liebt man mich ſchon,
Niemand kann's hindern offenbar: 70
    Nun Alter kommt, wo Jugend war,
    Wird erſt, was wahre Lieb' iſt, klar.

XIII. Ein Lieb ſo ſchön und voller Huld,
So mitleidvoll und voll Geduld,
So ſanft trotz aller unſ'rer Schuld,   75
Kommt nie und war nie offenbar:

Nun Alter kommt, wo Jugend war,
Wird erst, was reine Lieb' ist, klar.

XIV. So treu, wie er, liebt Keiner mich,
Der uns zu Lieb' im Tod' erblich,   80
Drum lieb' ihn wieder, denke ich,
Der uns so liebte immerdar:
Nun Alter kommt, wo Jugend war,
Wird erst, was wahre Lieb' ist, klar.

XV. Gott Jedem seine Gnade schenkt,   85
Der in der Jugend das bedenkt;
Die Welt, so falsch und trüg'risch, lenkt
Den Menschen wohl durch Blumen zwar,
Doch Alter kommt, wo Jugend war,
Dann wird, was wahre Lieb' ist, klar.   90

II.
Religiöse und moralisirende Gedichte.

Hinsichtlich der noch zu erwähnenden Gedichte sehen
wir uns nur zu sehr unbedeutenden Abweichungen von
Laings Anordnung veranlaßt.

Auf Love Erdly and Divine folgen in seiner Aus=
gabe zunächst zwei auf die Beichte bezügliche Gedichte,
betitelt Wie man beichten soll (The Maner of
Passyng to Confessioun, I, 225) und Beichttafel
(The Tabill of Confessioun, I, 228), welche, wie bereits
S. 101 erwähnt wurde, fast zu der Annahme drängen,
daß Dunbar sie geschrieben habe, nachdem ihm endlich das
lang ersehnte geistliche Amt und damit auch die Seel=
sorge der ihm anvertrauten Gemeinde zu Theil geworden
war. Beide Gedichte sind insofern für die Beurtheilung
unseres Dichters von besonderem Interesse, als sie er=
kennen lassen, daß er trotz aller Polemik gegen gewisse
Mißbräuche der kirchlichen Organisation und Verwaltung

dennoch in dogmatischen Dingen durchaus auf dem Boden der katholischen Rechtgläubigkeit stand. In poetischer Hinsicht sind diese Gedichte, die in einem trockenen, lehrhaften Tone geschrieben sind, von untergeordnetem Werth. Wir theilen das erste zur Veranschaulichung auch dieser Dichtungsart unseres Autors vollständig in der Uebersetzung mit und begnügen uns für das folgende mit der Wiedergabe einiger Strophen.

Wie man beichten soll.

I. O sünd'ger Mensch, in diesen vierzig Tagen
    Soll Jeder in freiwill'ger Buße leben;
Christus hat selbst, wie die Apostel sagen,
    Gefastet, um ein Beispiel uns zu geben, —
    Wenn solch ein mächt'ger König doch daneben   5
Zum Fasten und Gebet so folgsam war,
Ist's sünd'ger Menschen Pflicht ganz offenbar.

II. Ich rathe dir, o Mensch, in deinen Sünden,
    Daß du von ganzem Herzen reuevoll
Beichtest getreu, um dann Erlaß zu finden;   10
    Sieh' zu mit allem Fleiße, wie man soll,
    Daß alle Sünden im Gedächtniß wohl
Du dir bemerkst und dich dazu bekennst
Und sie in deiner Beichte auch benennst.

III. Hast du an deinem Leibe eine Wund',   15
    Die vielen Schmerz dir macht und große Pein,
Macht eher dich kein Arzt heil und gesund,
    Bis er sie ansah und sie machte rein;
    So wird's auch mit der Beicht' beschaffen sein;
Du kannst unmöglich je Vergebung finden,   20
Wenn du vergessen Eine deiner Sünden.

IV. Wenn von zehn Wunden Einer Bess'rung fehlt,
    Was nützt der andren Heilung dir alsdann?
So in der Beichte; wird etwas verhehlt,

Nichts deine arme Seele retten kann;   25
   Gott flehst umsonst du um Erlösung an;
Sehnst du dich nach Vergebung deiner Sünden,
   Mußt jede einzelne du auch verkünden.

V. Nur wenn dein Beicht'ger alles weiß und schaut,
   Kann er von allen Zweifeln dich befrei'n,   30
Ist gegen jeden Fehl mit Macht betraut;
   Doch läßt du etwas ihm verborgen sein,
   Bleibt blind er, schaut ins Herz dir nicht hinein,
So magst du dies in deinem Sinn bedenken:
   Kein Blinder kann je einen Blinden lenken.   35

VI. So scheint es mir, ihr beide seid betrogen;
   Er kann nicht seh'n, und du willst ihm nicht sagen,
Wann oder wie in Sünd' es dich gezogen;
   Drum rath' ich dir, entschuld'ge dein Betragen,
   Entschließ' zur Antwort dich auf alle Fragen,   40
Wo es geschah, auf welche Weis' und wann,
   Daß deine Sünd' er richtig schätzen kann.

VII. Eh' du zum Priester gehst, sei wohl bewußt
   Der Sünden all, zumal der schwersten, dir,
Daß eingeprägt sie sei'n in deiner Brust;   45
   Komm nicht in Eil', zu beichten nur dafür
   Und stumpf dann dazusitzen wie ein Thier;
Mit demuthvollem Herzen und mit frommen
   Gedanken sollst du nur zur Beichte kommen.

VIII. Mit eig'nem Mund mußt nennen du die Sünden; 50
   Sitz' nicht und hör' den Priester an in Ruh;
Wer kann sie besser, als du selbst verkünden?
   Beachte das, ich rathe dir dazu;
   Du weißt am besten, wo dich drückt der Schuh;
Darum besinn' dich, eh' zur Beicht' du gehst,   55
   Damit du alle Sünden auch gestehst.

IX. Wo schwer die Schuld, und seltne Rechnung nur
   Gemacht wird und das Leben sündhaft bleibt

Und das Gewissen weit ist von Natur
Und nichts sich ein in das Gedächtniß schreibt,   60
Der Mensch nur schwerem Weh entgegen treibt:
Der sünd'ge Mensch, der sich so lange Frist
Von Ostern setzt zu Ostern, viel vergißt.

X. Drum rath' ich bir, so lang du stark und jung,
   Voll Jugendmuth, dich noch die Jahre freu'n,   65
So lang's bir noch gestattet Geist und Zung',
   Bereue, Mensch, halt' dein Gewissen rein;
   Zum Alter warten kann gefährlich sein;
Klein ist die Ehr', von Sünden abzustehn,
Wenn du zu alt bist, um sie zu begehn.   70

Poetischer in der Sprache, wenn auch nicht an
Inhalt, der begreiflicherweise noch mehr ins Einzelne
eingeht, ist die Beichttafel. Das Gedicht wird eröffnet mit folgender Strophe:

I. Zu bir, o Heiland Jesu, gnadenreich,
   Mein König, mein Erlöser und mein Herr,
Vor deinen Leib, so blutig und so bleich,
   Tret' ich zu beichten hin, das Herz so schwer;
Für alles das, worin ich mich so sehr   5
   Bis heut' verging in Wort, Gedank' und Thun, —
Auf meinem Antlitz bitt ich, o gewähr'
Verzeihung mir, denn ich bereue nun.

Der zerknirschte Sünder wendet sich nun zunächst
an den Erlöser um Vergebung für alle Sünden, zu
denen die unrichtige Anwendung seiner fünf Sinne ihn
verleitet hat. Dann bekennt er sich zu den fünf Todsünden und gesteht die Ausführung sowohl der sieben
körperlichen Gnadenthaten (Hungrige zu speisen, Durstige
zu tränken 2c.), als auch der sieben geistigen Gnadenthaten (Unwissende zu belehren, Sünder zu bessern 2c.)
unterlassen zu haben. Die Sacramente hat er nicht

immer beobachtet, gegen die zehn Gebote manchmal ver=
stoßen und auch gegen die Glaubensartikel sich vergangen.
Die vier Cardinaltugenden sind ihm fremd geblieben,
und die sieben Gebote der Kirche hat er nicht beobachtet.
Auch gegen den heiligen Geist bekennt er sich, wie im
Einzelnen ausgeführt wird, vieler Sünden schuldig, und
der Dichter läßt ihn dann sein langes Geständniß mit
den folgenden, zum Theil recht poetischen Strophen schließen:

XIX. Ich kann nicht deine kostbar'n Füße küssen,   145
    Was gern ich, wie einst Magdalena, thäte;
Doch laff', wie sie, ich meine Thränen fließen
    Und jeden Morgen an dein Grab ich trete;
    „Vergieb mir, wie einst ihr!" ich zu dir bete;
Du siehst mein Herz, o, laß mich Buße thun!   150
    O, daß dein süßer Leib mir Rettung böte!
Um Gnade bitt' ich und bereue nun.

XX. Laß, Jesu, dein gedenken stets mein Herz;
    Dein Leiden werd' in Fülle mir zu Theil,
So daß kein Glied frei bleibe mir von Schmerz,   155
    Es jeder Wunde Pein mit dir ereil',
    Daß jeder Streich auch meinen Leib zertheil',
Wie dein unschuldiges Fleisch er durfte thun,
    So daß an meinem Körper nichts mehr heil;
Um Gnade bitt' ich und bereue nun.   160

XXI. Zu aller Sünden Schuld, begangen hier,
    Auch der vergeß'nen nun bekenn' ich mich;
Jedoch von deinem Hof des Rechts zu dir
    An deinen Hof der Gnade komme ich.
Lenk' du mein Schiff zum Hafen, wo es sich   165
Vor Stürmen bergen kann und sicher ruhn;
    Um deiner Wunden willen rette mich!
Um Gnade bitt' ich und bereue nun.

An diese Dichtung schließt sich ein kleines Gedicht

ähnlichen Inhalts an, betitelt Gebet (Ane Orisoun,
I, 235), welches wir hier mittheilen.

Gebet.

Erlöser, ließ auch meine Sinnlichkeit
    Oft meine Seele sich der Sünd' ergeben,
Hat doch ein Funken Licht und Frömmigkeit
    Den Sinn erhellt und heißt mich aufwärts streben;
    Mein Herz ruft schmerzlich: Wolle Gnad' mir geben 5
Und Zeit, um meine Sünden zu bereuen;
    Laß mich in Ehren und ohn' Unrecht leben,
Des Friedens hier, des Himmels dort mich freuen.

Eine andere Gruppe religiöser Gedichte, deren Ent=
stehung wir mit Laing gleichfalls in die letzten Lebens=
jahre Dunbars verlegen möchten, haben die Geburt, das
Leiden und die Auferstehung Christi, sowie das Lob der
heiligen Jungfrau zum Gegenstande. Diese Dichtungen
schließen sich in gewisser Hinsicht, namentlich in Bezug
auf die Einmischung lateinischer Verse oder die Ver=
wendung derselben als Refrain an eine besondere tra=
ditionelle Behandlungsweise solcher Stoffe in der alt=
englischen Literatur an, zeigen aber andererseits hinsichtlich
der Diction die Unnatur der latinisirenden, prunkvollen
Ausdrucksweise Dunbars und seiner Zeitgenossen auf
die Spitze getrieben. Wir theilen wiederum nur das
erste Gedicht Auf die Geburt Christi (Of the
Nativitie of Christ, I, 236) vollständig in der Ueber=
setzung mit und begnügen uns für die übrigen mit
einigen Strophen.

Christi Geburt.

I. Rorate Coeli desuper!
    Tropft, Himmel, Balsamschauer bloß;
    Den hellen Tagstern sendet her

Maria, uns're schönste Ros';
   Die Sonne, die der Wolken Schoß,   5
Der dunkeln, fern im Ost, verläßt,
   Zieht her am Himmel, hehr und groß,
Et nobis puer natus est.

II. Erzengel, Engel, Reiche all',
   Throne und Mächte, Märtyrer hehr,   10
Ihr Himmelsboten, mit lautem Schall
   — Feuer und Erde, Luft und Meer,
Planeten, Firmament und Sphär' —
   Lobpreist ihn, wie ihr könnt, aufs best',
Der so voll Demuth kam daher,   15
Et nobis puer natus est.

III. Sünder, thut Buße und seid froh,
   Dankt eurem Schöpfer inniglich,
Denn er, den ihr verschmähtet so,
   Naht euch nun hier demüthiglich;   20
Und eure Seelen kauft' er sich
Freiwillig, die in Banden fest
   Des Bösen, der nie von euch wich;
Pro nobis puer natus est.

IV. Vor ihm, ihr Priester, knieet hin,   25
   Dem holden Kinde beuget euch;
Mit Huldigung verehret ihn,
   Den Herrscher über jedes Reich;
Streut fromm ihm Weihrauch allsogleich,
   In heil'ger Kirche singt und les't;   30
Ihm Ehre Jedermann bezeig',
Qui nobis puer natus est.

V. Ihr Himmelsvögel in der Luft,
   Lobpreiset ihn mit aller Macht!
In Wald und Hainen laut es ruft: 35
   Seid jetzt auf Freud' und Lust bedacht.

Entflohen ist die finstre Nacht,
Aurora fort die Wolken bläst,
Die Sonn' hat freub'ges Licht gebracht,
Et nobis puer natus est.   40

VI. Nun, Blumen, aufzusprießen sucht,
    Erhebt euch freudig auf dem Stamm,
    Zum Gruß der segensreichen Frucht,
    Die von der Ros' Maria kam.
    Nun grünt und blühet wundersam;   45
    Der Todesschlaf euch nun entläßt,
    Weil er, der Fürst, herniederkam,
    Qui nobis puer natus est.

VII. Nun singt, ihr Himmel, mit hohem Muth,
     Das Reich der Luft mach' Harmonien;   50
     Vogel im Flug, Fisch in der Fluth,
     Laßt klingen eure Melodien;
     Ein Gloria in excelsis ihm
     Himmel und Erd' ertönen läßt,
     Der zieht gekrönt am Himmel hin,   55
     Pro nobis puer natus est.

Läßt sich diesem Jubelgesang auf die Geburt Christi,
trotz mancher geschraubter und schwülstiger Wendungen,
die im Original noch mehr, als in unserer Uebersetzung
zu Tage treten, dennoch ein tiefes poetisches Gefühl nicht
absprechen, so ist der bei Laing folgende Hymnus Auf
die heilige Jungfrau (I, 239), in welchem der
Dichter, wie es scheint, sich selbst übertreffen wollte, nur
aus dem Grunde von Interesse, weil uns hier das
Widersinnige und Unnatürliche der damals für erhaben
und echt poetisch geltenden, mit schimmernden Bildern
und sonor klingenden, fremdartigen Wörtern gespickten
Diction in auffälligster Weise entgegentritt. Die Reimkunst
des Dichters freilich zeigt sich hier im höchsten Glanz,

und wir können Laing in dieser Hinsicht nicht ·zustimmen, wenn er von dem Gedicht behauptet: It is remarkable only for the versification, as the frequent recurrence of the rhyme, and the use of antiquated terms, render it at once harsh and insipid. Das Geschmack= lose liegt hauptsächlich in den gekünstelten Ausdrücken, für welche die Bezeichnung „antiquated" übrigens kaum zulässig ist, da sie größtentheils nicht einmal auf kürzere Zeit in die Sprache aufgenommen worden sind. In der Anwendung des Binnenreims mag der Dichter des Guten etwas zu viel gethan haben. Im Uebrigen ist aber weder die Versart, welche dem in dem hübschen Gedicht Of the Ladyis solistaris at Court (vgl. S. 147) verwendeten Metrum am nächsten steht, noch auch die Strophenart tadelnswerth. Die letztere ist sogar in ihrem ebenso kunst= vollen, als kunstverständigen Aufbau ungemein wohl= lautend und dem Inhalt eines überschwenglichen Jubel= gesanges durchaus entsprechend. Eine einigermaßen getreue Uebersetzung des Gedichtes ist, da wir doch die deutsche Sprache nicht durch Beibehaltung oder Nach= ahmung der von dem altschottischen Dichter in sein Idiom aufgenommenen Fremdwörter entstellen können, unmöglich. Wir theilen daher die erste und letzte der sieben Strophen dieser überschwänglichsten aller Marienhymnen zum Be= lege des Gesagten im Originaltext mit:

Ane Ballat of our Lady.

I. Haile, sterne superne! Haile, in eterne,
   In Godis sicht to schyne!
Lucerne in derne, for to discerne
   Be glory and grace devyne;
Hodiern, modern, sempitern,   5
   Angelicall Regyne!

Our tern inferne for to dispern
Helpe rialest rosyne.
        Ave Maria. gratia plena!
    Haile, fresche flour femynyne!   10
    Yerne us, guberne. Virgin matern,
        Of reuth baith rute and ryne.

— — — — — — — — —

— — — — — — — — —

VII. Imperiall wall, place palestrall.
        Of peirless pulcritude;
    Tryumphale hall, hie trone regall   75
        Of Godis celsitude;
    Hospitall riall, the Lord of all
        Thy closet did include;
    Bricht ball, cristall, rois virginall,
        Fulfillit of angell fude.   80
        Ave Maria, gratia plena!
    Thy birth has with his blude,
    Fra fall mortall, originall,
        Us ransomid on the rude.

Noch ein anderes Marienlied Dunbars, welches
in einem ähnlichen, wenn auch nicht ganz so gekünstelten
Tone geschrieben ist, theilt Laing in seinem Supplement
(I, 283) mit. Auch hiervon möge die erste und letzte
Strophe im Originaltext folgen.

Ane Ballat of our Lady.

I. Roiss Mary most of vertew virginall,
    Fresche flour on quhom the hevynnis dewe doun fell,
  O gemme joynit in joye angelicall.
    In quhom Jhesu rejosit wes to dwell,
    Rute of refute, of mercy spring and well,   5
  Of ladyis chois as is of letteris A,
    Empress of hevyne, of paradyss, and hell

O mater Jhesu, salve Maria!

— — — — — — — — — — — —

— — — — — — — — — — — —

VI. Hail, purifyet perle! Haile, port of paradyse!
    Haile, redolent ruby, riche and radyuss!
  Haile clarifyit cristale! Haile, Quene and emperyse!
    Haile, moder of God! Haile, Virgin glorius!
    O gracia plena, tecum Dominus!   45
  With Gabriell that we may syng and say,
    Benedicta tu in mulieribus
  O mater Jhesu, salve Maria!

Das auf das erste Marienlied folgende Gedicht **Auf Chriſti Leiden und Tod** (Of the Passioun of Christ, I, 243) behandelt das Leiden und den Tod Chriſti und iſt, dem Gegenſtande entſprechend, in einem ruhigeren Tone geſchrieben. Wir geben nur die erſte und letzte Strophe in der Ueberſetzung.

    I. Einſt zu den Mönchen in ein Kloſter
      Trat ich ins Oratorium ein,
    Kniet' hin mit einem Paternoſter
    Vor Gottes Himmelsglorienſchein;
    Und da mir fiel ſein Leiden ein,   5
    Zur Jungfrau kniet' in Demuth ich,
    Stimmt' ihr ein Loblied an, allein
    Schlaf plötzlich übermannte mich.

Im Schlaf ſchwebt nun das ganze Leiden und Sterben Chriſti vor des Dichters Geiſt vorüber; wie der Heiland zunächſt von Judas with mony a Jow ergriffen und verhöhnt, dann verurtheilt, mißhandelt, gegeißelt und mit der Dornenkrone gemartert wurde, wie er hierauf das Kreuz zum Richtplatz trug und an dem Stamm deſſelben befeſtigt wurde, wie ihm die Glieder zerbrochen wurden und er endlich zwiſchen den beiden

Schächern seine Seele aushauchte. Alles dies wird mit
einer Umständlichkeit von dem Dichter geschildert, welche
den modernen Leser an die realistische, detaillirte Dar=
stellung des Oberammergauer Passionsspiels erinnern
könnte. Die Schlußstrophe des Gedichts möge dies noch
näher veranschaulichen:

II. Im Wahn, daß er am Leben war,
　　Stieß man den Speer ihm in die Seit',　　90
Und Blut und Wasser rann dann klar
　　Von seinem Leib zu gleicher Zeit.
　　So Jesus Christ mit Wunden weit
Erlitt den Märtyrertod allhier,
　　Duldet' am Kreuze Qual und Leid,　　95
　　O Mensch, aus Liebe nur zu dir.

Nur der letzte Vers, der in allen Strophen, mit
Ausnahme der ersten, als Refrain wiederkehrt, verleiht
dem Gedicht noch einen etwas poetischeren Schwung.
Es ist unter den religiösen Gedichten Dunbars ent=
schieden das schwächste. Gleichwohl ist das Urtheil
Pinkertons, welcher, wie Laing anführt, „in his usual
dogmatic manner" dazu bemerkte: „A long poem on
Christi Passion, as stupid as need be; yet it is by
Dunbar" entschieden zu scharf. Pinkerton vergaß oder
übersah, daß gerade eine solche detaillirte Behandlungs=
weise dieses Gegenstandes der mittelalterlichen Anschauungs=
weise durchaus entsprechend war. Er hatte übrigens noch
weniger Anlaß, als Laing, strenge in seinem Urtheil zu
sein, da ihm die weiteren, von Laing nachträglich im
Supplement (I, 285) mitgetheilten Strophen des Gedichts,
als zu demselben gehörig bekannt waren. In diesen
Strophen, die trotz des verschiedenen Refrains offenbar als
eine vielleicht später hinzugefügte Fortsetzung des ursprüng=
lichen Gedichts anzusehen sind, giebt der Dichter selber das

Bestreben kund, die poetische Behandlung seines Gegenstandes zu vertiefen. Im unmittelbaren Anschluß an die bisher geschilderte Vision von dem Leiden und Tode Christi nahen sich dem Dichter verschiedene allegorische Gestalten, wie Mitleid, Zerknirschung, Reue, Erinnerung, Dankbarkeit, Gewissen, in deren Reden und Klagen uns die eigenen Reflexionen Dunbars über den Opfertod Christi entgegentreten. In der Schlußstrophe verschwimmt dann wieder Vision und Wirklichkeit in gewohnter Weise. Der Dichter wird von dem Erdbeben, welches bei dem Tode Christi eintrat, und welches er in seiner Vision mit zu erleben glaubt, aus dem Schlaf geweckt und beeilt sich dann, nachdem er sich von seinem Schrecken erholt hat, das vor dem Kreuze Christi am Charfreitage im Geist Geschaute zu Papier zu bringen.

Von hervorragenderem poetischen Werth ist das letzte Gedicht dieser Gruppe **Auf Christi Auferstehung** (Of the Resurrection of Christ, I, 247), welches mit einem gewissen begeisterten Schwunge geschrieben ist und zugleich das ungewöhnliche Talent des Dichters für die Variation des bildlichen Ausdrucks erkennen läßt. Eine vollständige Uebersetzung dieses Hymnus wird daher nicht ungerechtfertigt erscheinen.

Auf Christi Auferstehung.

I. Geliefert ist die Schlacht dem schwarzen Drachen,
    Christ unser Held hat seine Macht gefällt;
Aufsprang das Höllenthor mit lautem Krachen,
    Das Kreuz ward triumphirend aufgestellt,
    Angstvoller Teufel Schrein ins Ohr uns gellt,   5
Die Seelen ziehn empor, erlöst und froh,
    Mit seinem Blut hat Christus uns erwählt:
Surrexit Dominus de sepulchro.

II. Begraben ist der Drache Lucifer,
  Der stach mit grausem Stachel, wie die Schlange, 10
Der grimme Tiger, scharf von Zähnen sehr,
  Der auf uns harrt' im Hinterhalt so lange,
  Auf daß mit seinen Klau'n er uns umfange;
Doch Gott in seiner Gnad' wollt' es nicht so;
  Er ließ es ihm mißlingen bei dem Fange: 15
Surrexit Dominus de sepulchro.

III. Er, welcher uns zu Lieb' den Tod erlitt
  Und wie ein Lamm als Opfer ward gebracht,
Erhob sich wie ein Leu, mit hehrem Schritt,
  Und wie ein Riese sprang er auf mit Macht; 20
  Aurora hat uns strahlend angelacht,
Einher zog Phöbus, ruhmvoll, siegesfroh;
  Der wonn'ge Tag vertrieb die finstre Nacht:
Surrexit Dominus de sepulchro.

IV. Der große Sieger, der den Todesstreich 25
  Für uns erhielt, hat sich aufs Neu' erhoben;
Die Sonne strahlt jetzt hell, die sonst so bleich;
  Der Glaub' erblüht, da das Gewölf zerstoben;
  Der Ruf der Gnade tönt vom Himmel droben,
Die Christen sind erlöst vom Leid und froh; 30
  Die Juden sind in Wahn und Weh verwoben:
Surrexit Dominus de sepulchro.

V. Vertrieben ist der Feind, zu End' die Schlacht,
  Die Feste brach, es floh der Wächter Heer;
Der Krieg ist aus, und Frieden ward gemacht; 35
  Die Fesseln sind gesprengt, der Kerker leer.
  Das Lös'geld kam, Gefang'ne giebt's nicht mehr.
Nie wieder wird der Feind des Sieges froh;
  Fort ist der Schatz, den er bewacht so sehr:
Surrexit Dominus de sepulchro. 40

Zu den wenigen Dichtungen dieses letzten Zeitraums,
deren Abfassungszeit sich mit Sicherheit bestimmen lassen,

gehört das von Laing auf Seite 251/2 des ersten Bandes mitgetheilte, im Jahre 1517 entstandene Gebet, als der Gouverneur nach Frankreich ging (Ane Orisoun. Quhen the Governour past into France, I, 251). Wir theilen dies Gebet, worin sich der tiefe Schmerz des Dichters über die zerrütteten Verhältnisse, welche nach dem Tode König Jakobs IV. über das unglückliche Land hereingebrochen waren, in einer für seinen Patrio= tismus ehrenvollen, ergreifenden Weise kund giebt, voll= ständig in der Uebersetzung mit.

Gebet.
Als der Gouverneur nach Frankreich ging.

I. Der du im Himmel uns zum Heile wandtest
   Recht, Gnad' und Mitleid all zur Einigkeit,
Und Gabriel mit deiner Botschaft sandtest
   Zu deiner Magd, so voll Ergebenheit,
Und deinem Sohne gabst die Fleischlichkeit,   5
Wie uns zum Heil Maria ihn geboren,
   Hab' Mitleid, schütz' uns in der schweren Zeit,
Denn hilfst nicht du, ist dieses Reich verloren.

II. Himmlischer Vater, allweise von Natur,
   Der du verjagst die Thorheit dieser Welt,   10
Gieb uns ein Fünkchen deiner Weisheit nur,
   Da ja Verstand und Klugheit ganz uns fehlt,
In unsern Herzen Einsicht Platz nicht hält;
   Nicht Beispiel und Erfahrung nützt uns Thoren;
Wenn nicht ein Tropfen deiner Gnade fällt   15
Zu unserm Antheil, ist dies Reich verloren.

III. Wir sind so stumpf und voll Unwissenheit,
   So roh, daß schwer wir uns zum Bessern wenden.
Du, der du streitest mit Barmherzigkeit,
   Magst wohl uns Sündern deine Strafe senden,   20

Doch laß Gerechtigkeit in Gnade enden;
Denn Einsicht floh soweit aus unsern Thoren,
Und Leichtsinn hat so völlig uns in Händen,
Daß, hilfst nicht du, ist dieses Reich verloren.

IV. Du, der du konntest uns am Kreuz erlösen,   25
    Laß deine Gnade für uns Sünder walten;
Gieb uns Verzeihung des unsagbar'n Bösen,
    Denn dein Gericht zu furchtbar würde schalten;
    Hilf diesem Reich, ganz in Partei'n zerspalten,
Hilf uns, da sich das Unheil uns verschworen;   30
    Laß deiner Gnade Licht sich uns entfalten,
Denn hilfst nicht du, ist dieses Reich verloren.

V. Halt auf die Hand, die uns so schwer getroffen;
    Woll' nach der Strafe uns Erbarmen spenden;
Laß uns dich nie mehr zu betrüben hoffen,   35
    Daß wir zur Reu' uns und zur Demuth wenden,
    Damit doch deiner Rache Ziel wir fänden,
Und uns nicht Schwereres noch auserkoren;
    O, laß die Sorge nun in Rettung enden,
Denn hilfst nicht du, ist dieses Reich verloren.   40

Das von Laing unter den Dunbar zugeschriebenen
Dichtungen mitgetheilte anonyme Gedicht Die Lords
von Schottland an den Gouverneur in Frank=
reich (The Lordis of Scotland to the Governour in
France, II, 47) ist schwerlich von unserem Dichter ver=
faßt worden. Es fehlt der Sprache die ihm eigene
Prägnanz des Ausdrucks und den Versen namentlich
auch der Wohllaut und die Gewandtheit, die wir bei
ihm nie vermissen. Ferner fehlt es an einem analogen
Beispiel unter den sonstigen Dichtungen Dunbars, daß
dieser stets ganz subjective Dichter sich je in der Weise
zum Wortführer anderer Personen gemacht hätte, wie
es in dem fraglichen Gedichte geschieht.

Als ein nicht ungeeigneter Abschluß der Betrachtung von Dunbars dichterischer Thätigkeit, so weit wir uns nach den von ihm uns erhaltenen Denkmälern ein Urtheil darüber bilden können, möge eine kleine Gruppe von Dichtungen dienen, welche die Sterblichkeit des Menschen, die Vergänglichkeit alles Irdischen zum Gegenstande haben. Das zuerst zu erwähnende, Sterblichkeit des Menschen, (Of Manis mortalitie, I, 249) ist wegen eines schwer im Reime verwendbaren lateinischen Refrainverses wenig zur Uebersetzung geeignet, weshalb wir uns mit der Wiedergabe der ersten Strophe begnügen:

Sterblichkeit des Menschen.

I. Memento, homo, quod cinis es!
    Denk, Mensch, daß Asch' und Erd' du bist;
  Nicht lange weilst du hier, indeß
    Wirst Asch' aufs Neu' in kurzer Frist;
    Dem Schatten in dem Spiegel ist   5
  Die Zeit nur gleich, die dein, o hör' es;
    Glaub' nicht, daß du von Eisen bist,
Quod tu in cinerem reverteris.

Auch Hektor und Herkules, fährt der Dichter dann fort, sowie der gewaltige Achill und der starke Simson, der berühmte Alexander, der sanfte David und der schöne Absalom waren dem Tode unterworfen, vor dem es für Niemanden eine Rettung giebt. Bist du auch noch so gesund und froh, so kannst du doch im selben Jahre noch ein ekeler Cadaver sein. Jugend und Schönheit schützen nicht vor dem Tode, den auch Festung und Thurm nicht aufhalten können. Alle Schätze der Welt mußt du zurücklassen, wenn der Tod dich abruft. Dar= um, o Mensch, bereue deine Sünden und setze auf den Erlöser deine Zuversicht, welcher nach den Stürmen

dieser Welt dein Rettungsanker sein wird, cum tu in
cinerem reverteris.

Viel inhaltreicher und poetischer, als diese mit
Gemeinplätzen angefüllte Dichtung ist das kurze, nur aus
einer Strophe bestehende Gedicht Was ist das Leben
(Of Lyfe, I, 234).

Was ist das Leben!

Was ist das Leben, als ein Weg zum Tod,
  Wo eine Zeit man wandelt, nie verweilt;
Ein rollend Rad zur Rettung in der Noth;
  Für Paradies und Höll' die Wahl ertheilt;
  Des Todes Beute, der uns all' ereilt;   5
So kurz das Weh für ew'ge Seligkeit,
So kurz die Lust für immerwährend Leid.

Aehnliche Gedanken in weiterer Ausführung trägt
der Dichter vor in dem Gedicht Alles ist eitel! (Of
the Warldis Vanity), mit dessen Uebersetzung wir, ob=
wohl Laing es an einer früheren Stelle seiner Sammlung
mittheilt (I, 201), die Reihe der von Dunbar uns er=
haltenen Gedichte beschließen, da sich in den eben so
tief empfundenen, als formvollendeten, echt poetischen
Strophen des Originals nach unserem Dafürhalten die
Todesahnung des bejahrten Dichters, der in seinem
wechselvollen Leben die Eitelkeit der Welt an sich und
Anderen in reichem Maße erfahren hatte, am deutlichsten
auszusprechen scheint.

Alles ist eitel!

I. Die Welt vergeht, elender Mensch, bedenke,
  Die manchem Mächtigen konnte Trug bereiten!
Scheu' deinen Feind, dem Freund Vertrauen schenke,
  Fort mußt auch du, rüst' dich zur Reis', der weiten;
  Thu' Buße nicht zu spät, bereu' bei Zeiten;   5

Bereite deinen Ort, denn klar ist das:
  Du mußt einst fort aus diesem Thal der Leiden:
Vanitas vanitatum, et omnia Vanitas.

II. Zieh', Pilgrim, hin, so lang die Sonne lacht,
  Meide die Oede, eil' zum Heimathsort;   10
  Du fragst, weshalb? Es kommt gar bald die Nacht,
  Die treibt mit wildem Jagen dich dann fort;
  Richte die Segel hin zum Gnadenport,
  Daß nicht der Tod dich faßt in Sünd' und Haß,
  Und du nicht klagend ausrufst dieses Wort: 15
Vanitas, vanitatum, et omnia Vanitas.

III. Nichts dauert hier, nichts bleibt auf gleicher Stelle,
  In dieser Welt geht alles kreuz und quer;
  Nun lichter Tag, nun Nacht, schwarz wie die Hölle,
  Nun Fluth, nun Ebbe, nun Freund, nun Feind gar sehr; 20
  Nun Lust, nun Weh, nun Glück, nun Leiden schwer,
  Nun reich in Gold geschmückt, nun todt und blaß;
  So geht der Lauf der Welt ja von jeher:
Vanitas vanitatum, et omnia Vanitas.

Sechster Abschnitt.

Charakterbild Dunbars.

I.

Dunbar als Dichter.

Vanitas vanitatum, et omnia vanitas! Das war, wenn auch vielleicht nicht das letzte Dichterwort, welches Dunbar, gebeugt von der Last der Jahre und schwerer Erlebnisse, der Welt verkündete, so doch der Grundton, der aus allen Dichtungen seiner letzten Lebenszeit hervorklingt. Welch ein Umschwung hatte sich damit in den Anschauungen des Dichters vollzogen! Wie wenig wäre er einer solchen Auffassung des Lebens geneigt gewesen, als er ums Jahr 1500 nach abenteuerreichen Fahrten zu Wasser und zu Lande, nach längerem Aufenthalte bei fremden Nationen, als reifer, lebenserfahrener Mann, die Brust geschwellt von kühnen Hoffnungen auf eine glänzende Lebensstellung bei Hof oder im Dienste der Kirche, in Edinburg seinen dauernden Aufenthalt nahm! Wie wenig war er selbst dann noch einer solchen Stimmung völliger Resignation zugänglich, als jene stolzen Hoffnungen mehr und mehr geschwunden und seine Wünsche bereits auf das bescheidenste Maß der Anerkennung, die doch jedem Handwerker in des Königs Diensten zu Theil wurde, reducirt waren! Wie mannhaft klingen die selbstbewußten Worte, welche er damals an diesen richtete:

Und falls nun ich, wie And're mehr,
Unwürdig einer Stelle wär'
Oder zu ihnen zu gehören,
Wird mein Werk g'rad' so lang' doch währen,
So völlig unversehrt und ganz,
In Form, Materie und Substanz
Unabgenützt und unverletzt,
Durch Rost und Fäulniß nicht zersetzt,
Wie irgend eins von ihren Dingen,
Wird's auch nur wenig Lohn mir bringen!

Gewiß, diese Selbstschätzung des Dichters war die richtigere! Ist das Werk des glänzendsten Geistes einer bedeutenden Epoche der schottisch-englischen Literatur uns auch leider nicht „völlig unversehrt und ganz" erhalten geblieben, so haben doch weder Rost noch Fäulniß den durch ein günstiges Geschick in unsere Zeit hineinragenden Bestandtheilen des Gebäudes etwas anhaben können, die bedeutend genug sind, uns den Verlust der untergegangenen Theile beklagen, den hervorragenden Werth des einstigen Ganzen ahnen zu lassen.

Welcher Art die Dichtungen waren, deren Verlust wir anzunehmen haben, darüber sind nur Muthmaßungen anzustellen. Diejenigen Gedichte Dunbars, welche seine Zeitgenossen für die hervorragendsten hielten, und welche sie als solche mit Auszeichnung erwähnten, „Der goldene Schild" und „Die Distel und die Rose" sind uns glücklicherweise vollständig erhalten geblieben, und diese allein würden ausreichen, seine hervorragende Stellung als des begabtesten unter den schottisch-englischen Dichtern seiner Zeit zu constatiren. Er selbst bemerkt in der ersten Strophe seiner „Betrachtung im Winter", daß das rauhe, neblige Wetter ihm alle Lust raube „zu Liedern, Balladen und Spielen", d. h. Festspielen (off sangis, ballattis and of playis).

Von Dunbars Dichtungen der letzteren Art ist uns nur ein Bruchstück erhalten geblieben (vgl. S. 207), und auch für dieses ist seine Autorschaft doch nicht als völlig sicher erwiesen anzunehmen. Auf diesem Gebiete dürften also wohl die zahlreichsten Verluste anzunehmen sein, was um so mehr zu bedauern ist, als uns auch von Dunbars Zeitgenossen, wenn wir von dem jüngeren Lyndesay absehen, keinerlei dramatische Dichtungen erhalten geblieben sind. Vermuthlich sind auch noch manche seiner Gelegenheitsgedichte, seiner satirischen und humoristischen Dichtungen verloren gegangen. Gleichwohl ist doch mit ziemlicher Sicherheit anzunehmen, daß wir in den hauptsächlich durch Bannatynes und Maitlands Sammelfleiß uns überlieferten Gedichten für alle Gebiete seiner dichterischen Thätigkeit charakteristische Proben besitzen, und diese sind jedenfalls ausreichend, ihn nicht nur als den talentvollsten, sondern auch als den vielseitigsten, gewandtesten und originellsten Dichter seiner Nation erscheinen zu lassen.

Zwar ist unter den auf uns gekommenen Dichtungen Dunbars keine enthalten, welche annähernd an die künstlerische Bedeutung von Chaucers Canterbury-Geschichten, oder auch nur einzelner Theile derselben, wie z. B. des Prologs, der Erzählung des Ritters, hinanreichte. Erhabene Gegenstände hat er, von einigen religiösen Dichtungen abgesehen, nicht behandelt. Tragische Stoffe zogen ihn nicht an. Größere Compositionen nach einer umfangreicheren Anlage hat er nicht hinterlassen und wohl auch nicht geschaffen oder geplant. Er war offenbar zu unruhigen Geistes, zu sehr von dem geräuschvollen Hofleben und den Tagesfragen, sowie von seinen persönlichen Bestrebungen und Hoffnungen in Anspruch genommen, um sich solche bedeutende Aufgaben zu stellen und sich

in die Ausführung derselben vertiefen zu können. Daß
es ihm aber bei einer erfreulicheren Gestaltung seiner
Lebenslage und einem dadurch bewirkten, etwas ruhigeren
Naturell sicherlich weder an Phantasie, noch auch an
dichterischer Kraft gefehlt haben würde, dieselben auszu=
führen, dafür geben viele seiner Dichtungen Zeugniß, die
in jeder Hinsicht als die glänzendsten Proben einer hohen
poetischen Begabung gelten können und zeigen, daß er
die mannigfaltigsten Töne mit gleichem Geschick anzu=
schlagen verstand. Sei es die blumenreiche, pomphafte
Diction der Naturschilderung und allegorischen Dichtung
oder der humoristische, übermüthige Ton seiner grotesk=
komischen und satirischen Visionen, sei es die ernste, feier=
liche Sprache seiner didaktisch-religiösen Gedichte oder die
ausgelassene Wendung der Parodie, — überall ist er in
gleicher Weise Meister und bewegt sich zugleich in einer Man=
nigfaltigkeit der verschiedenartigsten Vers- und Strophen=
formen, wie sie kein anderer englischer Dichter vor ihm
erreicht hatte.

In beiderlei Hinsicht aber, sowohl in Bezug auf
den Inhalt, als auch auf die Form seiner Dichtungen
zeichnet sich Dunbar aus durch einen vor ihm von
keinem Dichter der schottisch-englischen Nationalität er=
reichten, nach ihm nur von wenigen übertroffenen Grad
von Originalität.

Zwar bewegt sich auch Dunbar gern in der für
satirische Dichtungen besonders bequemen, seit Alain de Lille
und Raoul de Houbanc, also seit Ausgang des zwölften
und Anfang des dreizehnten Jahrhunderts in der mittel=
lateinischen und französischen Literatur gebräuchlichen, durch
den Roman de la Rose dann überall verbreiteten Ein=
kleidung poetischer Stoffe in eine Vision oder einen Traum;

zwar hat auch er der seit jener Zeit und durch die letztere
Dichtung vor allem für mehrere Jahrhunderte herrschenden
Modegattung der allegorischen Poesie nebst obligater ein-
leitender Naturschilderung seinen Tribut gezollt; es ist
aber doch zu bemerken, daß Dunbar nur bei elf unter den
achtundachtzig in Laings Ausgabe als sicher von ihm
herrührend mitgetheilten Gedichten jene Art poetischer
Einkleidung gewählt hat, und ferner, daß er sogar der
bei andern Dichtern oft so verschwommenen, unklaren
allegorischen Dichtungsart eine leicht verständliche und
durchsichtige Darlegung der darin ausgedrückten Gedanken
und eine gewisse dramatische Lebendigkeit der in derselben
vorgeführten Handlung zu geben wußte, ja, daß er
sie, wie in seinem schönen Hochzeitsgedicht „Die Distel
und die Rose", mit feiner, geistreicher Galanterie, mit
ernsten, gut gemeinten Mahnungen, in dem gefälligen
Gewande des Witzes und Humors vorgetragen, zu würzen
verstand.

Der Einfluß der Alten auf Dunbar war nur ein
geringer. Er citirt wohl die berühmtesten classischen
Dichter und Schriftsteller in seinem „Goldenen Schild";
doch sind in seinen eigenen Dichtungen keine Spuren
directer Nachahmungen derselben erkennbar. Er war vorwiegend ein Mann des wirklichen Lebens und suchte daher seine Vorbilder lieber unter den berühmten Dichtern
seiner eigenen Nation.

Was die Wahl und die Ausführung der von ihm
behandelten Stoffe anlangt, so empfing er betreffs seiner
allegorischen Dichtungen, wie früher im Einzelnen ausgeführt wurde, von seinem großen Lehrer Chaucer jedenfalls
gewisse allgemeine Anregungen. Noch mehr vielleicht war
dies der Fall von Seiten der kleineren Dichtungen Lyd-

gates,[1]) seines anderen von ihm gepriesenen Vorbildes,
der ihm auf dem Felde der moralisirenden, satirischen,
beschreibenden und erbaulichen Dichtung vorangegangen
war. Lydgate behandelt z. B. mit Vorliebe Stoffe, wie
die Wandelbarkeit irdischer Dinge, Mäßigung, das
Verwerfliche der Eigenliebe und Aehnliches, Themata,
die in verschiedenen Dunbar'schen Gedichten wiederkehren.
Auch ironisirende Gedichte, zum Theil recht derben Inhalts,
wie z. B. eine satirische Beschreibung seiner Dame, ein
Gedicht auf eine auffallende Haartracht der Frauen, Spottgedichte allgemeineren und persönlichen Charakters, wie
u. a. gegen die Bäcker und Müller oder die Ballade von
Jack Hare sind bei Lydgate anzutreffen, welche bei Dunbar
in seinen satirischen Gedichten gegen die Frauen, gegen
die Schuster und Schneider und in seinen persönlichen
Pasquillen Analoga finden. Uebrigens waren satirische
Dichtungen dieser Art nicht nur in der englischen, sondern
auch in der mittellateinischen und französischen Literatur
jener Epoche überhaupt sehr verbreitet. Festliche Einzüge
und Aufzüge hatte Lydgate gleichfalls in längeren Gedichten geschildert, ähnlich wie Dunbar später den Empfang
der Königin zu Aberdeen beschrieb; desgleichen hatte jener
Lebensregeln, auch ein Beichtgebet in poetische Form gebracht und das Leiden Christi geschildert, wie dies alles
nach ihm auch Dunbar that. Aber mehr als allgemeine
Aehnlichkeiten, wie sie die innere Verwandtschaft der betreffenden Themata von selbst mit sich bringt, haben wir
in den entsprechenden Dichtungen des schottischen und
englischen Dichters nicht entdecken können. Fast überall giebt

---

[1]) A Selection from the Minor Poems of Dan John Lydgate edited by James O. Halliwell, London, printed for the
Percy Society (vol. II) 1840. 8⁰.

sich hier der erstere als der geschickte und geübte Reimer, der letztere als der geniale Kopf, als der originell auf= fassende oder erfindende, als der künstlerisch ausführende und gestaltende aber auch warm und tief empfindende, wahrhaft große Dichter zu erkennen.

Dunbars moralisirende Dichtungen „Habsucht" und „Lästerzungen" z. B. sind mit unverkennbarem Herzens= antheil, durchaus aus subjectiver Empfindung heraus, geschrieben. Ein edler begeisterter Schwung zeichnet seine Dichtung auf Christi Auferstehung aus. Tiefe der Empfindung spricht sich aus in seiner „Betrachtung im Winter" und in seinen Gedichten auf die Vergänglich= keit irdischer Dinge. Vor allem aber tritt uns die Genia= lität seiner dichterischen Begabung in seinen zahlreichen humoristischen und satirischen Dichtungen entgegen.

Mit welcher Virtuosität ist nicht der verfängliche Stoff des für seine Zeit kaum leichtfertigen, sondern nur lustigen, witzigen, von heiterer Laune übersprudelnden Gedichts „Der Fuchs und das Lamm" eingekleidet und durchgeführt, oder auch seine Grauschimmel = Petition! Welche feine Ironie spricht sich aus in dem Spottgedicht „Weibliche Sachwalter!" Wie weiß er den Ton des Un= willens und der Entrüstung zu treffen in dem herben Rügegedicht gegen die Kaufleute von Edinburg oder gegen die Verrätherei des aufrührerischen Donald Owre, oder auch in seinen Beschwerdeschriften über die Mißwirthschaft bei Hofe! Welche groteske Scenen weiß er vorzuführen in seinen Satiren auf den Abt von Tungland, auf Andro Kennedy, oder in seinem Tanz der sieben Todsünden, und mit welcher Anschaulichkeit weiß er wirkliche, wie allegorische Personen darin zu charakterisiren! Alle diese Dichtungen, — und wir könnten vielleicht die gesammte

Zahl seiner satirischen Gedichte in gleichem Sinne noch=
mals hervorheben, — sind durchaus der originellen Auf=
fassung oder Erfindung des Dichters entsprungen, und
es offenbart sich in ihnen eine dichterische Begabung,
welche in der That nur mit Chaucer zu vergleichen ist,
den sie an Kraft der Phantasie wohl gar übertrifft.

Auch in technischer Hinsicht kommt Dunbar diesem
seinem großen Vorbilde mindestens gleich, ja, an Mannig=
faltigkeit der von ihm zur Anwendung gebrachten Vers=
und Strophenformen übertrifft er ihn entschieden. Die
schwungvolle Rhyme=Royal=Strophe, die gefällige achtzeilige
und die complicirte neunzeilige Strophe (im „Goldenen
Schild") aus fünftaktigen Versen[1]) weiß er mit gleicher
Virtuosität, wie Chaucer, zu handhaben und belebt die bei
ihm sehr beliebte achtzeilige Strophe überdies häufig durch
Anwendung des Refrains. In dieser Hinsicht diente ihm
vermuthlich Lydgate als Vorbild, in dessen Dichtungen
der Refrain gleichfalls eine bedeutende Rolle spielt. Dunbar
bringt aber dieses wirksame technische Hilfsmittel, welches
übrigens hauptsächlich durch die Einwirkung der mittel=
lateinischen kirchlichen und profanen Dichtung, sowie durch
die altfranzösische und provenzalische Poesie in der alt=
englischen Literatur populär geworden war, in noch ver=
schiedenartigeren Strophenformen zur Anwendung, als
jener Dichter, und zwar in der Regel mit großem Geschick.
Nur selten begegnet es ihm, wie früher hervorgehoben
wurde, so z. B. bei dem Gedicht auf die Empfangsfeier
zu Aberdeen, daß der Refrain in etwas gezwungener
Weise sich den vorhergehenden Verszeilen der Strophe

---

[1]) Für eine genauere Charakteristik der Behandlung dieses
Verses selber von Seiten Dunbars vergl. des Verf's Altenglische
Metrik, § 199.

anfügt. Gewöhnlich trägt er in wirksamster Weise dazu
bei, den leitenden Gedanken der betreffenden Dichtung
in immer neuer Anwendung und Beziehung dem Gefühl
einzuprägen. In dieser Hinsicht war der Uebersetzung
jedenfalls der schwerste Theil der Aufgabe gestellt, vor
der die Kräfte bisweilen erlahmten, und deren Aus=
führung am meisten der Nachsicht des Lesers bedürftig
sein wird.

Doch nicht nur in der Behandlung des Refrains
war Dunbar Meister; auch verschiedene andere, theils von
ihm selbst erfundene, theils aus der provenzalisch=franzö=
sischen Poesie entlehnte, immer aber in origineller Weise
angewandte technische Hilfsmittel, wie den Binnenreim,
die Verwendung kürzerer Verse mit abweichendem Tonfall
mußte er sich in effektvollster Weise zu Nutze zu machen,
so z. B. in den Responsionen des parodistischen Trauer=
gesangs an den König, in dem Streitgedicht gegen Donald
Owre, in dem Rügegedicht an die Kaufleute von Edin=
burg, wo ein im Innern jeder Strophe zugleich als
Refrainvers wiederkehrender kürzerer Vers in wirkungs=
voller Weise den jedesmaligen höhnischen Vorwurf ein=
leitet. Auch der in der englischen Poesie damaliger Zeit
populären Einmischung lateinischer Verse, zum Theil als
Refrainverse, weiß Dunbar sich in Dichtungen ernsten und
heitern Inhalts mit Geschick zu bedienen, hinsichtlich der
letzteren Gattung mit drastisch=komischer Wirkung in „dem
Testament des Andro Kennedy", dem Musterexemplar
eines macaronischen Gedichts.

Diese vollendete Meisterschaft. des Dichters in der
Behandlung der poetischen Form empfängt aber erst da=
durch den rechten Werth, daß sie einer ebenso virtuosen
Diction zum Schmuck dient. Wir gebrauchen mit Absicht

dieses Adjectiv, da es auch für diejenige Ausdrucksweise Dunbars gilt, welche wir schon wiederholt als eine manierirte und unnatürliche bezeichnet haben. Indeß so wenig wie Dunbar diese bereits S. 45—48 hinlänglich charakterisirte, durch „aureate terms" aufgeputzte Sprache eingeführt hatte, welche vielmehr schon von seinen Vorgängern angebahnt und von seinen Zeitgenossen aufs eifrigste gepflegt wurde, so wenig gab er ihr vor der natürlichen Redeweise den unbedingten Vorzug. Dunbars dichterische Redeweise ist entschieden eine zwiefache. In allen Gedichten ernsten Inhalts, welche direct oder indirect an die Adresse der Königin gerichtet waren, bedient er sich stets jener höfischen, gezierten Redeweise. Es kann keinem Zweifel unterliegen, daß er vorwiegend diese Ausdrucksweise im Sinn hatte, als er Chaucer, Gower und Lydgate in der vorletzten Strophe des „Goldenen Schildes" als die Meister derselben pries mit den Worten:

Mit Engelszungen schienet ihr beglückt,
Der Rohheit habt ihr uns're Sprach' entrückt,
Die jedes edlen Ausdrucks ganz entbehrt',
Bis eure Feder schreiben sie gelehrt.

Indeß Chaucer und Gower hatten der englischen Sprache doch nur eine gebildete, elegante und feinere Ausdruckweise verliehen; der weitere Aufputz war dann nachdrücklicher betrieben worden von Lydgate und König Jakob I. von Schottland, aber erst Douglas, Kennedy und Dunbar legten ihr die eigentliche Vergoldung auf.

Aus Anlaß der Vermählung des Königs mit der jungen englischen Prinzessin, um dieser zu huldigen und zu gefallen, scheint Dunbar sich in seinen allegorischen und sonstigen höfischen Gedichten dieser Diction hauptsächlich befleißigt zu haben, die er in seinen späteren religiösen Gedichten noch einmal wieder und zwar in noch ausgesprochenerer Weise zur Anwendung brachte. Hier tritt dann auch die Manierirtheit und Unnatur derselben, wie durch einige Beispiele veranschaulicht wurde, in auf= fälligster Weise zu Tage. In einigen höfischen Dichtungen jedoch, wo Dunbar von den aureate terms einen mäßigeren Gebrauch macht, wie z. B. in „Distel und Rose" oder „Amsel und Nachtigall" dienen sie ihm in der That dazu, seinen Schilderungen den für ihn charakteristischen idealen Schwung zu geben.

Daß aber Dunbar doch die richtige Einsicht hatte, diese Ausdrucksweise nicht unter allen Umständen für an= wendbar und empfehlenswerth zu halten, geht schon daraus hervor, daß er sie in seinen scherzhaften Gedichten an die Königin, wie z. B. „Auf James Doig" oder „Ueber ihre Diener" durchaus vermied. Diese Gedichte sind, wie alle seine an den König gerichteten poetischen Petitionen und alle humoristischen, satirischen und moralisirenden Dichtungen in durchaus einfacher, ungeschminkter Ausdrucksweise ab= gefaßt. Und hier erst lernen wir die eigentliche, natürliche Sprache Dunbars und seines Landes kennen, die also doch auch ihm keineswegs so rauh und ungelehrt erscheinen mochte, wie er sich in den höfischen Modedichtungen den Anschein gab. Im Gegentheil, sie zeichnet sich gerade unter seiner Behandlung durch eine Klarheit und Ge= schmeidigkeit, zugleich aber auch durch eine prägnante Kraft und Energie des Ausdrucks aus, welche bewunderns= werth ist. Gerade hierin zeigt sich Dunbar als den wahr= haft großen Dichter, daß er stets mit wenigen, kräftigen Zügen dem Leser nicht nur eine klare, bestimmte Auf= fassung des vorzutragenden Gedankens ermöglicht, sondern ihm auch stets ein lebendiges und anschauliches Bild, ja

bisweilen ein wahrhaft großartiges Gemälde der vor-
zuführenden Stimmung oder Situation zu bieten vermag.

Welch ein deutliches Bild seiner eigenen melancholischen
Gemüthsverfassung und bedrängten Lebenslage, sowie zugleich seiner Neigungen und Wünsche gewähren z. B. die
wenigen Worte der folgenden Strophe:

> So sinnend seufz' ich schwer und bang;
> Kein Wein im Becher, kein Geld im Schrank,
> Nicht Frauenschönheit, noch Liebeslust;
> Bin mir nur dessen froh bewußt,
> Wann je ich hatte Speis' und Trank.

Oder welch ein großartiges Gemälde entwirft er,
(um dem Leser noch ein anderes Beispiel ins Gedächtniß
zurückzurufen) in der folgenden kurzen Strophe vom
Weltuntergange:

> Wer plagt sich dann noch für die Welt,
> Wenn Fluth und Feuer auf sie fällt,
> Auf Flur und Furche ödes Grau'n,
> Wenn grauser Sturm umfaßt sie hält? —
> Man kann auf diese Welt nicht bau'n.

Dieser Klarheit und Anschaulichkeit des Ausdrucks,
diesem Gedankenreichthum der Sprache hat Dunbar vor
allen Dingen seine hervorragende dichterische Bedeutung
zu verdanken, und wenn jenen Eigenschaften dann noch
ein kühner Flug seiner Phantasie zu Hilfe kommt, entstehen Meisterwerke wie „Der Tanz der sieben Todsünden",
die Satiren auf den Abt von Tungland oder die „Betrachtung im Winter". In vielen Fällen erreicht er diese
Wirkung ohne Anwendung besonderer poetischer Hilfsmittel. Wo er sich aber derselben bedient, z. B. des
Gleichnisses, des Bildes, der Antithese, geschieht es mit
der nämlichen Klarheit und Bestimmtheit seiner sonstigen
Redeweise. Daher sind seine Bilder und Vergleiche stets

treffend, originell und wirkſam. Nur einmal, nämlich
in der allegoriſchen Deutung des Namens des von ihm
gefeierten Lord Aubigny (vgl. S. 291) läßt er ſich eine
ſtarke, durch die mittelalterliche Sitte jedoch erklärliche
Geſchmackloſigkeit zu Schulden kommen, und auch in
den höfiſchen allegoriſchen Dichtungen ſind ſeine Bilder
bisweilen in Folge des Modetons gezierter Ausdrucks=
weiſe nicht ſo geſchmackvoll, wie zu wünſchen wäre, ge=
wählt; ſo z. B. wenn er Chaucer als aller Rhetoren
Roſe bezeichnet; ſiegreich bricht dann aber doch das Genie
durch die Unnatur ſich Bahn, indem er weiter den großen
Dichter „unſres Engliſch Sonnenſchein“ nennt, welches
alle anderen Sprachen ſo weit überſtrahle, wie ein Mai=
morgen die Mitternacht. Schön und wahrhaft poetiſch
ſind die Bilder und Vergleiche, unter denen er die Geburt
des Heilandes feiert; auch die in den Marienliedern ge=
brauchten umſchreibenden Wendungen für die hehre und
heilige Majeſtät der Jungfrau ſind trotz der Unnatur
der Sprache ihrem Inhalte nach dem Weſen überſchweng=
licher Hymnen, wie der Dichter ſie zu ſchreiben beab=
ſichtigte, durchaus entſprechend. Das ſchwungvolle Gedicht
Dunbars „Auf Chriſti Auferſtehung“, welches aus einer fort=
laufenden Reihe wahrhaft erhabener Bilder und Vergleiche
beſteht, giebt indeß die beſte Vorſtellung davon, wie reich
ſeine Phantaſie nach dieſer Richtung hin beanlagt war.

Auch für die humoriſtiſchen Dichtungen bedient er
ſich der Vergleiche und bildlichen Ausdrücke mit der näm=
lichen, in der Regel ſparſamen, aber um ſo ſichereren
und zutreffenderen Verwendung. Wie belebt es die Dar=
ſtellung, wenn es bei der Schilderung des von einem
Schwarm kreiſchender Vögel umringten und gezerrten
fliegenden Abtes heißt:

Der Falk schoß wild auf ihn herab,
Wie ein Funk vom Feuerstein;

oder wenn er im „Tanz der sieben Todsünden" „Faul=
heit" auftreten läßt, zweimal gerufen, wie eine Sau von
ihrer Kufen, oder nach dem Original:

Syne Sweirnes, at the secound bidding
Come lyk a sow out of a midding.

Auch in ironischem Sinn wendet Dunbar den Ver=
gleich mit schlagender Wirkung an, so u. a., wenn er den
Andro Kennedy seinen lügenhaften Vetter mit den Worten
charakterisiren läßt:

Qui nunquam fabricat mendacia,
But quhen the holyne growis grene.

Musterdichtungen in der Durchführung komischer Ver=
gleiche sind jedenfalls „Der Fuchs und das Lamm", die
Grauschimmel=Petition und die beiden Gedichte auf James
Doig. Das zweite derselben veranschaulicht außerdem in
dem Refrain „Er ist kein Hund — er ist ein Lamm"
und in der jedesmaligen Beziehung desselben zu dem
Inhalt der einzelnen Strophen Dunbars große Gewandt=
heit in der Behandlung der Antithese, wovon auf dem
Gebiet ernster Dichtung seine beiden Gedichte „Was ist
das Leben" und „Alles ist eitel" nicht minder glänzende
Proben gewähren.

Als ein weiterer Vorzug der Dunbar'schen Dichtungen
ist die abgerundete Gestalt, sowie die Uebereinstimmung
von Inhalt und metrischer Form hervorzuheben, wodurch
sich fast alle in gleicher Weise auszeichnen. Als ein ver=
einzeltes Beispiel unzulänglicher Ausführung wurde in
dieser Hinsicht das satirische Gedicht „Von den zwei ver=
heiratheten Frauen und der Wittwe" hervorgehoben.
Schon die Wahl des bloß alliterirenden Langverses war

keine glückliche; auch hat sich der Dichter, so viel bekannt,
zum zweiten Male nicht wieder dieses Metrums bedient,
obwohl er in mehreren Gedichten, so in dem Streitgedicht
mit Kennedy, in der „Klage an den König“ und in der
„Vorstellung an den König“ die Alliteration zur Erhöhung
des Nachdrucks seiner Scheltreden mit vielem Geschick in
gereimten Versen verwendet. Ferner steht, wie bemerkt
wurde, der derbe, oft cynische Inhalt jener Satire zu
den idyllischen Naturschilderungen, welche dieselbe einleiten
und abschließen, in einem unbeabsichtigten Gegensatz. So
schön ihm die Schilderung der Frühlingslandschaft hier
gelungen ist, so war es doch nur die conventionelle Ein=
kleidung jedes umfangreichen Gedichts, der auch er sich
hier anschloß.

Noch mehr tritt dies zu Tage in den überladenen
Malereien der beiden größeren allegorischen Dichtungen,
namentlich des Gedichts „Der goldene Schild.“ Hier ist
von wahrem Naturgefühl kaum eine Spur zu finden.
Uebrigens ist die poetische Auffassung und Darstellung der
Natur bei allen englischen Dichtern damaliger und früherer
Zeit, auch Chaucer nicht ausgenommen, eine beschränkte und
einseitige. Nur das Liebliche und Erfreuliche in der Natur,
die lichtbringende, erwärmende Sonne, die das Auge er=
freuende, blumige Wiese, der liebliche Gesang der Vögel,
kurz, Maienwonne und Frühlingslust bilden fast die aus=
schließlichen, von dem einen Dichter tiefer empfundenen, von
dem andern rein conventionell aufgefaßten und dargestellten
Themata der Naturschilderung. Das poetische Verständniß
aber für die großartige Schönheit der Natur im Ganzen, in
ihrer schreckenerregenden, gefahrdrohenden Form, in ihrer
zerstörenden Gewalt, wie in ihrer beglückenden und er=
freuenden Erscheinung war erst einer späteren Zeit vor=

behalten. Selbst so genial beanlagten Naturen, wie
Chaucer und Dunbar, blieb dies versagt. Dunbar ist,
wie Chaucer, empfänglich für die Pracht des gestirnten
Himmels oder für das sanfte Licht des Mondes; er fühlt
auch seinen Geist beschwert und verdüstert von den Wolken
und Nebeln der rauhen Winterszeit. Aber die großartige
Schönheit des wild aufgewühlten, stürmischen Meeres,
welches er doch auf seinen zahlreichen Seefahrten oft
genug kennen gelernt hatte, scheint auf ihn keinen Eindruck gemacht zu haben; die geheimnißvolle Majestät der
schottischen Hochlandsscenerie mit ihren himmelanragenden,
meistens zur Hälfte von grauem Gewölk verhüllten
Bergen, mit ihren öden und doch für den aufmerksamen
Beobachter so belebten und farbenreichen Mooren, mit
ihren einsamen, düsteren Seen und Meeresbuchten scheint
ihm verschlossen geblieben zu sein; das Zucken der Blitze,
das Rollen des Donners, die Natur in ihrem Aufruhr
verkündet auch dem späteren frommen Dichter nicht die
Nähe der Gottheit.

Damit hängt es in gewissem Sinne zusammen, daß
Dunbar trotz der vorhin hervorgehobenen, anscheinend für
das Gebiet der lyrischen Dichtung ihn befähigenden Begabung
für idyllische Naturschilderungen und trotz seines dafür
entschieden geeigneten außerordentlichen Formtalentes dennoch kein eigentlicher Lyriker war. Es fehlte ihm dafür
das wichtigste Erforderniß: das Gemüth, die Empfänglich-
keit für lyrische Stimmungen, die manchen unbekannten
Verfassern altenglischer Lieder aus dem dreizehnten und
vierzehnten Jahrhundert in so hohem Maße eigen war.
Die wenigen erotischen Gedichte Dunbars sind inhaltlich
kalt, und nur in formeller Hinsicht gewandt und anziehend, wie dies in noch höherem Maße trotz der über-

schwenglichen, aber noch viel mehr gekünstelten Diction mit seinen Marienliedern der Fall ist.

Doch wir haben den Dichter weniger nach dem zu würdigen, was ihm fehlt, als vielmehr nach dem, was er uns geboten hat, und in dieser Hinsicht ist der Inhalt seiner Dichtungen, das Stoffliche, was er behandelt, fast noch von größerem Interesse, als die meisterhafte Sprache und die poetische Form, in der er es vorgetragen hat.

Nicht die langathmigen allegorisch=höfischen Dichtungen, die noch immer sehr im Geschmack der Zeit lagen, und vor denen Dunbars lebhafter, klarer Geist ihn zum Glück im Wesentlichen bewahrt hat, obwohl er nach seinen wenigen, allerdings hervorragenden Leistungen in dieser Dichtungs= art bisher hauptsächlich in der Literaturgeschichte gewürdigt worden ist, waren das eigentliche Feld seiner poetischen Thätigkeit. Dies lag vielmehr ganz wo anders. Per= sönliche Erlebnisse, subjective Anliegen und Stimmungen, Tagesfragen von allgemeinem Interesse, Ereignisse des täglichen Lebens bei Hofe, wie in Stadt und Land, Be= trachtungen über den Lauf der Welt und seiner Zeit im Speciellen, das sind die liebsten Themata, die er sich wählt, und die er mit dem scharfen Auge des Humoristen und Satirikers zu beobachten und zu schildern liebt. Eben deswegen sind Dunbars Dichtungen, wie aus der Be= trachtung derselben im Einzelnen wohl zur Genüge er= sichtlich war, von so großem Interesse für die politische Geschichte und die Culturgeschichte seiner Zeit. Eben des= wegen auch können wir aus ihnen, wie jetzt ausgeführt werden soll, ein viel klareres Bild gewinnen von der Persönlichkeit, Denkart und dem Charakter dieses Mannes, als dies sonst bei hervorragenden Dichtern des Mittel= alters der Fall zu sein pflegt.

II.

Dunbar als Mensch.

Dunbar in seiner Stellung zum Hofe zieht vor Allem zunächst die Aufmerksamkeit auf sich und zwar sowohl in seinem Verhältniß zum Herrscherpaar, als auch in demjenigen zur Hofgesellschaft.

Am wenigsten erfahren wir über sein Verhältniß zur Königin; indeß das, was wir aus seinen Dichtungen darüber entnehmen können, ist nur ehrenvoll für Beide. Mit der Ankunft der jugendlichen Prinzessin in der Hauptstadt des Landes datirt die eigentliche Blütheperiode unseres Dichters. Ihr, der zukünftigen Königin, bringt er seine begeisterten Huldigungen dar, die zwar in überschwenglichem Tone gehalten sind, wie es eben die höfische Sitte der Zeit erforderte, die zugleich aber auch des Dichters aufrichtige Freude über die mit der Vermählung des Königs dem Lande erblühende hoffnungsvolle Zukunft erkennen lassen. Diesen weiteren Gesichtskreis hat der Dichter beständig im Auge in seinem scheinbar nur auf das momentane freudige Ereigniß bezüglichen Festpoem, und auch die ritterliche Art, mit der er die junge Fürstin vor der Unbeständigkeit ihres leidenschaftlichen Gemahls zu behüten sucht, ist seiner innigen Theilnahme an dem bedeutungsvollen, glückverheißenden Ereigniß entsprungen.

Die Verehrung, welche Dunbar der Königin bei ihrem ersten Erscheinen im Lande entgegenbrachte, scheint er ihr anhänglich und treu bewahrt zu haben. Sie lohnte ihm dafür mit ihrem bis zu einem gewissen Grade von Familiarität gesteigerten Wohlwollen und mit ihrer Protection, die leider, wie wir aus dem S. 251 mitgetheilten Gedicht an den König erkennen, wenig wirksamer und

einflußreicher Art war. Hier, in seiner Beziehung zur
Königin, zeigt sich uns der Dichter von seiner liebens=
würdigsten Seite. Während er sonst manchmal scharf,
cynisch, rücksichtslos ist, tritt er uns hier als ein feiner,
aufmerksamer, ritterlicher Hofmann entgegen. Mit blinder,
kritikloser Vergötterung scheint er übrigens doch auch der
Königin nicht gehuldigt zu haben; wenigstens ersparte er
ihr den Verdruß nicht, sie zur Steuer ihrer, wie es scheint,
etwas ungezügelten Hofhaltung von gewissen Vorkomm=
nissen im Kreise ihrer Dienerschaft in Kenntniß zu setzen,
die ihr unmöglich angenehm sein konnten. Wie sich sein
Verhältniß zur Königin gestaltete seit ihrer zweiten Ver=
mählung mit dem Earl von Angus, darüber fehlt es ganz
und gar an Anhaltspunkten. Das Wahrscheinliche ist,
daß er zu dem auch ihm wohl wenig erfreulichen Er=
eignisse — geschwiegen haben wird.

Ganz eigenthümlicher Art war Dunbars Verhältniß
zum König, und für eine unbefangene Beurtheilung desselben
ist es doppelt nothwendig, sich ganz in den Geist und in
die Sitten jener Epoche hinein zu versetzen.[1] Offenbar
machte es im Laufe der Zeit verschiedene Phasen der
Entwickelung durch.

Von längeren, und soweit seine Betheiligung in
Betracht kam, wohl zur Zufriedenheit ausgeführten Ge=
sandtschaftsreisen heimkehrend, findet Dunbar etwa ums
Jahr 1500 an König Jakobs IV. Hof wohlwollende
Aufnahme und eine kleine Pension, mit der Anwartschaft
auf weitere Beförderung. Sein Vertrauen auf die Gnade

---

[1] Nichol hat in seiner früher citirten Skizze der schottischen
Poesie dies, wie es scheint, nicht zu thun vermocht und daher ein
nach unserer Ansicht zu hartes und ungerechtes Urtheil über den
Dichter gefällt.

des Königs ist anfangs ein durchaus zuversichtliches und
wächst unzweifelhaft mit der zunehmenden Familiarität
zwischen dem im kräftigen, reifen Mannesalter stehenden
Dichter und dem noch in den letzten Jünglingsjahren sich
befindenden, unvermählten, lebenslustigen Fürsten, der
ihn zum Vertrauten seiner galanten Abenteuer, zum Theilnehmer seiner Festlichkeiten und Tafelfreuden macht. Gewiß war diese erste Zeit von Dunbars Verkehr mit dem
Könige, wobei wir, wenn wir etwas mehr darüber wüßten,
wohl zu einem Vergleich mit Goethes und Karl Augusts
„wilden Wochen" veranlaßt werden könnten, für ihn die
glücklichste Zeit, die er bei Hof verlebte.

Pedantisch wäre es, zumal in Anbetracht der rauheren
Sitten und der noch wenig zurückhaltenden Ausdrucksweise
der Zeit, den Dichter wegen des für den Geschmack unserer
Tage allerdings leichtfertigen oder cynischen Tones einiger
Gedichte, die auf des Königs Liebesabenteuer Bezug haben,
oder zu seiner Unterhaltung bestimmt waren, etwa als
einen Beförderer der frivolen Neigungen seines königlichen
Gönners verurtheilen zu wollen. Von beabsichtigter, auf
den sinnlichen Reiz berechneter Schlüpfrigkeit kann bei
keiner einzigen dieser Dichtungen die Rede sein; in allen
aber tritt uns die künstlerische Ausführung des Gegenstandes, sei es in der Charakterzeichnung, wie z. B. in
der Satire „Die beiden verheiratheten Frauen und die
Wittwe" oder in der witzigen Ausführung des Bildes, wie
in „Fuchs und Lamm", entschieden als die Hauptsache entgegen. Dem Dichter den Vorwurf der Unsittlichkeit zu
machen, wäre daher sehr ungerecht, um so mehr, als er
wirklicher Unsittlichkeit, wo sie sich ihm bemerkbar machte,
mit schonungsloser Schärfe entgegentritt. Die oben erwähnte Satire gegen die Frauen ist ja nur aus dieser

24*

Gesinnung heraus von ihm in so derben Zügen aus=
geführt worden; das Gedicht von den „Weiblichen Sach=
waltern" athmet den nämlichen Geist; die poetische Zuschrift
an die Königin über ihre Dienerschaft trägt in der Schluß=
strophe die Warnung vor der Immoralität deutlich aus=
gesprochen; mit wirklichem Unwillen wendet er sich in
den „Nachrichten von der Gerichtssitzung" gegen die Un=
sittlichkeit der Mönche, die ihr Gelübde nicht bedenken,
und selbst dem Könige erspart er bei dessen Vermählung
die ernste Mahnung nicht, seiner Gemahlin Beständigkeit
und Treue zu bewahren.

Auf dieses warme Interesse des Dichters für das
wahre Glück und für eine gedeihliche, dem Land und
Volk zum Heil gereichende, gerechte Regierung seines
königlichen Herrn, auf seinen Abscheu gegen alle Un=
sittlichkeit im weiteren Sinne sind auch die zahlreichen,
oft heftigen und rücksichtslosen Angriffe auf die Miß=
wirthschaft bei Hof und in der Verwaltung des Landes
zurückzuführen, und von diesem Gesichtspunkte aus ge=
winnen wir auch für die vielen poetischen Bittschriften
des Dichters an den König die Möglichkeit einer ge=
rechten und unbefangenen Beurtheilung derselben.

Dunbar befand sich in seiner Stellung als anfangs
kärglich besoldeter Hofdichter, ohne ein anderes festes
Amt, gewiß in einer wenig beneidenswerthen Lage. Wir
erfahren von ihm selber, daß man auf ihn, „den Poeten",
von vielen Seiten mit Geringschätzigkeit herabsah. Manchem
mochte er nicht viel mehr gelten, als Richard Wallace,
der Geschichtenerzähler oder Thomas Norray, der Hof=
narr des Königs, nur daß er vermuthlich wegen seiner
scharfen Satire viel weniger beliebt war, als jene. Dunbar
litt schwer unter diesem unerfreulichen Verhältniß, in

welchem er sich seit Jahren und ohne Aussicht auf eine
Besserung seiner Stellung am Hofe befand, und wir
dürfen ihm glauben, daß es ihm bitterer Ernst war,
wenn er sagte:

> Wie in der Höll' der Seel' muß sein,
> Die zwischen Hoffnung lebt und Pein,
> Ist mir zu Muth, Herr, glaubt mir's, hier.

Dem König hatte er, wie er zu wiederholten Malen
hervorhebt, lange Jahre zur Zufriedenheit gute Dienste
geleistet und für ihn in fremden Ländern Mühen und Ge=
fahren erduldet. Lockende Anerbietungen fremder Herrscher
hatte er zurückgewiesen und war seinem Landesherrn stets
in Anhänglichkeit und Treue zugethan geblieben. An
allem, was diesem an Glück oder Widerwärtigkeit im
Leben begegnete, nahm der Dichter stets den wärmsten
Antheil. Die Vermählung des Königs, die Hoffnung
auf einen Thronerben erfüllt ihn mit inniger Freude,
dem Hochverräther Donald Owre aber schleudert er seine
zornerregte Philippica entgegen. Von Anfang seines
dauernden Aufenthaltes bei Hofe an und dann stets aufs
Neue war ihm Beförderung im Kirchendienst versprochen
worden; immer aber waren diese Versprechungen un=
erfüllt geblieben, und noch dazu mußte der Dichter sehen,
wie Leute ohne Verdienst und Würdigkeit, ja, Abenteurer
und Schwindler mit einträglichen, einflußreichen Stellen
belehnt wurden.

Was also blieb ihm übrig, wenn er aus der un=
erträglichen, gedrückten, sorgenvollen Lebensstellung befreit
werden wollte, als dem Könige immer und immer wieder
die endliche Ausführung seiner Versprechungen in die
Erinnerung zu bringen? Der schließliche Erfolg seiner
Bemühungen scheint es ja auch zu bezeugen, daß dies in

der That das einzige Mittel war, zu einer erfreulicheren
Gestaltung seiner Verhältnisse zu gelangen. Dem mo=
dernen Leser freilich mag die beträchtliche Anzahl der
stets in anderer Weise variirten Bittgesuche des Dichters
bisweilen einigermaßen komisch und unwürdig erscheinen;
denkt man sich aber in die abhängige Lage des Bitt=
stellers hinein, so verlieren sie entschieden den Beigeschmack
des Lächerlichen und wirken eher rührend als die aus
gerechtem Unwillen hervorgegangenen Kundgebungen eines
in seinen Ansprüchen und Erwartungen auf ungebührliche
Weise getäuschten, hochbegabten, verdienstvollen und rechtlich
denkenden Mannes. Diese Empfindung wird um so mehr
in uns rege, als der Dichter nur selten ausschließlich
auf seine eigenen Klagen und Wünsche Bezug nimmt,
sondern in den ernster gehaltenen, directen oder indirecten
Zuschriften an den König stets auf die allgemeinen Zu=
stände, auf die Zurücksetzung der eigenen Landeskinder,
zumal auch der Abligen des Reiches hinter fremden
Abenteurern, auf die Mißstände in der Besetzung und
Verwaltung der Kirchenstellen und Aehnliches hinweist
und zwar mit einer Freimüthigkeit und einer Rücksichts=
losigkeit der Rede, welche für seine rechtschaffene Denkart
und für sein überzeugungstreues, mannhaftes Auftreten
entschieden ein rühmliches Zeugniß ablegen.

Erfreulich ist es, zu beobachten, wie das Verhältniß
des Königs zu dem Dichter, was immer auch der Grund
gewesen sein möge, den sehnlichsten Wunsch desselben, die
Erlangung einer Pfründe, unerfüllt zu lassen, im Wesent=
lichen trotz vielleicht zeitweiliger Störungen ein gutes
blieb, wie jener ihn in anderer Weise für seine getäuschten
Hoffnungen zu entschädigen suchte, und wie auch der
Dichter bis zuletzt dem „guten, edlen König Jakob IV.“

in Anhänglichkeit und Verehrung zugethan war und noch im Alter den Wahlspruch des jugendlichen Herrschers citirte, der dessen Denkart und Handlungsweise in einem entschieden günstigen Licht erscheinen läßt.

Den nämlichen streng rechtlichen Sinn, dieselbe ernste Lebensanschauung, wodurch Dunbars Verhältniß zum Könige sich auszeichnet, bekundete er auch in der Stellung, die er dem höfischen Getriebe und dem öffentlichen Leben gegenüber einnahm.

Nicht, daß er in mürrischer, mißvergnügter Laune, wozu manchmal ja Grund genug vorhanden gewesen wäre, sich von dem heiteren Leben und Treiben um ihn herum zurückgezogen hätte. Im Gegentheil, er steht mitten darin und ist oft aufs lebhafteste daran betheiligt.

Wir sehen ihn in seinem rüstigen Mannesalter in ausgelassener Weise an den Tanzbelustigungen in den Gemächern der Königin Theil nehmen und schönen Frauen den Hof machen. Wir erfahren von ihm selber, daß auch er in jüngeren Jahren im Liebeshof geweilt habe. Wir beobachten ihn, wie er den grotesken Fastnachtsbelustigungen des Hofes das lebhafteste, vermuthlich anordnende und ausführende Interesse entgegenbrachte. Wir wissen aus seinen eigenen Mittheilungen und vielleicht sogar aus einer Probe seiner dramatischen Kunst, daß er auch für scenische Aufführungen und Schaustellungen dichterisch thätig war. Wir besitzen von ihm manches scherzhafte Gedicht, welches von seiner sprudelnden Lebenslust, seinem Witz, seinem Humor ein glänzendes Zeugniß giebt.

Aber wo sich ihm das höfische Getriebe in karrikirter Gestalt bemerkbar macht, wie in der albernen Huldigung, welche der Negerin Black Ellen durch Veranstaltung eines Turniers gezollt wurde, wo ein pedantischer Hofbediensteter, wie James Doig, der Garderobier der Königin, ihn durch ein pazziges Benehmen ärgert, wo ein Hofnarr sich über Gebühr breit macht, wo es einen trunksüchtigen, verlotterten Quacksalber, wie Andro Kennedy, in seiner wahren Gestalt zu zeichnen gilt, vor allen Dingen aber, wo Abenteurer, Schmarotzer und Schwindler von der Art des John Damian, deren es bei Hof so viele gab, zu züchtigen waren, da traf die Geißel seiner Satire und seines Spottes mit unerbittlichen Streichen.

Doch nicht nur das vielfach lächerliche und tabelnswerthe Treiben bei Hof unterzog er einer scharfen Kritik, — überall sonst, wo das Unschickliche, Unsittliche und Corrupte in Stadt und Land, bei Abligen und Bürgersleuten sich bemerkbar machte, bekam es seine stets ins Fleisch eindringende Zuchtruthe zu fühlen. Das in allen Kreisen verbreitete Fluchen ist ihm, dem weitgereisten Mann, der feinere Lebensart und Sitte kennen gelernt hat, ein Gräuel, und gern ergreift er die Gelegenheit, bei der Betrachtung dieses Themas auch die andern kleinen Sünden und Untugenden verschiedener Stände, namentlich der Handwerker, aufzudecken. Die verkommenen Zustände der Hauptstadt des Landes, das selbstsüchtige, großthuerische und doch kleinliche Treiben der Kaufherrn erregt seinen Unwillen in dem Maße, daß er ihnen eine Strafpredigt hält, die sie noch nach Jahren nicht vergessen zu haben scheinen. Die Bestechlichkeit und die durch Frauengunst zu gewinnende Zugänglichkeit der Richter wird von ihm zu wiederholten Malen mit vernichtendem Hohn überschüttet, und sein gegen alles Unrecht sich empörendes Herz wallt auf in grimmigem Zorn, so oft er auf die Bedrückung und Ausbeutung des armen Bauern durch die reichen, übermüthigen

Großen zu sprechen kommt. Zweimal legt er es dem
König in seinem Hochzeitsgedicht bringend ans Herz,
sich der unterdrückten und bedrängten unteren Stände,
zumal des Bauernstandes, mit schützender, schirmender
Hand anzunehmen.

Wenn wir den Dichter mit dieser Unabhängigkeit
der Gesinnung, in dieser sicheren, das Lächerliche mit
souveränem Spott, das Unsittliche mit unnachsichtiger
Strenge strafenden Weise Gerechtigkeit üben sehen, so
vergessen wir ganz, daß er ein von der Gnade des Königs
lebender Hofmann war und wüßten dann für diese Seite
seiner durchaus an moderne Verhältnisse erinnernden schrift-
stellerischen Thätigkeit keine bessere Bezeichnung, als diejenige des „Edinburger Spaziergängers." [1]

Freilich werden wir sofort wieder zu mittelalterlichen
englischen Zuständen und auch zu Dunbars Persönlichkeit
und abhängiger Stellung zurückgelenkt bei der Betrachtung
seines Verhältnisses zur Kirche. Auf den ersten Blick
zwar scheint es, als ob er, in seinen früheren Lebens-
jahren wenigstens, zu der bestehenden Kirche in einem
feindlichen, aggressiven Verhältniß gestanden sei. Wir
erfahren von ihm selber, wie er in jüngeren Jahren das
ihm wenig sympathische Mönchsgewand, welches er be-
rechtigter oder unberechtigter Weise angenommen, zum
Deckmantel eines ausgelassenen, abenteuerlichen Wander-
lebens gemacht hatte. Wir sehen dann, wie er noch in
seiner Stellung als Hofdichter die kirchlichen Ceremonien
und Gebräuche in übermüthigster Weise parodirt. Aber
wir dürfen auch hierbei nicht vergessen, daß Dunbar zur
Zeit des ausgehenden Mittelalters lebte, und daß in jenen

---

[1] Wem dieser Ausdruck unverständlich sein sollte, der lese
die „Wiener Spaziergänge" von Daniel Spitzer, 5 Bde., Wien,
1879—83, 8°.

Dichtungen noch der übermüthige, kecke, zur Parodie ge-
neigte Geist der Vagantenpoesie, der satirische, dem
Mönchsthum vor Allem feindliche Sinn der fahrenden
Kleriker lebendig ist. Dunbar kann als einer der letzten
Repräsentanten dieser für die Gestaltung und Entwickelung
der mittelalterlichen Cultur so bedeutsamen und wichtigen
Menschenklasse bezeichnet werden. Mit der von ihnen
überall hin, zumal in England und Frankreich verbreiteten
freisinnigen, dem realen Leben zugewandten Lebensan=
schauung, die inzwischen schon durch Wiclifs und seiner
Gesinnungsgenossen Bestrebungen schärfer präcisirt und
in die Denkart breiter Schichten der Bevölkerung ein=
gedrungen war, hatte auch Dunbar seinen Geist bereits
in der Jugendzeit getränkt. So gehörte er mit zu den
Aufgeklärten und Fortgeschrittenen seiner Nation, ohne
daß man aber von ihm sagen könnte, daß er etwa seiner
Zeit in der Auffassung kirchlicher Fragen vorausgeeilt sei,
wie dies bei dem circa hundert Jahre vor ihm lebenden
Wiclif der Fall gewesen war. Im Gegensatz zu diesem
über seine Forderungen und Ziele sich völlig klaren und
für dieselben mit seiner ganzen Persönlichkeit sich ein=
setzenden Reformator war Dunbar, wie Nichol es sehr
richtig ausgedrückt hat, ein gänzlich unbewußter Vor=
läufer der Reformation.

Wie allen gebildeten, aufgeklärten und rechtlich
denkenden Männern seiner Zeit waren auch ihm die vom
Mark des Volks zehrenden, sittenlosen Mönche ein Dorn
im Auge, und ähnlich wie so viele Dichter und Schrift=
steller jener Tage und der vorangegangenen Jahrhunderte
verfolgte auch er sie mit seinem grimmigen Spott. Die
einem jeden Unbefangenen sofort einleuchtenden Miß=
stände in der Verwaltung der Kirchenämter, die Unsitte,

daß so oft mehrere Pfründen im Besitz einer einzigen
Person sich befanden, die unmöglich in gebührender
Weise für das Seelenheil der ihrer Obhut anvertrauten
Gemeinden Sorge tragen konnte, die Leichtfertigkeit, womit noch dazu von dem Könige einflußreiche Kirchenämter
ganz unwürdigen Subjecten, lediglich als Gunstbezeugungen oder wohl gar aus übermüthiger Laune zugewandt wurden, empörte ihn im Innersten seiner Seele.
Zwar war dabei persönliche Kränkung über die ihm wider-
fahrene Zurücksetzung mit im Spiele, aber doch wohl noch
in höherem Grade das Bewußtsein, daß er in anderer
Weise als jene unwissenden, hergelaufenen Abenteurer
seines Amtes gewaltet haben würde, wenn ihm ein solches
zu Theil geworden wäre. Diese Stimmung macht sich
deutlich vernehmbar in den Versen:

> Wie Manche ihre Kirchen farmen,
> Das ist wahrhaftig zum Erbarmen!
> Führ'n Kirchenbücher läſſig und der
> Glocken nicht denken sie und Armen,
> Wenn ihnen nur gehört der Plunder.

Ihm war es heiliger Ernst um das verantwortungs-
volle Amt eines Seelsorgers und Hirten der Gemeinde,
deren zeitliches wie geistiges Wohl bei ihm sicherlich in
guten Händen gewesen wäre.

Das dürfen wir weiter schließen aus den religiösen
Gedichten, in denen er während seiner letzten Lebensjahre,
nachdem ihm wahrscheinlich bald nach dem Tode des Königs
durch Vermittlung der Königin doch noch ein Pfarramt
zu Theil geworden war, die Lehren und Glaubenssätze
der Kirche zu Gegenständen poetischer Behandlung machte,
offenbar in der Absicht, ihnen in dieser gefälligen Form
eine um so nachhaltigere Wirkung zu verschaffen.

Zugleich aber lernen wir aus diesen Dichtungen auch Dunbars theologische Anschauungen und die Grenzen seiner reformatorischen Anschauungen kennen. Wir sehen daraus, daß er sich durchaus mit den Dogmen, Lehren und Functionen der bestehenden Kirche in Uebereinstimmung befand, und diese Uebereinstimmung wird, wenn sie überhaupt jemals gestört war (was nicht wahrscheinlich ist), schon zu der Zeit wieder bestanden haben, als er im Frühjahr 1504 seine erste Messe vor dem Könige las. Nirgends tritt uns in Dunbars Dichtungen ein Angriff auf die päpstliche Autorität entgegen; niemals tritt er zu irgend einem Dogma, etwa der Wandlung im Abendmahl oder der Ohrenbeichte, wie dies Wiclif gethan hatte, in Gegensatz. Im Gegentheil, diese letztere Institution ist ihm ein wichtiges, sorgsam zu hütendes und zu pflegendes Heilsmittel der Kirche.

Dürfen wir annehmen, daß es ihm mit diesen Anschauungen kein eigentlicher Ernst gewesen sei, daß er ihnen etwa nur aus praktischen Rücksichten zur Erlangung eines geistlichen Amtes gehuldigt habe? Gewiß nicht! — Wir würden mit einer solchen Voraussetzung dem Charakter Dunbars, wie er uns aus seinen Dichtungen klar entgegentritt, großes Unrecht thun.

Denn darüber kann kein Zweifel sein: Wahrheitsliebe und strenges Rechtsgefühl bilden den Grundzug seines Wesens. Mit deutlichen Worten sagt er es selber zu wiederholten Malen, so in den Gedichten „Bittsteller bei Hof", „An den König" (S. 265, Str. X), „Dunbars Traum", daß er „nicht heucheln und schmeicheln könne" und daher nicht so leicht und mühelos, wie Andere, zu Aemtern und Glücksgütern zu gelangen im Stande sei. Daß es seinem innersten Wesen in Wirklichkeit widerstrebte, zu

sagen, was er nicht dachte und auf krummen Wegen
zum Ziel zu kommen, geht schon, um von seinen vielen
heftigen, ja rücksichtslosen Vorstellungen und Mahnungen,
die er an den König richtete, ganz zu schweigen, zur
Genüge daraus hervor, daß er in seinem Fest=Gedicht
„Distel und Rose", der einzigen von ihm erhaltenen
Dichtung, in welcher er dem Herrscher, wie es die Ge=
legenheit erforderte, schmeichelhafte Huldigungen dar=
brachte, es doch nicht unterlassen konnte, ihn auch an
seine Fehler zu erinnern und ihn in ernster Weise an
seine Pflichten zu ermahnen.

Mit dieser Wahrheitsliebe des Dichters im Allge=
meinen steht nun zunächst eine offene, ehrliche Darlegung
seines eigenen Wesens, seiner Neigungen und Bestre=
bungen im engsten Zusammenhange. Er verläugnet
keinen Augenblick die gesunde, seinem lebhaften Tempera=
ment entsprechende Lebensfreude, die ihm innewohnt. Er
liebt in seinen jüngeren Mannesjahren die Freuden der
Tafel; den Claret von Angers und Orleans, so wie den
kühlen Rheinwein würdigt er nach Gebühr; heitere
Scherze, Spiel und Tanz finden an ihm einen bereiten
Theilnehmer, und holder Frauen Gunst weiß er zu
schätzen, ohne sich, wie aus dem Gedicht „Wer sein eigner
Feind ist" zur Genüge hervorgeht, nach den Freuden
und Leiden der ihm, dem Geistlichen, versagten Ehe zu
sehnen. Schwer entbehrt er jene Genüsse in späteren
Jahren, wie die S. 362 citirte Strophe aus seiner
„Betrachtung im Winter" bezeugt, und in resignirt
heiterer Stimmung nimmt er endlich im Alter mit dem
Gedicht „Irdische und himmlische Liebe" von den Freuden
der Jugend Abschied.

Daß Dunbar bei einer solchen Lebensauffassung

in der Beurtheilung verwandter Neigungen bei Andern,
zumal bei seinem königlichen Gönner, kein Zelot sein
konnte, ist klar; doch wurde schon hervorgehoben, daß
er weit davon entfernt war, der Unsittlichkeit das Wort
zu reden oder ihr Vorschub zu leisten. Dunbar war
eben eine naive Natur, und daraus erklärt sich auch
die unverhohlene Kundgebung seiner Hoffnungen und Be=
strebungen, die seinen Gegnern wohl ebenso unberechtigt,
als undiplomatisch erscheinen mochte. So werden gewiß
Viele den Kopf geschüttelt haben, daß er, der es trotz
aller Bemühungen nicht zu einer armseligen Pfarrstelle
bringen konnte, so lange und sehnsuchtsvoll nach einer
höheren kirchlichen Würde, einer Abtei oder wohl gar
einem Bischofssitz ausgeblickt hatte. Indeß unserem Dichter
war es nicht gegeben, andere Ansprüche, als diejenigen
wirklichen Verdienstes anzuerkennen, und in dieser Hinsicht
glaubte er wohl mit Recht Anderen nicht weichen zu
brauchen. Er klagt zwar in seinem Rechtsgefühl, daß
die Söhne der eingeborenen Abligen hinter Abenteurern
und Emporkömmlingen zurückstehen müssen (vgl. seine
„Klage an den König"), aber er ist doch ein Demokrat
durch und durch und scheut sich nicht, dem Könige zu sagen:

> Von Adam ich den Stammbaum führ'
> Wie Andre, denen man was gab!

Dieses Selbstbewußtsein tritt in noch stärkerer, aber
keineswegs unberechtigter Weise zu Tage in der zu Eingang
dieses Abschnitts citirten Stelle, in welcher er auf seine
dichterische Thätigkeit zu sprechen kommt; und in dem
Gedicht gegen Mure ist es ihm durchaus nicht bloß
darum zu thun, unberechtigten Beschwerden über ihn
entgegenzutreten, sondern in eben so hohem Grade auch
um die Wahrung seiner Autorenehre.

Gleichwohl spielte Dunbar aber doch keineswegs die
Rolle eines verkannten, mit der Welt zerfallenen Genies.
Davor bewahrte ihn seine gesunde, elastische Natur, seine
bei allen Widerwärtigkeiten und Enttäuschungen doch
optimistische Lebensanschauung. Statt sich beständig in
nutzlosen Klagen zu ergehen, schlägt er lieber zu Zeiten
den erfreulicheren und mannhafteren Ton der Selbstironie über sein Mißgeschick an; so schon bei seinen unglücklichen Liebeswerbungen, so noch öfter bei seinen vergeblichen Bitten um Beförderung. Wie rührend klingt
es, wenn er sagt:

> Mich rief die Amme auf ihrem Knie:
> Dandely, Bischof, Dandely!
>   Und nun ich schon das Alter spür',
> Bracht' ich's zum armen Vicar nie!

Und mit welcher verzweifelten und doch gutmüthigen
Lustigkeit weiß er über das stete Mißlingen seiner Hoffnungen zu spotten in seiner Grauschimmel-Petition, wo
er schließlich bittet, seine Haut, wenn er gestorben sei,
wenigstens nicht den ihm so sehr unsympathischen Schustern
zum Gerben zu überlassen. Bescheidenere Wünsche konnte
man nicht äußern, und in der That hat der Dichter sich
sein Mißgeschick, obwohl manchmal ein wehmüthiger Zug
aus seinem Dichten hervorklingt, keineswegs immer sehr
schwer zu Herzen genommen. Ist es mit der ihm ge-
zahlten Geldsumme vorbei, so meint er:

> Weiß nicht, wie ich sie ausgegeben,
> Nur daß sie ist zu Ende eben;
> Die Rechnung stimmt ganz offenbar.

Trübsinn und Melancholie ist nach seiner Ansicht
der Feind des Menschen; deshalb weiß er sich selbst
darüber, daß der König ihm für seine langen und treuen

Dienste beständig seinen Lohn vorenthält, zu trösten und schließt sein Gedicht mit den Worten:

> Darum laßt froh sein uns und heiter,
> Kümmern uns um die Welt nicht weiter;
> Wer, wenn man trinkt noch guten Wein,
> Brod trocken kaut, ist kein Gescheidter
> Und fahre gleich zur Höll hinein!

Und selbst die schwermüthige, mit Todesahnungen erfüllte „Betrachtung im Winter" bricht er nach seiner Art, sich durch eigene Schwungkraft über das Ungemach des Lebens hinwegzuhelfen, mit den Worten ab:

> Komm, Lenz, und laß die Blumen dauern!
> Sei auch für mich auf Lust bedacht!

Bei solcher Gemüthsverfassung wird es ihm dann leicht, nachdem ihm selbst der bescheidene Wunsch nach einem „Kirchlein mit einem Heidedach" unerfüllt geblieben ist, dennoch Zufriedenheit, Genügsamkeit und vernünftigen Lebensgenuß zu predigen, wie er es in einer Anzahl von Gedichten offenbar aus innerster Ueberzeugung thut.

Der schönste Zug in Dunbars Charakter aber, bei dessen Bethätigung er zugleich auch die eben hervorgehobene Eigenschaft der Genügsamkeit an den Tag zu legen Gelegenheit hatte, ist sein patriotischer Sinn. Weder die lockenden Anerbietungen König Heinrichs VII. von England, noch die reichlichen Geschenke desselben konnten ihn bewegen, seinem Könige und seinem Lande untreu zu werden. Mit inniger Freude erfüllt ihn bald darauf die durch des Königs Vermählung und die Erwartung eines Thronerben dem Lande erwachsende Hoffnung, und in ergreifenden Worten giebt er noch in seinem Alter seinem tiefgefühlten Schmerz über den nach

des Königs Tode eingetretenen zerrütteten Zustand des
Landes Ausdruck in dem „Gebet, als der Gouverneur
nach Frankreich ging", dessen Strophen mit dem Refrain
endigen:

„Denn hilfst nicht du, ist dieses Reich verloren!"

Daß einer solchen Natur alle Selbstsucht, Habsucht,
Willkür und Ungerechtigkeit aufs tiefste verhaßt sein mußte,
ist sehr begreiflich. Daher erklärt sich denn auch der
heftige, leidenschaftliche, ja rücksichtslose Ton, mit welchem
er gegen die daraus erwachsenden Schäden des staatlichen
und kirchlichen Lebens, wo er sie bemerkt, zu Felde zieht;
gegen die Bedrückung der Bauern durch die abligen
Gutsherrn, wie gegen die Ungerechtigkeit und Bestechlich=
keit der Richter; gegen die Ausbeutung der Kirchenämter
von Seiten habsüchtiger Geistlichen, wie selbst gegen die
willkürliche und ungerechte Verleihung derselben von
Seiten des Königs „der für das Recht die Krone hält."

Wenn wir den Dichter so in seinem heiligen Zorn
über die Mißbräuche und Unsitten der Zeit beobachten,
so tritt er uns fast in dem Licht eines kühnen, zielbe=
wußten Reformators entgegen. Dennoch aber müssen
wir uns hüten, ihn in dieser Hinsicht zu überschätzen.
Neben den vielen und interessanten Aufschlüssen, die
seine Gedichte uns geben über die Sitten und socialen
Verhältnisse der verschiedensten Stände zeigen sie uns
namentlich die Denkart und Anschauungsweise der Ge=
bildeten in Folge der vielen Mißbräuche in Staat und
Kirche in einem Zustande unheimlicher Gährung be=
griffen, wie er einer gewaltsamen Eruption vorangehen
mußte. Die Rechtspflege war corrumpirt. Die unteren
Stände litten schwer unter dem Druck der Reichen und
Mächtigen. Gewinnsucht und unberechtigter Ehrgeiz war

durch manche Acte der Willkürherrschaft an die Stelle
ehrlicher Arbeit getreten. Vor allem aber erscheint das
Leben und Treiben der Geistlichkeit, der sittenlosen,
faullenzenden und annmaßenden Mönche, wie der hab=
süchtigen, ihre zahlreichen Pfarreien ausbeutenden und
vernachläſſigenden, meiſt mit einer unberechtigten Nach=
kommenschaft geſegneten höheren Geiſtlichen in einem
solchen Licht, daß es begreiflich iſt, wie alsbald eine völlige
Revolution und Reformation auf kirchlichem Gebiete los=
brechen mußte, die nur durch blutige Kämpfe durchgeführt
werden konnte. Ebenſo wie viele andere, rechtlich denkende,
gebildete und aufgeklärte Männer ſeiner Zeit, war auch
Dunbar über dieſe Mißbräuche, die ſich in den kirchlichen
Zuständen eingeniſtet hatten, aufs tiefſte empört; wie
zahlreiche andere geiſtvolle Männer es bereits vor ſeiner
Zeit gethan hatten, ſo ſchwang auch er über jene Schäden
und Gebrechen ſeine ſatiriſche Geißel. Doch wir dürfen
nicht vergeſſen, daß er, ähnlich wie in früheren Zeiten
die fahrenden Kleriker, die ja auch zu den beſtehenden
kirchlichen Verhältniſſen manchmal in ſcharfe Oppoſition
traten, ſich faſt zeitlebens in Verhältniſſen befand, in
denen er vielen Grund zur Unzufriedenheit und Wenig
zu verlieren hatte. Es ſcheint, daß er ſeine Angriffe
eingeſtellt hat, ſobald er ſelbſt das Ziel ſeiner Wünſche,
eine ausreichende Penſion oder vielleicht nach dem Tode
des Königs eine kirchliche Pfründe erlangt hatte. Jeden=
falls muß es nach dem ganzen, zwar achtungswerthen
aber doch nicht ideal angelegten Charakter des Mannes
zweifelhaft erſcheinen, ob er zu einem wirklichen Refor=
mator die nöthige ſelbſtloſe Opferfreudigkeit oder auch
nur den erforderlichen nachhaltigen ſittlichen Ernſt be=
ſeſſen haben würde.

Aehnlich, wie sein Zeitgenosse Rabelais, mit dem er überhaupt viele Züge gemein hat, sich nicht für das grand peut-être eines künftigen Lebens als Ketzer verbrennen lassen wollte, sondern lieber als Pfarrer von Meudon die Lehren des Christenthums und seine eigene praktische Lebensphilosophie in Einklang zu bringen suchte, so sah sich auch William Dunbar nicht veranlaßt, an dem schwankenden Bau der katholischen Kirche gar zu gewaltsam zu rütteln. Nur gelegentlich drängte es ihn, das altehrwürdige Gebäude von Staub und Schmutz zu säubern, doch stets mit in der Absicht, um darin für sich selber in einem ruhigen Winkel desselben ein behagliches Plätzchen einzurichten.

III.

Dunbars Bedeutung für seine Zeit und sein Einfluß auf Lyndesay.

War Dunbar, wie bisher ausgeführt wurde, auch nur ein unbewußter Reformator, — seine Wirkung als solcher.hat er doch ausgeübt, und diese war vielleicht nicht weniger beträchtlich, als sein Einfluß auf dem Gebiete des poetischen Schaffens, dem er allerdings hauptsächlich, wenn auch meistens in einseitiger Würdigung seiner dichterischen Bedeutung, seinen Ruhm verdankte. Denn wohl wiesen ihm die Zeitgenossen und frühesten Nachfolger einen Ehrenplatz auf dem schottischen Parnaß an, aber vorwiegend aus bewundernder Anerkennung seiner höfisch-allegorischen Dichtungen, die zwar in virtuoser Weise dem Modeton der Zeit huldigten, aber keineswegs in erster Linie die Originalität und die Bedeutung seiner dichterischen Individualität erkennen lassen.

Jener Seite seiner dichterischen Thätigkeit zollte,

wie schon bemerkt, bereits David Lyndesay in dem
Testament of the Papyngo seine allerdings etwas kühl
gehaltene Anerkennung, indem er Dunbars in dem „Gol=
denen Schild" bewiesene Meisterschaft der Sprache rühmte
(vgl. S. 99). In dieser Hinsicht scheint er sich ihn na=
mentlich zum Muster genommen zu haben; doch auch in
Bezug auf Inhalt und Ton seiner Dichtungen ist Dunbars
Einfluß in zahlreichen und deutlichen Zügen erkennbar.
Es ist dies um so wichtiger, als Lyndesay, obwohl er an
Dunbars Genialität durchaus nicht hinanreicht, doch ent=
schieden als der hervorragendste schottische Dichter der
nächsten zwei Generationen nach ihm, also der eigent=
lichen Reformationszeit Schottlands, anzusehen ist. Er=
kennen wir, einen wie tiefen Einfluß Dunbars schneidige
Persönlichkeit auf eine so selbständige und kräftige Natur,
wie Lyndesay, ausübte, so können wir danach ungefähr
ermessen, wie stark und nachhaltig die Wirkung sein
mußte, welche seine kühne, unerschrockene Sprache in der
Denk= und Anschauungsweise jener Zeit überhaupt her=
vorbrachte, wenn wir dieselbe hier auch aus Mangel an
Material nicht in den Werken der untergeordneteren
Dichter jener Zeit, eines John Davidson, Alexander
Cunningham, Earl von Glencairn, Henry Belnaves und
Anderer nachweisen können.

Auch die eingehende Würdigung einer so bedeuten=
den, auf die Geschicke der Zeit vielfach einen bestimmen=
den Einfluß ausübenden Persönlichkeit, wie Lyndesay,
nach allen Seiten ihrer dichterischen und reformatorischen
Thätigkeit kann hier nicht mehr unsere Aufgabe sein.
Sie könnte auch um so weniger in unserer Absicht liegen,
als wir uns die Behandlung dieses Themas in einem
anderen Zusammenhange, nämlich für ein bereits zur

Hälfte ausgearbeitetes, demnächst im gleichen Verlage
erscheinendes Werk über „Altenglische Humoristen und
Satiriker" vorbehalten. Wohl aber sehen wir uns genöthigt, zum Schluß unserer Betrachtung über den
größten altschottischen Dichter nachzuweisen, wie sein Geist
in den Werken des letzten hervorragenden Poeten, den
die schottische Nation während der Zeit ihrer politischen
Selbständigkeit hervorgebracht hat, weiterlebte, und wie
demnach Dunbars Genius dieser ganzen glorreichen Epoche
der schottischen Literatur den Stempel seines Wesens
aufgedrückt hat.

David Lyndesay stammte, wie Dunbar, aus an-
gesehener Familie. Er war der älteste, etwa 1490 ge-
borene Sohn eines in der Grafschaft Fife ansässigen
Landedelmanns gleichen Namens, dessen Gut „The Mount"
ihm früh als Erbtheil zufiel. Im Jahre 1508 war er
Student an der Universität St. Andrews und trat im
April 1512, nach Beendigung seiner Studien, unter
König Jakob IV. vermuthlich als Page in den Hofdienst ein. Dort muß er mit Dunbar zusammen getroffen sein und wird vermuthlich auch die persönliche,
wenn auch schwerlich intime Bekanntschaft des damals
bereits bejahrten Dichters gemacht haben. Sein weiterer
Lebenslauf hatte dann mit demjenigen Dunbars, insofern
auch er zu dem jungen Könige in intimere Beziehungen
trat, später zu diplomatischen Missionen verwendet wurde
und gleichfalls für die Unterhaltung und geistige Anregung des Hofes mit entschieden ethischer Tendenz
dichterisch thätig war, offenbare Aehnlichkeit, nur war
sein Loos ein viel glücklicheres. Nach dem Tode Jakobs IV.
in der unglücklichen Schlacht von Flodden war Lyndesay
eine Zeitlang Kammerherr des noch im unmündigen

Kindesalter stehenden Nachfolgers, Jakob V., und scheint
ihm, wie dieser heranwuchs, als Mentor gedient zu haben,
— ein Umstand, an den er den jugendlichen König oft
erinnert und ihn dabei, ähnlich wie Dunbar, beständig
um Beförderung angeht; nur geschah dies in viel zu=
bringlicherer und dabei weniger durch seine Privat=Ver=
hältnisse gerechtfertigter Weise, da er neben seinem Ein=
kommen von seinem Landgute noch einen recht guten
Gehalt bezogen zu haben scheint. Er war indeß mit
seinen Bemühungen erfolgreicher, als Dunbar: Zwei
Jahre nach Jakobs V. Thronbesteigung wurde er zum
Ritter geschlagen (1530) und zum Lyon king of arms
d. h. zum Hauptwappenherold des schottischen Hofes er=
nannt. Im Jahre 1535 schrieb er seine scharfe Mora=
lität Satyre on the thrie Estaitis (Satire auf die
drei Stände). In dieser umfangreichen dramatischen
Dichtung geißelt er namentlich die Corruption des katho=
lischen Klerus aufs heftigste. Das Stück wurde noch
im selben Jahre vor dem Hofe und dem Könige aufge=
führt, ohne daß dem Dichter aus seinen Angriffen gegen
die Geistlichkeit irgend welche Nachtheile erwachsen wären.
Denn wenn Jakob V. sich auch aus politischen Rücksichten
zur bestehenden Kirche hielt, so haßte er doch den römischen
Klerus, und weit entfernt, den Dichter wegen seiner Satire
zur Verantwortung zu ziehen, zollte er ihm im Stillen
gewiß seinen Beifall und schützte ihn durch sein un=
wandelbares Wohlwollen vor den Angriffen der Gegner.

Verschiedene Gesandtschaften, welche Lyndesay in
den Jahren 1531 an den Hof Kaiser Karls V. nach
Brüssel, 1535 und 1536 in Heirathsangelegenheiten
Jakobs V. nach dem Continent und auch noch 1548,
nach dem Tode des im jugendlichen Alter von 31 Jahren

1542 verstorbenen Königs, unter der Regentschaft des
Earl von Arran nach Holland und Dänemark führten,
zeugen von seiner dauernden angesehenen Stellung
bei Hof, wie seine Thätigkeit als Parlamentsmitglied
in den Jahren 1543—1546 von dem Ansehen, welches
er in der von ihm repräsentirten heimathlichen Graf=
schaft Fife genoß. Als 1546 mit der Ermordung des
Kardinals Beaton die reformatorische Bewegung einen
ernsten Charakter annahm, bekannte er sich offen als
Protestanten und war 1547 im Schloß von St. Andrews
mit am eifrigsten bemüht, Knox zur Uebernahme der
geistigen Leitung der Reformation zu veranlassen. 1550
schrieb Lyndesay seinen Squire Meldrum, eine hübsche
Ritterromanze auf der Basis der Sitten seiner Zeit und
wirklicher Begebenheiten. Drei Jahre später verfaßte
er seine Dichtung The Monarche, das ausgearbeitetste
und umfangreichste seiner Werke, dem eine Anzahl kleinerer
Dichtungen aus den verschiedensten Epochen seines Lebens
vorangegangen waren. 1555 präsidirte er einer Ver=
sammlung von Wappenkundigen, die zusammengekommen
waren, um einen streitigen Punkt der mittelalterlichen
Wissenschaft der Heraldik ins Reine zu bringen. In
seinen späteren Tagen zog Lyndesay sich auf seinen
Familiensitz „The Mount" zurück, wo er vor 1558 starb.
Er hinterließ einige heraldische Abhandlungen und nach
einem Bericht auch eine lateinisch geschriebene Geschichte
seiner eigenen Zeit, die aber nicht erhalten ist.

Für diesen Verlust bieten indeß seine verschiedenen,
theils umfangreichen, theils kleineren Dichtungen[1] reich=

---

[1] Die von uns benutzte neueste Ausgabe derselben von
F. Hall erschien in den Publicationen der Early English Text
Society (Nr. 11, 19, 35, 37, 47) London, 1866—1871. 8⁰.

lichen Erſatz. Denn ſie ſind vielleicht in noch höherem
Grade, als die Dichtungen Dunbars, ein getreuer Spiegel
von dem Geiſt und den Sitten der Zeit, ſowie von der
Denk- und Anſchauungsweiſe des Dichters. Gerade ſo,
wie jener, tritt uns auch Lyndeſay in ſeinen Gedichten
nach den verſchiedenen Seiten ſeiner Lebensſtellung und
Thätigkeit: als höfiſcher Dichter, als der ältere, vertraute
Genoſſe des Königs, als der vorurtheilsfreie, ſcharf be-
obachtende, mitten im Getriebe ſeiner Zeit ſtehende Satiriker, als der den Mißbräuchen der Kirche kühn ent-
gegentretende Reformator entgegen. Kein Wunder, daß
wir da auf Schritt und Tritt in ſeinen Dichtungen den
Spuren ſeines genialeren Vorgängers begegnen, denen
er zwar als ein aufmerkſamer, aber zugleich auch als ein
freier Wanderer nachgeht, der manchmal in verſchiedene,
von jenem nicht betretene, zum Theil gefahrdrohende
Gebiete kühne Ausflüge unternimmt.

Zu Anfang ſeiner dichteriſchen Thätigkeit freilich
ſehen wir ihn ganz in Dunbars Fußſtapfen wandeln,
wie dies nicht nur in Inhalt und Ton, ſondern auch
in der Einkleidung, Form und Sprache ſeiner Dichtungen
zu Tage tritt.

So iſt gleich ſeine muthmaßlich früheſte Dichtung
Der Traum ähnlich wie Dunbars gleichnamiges Gedicht
(und ſo viele andere) in die Form einer dem Dichter
im Traum begegnenden Viſion eingekleidet, welche gerade
ſo wie in jenem Gedicht durch Kanonenſchüſſe unter-
brochen und zum Abſchluß gebracht wird. Der Inhalt
freilich erinnert nur durch das Auftreten der beiden in
die Hölle, in den Himmel und zurück zur Erde ihn begleitenden allegoriſchen Perſönlichkeiten „Dame Erinnerung‟
und „Sir Commonweal‟ (Herr Gemeinwohl), ſowie durch

die in dem Gedicht enthaltenen satirischen Angriffe gegen die
Geistlichkeit an die Dunbar'sche Dichtung, hat im Uebrigen
aber manche Züge, u. a. auch die Ausfälle gegen die in der
Hölle befindlichen Geistlichen mit zwei altfranzösischen
Dichtungen des dreizehnten Jahrhunderts, nämlich mit La
voie ou le songe d'enfer des Raoul de Houdanc und
dem daran sich anschließenden Gedicht La voie de Paradis
gemein, die vielleicht von Lyndesay als Quellen benutzt
worden sein mögen.

Der Dichter lernt in seiner Vision, von Dame Er=
innerung geleitet, die Hölle und den Himmel nebst ihren
Bewohnern kennen, wird dann, da ihm am letzteren Ort
zu verbleiben versagt ist, zur Erde zurückgeführt und
schaut zunächst von oben herab die drei Erdtheile, sowie
die einzelnen Länder derselben, wobei des neu entdeckten
Amerika, wahrscheinlich nach dem Vorgange seiner muth=
maßlichen Quelle, keine Erwähnung gethan wird. In
sein Heimatland zurückgekehrt, begegnet er einem alten
Mann, Sir Commonweal, der das von vielen Schäden
heimgesuchte schottische Königreich verlassen will und so
dem Dichter Gelegenheit giebt zu satirischen Angriffen
gegen die einzelnen Stände, namentlich gegen die Geist=
lichkeit. Das in der rhyme royal-Strophe abgefaßte
Gedicht beginnt mit einer Epistel an den jungen König,
worin der Dichter ihn daran erinnert, wie er ihn
häufig als Kind auf den Armen getragen, ihn später mit
Geschichten von Theben und dem göttlichen Troja und
allerlei andern Erzählungen und Späßen unterhalten habe,
wofür ihm nun hoffentlich bald der verdiente Lohn zu Theil
werde. Es endet mit einer in der feierlichen Strophen=
form des Dunbar'schen Goldyn Targe geschriebenen
Ermahnung an den König, sein Reich in Gerechtigkeit,

Eintracht und Frieden zu regieren, mäßig zu leben, ein
ehrbares Weib zu nehmen und zu bedenken, daß auch
er eines Tages vor denselben Richterstuhl treten werde,
vor dem alle bisherigen Kaiser und Päpste Rechenschaft
haben ablegen müssen. Also schon hier in dieser ersten
Dichtung tritt uns ein ähnliches Verhältniß Lyndesays
zu dem jungen Könige und ein ähnlicher Ton in seinen
Ansprachen an ihn entgegen, wie wir dies in Dunbars
Gedicht „Distel und Rose" beobachtet haben, mit dessen
höfischer Diction seine poetische Sprache hier gleichfalls
die größte Aehnlichkeit hat.

In noch stärkerem Maße macht sich beides in der
mehr familiären poetischen Zuschrift Lyndesays, seinem
Klaggedicht an den König (The Complaint) be=
merkbar, welches im nämlichen Metrum, wie die ent=
sprechenden Dichtungen Dunbars (vgl. S. 130, 271 ff.),
geschrieben ist und wiederum auch in Inhalt, Ton und
der natürlicheren Sprache denselben nahe verwandt ist.
Mit demselben Freimuth, wie Dunbar, übt hier Lyndesay
Kritik über die corrupten Zustände bei Hof, während
der Minderjährigkeit des Königs, und schildert, wie die
Höflinge durch Schmeichelei und gewissenlose Förderung
der jugendlich=leichtsinnigen Neigungen des zum Jüngling
heranwachsenden Knaben nur ihrer Selbstsucht und ihrer
oft unredlichen Habgier gedient hätten.

> Thare wes few of that garisoun
> That lernit hym ane gude lessoun;
> Bot sum to crak, and sum to clatter,
> Sum maid the fule, and sum did flatter,

heißt es V. 233—236 mit einer in den beiden letzten
Versen fast wörtlichen Reminiscenz an Dunbars Solistaris at Court V. 9 und 10 (vgl. S. 131); und alles

das geschah nur, wie Lyndesay B. 196, wiederum mit
Benutzung des Refrainverses in Dunbars Gedicht To
the King (I, 159; vgl. S. 264) die Höflinge sagen
läßt, to part the pelf amang us. So lassen sich in
dem Gedicht noch verschiedene Gedanken und Wendungen
als Anklänge an die zahlreichen Dunbar'schen Gedichte
verwandten Inhalts nachweisen, vor allem aber ist der
Ton, in welchem es geschrieben ist, eine entschiedene
Nachahmung der Redeweise Dunbars, wenn auch viel
weniger prägnant und energisch. Dunbar macht seinem
König stets die herbsten Vorwürfe über die bestehenden
Verhältnisse. Lyndesay dagegen klagt über die trostlose
Mißwirthschaft der vergangenen Jahre und constatirt mit
Genugthuung eine Wendung zum Besseren in der aus
Rücksicht auf seine eigenen Wünsche und Hoffnungen ihn
noch mehr interessirenden Gegenwart. Auch in der Aus=
führung dieser persönlichen Angelegenheiten finden sich
manche Anklänge an die poetischen Bittschriften seines
größeren, aber weniger glücklichen Vorgängers. So ist
der ganze Passus von B. 255—280, in welchem er seinem
Vertrauen auf die Gerechtigkeit und Gnade des Königs
Ausdruck giebt, nur eine breitere Ausführung ähnlicher
Gedanken, welche Dunbar in den fünf Schlußversen
seines oben erwähnten Gedichts Solistaris at Court
ausgesprochen hatte. Ueberhaupt ist das ganze Gedicht
als eine in selbständiger Anwendung auf die bestehenden
Zeitverhältnisse zu einem längeren Ganzen verbundene An=
einanderreihung von Ideen und Motiven anzusehen, welche
Dunbar in den Abschnitt IV, Kapitel IV mitgetheilten
und besprochenen Gedichten verarbeitet hatte. So sucht
Lyndesay auch, nachdem er zu Anfang seines Gedichts
geschildert hat, wie er den König in seinen Kinderjahren

unterhalten, zum Guten angeleitet, ihn später vergeblich vor falschen Freunden gewarnt habe und überhaupt trotz vielfacher Verkennung und Zurücksetzung stets bemüht gewesen sei, alles zum Besten zu lenken, zum Schluß seiner Dichtung den humoristischen Ton verschiedener Bittschriften Dunbars nachzuahmen, indem er den König um ein Darlehen von ein bis zweitausend Pfund ersucht und es, sobald sich herausgestellt haben werde, daß Geistliche nicht mehr nach Würden und Ehren und Frauen nicht nach dem Regiment trachten oder sobald es einen Winter geben werde ohne Regen, Frost und Schnee oder spätestens eine Woche nach dem jüngsten Tage zurückzuzahlen verspricht.

Auch in den übrigen kleineren Gedichten Lyndesays zeigen sich noch weiter unverkennbare Einflüsse von Dunbars vorbildlicher poetischer Thätigkeit. Betreffs seiner beiden satirischen Gedichte Das Papageien-Testament (The Testament and Complaint of our Soverane Lordis Papingo) und Die Klage des Bagsche (The Complaint of Bagsche) ist es wohl unverkennbar, daß der Dichter zu der Idee, in diesen beiden Gedichten Thiere als Wortführer auftreten zu lassen, nämlich in dem ersteren einen zum Tode verwundeten Papagei des Königs, in dem letzteren dessen durch einen neuen Lieblingshund verdrängten alten Hofhund Bagsche, durch Dunbars humoristische Dichtungen „Der Fuchs und das Lamm", vielleicht auch durch die beiden satirischen Gedichte auf James Doig, namentlich aber durch die Personificationen von Thieren und Pflanzen in „Distel und Rose" und durch die „Grauschimmel-Petition" angeregt worden sein wird. Der Unterschied in der Behandlung ist freilich ein großer,

und von der genialen, scharf umrissenen Zeichnung, womit
Dunbar seine Thiermasken hinzustellen versteht, ist in
den beiden Lyndesay'schen Dichtungen nur wenig zu finden.
Am nächsten kommt in dieser Hinsicht noch dem Dunbarschen leichten Stil, wie er uns in dem Grauschimmel-
Gedicht entgegentritt, das zweite kürzere Gedicht Lyndesays, worin der einst verhätschelte und zurückgesetzte,
von allen gestoßene Hofhund in seiner Eigenschaft als
solcher ziemlich gut charakterisirt ist, trotz der Moral-
predigt über die Wandelbarkeit des Geschicks — auch
ein beliebtes Dunbar'sches Thema — und der Er-
mahnungen und Lehren, die den neuen, begünstigten Hof-
hunden, d. h. Höflingen ertheilt worden.

Noch weitere Züge innerer Verwandtschaft mit anderen
Gedichten seines Vorbildes weist Lyndesays Papageien-
Testament auf. So ist der Prolog zu demselben, worin der
Dichter das Lob todter und lebender englisch-schottischer
Dichter singt, in der Idee unzweifelhaft theils auf Dunbars
Lament for the Makaris, theils auf dessen Schlußstrophen
des Goldyn Targe zurückzuführen, mit welchem Gedicht
ebenfalls Form und Sprache der Lyndesay'schen Dichtung
wieder die größte Aenlichkeit hat, namentlich in der
exotischen Frühlingsschilderung (B. 108—142). Auch
der Inhalt der beiden Briefe, welche der sterbende Papagei an den König und an die Höflinge richtet, ist vielfach erfüllt mit Dunbar'schen Ideen. So erinnert er
in der ersten Epistel den König daran, daß er nicht blos
Rechte zu genießen, sondern auch Pflichten zu erfüllen
habe, ganz wie Dunbar dies Jakob IV. schon in seinem
oben erwähnten schönen Hochzeitsgedicht und sonst noch
zu wiederholten Malen in Erinnerung brachte. Auch in
der an die Höflinge adressirten zweiten Epistel kommen

in der Schilderung unwürdiger, schwindelhafter Subjecte
dieser Menschenklasse wieder starke Anklänge an Dunbars
Complaint und Remonstrance to the King vor. Gleich=
wohl ist auch diese Dichtung doch in den ersten Theilen
als eine selbständige dichterische Arbeit zu bezeichnen.
Namentlich die in dem zweiten Brief ausgeführte Idee,
den Erfahrungssatz „Je höher der Standpunkt, desto
tiefer der Fall" durch eine Reihe von Beispielen aus
der vaterländischen Geschichte und der Geschichte des
eigenen Königshauses, die letzten Repräsentanten desselben
mit inbegriffen, zu illustriren, ist unzweifelhaft Lyndesays
geistiges Eigenthum und charakterisirt die freimüthige
Denk= und Redeweise des Mannes. In noch höherem
Grade ist dies der Fall in dem Schlußtheii der Dichtung
The Commonyng betvix the Papingo and hir holye
executouris, worin Elster, Rabe und Habicht die Re=
präsentanten der Geistlichkeit, den anfangs vergeblichen
Versuch machen, den sterbenden Papagei zur Beichte zu
bewegen. Dieser hat wenig Vertrauen zu ihnen und
würde vorziehen, die edle Nachtigal, die Turteltaube,
die lustige Lerche und andere derartige harmlose Vögel
als Trösterinnen bei sich zu sehen. Auf Befragen nach
der Ursache des Mißtrauens giebt dann der Papagei
seine Ansichten unverhohlen zu erkennen, in denen der
Dichter durch die Vergleichung der ersten Kirche in ihrer
ursprünglichen Einfachheit und Anspruchslosigkeit mit
dem prunkvollen, genußsüchtigen und habgierigen Gebahren
des römisch=katholischen Klerus die heftigsten Angriffe
gegen diesen schleudert. Die Unkeuschheit der Priester
erklärt er aus der Ehelosigkeit derselben, und den
Lehren Wiclifs sich anschließend leitet er die Corruption
der Geistlichkeit überhaupt von dem großen Reichthum

derselben ab und fordert Rückkehr zur apostolischen
Armuth.

Hier treten uns also ganz andere kirchliche und
theologische Ansichten entgegen, als wir sie bei Dunbar
kennen gelernt haben.

Die Verleihung geistlicher Aemter an Unwürdige,
wogegen Lyndesay hier gleichfalls eifert, war freilich auch
diesem ein Dorn im Auge; doch gegen die alten kirchlichen Institutionen, wie Cölibat und Ohrenbeichte, die
Lyndesay hier angreift, hat er keinerlei Einwendung zu
machen; im Gegentheil, er vertheidigt die letztere aufs
wärmste. Lyndesay dagegen steht hier schon ganz auf
dem Boden der Reformation.

Noch mehr tritt dies zu Tage in seinem kleinen
satirischen Gedicht Käthchens Beichte (Kittie's Confessioun), geschrieben etwa ums Jahr 1541. Es ist ein
scharfer Angriff auf die Mißbräuche, welche sich die Geistlichen manchmal bei der Beichte erlaubten in Bezug auf die
detaillirte, neugierige Erforschung aller Einzelheiten des
Privatlebens, zumal bei Frauen, gegen welche die würdigen
Beichtväter dann häufig dieselben Vergehen auszuüben
trachteten, die ihnen eben waren gestanden oder auch
nicht gestanden worden. Das Gedicht endet mit dem
Lobe und Preise der Beichte, wie sie in alter Zeit gehalten wurde. Die wenig umfangreiche, in kurzen Reimpaaren geschriebene Satire gehört zu Lyndesays besten
Leistungen und zeigt keinerlei andere Beeinflussung von
Seiten Dunbars, als indem dessen leichter, witziger Stil
in seinen humoristischen Dichtungen, wie „Die beiden
Gevatterinnen" oder „Nachrichten von der Gerichtssitzung"
dem jüngeren Dichter als Muster vorgeschwebt haben mag.
Dasselbe gilt von Lyndesays Satire gegen die langen

Schleppen (Ane suplication in contemptioun of syde tailis), wie sie damals bei Hofdamen, aber auch bei Nonnen und Geistlichen Mode waren. Das Gedicht bildet ein Seitenstück zu Dunbars satirischen Dichtungen, die sich gegen die Unsitten seiner Zeit richteten, so u. a. zu demjenigen gegen das Fluchen (The devill's inquest). Andere kleinere Gedichte lassen wieder deutlicher den Einfluß des Hofdichters Jakobs IV. erkennen, so z. B. Lyndesays für damalige Begriffe ziemlich zahme, nur gegen des Königs Unkeuschheit gerichtete Antwort auf ein leider verlorenes Streitgedicht Jakobs V., wozu offenbar Dunbars und Kennedys Flyting die Anregung bot; ferner die komische, in fünftaktigen Reimpaaren abgefaßte Beschreibung eines Turniers zwischen den beiden Aerzten James Watsoun und John Barbour, wozu die viel derbere, aber auch lebendigere Schilderung Dunbars von dem Turnier zwischen dem Schuster und dem Schneider die Anregung, wenn auch nicht das Vorbild, geliefert haben mag.

Auch in dem Gelegenheitsgedicht Auf den frühen Tod der wenige Wochen nach ihrer Ankunft in Schottland verstorbenen Königin Magdalene glauben wir, in stilistischer Hinsicht wenigstens eine Beeinflussung verwandter Dunbar'scher Dichtungen, wie z. B. derjenigen auf Lord Aubigny zu erkennen, während die moralisirende Dichtung über Das tragische Ende des Cardinals Beaton, Erzbischofs von St. Andrews, höchstens in der Tendenz an Dunbars moralisirende Dichtungen erinnert [1]) und Lyndesays romantische Erzählung vom

---

[1]) Nichol meint, es könne mit Dunbars „Testament des Andro Kennedy" verglichen werden; dies ist aber doch nur in dem einen, rein äußerlichen Punkt der Fall, daß in beiden Gedichten

Squire Meldrum, seine anziehendste Dichtung, unter Dunbars Gedichten, da das ihm zugeschriebene von den Freiris of Berwick nicht von ihm herrührt, gar kein Analogon findet.

Weniger, als in Bezug auf den Ton und die Sprache seiner Gedichte, hat Lyndesay sich Dunbar hinsichtlich des Metrums zum Vorbilde genommen. Zwar wandte er keine anderen Versmaße und Strophenformen an, als solche, deren sich auch Dunbar bedient hat.

Aber statt der großen Mannigfaltigkeit strophischer Gefüge und Versarten, durch die Dunbar sich in formeller Hinsicht auszeichnet, treffen wir bei Lyndesay nur die bekanntesten, schon seit langer Zeit in der schottisch=eng= lischen Literatur gebräuchlichen Formen, nämlich die sieben= zeilige rhyme-royal-Strophe, die neunzeilige, erweiterte Strophe dieser Art, die Goldyn-Targe-Strophe, die acht= zeilige Strophe aus viertaktigen Versen, das kurze Reim= paar, den heroic verse und die Schweifreimstrophe. Den bei Dunbar so beliebten Refrain verschmäht er gänzlich, und Binnenreime kommen nur in der Geleitstrophe des Testa- ment of the Papyngo vor. Indeß, reicht Lyndesay auch in Bezug auf technische Gewandtheit bei weitem nicht an Dunbar hinan, so hat er sich doch, wie seine besseren Dichtungen erkennen lassen, entschieden an diesem gebildet. Für die charakteristischen Eigenschaften der verschiedenen Versarten und Strophenformen zeigt auch er ein feines Verständniß, insofern er sie je nach dem Stoff und dem Tone seiner Gedichte auf zweckmäßige Weise auswählt oder auch in größeren Dichtungen mit einander abwechseln

die Helden derselben redend auftreten. Im Uebrigen haben diese Dichtungen nicht mehr Aehnlichkeit mit einander, als eine Farce und ein Trauerspiel.

läßt. Dies läßt sich namentlich auch an seinen beiden umfangreichsten Werken, betitelt S a t i r e   a u f   b i e   d r e i   S t ä n d e (Satyre of the thrie Estaitis) und D i e   M o n a r c h i e (The Monarche), beobachten.

Im Uebrigen ist in diesen größeren Dichtungen Lyndesays der Einfluß Dunbars weniger deutlich erkennbar, als in den bisher betrachteten Gedichten. Die Satyre ist der e r s t e   u n s   e r h a l t e n e   h e r v o r r a g e n d e   V e r s u c h   d r a m a t i s c h e r   D i c h t u n g   in der schottischen Literatur. Es ist eine „Moralität" nicht nur von bedeutendem Umfange, sondern auch von einem schon deutlich ausgeprägten dramatischen Charakter. Die allegorischen Gestalten, welche handelnd darin auftreten, haben fast ebenso sehr Fleisch und Bein, als die wirklichen Personen des Stücks, wie der Bischof, der Abt, der Pfarrer, die Priorin, der Ablaßkrämer, der Schuster und der Schneider, welche letzteren als komische Personen mit jenen zusammen auf der Bühne erscheinen. Die Scherze sind in dieser dramatischen Dichtung oft sehr grobkörniger Art, und die Satire zieht nicht bloß, so oft sich eine Gelegenheit dazu bietet, gegen die Mißbräuche der Kirche zu Felde, sondern spielt auch manchmal auf das politische Gebiet hinüber. Es scheint aber, daß der Hof, welcher der neunstündigen, übrigens durch eine Pause unterbrochenen Vorstellung des Stücks beiwohnte, auch zu damaliger Zeit noch gegen sehr unverblümte Anspielungen politischer und persönlicher Art ebenso wenig übertrieben zartfühlend war, als gegen die indecentesten, derbsten Späße. In dem ganzen Ton der Dichtung, der ernsten Partien sowohl, als auch namentlich der humoristisch-satirischen, vernehmen wir manchmal Anklänge an die von Dunbar in manchen Gedichten kundgegebenen Ge-

danken und Anschauungen. Bisweilen finden sich sogar
entschiedene Reminiscenzen an seine Ausdrucksweise, so
z. B. in dem Zwiegespräch der Weiber des Schusters
und des Schneiders, welches an Dunbars „Zwei Ge=
vatterinnen" erinnert, oder wenn Wilkin den Ablaß=
krämer diabolus incarnatus nennt, eine Bezeichnung,
die sich schon Dunbars Andro Kennedy beigelegt hatte.

Wie weit aber Lyndesay für die Anlage und Aus=
führung des Stücks sich die uns leider nicht erhalten ge=
bliebenen Leistungen seines Vorgängers auf diesem Gebiet
zu Nutze machen konnte, ist jetzt nicht mehr festzustellen.
An die möglicherweise von Dunbar herrührende „Rolle
des Zwerges im Stück", diesen einzigen früheren Ueberrest
des altschottischen Dramas, finden sich in den Schil=
derungen, welche „Betrug" (V. 659 ff.) und der Ablaß=
krämer bei ihrem Auftreten von ihrer eigenen Person
geben (V. 2037 ff.), namentlich in Ton und Metrum des
Monologs, unverkennbare Anlehnungen. Gleichwohl wird
Lyndesay für seine umfangreiche dramatische Dichtung sich
vermuthlich mehr die englischen Vorbilder zum Muster
genommen haben, als die unzweifelhaft viel weniger hervor=
ragenden und zahlreichen Versuche seiner schottischen Lands=
leute auf diesem Felde.

Lyndesays letztes und umfangreichstes Gedicht, The
Monarche, hat in der Anlage eine gewisse Aehnlichkeit
mit seiner frühesten Dichtung, dem „Traum", und erinnert
in der als Geleit dienenden Einleitungsepistel und in
dem Prolog hinsichtlich der prunkvollen Diction und der
feierlichen neunzeiligen Strophenform stark an Dunbars
höfische Dichtungen. In einem prachtvollen Garten, an
einem wonnigen Maimorgen, deren Schilderung den zu
dem weiteren Verlauf des Gedichts nicht ganz passenden

26*

Eingang bildet (wie Lyndesay) hier in seinem Prolog ein=
sichtsvoller, als Dunbar bei seinem Gedicht „Die zwei ver=
heiratheten Frauen und die Wittwe", zugesteht), hat der
Dichter, der sich selbst als einen Höfling darstellt, eine
Begegnung mit „Vater Erfahrung", einem alten Manne,
dem er seinen Wunsch zu erkennen giebt, sich vom öffent=
lichen Leben in die Einsamkeit zurückziehen zu wollen.
„Erfahrung" bemerkt ihm, daß dies hier auf Erden kaum
möglich sei, wo seit dem Sündenfall der ersten Menschen
alles von den Drangsalen und Stürmen des Lebens er=
füllt sei, aus denen nur durch den Glauben an Christus
Erlösung zu hoffen sei. Der Höfling wünscht nun, darüber
von „Vater Erfahrung" näher unterrichtet zu werden,
insbesondere zunächst über den Sündenfall. Er beschließt,
dasjenige, was er von jenem vernimmt, zu Papier zu
bringen und zwar in der Landessprache, wie er in einer
zweiten, weitläufigen Epistel an den Leser ausführt, da
ja auch alle Schriftsteller des Alterthums, Moses, Aristoteles,
Plato, Virgil in ihren eigenen Sprachen geschrieben hätten
und es lächerlich und unnütz sei, für ungelehrte Leute,
an die er sich wende, unverständliches Latein anzu=
wenden, wie es z. B. die Nonnen mit lateinischen Gebeten
und Psalmen thäten.

Dann wird der Faden des eigentlichen Gedichts
wieder aufgenommen, welches von Adam und Eva an=
fangend das Emporkommen und den Untergang der großen
alten Königreiche schildert und zwar in der Weise, daß
zur Belebung der Darstellung die längeren Auseinander=
setzungen des „Vater Erfahrung" gelegentlich von dem
Höflinge durch Fragen und kurze Zwischenreden unter=
brochen werden. Nachdem zunächst die Erschaffung des
ersten Menschenpaares, dann der Sündenfall, die Sünd=

fluth, der Thurmbau zu Babel im Anschluß an die
biblische Darstellung beschrieben worden sind, geht der
Dichter zu der Geschichte der assyrischen Monarchie von
Ninus bis auf Sardanapal über, deren Mittheilung ihm
zu einer interessanten Abschweifung über den Bilderdienst
Anlaß giebt. Lyndesay hebt hervor, daß die Bilder nur
die Erinnerung an die zu verehrenden Wesen wach rufen,
nicht aber mit diesen verwechselt werden sollen. Hiermit
wendet er sich seinem Lieblingsthema zu, die Bischöfe,
Priester und Mönche seiner eigenen Zeit als die ärgsten
Götzendiener zu brandmarken. Das Gebet, sagt er dann,
solle, wie das Vaterunser, kurz sein und nicht an Heilige
oder Engel gerichtet werden, sondern nur an Gott. Andere
Arten der Gottesverehrung erklärt er für unsinnig. Pilger=
fahrten zumal erscheinen ihm nur als Mittel zur Ver=
breitung von Unkeuschheit und allerlei Lastern.

Nach diesem Excurs wendet der Dichter sich zur Be=
sprechung der Geschichte des persischen, griechischen und
römischen Reiches, die er, obwohl er die Schilderung
von der Belagerung Jerusalems und der Kreuzigung
Christi an den letzteren Theil anknüpft, mit verhältniß=
mäßiger Kürze behandelt. Er schließt diesen Theil seines
Buches mit der Hinweisung, daß alle diese Monarchien
verschwunden seien und die Welt ihrem Untergange nahe
sei. Vorher aber prophezeit er noch den Untergang der
fünften und schlimmsten von allen Monarchien, der ärgsten
Tyrannei der neueren Zeit, nämlich der katholischen Kirche.
Dies giebt ihm Veranlassung, mit nochmaliger Ver=
werthung und Ausführung mancher der in seinen früheren
Dichtungen, namentlich in der Satyre, bereits vorge=
tragenen Gedanken und Betrachtungen, gegen die Ueppig=
keit, die weltliche Herrschaft, den Hochmuth, die Habgier

der Päpste, die Ehelosigkeit und Unkeuschheit der Priester zu eifern und die dringende Forderung nach einer Reformation auszusprechen. Es wird dann endlich noch das jüngste Gericht beschrieben. Namentlich die Höllenstrafen werden aufs lebendigste geschildert und zwar in kurzen Reimpaaren, wogegen die Freuden der Seligen wieder in der „königlichen Reimstrophe" auf schwungvolle Weise beschrieben werden. Das Ganze schließt mit einer Ermahnung des „Vater Erfahrung" an den Höfling, die Welt zu verachten und auf Christus zu vertrauen. Damit nimmt jener Abschied, denn die Sonne neigt sich zum Untergange, die Vögel der Nacht kommen hervor, und Venus steigt am Himmel auf. Der Dichter aber begiebt sich in sein Gemach, schreibt, was er von „Vater Erfahrung" gehört hat, nieder, bittet die wohlwollenden Leser um Nachsicht für seine Dichtung und legt die Entscheidung zwischen ihm und den Pharisäern, die ihn schmähen werden, weil sie ihre Schliche nicht ans Licht gezogen zu sehen wünschen, in Gottes Hand.

Das Werk giebt uns sowohl von den Vorzügen, als auch von den Schwächen der dichterischen Leistungen Lyndesays, der sich übrigens selber in seinem Prolog zu dem Gedicht in der bescheidensten Weise darüber äußert, eine gute Vorstellung. Lyndesay hatte einen hinlänglich idealen Sinn und ausreichende dichterische Begabung, um selbst größere poetische Aufgaben zu unternehmen und durchzuführen. Gleichwohl war er, wie die meisten hervorragenden Persönlichkeiten seiner Zeit, mehr ein Mann des kühnen Gedankens und der That, als der künstlerisch schaffenden Phantasie.

Der dichterische Plan, nach dem das Gedicht entworfen ist, ist ein sehr dürftiger, und auch die Ausführung ist manchmal monoton und langweilig. Sobald aber der Dichter auf die Zustände und die weltbewegenden Ideen seiner eigenen Zeit zu sprechen kommt, weiß er die Töne des Spotts, des Unmuths und Zorns, wie des ergreifenden Pathos, mit gleicher Wirksamkeit anzuschlagen.

Lyndesay verbrachte sein Leben inmitten der politischen und religiösen Stürme einer Zeit, die wenig geeignet war, künstlerisch vollendete Werke entstehen zu lassen. Zudem war seine Beanlagung keine geniale, sondern nur eine sehr talentvolle. Seine Dichtungen sind daher — und die größeren sogar in den einzelnen Theilen — von sehr ungleichem Werth. Im Allgemeinen zeichnen sie sich mehr durch einen leichten, selbst in der höfischen Diction gewandten Stil, kernigen Humor, scharfe Satire, gesunde Auffassung der Zeitverhältnisse, klare, muthige Kritik derselben, als durch einen kühnen Flug der Phantasie aus. Am meisten tritt uns seine dichterische Begabung noch in seiner dramatischen Dichtung und in seinem Jugendwerk „Der Traum" entgegen. Einzelne Stellen aus dem letzteren Gedicht, ferner aus der anmuthigen, in diesem Zusammenhange uns weniger interessirenden Erzählung vom Squire Meldrum, sowie auch aus seinem zuletzt betrachteten, umfangreichsten Gedicht The Monarche bieten poetische Leistungen, welche Lyndesay als einen nicht unwürdigen Genossen von Douglas und Dunbar erscheinen lassen.

Der Epilog zu dieser Dichtung ist im selben Metrum, wie die einleitende Epistel an den Leser, nämlich in neunzeiligen Strophen abgefaßt, wodurch auch äußerlich eine gewisse Abrundung des Gedichts hergestellt ist.

Dieses letzte Werk Lyndesays hat eine entschiedene Verwandtschaft mit einer etwa zweihundert und fünfzig

Jahre vorher im Norden Englands entſtandenen und
damals ſehr populären Dichtung, dem Cursor Mundi.
Nur repräſentirt dies Gedicht noch die Anſchauungen
und Inſtitutionen der römiſch-katholiſchen Kirche in durchaus unangetaſtetem Beſtande, während Lyndeſays Gedicht,
welches zu jenem Werk übrigens in keinerlei näheren
Beziehung ſteht, durchaus von dem Geiſte der Reformationszeit durchdrungen iſt.

Darin beſteht überhaupt nach der inhaltlichen Seite
der Hauptwerth der Lyndeſay'ſchen Dichtungen, zumal
der beiden zuletzt betrachteten. Darin liegt zugleich auch
die intereſſanteſte Beziehung in dem culturhiſtoriſchen
Verhältniß dieſes Dichters zu ſeinem Vorgänger Dunbar.
War dieſer ihm an dichteriſcher Kraft weit überlegen,
ſo zeigt ſich doch erſt in Lyndeſay, der bereits die Lehren
eines Luther und Calvin in ſich aufnehmen konnte, die
Erfüllung der von jenem und manchem ſeiner Vorgänger
nur unbewußt angeregten und unvollſtändig ausgeſproche-
nen Ideen.

Indeß wie Lyndeſay hinſichtlich ſeines dichteriſchen
Schaffens durch Dunbar vielfach in geradezu maßgebender,
vorbildlicher Weiſe beeinflußt wurde, ſo hat er auch die
edelſten Seiten der Denkart Dunbars, wie ſie aus deſſen
Dichtungen ihm entgegentrat, ſich zur Richtſchnur ſeiner
eigenen Weltanſchauung genommen. Dunbars freier,
wahrheitsliebender, rechtlicher, klarer Sinn findet ſchon
in den früheſten Dichtungen Lyndeſays, die ja, wie wir
geſehen haben, auch ſonſt in Inhalt und Form die nachhaltige Einwirkung ſeines Vorgängers aufweiſen, den
lebhafteſten Wiederhall. An ihm hatte er nicht nur ſein
dichteriſches Talent, ſondern auch ſeinen Charakter gebildet und gefeſtigt. Die freimüthige Rede gegen den

König und die Großen, den Abscheu gegen die Heuchelei, Habgier und Unsittlichkeit der Geistlichkeit, das Mitgefühl mit der Bedrückung des gemeinen Mannes, kurz die im edelsten Sinn des Worts echt demokratische Gesinnung hat er mit Dunbar gemein und sicherlich in hohem Grade dessen Lehren zu danken. Eben in Folge jener Denkart aber war Lyndesay in vollem Maße befähigt, der reformatorischen Idee und Bewegung, welche in Schottland vor allem den Charakter einer Erhebung der großen Masse des Volks annahm, ein volles Verständniß entgegenzubringen, und in energischer Weise sich an ihrer Durchführung durch Wort und Schrift, ja, durch thatkräftiges Eingreifen, durch offene Parteinahme für John Knox, den schottischen Reformator, zu betheiligen. In diesen beiden Männern, dem klar denkenden, scharf beobachtenden, gegen vernunftwidrige Dogmen und Lehren der katholischen Kirche, wie gegen die hierarchischen Institutionen derselben gleich muthig zu Felde ziehenden satirischen Dichter Sir David Lyndesay und dem von gleichen Ansichten beseelten, gewaltigen Redner und Volksführer John Knox, erreicht die reformatorische Bewegung Schottlands ihren beredtesten Ausdruck, ihren Höhepunkt und ihren Abschluß.

Fragt man aber nach der Vorgeschichte derselben, so wird ein nicht geringer Antheil an dem Wachsthum und der Entwickelung jener Bewegung dem genialen Hofdichter Jakobs IV., William Dunbar, zuzuschreiben sein, dessen Dichtungen zugleich den Gipfelpunkt der national-schottischen Poesie bilden. In Lyndesay, dem Schüler und Nachfolger Dunbars auf dem Felde der nationalen Dichtkunst, wie auf demjenigen der reformatorischen Agitation, gelangt sein Einfluß und seine bahn-

brechende Bedeutung in beiderlei Hinsicht in hervor=
ragender Weise zur Geltung.

Die sonstigen gleichzeitigen und späteren dichterischen
Erscheinungen der schottischen Literatur verschwinden vor
der Bedeutung dieser beiden Männer.

Wenige Decennien nach Lyndesays Tode findet die
national=schottische Literatur in Folge der Vereinigung
des schottischen Königreichs mit England überhaupt ihr
Ende. Die Dichter und Schriftsteller Schottlands werden
englische Dichter und Schriftsteller, selbst diejenigen, welche,
wie Allan Ramsay und Robert Burns, den heimathlichen
Dialekt in erfolgreicher Weise neu beleben und dadurch
die gemeinsame englische Literatur mit neuen Ideen erfüllen
und erfrischen.

Männer, wie Robert Burns und Walter Scott
aber, deren Wiege in Schottland stand, die dort lebten
und dichteten, oder solche, wie Ben Jonson und Lord
Byron, denen schottisches Blut in den Adern rollte, lassen
allein schon deutlich erkennen, welch ein reicher Strom
genialer Begabung der englischen Nation durch die innige
Vereinigung mit dem stammverwandten schottischen Volk
zufloß, wie sehr dieses sich auch in seinen jüngeren Söhnen
eines Dunbar und Lyndesay würdig zeigte.

Nachträge und Correcturen.

Seite 26, Zusatz zu Anm. 1: Die neueste, mit einer vortreff=
lichen Einleitung, Anmerkungen und Glossar versehene Ausgabe des
Gedichts erschien in diesem Jahre als erste Publikation der Scottish
Text Society unter dem Titel The Kingis Quair, together with
a Ballad of Good Counsel by King James I, of Scotland,
edited by the Rev. Walter W. Skeat, M. A., Elrington and
Bosworth Professor of Anglo-Saxon and Fellow of Christ's
College, Cambridge. Published for the Society by William
Blackwood and Sons. Edinburgh and London. 1884. 8⁰.

S. 28, Z. 9 v. u. lies: Nachtigall statt Nachtigal; desgl. S.
175, Z. 7 v. o. und S. 398, Z. 13 v. u.

„ 44, „ 7 v. o. lies: Einflusse eines statt Einflusses ein.

„ 95, Zusatz zu Anm. 1: Die beiden zuletzt genannten Gedichte
befinden sich ebenfalls unter den alten Drucken, die in dem
Quartbande H. 30. a der Advokaten=Bibliothek zu Edin=
burg enthalten sind.

„ 101, Z. 5 v. o. lies: zu statt zu.

„ 117, Verszeile 7 lies: Und Du in Gnaden statt Und
Gnade, daß Du.

„ 117, „ 15 lies: Und statt Daß.

„ 159, „ 16 lies: eurer statt Eurer.

„ 175, „ 178 lies: Der dich statt Die dich.

„ 179, „ 61 lies: Es streift das freie Haar statt
Das freie Haar streifet.

„ 179, „ 64 lies: euch statt Euch.

„ 201, Zeile 1 v. o. lies: unter statt uuter.

„ 202, Verszeile 17 lies: lang' statt lang.

„ 247, Zeile 17 v. o. lies: Abenteurern statt Abenteurern.

S. 256, Verszeile 32 lies: ‚vor, statt vor.

„ 260, „ 22 lies: hält, statt hält.

„ 272, „ 27 lies: Pack statt Pak.

„ 291, Zeile 11 v. o. lies: Panegyrikus statt Panygyrikus.

„ 296, Verszeile 4 lies: ernte statt ernbte.

„ 297, „ 33 lies: sei'n statt sein'n.

„ 322 „ 6 lies: Fass' wieder Muth, entsag' der Traurigkeit statt: Sei frohen Sinns, meide die Traurigkeit.

„ 330, „ 1 lies: Venus' statt Venus.

„ 344, „ 89 lies: XII statt II.

Druck von C. H. Schulze & Co. in Gräfenhainichen.